Werner Lenz (Hrsg.)

BILDUNGSWEGE
Von der Schule zur Weiterbildung

Festschrift für Helmut Seel

Werner Lenz (Hrsg.)

BILDUNGSWEGE

Von der Schule zur Weiterbildung

Festschrift für Helmut Seel

STUDIENVerlag
Innsbruck – Wien

Gedruckt mit Unterstützung des Bundesministeriums für Wissenschaft und Verkehr, der Steiermärkischen Landesregierung, des Alfred-Schachner-Gedächtnisfonds, der Kammer für Arbeiter und Angestellte in der Steiermark und des Arbeitsmarktservice Steiermark.

Die Deutsche Bibliothek – CIP-Einheitsaufnahme
Bildungswege : Von der Schule zur Weiterbildung / Werner Lenz (Hrsg.). - Innsbruck ; Wien : Studien-Verl., 1998
ISBN 3-7065-1262-9

© 1998 by StudienVerlag Ges.m.b.H.,
Andreas-Hofer-Straße 38, A-6010 Innsbruck
e-mail: studienverlag@magnet.at - http://www.blackbox.at/StudienVerlag/

 Umschlagentwurf: Robert Hutter
 Manuskript: Irmgard Toplak
 Layout/Satz: ©kara

Alle Rechte vorbehalten. Kein Teil des Werkes darf in irgendeiner Form (Druck, Fotokopie, Mikrofilm oder in einem anderen Verfahren) ohne schriftliche Genehmigung des Verlages reproduziert oder unter Verwendung elektronischer Systeme verarbeitet, vervielfältigt oder verbreitet werden.

Gedruckt auf umweltfreundlichem, chlor- und säurefrei gebleichtem Papier.

Inhaltsverzeichnis

	Seite
Widmung	8
Helmut Seel: Ein Lebensweg mit Bildung und Politik	9
Bibliographie Helmut Seel	21

Schulpädagogik

Gerhild Bachmann:	*Kriterien der Studierfähigkeit*	29
Fritz Buchberger:	*Lehrer-Bildungsreform als Anliegen*	38
Hans-Jörg Herber:	*Das Unterrichtsmodell "Innere Differenzierung"*	59
Gunter Iberer:	*Humor und Kreativität*	72
Regina Mikula:	*Schulkritik als Impulsgeberin*	79

Pädagogische Psychologie

Lilian Blöschl: *Soziale Interaktion und Depression im Kindes- und Jugendalter* 107

Elfriede Ederer, Karin Strobl-Zöchbauer: *Diagnostik im Rahmen der Teamentwicklung* 115

Hannelore Reicher: *Entwicklungspsychologie in der LehrerInnenbildung* 127

Peter Rossmann, Andreas Gratz, Erika Engel: *Explanationsstil und Depressivität im Kindesalter* 140

Sozialpädagogik

Arno Heimgartner:	*Einblick in den Prozeß der "Sozialen Forschung"*	157
Josef Scheipl:	*Sozialpädagogik in der Ausbildung*	173

| Hubert Stigler: | *Jugendlicher Alkohol- und Zigarettenkonsum* | 196 |
| Michael Wrentschur: | *Querstadtein* | 215 |

Systematische Pädagogik

| Ilse Brehmer: | *Jenseits der Geschlechtergrenzen* | 239 |
| Gertrud Simon: | *Erziehungswissenschaft zwischen Tradition und Neubestimmung* | 252 |

Weiterbildung

Rudolf Egger:	*Bildung à Dieu?*	258
Elke Gruber:	*Fortbildung und Bildungsfürsorge*	279
Georg Hahn:	*Und sie bewegt sich doch!*	301
Sylvia Hojnik:	*Bilden sich Frauen – etwas ein?*	318
Werner Lenz:	*Lebensbegleitendes Lernen statt Erwachsenenbildung?*	329
Erich Ribolits:	*Lehrlingsausbildung in Österreich – Misere mal drei!*	343

Autorinnen und Autoren 359

Helmut Seel

Widmung

Helmut Seel hat die Entwicklung des Instituts für Erziehungswissenschaften an der Universität Graz seit zweieinhalb Jahrzehnten entscheidend mitbestimmt. Diese Festschrift bringt zum Ausdruck, welche wissenschaftliche Qualität und Vielfalt in dieser Zeit am Institut entstanden ist. Seinen "65er" nehmen Mitarbeiterinnen und Mitarbeiter zum Anlaß, um unserem Professor und langjährigem Institutsvorstand für seine Arbeit auf diesem Wege zu danken.

Die gesellschaftlichen und die legistischen Rahmenbedingungen haben sich verändert. Die Universität und somit das Institut für Erziehungswissenschaften stehen vor strukturellen Innovationen. Dadurch erfüllt die vorliegende Publikation noch eine weitere Aufgabe. Sie markiert den Standort der wissenschaftlichen Arbeit, der von den Mitarbeiterinnen und Mitarbeitern erreicht wurde. Sie zeigt eine wissenschaftliche Produktivität, für deren Zustandekommen die Leistungen unserer Sekretärinnen ebensowenig zu vergessen sind wie die anregenden Auseinandersetzungen mit unseren Studierenden.

Doch nicht nur innerhalb der "scientific community" gilt es, mit einer Publikation Aufmerksamkeit zu erreichen. In der sich wandelnden Universität ist Vorsicht geboten, nicht ungebührlich verdrängt zu werden. Das wissenschaftliche Potential der Pädagogik, die damit verbundene theoriegeleitete Reflexion und praxisorientierte Analysefähigkeit erfüllen wichtige gesellschaftliche Aufgaben. Insofern ergibt sich ein dritter Zweck dieses Buches. Es hilft, die Bedeutung der Erziehungswissenschaft im universitären Spektrum der Disziplinen wahrzunehmen.

Im Namen der Mitarbeiterinnen und Mitarbeiter des Instituts danke ich Helmut Seel für sein Engagement und wünsche ihm weiterhin erfolgreiches Schaffen und gutes Gelingen.

Werner Lenz   Graz, im Februar 1998

Helmut Seel: Ein Lebensweg mit Bildung und Politik

Lebenslauf

Helmut Seel wurde am 28. Februar 1933 in Hollabrunn, Niederösterreich, geboren. Sein Vater, ein absolvierter Diplomingenieur der Hochschule für Bodenkultur, war in Molkereibetrieben tätig, seine Mutter Hausfrau. Zwei jüngere Brüder, Ludwig und Werner, wurden 1934 und 1944 geboren. 1944 ging die Familie wegen Dienstversetzung des Vaters nach Krumau/Moldau. Nach dem Ende des Zweiten Weltkriegs übersiedelte Familie Seel im Sommer 1945 nach Linz. Dort absolvierte Helmut Seel die Untermittelschule und die Lehrerbildungsanstalt, die er im Jahre 1953 mit der Reifeprüfung abschloß. Die Lehrbefähigungsprüfung für Hauptschulen für die Fächer Deutsch, Englisch, Geographie legte er 1957 ab. Neben seiner Lehrertätigkeit studierte er von 1958 – 1963 an der Universität Graz Pädagogik, Psychologie, Philosophie und Volkskunde. Die Lehramtsprüfung für Pädagogik und Psychologie für Lehrerbildungsanstalten erfolgte 1962. 1963 promovierte Helmut Seel zum Doktor der Philosophie. Das Thema seiner Dissertation lautete: "Der Unterricht in gestaltanalytischer und gestaltpsychologischer Betrachtung". Weitere wissenschaftliche Arbeiten sowie das Verfassen einer Habilitationsschrift mit dem Titel "Lehrobjektivierung in der Bildungsschule" führten schließlich 1972 zur Habilitation an der Hochschule für Bildungswissenschaften in Klagenfurt. Die Lehrbefugnis wurde für die Disziplin "Unterrichtswissenschaft" ausgesprochen. Noch im selben Jahr wurde Helmut Seel an die Universität Graz als Universitätsprofessor für Pädagogik berufen. 1974 übersiedelte er mit seiner Familie an seinen Dienstort. Helmut Seel ist seit 1957 mit Margarete Seel verheiratet. Ihrer Ehe entstammen die drei Kinder Birgit, Gunther und Werner.

Der Lebenslauf, der von ständiger Weiterqualifikation geprägt ist, läßt sich noch um die praktische pädagogische Tätigkeit erweitern. Von 1953 bis 1962 war Helmut Seel Volksschul- und Hauptschullehrer in Neuhofen, Enns und Linz. Von 1962 bis 1968 lehrte er als Professor an der Bundes-Lehrerbildungsanstalt in Linz und von 1968 bis 1970 an der dortigen Pädagogischen Akademie des Bundes. Zwischen 1970 und 1972 war er an die Hochschule für Bildungswissenschaften in Klagenfurt dienstzugeteilt, von 1971 bis 1976 leitete er in Klagenfurt die Abteilung I des Zentrums für Schulversuche und Schulentwicklung des Unterrichtsministeriums. Innerhalb seiner universitären Karriere war Helmut Seel von 1976 bis 1978 Dekan der Geisteswissenschaftlichen Fakultät. In mehreren zweijährigen Amtsperioden sowie gegenwärtig fungierte und fungiert er auch als Vorstand des Instituts für Erziehungswissenschaften. Sein politisches Engagement erfüllte Helmut Seel von 1983 bis 1994 als Abgeordneter zum Nationalrat. In den Jahren 1992 bis 1994 war er als Schulsprecher der SPÖ tätig. Seine diversen Mitgliedschaften und Funktionen in öffentlichen und privaten Einrichtungen brachten ihm auch öffentliche Anerkennung. Dies kommt in der Verleihung des Großen Goldenen Ehrenzeichens des Landes Steiermark 1987 und des Großen Goldenen Ehrenzeichens der Republik Österreich 1994 zum Ausdruck.

Abgesehen von diesen Eckdaten soll die Wiedergabe eines Gesprächs mit dem Jubilar seine persönlichen Ansichten, Einschätzungen und Überlegungen mehr in den Vordergrund stellen. Das Gespräch mit Helmut Seel (S) führte Werner Lenz (L).

Ansichten und Einsichten

L: Inwiefern haben sich der Zweite Weltkrieg und die Nachkriegszeit auf Deine Entwicklung und Bildungswege ausgewirkt?

S: Es gibt wenig Erinnerungen an den Krieg, weil ich in einer Stadt aufgewachsen bin, die von den Kriegswirren wenig betroffen war. Er hat sich nur in der Form ausgewirkt, daß mein Vater gegen Ende des Krieges versetzt wurde und die Familie von Hollabrunn nach Krumau und nach Ende des Krieges nach Linz übersiedelte. Dramatische oder traumatische Erfahrungen habe ich im Krieg nicht gemacht, weil ich nicht in Krisengebieten gelebt habe. Die Situation nach dem Krieg ließ aufgrund der beruflichen Möglichkeiten des Vaters ein Hochschulstudium für uns Söhne nicht zu. Das hätte die Leistungsfähigkeit der Familie überstiegen. Daher sind alle Söhne den Weg der berufsbildenden höheren Schule gegangen. Mein jüngster Bruder ist auch Lehrer geworden, der andere Steuerberater; sein Weg ging über die Handelsakademie. Das waren die Alternativen. Mein Interesse am Studium wurde während der

Ausbildung an der Lehrerbildungsanstalt verstärkt und es hat sich auch präzisiert.

L: Was hat Deine Entscheidung, Lehrerbildner zu werden, beeinflußt?

S: Zum Teil gute, zum Teil weniger befriedigende Erfahrungen in der Lehrerbildungsanstalt, die eigenen Erfahrungen als Schüler dieser Institution; durchaus in dem Sinn, daß ich dem einen oder anderen Lehrer begegnet bin, der mir aufgrund seiner wissenschaftlichen Kenntnisse imponiert hat.

L: Welche Lehrer waren das?

S: Der Lehrer für Pädagogik hat mich beeindruckt sowie der eine oder der andere Ausbildungslehrer in der schulpraktischen Ausbildung.

L: Hast Du im Fach Pädagogik schon Vorwissen gehabt?

S: Nein, das war ein neuer Lernbereich. Meine Wunschvorstellung war ja eigentlich ein Lehramtsstudium, ich wäre sehr gerne Lehrer für Geschichte und Geographie geworden. Das waren die Fächer, die ich in der Unterstufe der Mittelschule und Realschule schon sehr gemocht hatte. Die Pädagogik habe ich neu entdeckt.

L: Meine Liebe zur Geographie, ich habe das Fach zwei Jahre studiert, hat mich zum Reisen gebracht. Wie war das bei Dir?

S: Das hat sich nicht ergeben, weil ich aufgrund meiner Karriere in Richtung Volksschullehrer und Hauptschullehrer nach der Ausbildung sofort in den Schuldienst eingetreten bin und bald danach eine Familie gründete. Meine geographischen Interessen haben sich eher auf die Heimat bezogen. Ich habe z.B. die Hausarbeit, die man in der Hauptschullehrerausbildung in einem der Fächer machen mußte, in Geographie geschrieben, die "Geomorphologie des Mühlviertels". Die Flußverläufe des Mühlviertels habe ich empirisch untersucht, alle abgewandert, alles kartographiert. Geographie hat mich als Disziplin sehr fasziniert, aber zum Reisen bin ich nicht gekommen.

L: Würdest Du Dich eher als bodenständigen, heimatverbundenen Menschen sehen oder hast Du ständig Sehnsucht nach Ortsveränderung?

S: Das ist schwer zu beantworten. Ich möchte sagen, daß mich die Leidenschaft nicht unbedingt um die Welt treibt, auf der anderen Seite reise ich gerne. Meine Reisen mache ich aber gerne zeitlich sehr limitiert. Was mich weniger anspricht, ist für längere Zeit den Lebensraum zu wechseln.

L: Reisen mit gesicherter Rückkehr?

S: Reisen mit gesicherter Rückkehr und zeitlich überschaubar. Rückkehr ist etwas, was mich schon eher charakterisiert.

L: Ein Familienmensch – ist das damit gemeint?

S: Das ist impliziert. Ich reise gerne mit meiner Frau, in den letzten Jahren auch mit den Familien meiner Kinder. Ein langes Wochenende, Städtereisen …

L: Dein Lebensweg verläuft entlang einer pädagogischen und einer politischen Linie. Wie gehören sie zusammen und seit wann gibt es diese beiden?

S: Diese Linien haben eine lange Parallelität. Als politisch interessierter Mensch bin ich seit meiner Matura Mitglied eines politisch orientierten Lehrervereins. Ich habe mich für schulpolitische Fragestellungen immer schon interessiert und engagiert. Das Motiv, mich politisch zu engagieren, war um 1953 ein sehr aktuelles. Auf der Basis des Konkordats von 1934 wurde diskutiert, die öffentliche Schule als konfessionelle Schule einzurichten. Dies wollte ich aufgrund meiner Einstellung bezüglich Freiheitsliebe und Vernunftorientiertheit nicht als sinnvoll akzeptieren. Meine politische Positionierung hängt also zu einem nicht geringen Teil mit dieser damaligen schulpolitischen Situation zusammen, bei der ich meinte, mich für die interkonfessionelle öffentliche Schule engagieren zu müssen. Die sozialistische Partei hat sich für die Ablehnung des Konkordats 1934 stark gemacht, und das war ein wichtiger Faktor für mich, der ich als Mittelschüler in katholischen Verbänden meine Freizeit verbracht hatte. Ich bin sozusagen ein gelernter Sozialdemokrat, kein geborener. Die Schulpolitik hat mich im besonderen Maß dazu veranlaßt. Eine politische Karriere hatte ich nie ins Auge gefaßt, das war nicht der Fall, lange Zeit meines Lebens nicht. Es hat sich zwar bei zunehmender Qualifikation die Aufgabe einer Politikberatung als Wissenschaftler, als Experte für verschiedene schulpolitisch relevante Fragestellungen ergeben, aber das direkte Engagement in einer politischen Arbeit hatte ich nie in meinem Leben geplant oder angestrebt. Das ist mir in Graz angeboten worden. Dieses Angebot hat mich natürlich gereizt.

L: Das Nationalratsmandat?

S: Ja, weil ich die Erfahrung machen wollte, ob man auf dieser Ebene etwas bewegen und etwas verändern kann. Bis dahin hatte ich nur gute Ratschläge gegeben, die dann oft verworfen oder ignoriert wurden. Es ist natürlich dann ein Lernprozeß gewesen, in dem ich erfahren habe, auch dort nicht wirklich die letzten Entscheidungen gestalten oder treffen zu können. Rücksichtnahme auf übergeordnete politische Gegebenheiten ließen eine unabhängige Schulpolitik oder Hochschulpolitik als etwas Utopisches erscheinen.

L: War das ein positiver Lernprozeß?

S: Es war sicher ein positiver Lernprozeß. Und ich glaube, es war mir möglich, das eine oder andere zu bewegen und zu verändern.

L: Kannst Du ein paar Beispiele nennen?

S: Das erste, was ich weitgehend beeinflussen konnte, war das Studienberechtigungsgesetz, dann Gesetze im Hochschulbereich: das Fachhochschulstudiengesetz, aber auch das viel diskutierte und kritisierte Universitätsorganisationsgesetz 93. Leider ist mein Einfluß vor der Gesetzgebung im Studienrecht durch mein Ausscheiden aus dem Parlament abgebrochen. Ich meine, das neue Studiengesetz würde ein bißchen anders aussehen, wenn ich noch hätte mitwirken können.

L: Diese Beispiele betreffen die Universität, gibt es solche auch für die Schule?

S: Im Schulbereich ist es interessanterweise anders gewesen, obwohl ich mich vorher in der Politikberatung vorwiegend im Schulbereich engagiert habe. Es hat sich in der parlamentarischen Tätigkeit bezüglich der Schulpolitik wenig wirklich Interessantes ergeben. Das hängt einerseits damit zusammen, daß in einer langen Tradition der Unterrichtsminister von der eigenen Fraktion gestellt worden war und daher ein gewisses Auseinandersetzungspotential nicht so deutlich wurde. Außerdem waren gewachsene Strukturen in der Interessensvertretung bereits vorhanden. Der Schulsprecher der SPÖ war gemäß langer Tradition immer der Präsident des Wiener Stadtschulrates. Diese Situation hat sich erst geändert, seit 1992 der Präsident nicht mehr Abgeordneter war. Auf diese Art und Weise ist mir die Schulsprecherfunktion eigentlich eher in den Schoß gefallen. Das war etwas, was man aufgrund der traditionellen Entwicklungen nicht voraussehen konnte. Es sind in der Schulpolitik einige Dinge natürlich auch gut gelaufen, gelungen, etwa die Behindertenintegration, die Autonomie im Lehrplanbereich, um einige Dinge zu nennen, die in dieser Zeit dann verabschiedet wurden.

L: Hat sich in der Schule in den letzten zwanzig Jahren mehr verändert als in der Universität?

S: Es ist wahrscheinlich in den beiden Bereichen konträr. Im Schulbereich hat sich aufgrund verschiedener Rahmenbedingungen gesetzlich eigentlich wenig getan in diesen zwanzig Jahren. Es hat keine dramatischen Neuerungen gegeben. In der Realität der Schule habe ich den Eindruck, daß sich das ganze Schulklima in den letzten zwei Jahrzehnten jedoch wesentlich verändert hat. Ich würde sagen, eine sehr viel mehr schülerorientierte Grundeinstellung ist heute bei der großen Mehrzahl der Lehrer erkennbar. Auch das Wahrnehmen von autonomer Gestaltung ist etwas, was durchaus anerkennenswert erscheint. Die Schule hat sich verändert und sie hätte sich sogar noch weiter verändern können, wenn man wenigstens gewisse Dinge nicht blockiert hätte wie z.b. die Reform der Leistungsbeurteilung.

L: Denkst Du an die Gesamtschule?

S: Eine sachliche Diskussion darüber war mit den Schulpolitikern der ÖVP nie möglich. Und es ist etwas, das für Österreich wegen des Gesamtschulcharakters der Hauptschule in einer spezifischen Form diskutiert werden müßte. Was man in Österreich politisch hätte machen müssen, wäre gewesen, die Reputation der Hauptschule so zu fördern, daß sie die Unterstufe der allgemeinbildenden höheren Schule überflüssig macht. Der in der Bundesrepublik Deutschland eingeschlagene Weg war ja für Österreich eigentlich nicht adäquat.

L: Kommt die Gesamtschule auf leisen Sohlen?

S: Sie ist in einem Punkt Realität durch die Identität der Lehrpläne und die Gleichwertigkeit der Abschlüsse in den beiden Schultypen. Es ist ein Problem der Schulorganisation, daß es noch nicht zu einer völligen Auflösung der Hauptschule gekommen ist. Weil einfach in bestimmten Regionen AHS-Unterstufen nicht zur Verfügung stehen, daher haben sich die Hauptschulen erhalten. Wir leisten uns den Luxus, zwei gleichwertige Schultypen nebeneinander zu führen. Das ist das Absurde der österreichischen schulpolitischen Situation. Leider kam es zu keiner einheitlichen Lehrerbildung.

L: Noch ein Blick auf die Universität.

S: Bei der Universität sehe ich die Entwicklung im umgekehrten Sinn. Hier gibt es zwar eine Reihe eindrucksvoller gesetzlicher Neuregelungen: Studiengesetze und Organisationsgesetze. Ich meine aber, daß die Entwicklung an der Universität eigentlich in eine problematische Richtung gegangen ist. Es ist zu einer starken Verschulung gekommen durch die Einführung der Diplomstudien auch in dem Bereich der geistes- und naturwissenschaftlichen Fächer. Man kann sagen, da wurden diese Fächer angeglichen an die Studien in anderen Bereichen und Disziplinen. An die ökonomischen und technischen Studien, wo es sie in diesem Sinn auch schon vorher gegeben hat. Die zweite ist natürlich die Massenuniversität, aber ich möchte das Wort nicht in einem abwertenden Sinn verstanden wissen. Erreicht wurde die Öffnung der Universität.

L: Ein politischer Erfolg?

S: Ein politischer Erfolg in jeder Hinsicht, ein bildungspolitischer Erfolg. Es besteht natürlich auch ein Problem der Ressourcen. Die Schulressourcen sind systematisch angehoben worden, wenn man z. B. das Anwachsen der Lehrerzahlen auch bei rückläufigen Schülerzahlen betrachtet. Eine ähnliche Entwicklung ist für den universitären Bereich einfach nicht auszumachen. Den zunehmenden Studierendenzahlen stehen kaum Reaktionen in bezug auf die personelle Ausstattung der Universitäten gegenüber.

L: Wenn Du mich über die zu großen Studentenzahlen klagen hörst, bist Du enttäuscht? Machst Du Dir Sorgen um das Erreichte? Fürchtest Du einen bildungspolitischen Rückschlag?

S: Nein, ich bin zunächst einmal nicht enttäuscht von einer solchen Äußerung, weil ich ja gerade gesagt habe, daß ich kritisiere, daß die bildungspolitische Intention nicht von der entsprechenden Sicherung der Ressourcen begleitet war. Diese Abwehrreaktion von Betroffenen halte ich in dieser Situation nicht für bildungspolitischen Hochverrat. Das ist etwas, was mit dieser unterschiedlich verlaufenen Entwicklung im Hochschulsektor und im Schulsektor zusammenhängt. Mich stört, daß es zu keinem Ressourcenaustausch kommen kann.

L: Siehst Du die Entwicklung dahingehend, daß man die Universitäten verkleinern muß, was die Studierendenzahlen betrifft?

S: Verkleinern wäre natürlich eine Strategie, um bei gleichbleibenden Ressourcen die Qualität zu sichern oder mittelfristig sogar wieder anzuheben aufgrund der erweiterten Forschungsleistung der Universitäten. Wenn es ein Prozeß der besseren Leitung der Studierendenströme ist, habe ich dagegen nichts einzuwenden. Wenn die Fachhochschulstudiengänge entsprechend weiterentwickelt würden, dann kann ich mir vorstellen, daß viele Studenten dort das Ausbildungsziel erreichen, das sie individuell anstreben und das gesellschaftlich bedeutsam ist. Eine solche Umlenkung der Studenten zu anderen akademischen Abschlüssen mit berufsausbildendem Charakter erachte ich für höchst angemessen. Der Nebeneffekt, daß dann weniger Studenten im wissenschaftlich ausgerichteten Diplomstudium bleiben, wäre ein sehr wünschenswerter Effekt, den ich dann bildungspolitisch gar nicht kritisieren würde.

L: Das erinnert mich ein bißchen an Deinen Bildungsweg nach dem Krieg, wo Du gesagt hast, ihr seid über die berufsbildenden Schulen zu dem gekommen, was ihr geworden seid?

S: Das ist mir nicht aufgefallen, aber es stimmt, daß sich eine gewisse Parallelität zeigt. Im Blick auf meine Karriere, nämlich Lehrer gewesen zu sein, oder zum Lehrer ausgebildet worden zu sein und dann erst das Fach Pädagogik zu studieren, rechne ich mir das als ein Plus für meine Betrachtungsweise der Fachdisziplin an. Ich würde im Prinzip sehr begrüßen, daß man sich stufenweise qualifiziert und dazwischen Perioden der Praxis, der Anwendung des Gelernten durchläuft.

L: Vor einigen Jahren gab es den Ausdruck 'Sandwich'-Studium; ein Teil Studium, ein Teil Arbeit. Du hast das eigentlich ideal in Deiner Biographie erfüllt?

S: Das Ideal hat nur insofern eine kleine Schlagseite, weil ich es nicht in Form des 'Sandwich', sondern der Parallelentwicklung absolviert habe. Da ergibt sich natürlich das Problem, daß dann beides nicht immer in der entsprechenden Qualität gesichert sein kann. Ich glaube, daß ich meine Pflichten als Lehrer damals gut erfüllen konnte, als ich studiert habe. Aber die Qualität des Studiums war reduziert. Das Studium war davon geleitet, möglichst zeit- und arbeitsökonomisch zu den erwünschten Abschlüssen zu kommen. Was aber eben ein Studium bieten sollte oder könnte, eine breitere und über das Fach hinausschauende Beschäftigung mit verschiedenen interessanten Fragen, war ein wenig eingeschränkt.

L: Aber Deine Karriere zeigt, daß es diesen Weg gibt und daß man sich auf diesem Weg auch entwickeln und etwas aneignen kann?

S: Das schon, oh ja.

L: Wie blickst Du insgesamt auf Deine politischen Erfahrungen zurück?

S: Insgesamt positiv. Allerdings war der Preis nicht gering. Der Preis war, daß ich eine sich abzeichnende interessante wissenschaftliche Karriere zurückgestellt habe, die nicht mehr nachzuholen ist. Die politische Arbeit hat zuviel Energie und Zeit gebunden, das fehlt natürlich als Investition in die wissenschaftliche Arbeit und wissenschaftliche Entwicklung. Das ist das einzige, was mir manchmal zu denken gibt: ob sich das wohl ausgeglichen hat, das, was ich in der Politik leisten konnte und das, was ich rein hypothetisch etwa im Bereich der Wissenschaft hätte tun können.

L: Unlängst habe ich von Dir den Satz gehört: Man soll prüfen, was jemand kann und nicht prüfen, was jemand nicht kann. Ist das eine Deiner pädagogischen Überzeugungen?

S: Diesen Satz halte ich für ganz wichtig, wenn der zweite Teil dabeisteht. Was damit gemeint ist: das Positive erkennen und nicht das Negative suchen. Das ist eine Einstellung, von der ich glaube, daß sie mich doch prägt. Ich habe es nicht mehr im Gedächtnis, aber ich glaube, es steht in den "Maximen und

Reflexionen" Goethes eine Formulierung, die in diese Richtung geht: Wenn du die Menschen nimmst, wie sie sind, machst du sie schlechter. Wenn du sie aber so nimmst, wie sie sein sollen, gibst du ihnen die Möglichkeit, das zu werden, was sie werden können. Meine pädagogische Grundeinstellung ist die: aus dem Menschen kann etwas werden, dabei möchte ich ihn unterstützen, besonders bezüglich des Vernünftigerwerdens. Man kann zur Selbstbestimmung des Menschen beitragen.

L: Hast Du Vorbilder gehabt, Pädagogen, Politiker, Persönlichkeiten, an denen Du Dich orientiert hast?

S: Mit dieser Frage habe ich Probleme, ehrlich gestanden. Es gab immer Menschen, die mich beeindruckt haben, z.B. mein Pädagogiklehrer an der Lehrerbildungsanstalt, dem ich sicher viele Impulse meiner Entwicklung verdanke, oder mein Universitätslehrer an der Grazer Universität, Professor Weinhandl. Aber ich würde nicht sagen, daß ich ihnen nachzueifern bemüht war. Sie haben mir wichtige Impulse und Muster gegeben. Das war auch so in der Politik; da haben mich viele beeindruckt, aber man kann nicht sagen, ich hätte ein Vorbild gehabt, ein direkt nachahmenswertes. Es ist kurios, das ist mir nie so bewußt geworden wie jetzt, gerade bei der Beschäftigung mit dieser Frage.

L: Heißt das, daß Du Dich als eine sehr selbstbewußte, eigenwillige Persönlichkeit siehst, die Rücksicht auf andere nimmt, aber den eigenen Weg geht?

S: Das sehe nicht ganz so. Ich bin, auch wenn ich mich nicht an Vorbilder anlehne, doch ein Mensch, der sich gerne an Autoritäten orientiert, zumindestens für einen gewissen Entwicklungszeitraum. Ich würde mich da keinesfalls als jemanden sehen, der sich nicht stark beeinflussen ließe von mir imponierenden Menschen. Aber das bleibt sozusagen auf Segmente beschränkt und erfaßt nicht die Person als Ganzes. Das ist der eine Aspekt, der da zu beachten wäre. Der zweite steht mit meinem pädagogischen Credo in Zusammenhang. Ich schenke in hohem Maße Vertrauen und bin betroffen, wenn sich Erwartungen nicht erfüllen. Ich bin in meinem Verhalten von den Rückmeldungen anderer Menschen beeinflußt.

L: Heißt das, Du bist ein sehr sozialer Mensch?

S: Das kann ich als Charakteristikum gelten lassen.

L: Was fällt Dir auf, wenn Du Dein Aufwachsen nach dem Krieg mit den Lebensbedingungen der jungen Generation vergleichst?

S: Das Aufwachsen der jungen Generation ist schon wesentlich anders, weil ihr gewisse Probleme des Lebens nicht in der Nachdrücklichkeit begegnen, wie sie der Generation nach dem Weltkrieg begegnet sind. Heute zu lernen, den Überfluß nicht als das Normale zu nehmen, halte ich für eine ganz wichtige pädagogische Aufgabe. Auch in der Wohlstandsgesellschaft hängt das, was man erreichen kann und sichern möchte, von der eigenen Leistung, der Bemühung, der Anstrengung ab. Wenn sich vieles auf einem anderen Level erreichen läßt, als es meiner Generation vergönnt war, ist das natürlich sehr schön. Aber es gibt Eigenverantwortlichkeit für die Lebensbedingungen. Das zu vermitteln, halte ich für wichtig. Ich meine, wenn eine solche Grundeinstellung vorhanden ist, dann kann eine neue Generation aus den Bedingungen des Lebens immer etwas Gutes machen. Was sie benützt, was sie verwendet, als Produkt der eigenen Anstrengung zu sehen, auch wenn sich ganz andere Möglichkeiten bieten als einer Generation vorher. Ich habe unter dem Gesichtspunkt, daß ich meine, die Konfliktpotentiale in unserer Gesellschaft reduzieren sich, kein negatives Bild von der Gesellschaftsentwicklung. Die Kinder und Enkelkinder, Enkelkinder insbesondere, werden sicher anders leben, unter anderen Rahmenbedingungen eben, aber die Qualität des Lebens wird von denselben Faktoren abhängen, die auch für uns wichtig waren.

L: Beunruhigt Dich, daß es zunehmend weniger Erwerbsarbeit gibt?

S: Ich meine, daß sich die Verteilung von Arbeit in der Gesellschaft zu ändern haben wird und daß vor allem in der Bewertung dessen, was Arbeit ist, sich etwas zu verändern hat. Wenn die Leistung nicht mehr zur Sicherung der primitivsten Lebensgrundlagen gebraucht wird, dann kann sie für gestaltende Entwicklungen frei gemacht und genützt werden. Ich halte es einfach für eine wichtige Sache, Dinge mit Einsatz zu betreiben, die sich nicht gleich in eine gewisse ökonomische Perspektive umsetzen lassen. Das war eigentlich, was mich ein Leben lang geleitet hat: Denn als ich zu studieren begonnen hatte, war keine Karriere vorgeplant. Die ist mir letzten Endes in den Schoß gefallen. Es waren glückliche Umstände, aber ich konnte sie nur nützen, weil ich mich vorher um die Sicherung der Voraussetzungen selber bemüht hatte – aus Selbstzweck, eigentlich nur im Sinne der eigenen Entwicklung. Und das ist etwas, was ich vermitteln möchte: nicht am Beginn jeder Anstrengung zu fragen, was kommt am Schluß für mich heraus.

L: Aus Deiner Lebenserfahrung weißt Du, daß sich Leistung und Anstrengung lohnt. Es passiert viel, man soll bereit sein und dann zugreifen. Ist das eine Empfehlung?

S: Ja, das ist eine Empfehlung.
L: Mein Eindruck ist, daß man heute erst wissen will, was herauskommt und dann überlegt zuzupacken.
S: Ja, das möchte ich auch als ein sehr charakteristisches Phänomen sehen, aber ich kritisiere diese Einstellung.
L: Also man muß nicht gleich wissen, wie die Spitze des Berges ausschaut, man soll sich einmal auf den Weg machen und über den Weg freuen, den es gibt.
S: Das ist sehr gut charakterisiert.
L: Gibt es Ziele, Vorhaben, Ideen für die nächste Zeit, die Du gerne umsetzen willst?
S: Ich möchte noch einmal ein paar Dinge weiter-, sozusagen zu Ende zu führen. Noch einmal etwas in die Lehrerausbildungsreform investieren, auch angesichts der Veränderungen in der Schulentwicklung und in den Studien. Die Berufung nach Graz auf die Lehrkanzel für Pädagogik brachte ja eine Veränderung, zumindest eine Erweiterung des wissenschaftlichen Tätigkeitsfeldes mit sich. Ich glaube, daß vielleicht ein Resümee in der Unterrichtswissenschaft noch etwas bringen könnte. Ich habe konkret Versuche der internationalen Zusammenarbeit auf dem Gebiet der Didaktik und Schulpädagogik noch einmal ins Auge gefaßt.
L: Heißt das schreiben?
S: Schreiben und lehren.
L: Dein Didaktikbuch ist noch immer in Verwendung.
S: Es kommt sicher keine vierte Auflage der "Allgemeinen Unterrichtslehre", das ist nicht geplant. Aber etwas zu machen, was noch näher an der Praxis der Lehrer ist, praxisbeeinflussend eingesetzt werden könnte, das wäre schon noch eine Herausforderung. Das ist etwas, was mich ein wenig unbefriedigt gelassen hat: Möglichkeiten, die die Wissenschaft zur Verfügung stellt, werden in der Lehrerausbildung noch zu wenig umgesetzt. Damit könnte die Qualität der beruflichen Tätigkeit von Lehrern noch verbessert werden.
L: Du bleibst bei Deiner ursprünglich gewählten Thematik. Sie ist lebensbegleitend. Du versuchst wie ein Maler, ein bestimmtes Bild oder ein bestimmtes Motiv immer wieder neu zu fassen.
S: Ja, das kann man schon so interpretieren, daß sich da ein gewisser Kreis schließen könnte.

L: Du gehst Deinen Weg weiter und er birgt voraussichtlich genug Überraschungen.

S: Genug Überraschungen, und da ist noch vieles, was eine Herausforderung darstellt. Wobei ich allerdings auch sagen muß, daß in meinem Leben viele Dinge nicht erledigt werden konnten, die nicht im engeren Sinn mit Beruf oder gesellschaftlicher Dienstleistung verbunden waren. Das verhinderte Universitätsstudium der Musikwissenschaft könnte mich durchaus noch interessieren. Das war als Nebenfach beim Doktoratsstudium nicht möglich.

L: Du bist ein Opernliebhaber, stimmt das?

S: Ja, das bin ich. Ein Musikliebhaber jedenfalls. Wenn die Möglichkeit besteht, möchte ich das verfolgen. Musik hören ist etwas Schönes, und darüber nachzudenken, macht das Ganze noch schöner. Mit dem Musizieren habe ich leider schon länger aufgehört. Es hat sich aber auch viel Lesestoff aufgestapelt.

L: Welche Ratschläge oder Empfehlungen gibst Du bezüglich der weiteren Entwicklung unseres Instituts?

S: Ich möchte vielleicht mit einem positiven Rückblick beginnen. Ich glaube, daß sich das, was wir als Struktur des Instituts entwickelt haben, bewährt hat. Das behaupte ich im Vergleich zu anderen österreichischen Universitätsinstituten unseres Faches, sodaß ich eine positive Perspektive für die Zukunft ableiten kann: die Orientierung an den Bereichen, wo unser wissenschaftliches Wissen nützt, nicht aufzugeben. Ich sage das deswegen so allgemein, weil dieser Nutzen vielseitig sein kann, das muß nicht nur berufsbezogene Anwendung sein. Die Entscheidung für verschiedene Schwerpunkte birgt jedoch die Gefahr der Partialisierung: Jeder macht nur mehr das, was ihn individuell interessiert. Das halte ich für ungünstig.

L: Vielleicht können wir das als Widerspruch stehen lassen: auf der einen Seite, die Struktur hat sich bewährt, und auf der anderen Seite, die Gefahr der Partialisierung.

S: Ich meine, das sollte man beachten. In diesem Spannungszustand darf man das Allgemeine und das Ganze nicht zugunsten des Speziellen aus dem Auge verlieren.

L: Danke für das Gespräch.

Bibliographie Helmut Seel

Selbständige Schriften

Der Unterricht in gestaltanalytischer und gestaltpsychologischer Betrachtung, Masch. phil. Diss. Graz 1963.
Zeitgemäßer Unterricht und seine Vorbereitung. Linz 1965.
(gem. mit R. Weiss): Programmiertes Lernen. Linz 1967.
Der Unterricht in der Bildungsschule. Linz 1968.
Lehrobjektivierung in der Bildungsschule. Linz 1971 (=Habilitationsschrift).
Allgemeine Unterrichtslehre. Wien 1975, 3. erw. Aufl. Wien 1984.
(Hg. gem. mit F. Buchberger): Lehrerbildung für die Schulreform. Linz 1985.
(gem. mit J. Scheipl): Die Entwicklung des österreichischen Schulwesens in der Zweiten Republik 1945-1987. Graz 1988.
(Hg. gem. mit H. Stigler): Symposion Schule 2020 – Herausforderungen für Schule, Jugendarbeit und Familie durch neue Informations- und Kommunikationstechnologien. Wien, Linz 1991.

Beiträge in Zeitschriften und Sammelbänden

Gehemmtheit als Ursache von Lernschwierigkeiten. In: Erziehung und Unterricht 1960, 110, S. 3–81.
Das Bild im Unterricht. In: Unser Weg 1960, 15, S. 116–124.
Die Bedeutung der Mathematik in der modernen Lerntheorie. In: Unser Weg 1961, 16, S. 221–238.
Lerntheorien und Unterrichtspraxis. In: Unser Weg 1963, 18, S. 63–67.
Zur Frage der Problemstellung im Unterricht. In: Erziehung und Unterricht 1964, 114, S. 521–529.
Zum Unterricht in Geschichte der Pädagogik. In: Unser Weg 1964, 19, S. 521–529.
Der Unterrichtsprozeß als Gestaltphänomen. In: Erziehung und Unterricht 1965, 115, S. 193–200.

Der programmierte Unterricht und unsere Schule. In: Erziehung und Unterricht 1965, 115, S. 518–526.

Die Lieblingsbeschäftigungen der Schulabgänger – Grundlagen zur Freizeiterziehung. In: Unser Weg 1965, 20, S. 38–42, S. 271–278.

Zum Begriff des exemplarischen Lehrens. In: Erziehung und Unterricht 1966, 116, S. 581–590.

Gedanken zur Lehrerautorität. In: Unser Weg 1966, 21, S. 13–19.

Erziehungsstil und Unterrichtsführung. In: Unser Weg 1967, 22, S. 73–81.

Überlegungen zum Bildungsbegriff. In: Erziehung und Unterricht 1968, 118, S. 145–154.

Programmiertes Lernen in der Bildungsschule. In: Rollett, B., Weltner, K. (Hrsg.): Perspektiven des Programmierten Unterrichts. Wien 1970, S. 153–157.

Anmerkungen zu den Schulversuchen im Schuljahre 1970–71. In: Erziehung und Unterricht 1971, 121, S. 156–161.

Die Vorversuche 1970–71 für die Schulversuche in der Schule der 10- bis 14jährigen. In: Erziehung und Unterricht 1971, 121, S. 530–536.

Programmierter Unterricht. In: Benedikt, E. u.a. (Hrsg.): Pädagogische Technologie. Wien 1972, S. 68–73.

Der 2. Klassenzug der Schule und die Schulversuche im Bereiche der 10- bis 14jährigen. In: Erziehung und Unterricht 1972, 122, S. 626–630.

'Schulversuchsarbeit' im Rahmen der Forschungsarbeit an der Hochschule für Bildungswissenschaften in Klagenfurt. In: Österreichische Hochschulzeitung 1971, 23, S. 20–21.

Bildungssinn und Bildungsaufgaben des muttersprachlichen Unterrichts. In: Ferschmann, S., Seel, H., Strunz, J., Wingert, O. (Hrsg.): Die neue Sprachlehre in der Grundschule. Linz 1973, S. 7–16.

Schule und Familie in der Erziehung. In: Pakesch, E. (Hrsg.): Die Familie als Patient. Graz 1974, S. 117–124.

Zu den österreichischen Schulversuchen mit der Gesamtschule. In: Erziehung und Unterricht 1974, 124, S. 434–443.

Die Bedeutung der modernen Lernforschung für die Grundschule und das weiterführende Schulwesen. In: Eder, A. (Hrsg.): Der Mensch als lernendes Wesen und die Bildungsreform. Wien 1975, S. 42–51.

Schulversuche zur Schulreform. In: Spachinger, O., Spreitzer, H., Sretenovic, K. (Hrsg.): Die österreichische Schule 1945–1975. Wien 1975, S. 132–143.

(gem. mit Petri, G.): Eléments d'evaluation. In: Revue Francaise de Pedagogie 1977, 41, S. 22–31.

Zu einer pädagogischen Begründung der Gesamtschule. In: Erziehung und Unterricht 1978, 128, S. 329–336.

Gedanken zur Neuordnung der Bildung der Lehrer für höhere Schulen. In: Erziehung und Unterricht 1979, 129, S. 577–584.

Kind und Schule in der Leistungsgesellschaft. In: Steirische Berichte 1979, 1, S. 6–7.

(gem. mit Petri, G.): Über die Evaluation der österreichischen Schulversuche im Bereich der Schulen der 10- bis 14jährigen. In: Leitner, L. (Hrsg.): Schulversuche im Bereich der Schulen der Zehn- bis Vierzehnjährigen. Wien 1980, S. 168–182.

(gem. mit Krutzler, F.): Überlegungen zur Lehrerrolle und Konsequenzen für die Lehrerfortbildung. In: Erziehung und Unterricht 1980, 130, S. 76–80.

Theorie-Praxis-Vermittlung als ein Kernproblem der Lehrerbildung. In: Erziehung und Unterricht 1981, 131, S. 72–79.

Aspekte der österreichischen Schulreform. In: Erziehung und Unterricht 1981, 131, S. 185–198.

Zur Reform der Eingangsstufe des österreichischen Schulwesens. In: Unser Weg 1981, 36, S. 41–48.

Gedanken eines Schulpädagogen zum Buch: "Das menschliche Dilemma – Zukunft und Lernen." In: Unser Weg 1981, 36, S. 202–210.

Über innere und äußere Schulreform. In: Unser Weg 1981, 36, S. 375–381.

Ein Jahrzehnt Zentrum für Schulversuche und Schulentwicklung – Erfahrungen, Erfolge, Enttäuschungen aus der Sicht eines Betroffenen. In: Schulversuche zur Schulreform, hg. vom BMUK. Klagenfurt 1981, S. 23–27.

Die Neuordnung der Bildung der Lehrer für höhere Schulen – ein Lehrstück zur Studienreform. In: Kärntner Schulversuchsinformationen 1981, 2, S. 25–31.

Schulentwicklung-Schulversuche-Lehrerfortbildung. In: Sturm, J. (Hrsg.): Aspekte der Lehrerfortbildung in Österreich. Beispiel Oberösterreich. Wien 1982, S. 105–112.

Lehrerfortbildung in Österreich unter Berücksichtigung internationaler Entwicklungen. In: Pädagogische Mitteilungen 1982, 9, S. 51–64.

Erziehung und Schule im Spannungsfeld zwischen Leistungsorientierung und Humanisierung. In: Götschl, J., Klauser, Ch. (Hrsg.): Der sozialistische Intellektuelle. Wien 1983, S. 130–143.

Die Heilpädagogik zwischen Erziehung und Behandlung. In: Heilpädagogik 1983, 26, S. 99–107.

Entwicklungen in der Lehrerbildung in internationaler Sicht. In: Haas, K. (Hrsg.): Aspekte der Lehrerfortbildung in Österreich. Beispiel Steiermark. Wien 1983, S. 63–83.

Lehrerbildung und Organisationsreform. Grundlagen einer Erneuerung der Schule. In: Unser Weg 1984, 39, S. 9–17.

Didaktische Schlagwörter oder Impulse für die innere Schulreform? In: Unser Weg 1984, 39, S. 323–333.

Universität und Lehrerausbildung. In: Freisitzer, K., Höflechner, W., Holzer, H. L., Mantl, W. (Hrsg.): Tradition und Herausforderung, 400 Jahre Universität Graz. Graz 1985, S. 555–567.

Lehrerbildung für die Schulreform. In: Buchberger, F., Seel, H. (Hrsg.): Lehrerbildung für die Schulreform. Linz 1985, S. 16–35.

Die Sekundarstufe I im österreichischen Schulwesen: Entwicklung – Reform – Zukunftsperspektiven. In: Erziehung und Unterricht 1986, 136, S. 158–164.

Gesamtschule. In: Hierdeis, H. (Hrsg.): Taschenbuch der Pädagogik. Teil 1. Baltmannsweiler 1986, S. 240–248.

Die Zukunftsperspektive der österreichischen Schulreform. In: Oswald, F. (Hrsg.): Schulreform und Erziehungswissenschaft. Wien 1987, S. 11–23.

Die Schule in der Gesellschaft – Widerspiegelungen und Wechselwirkungen. In: Achs, O., Matzenauer, H., Olechowski, R., Tesar, E. (Hrsg.): Umbruch der Gesellschaft – Krise der Schule? Wien 1988, S. 18–28.

Der Einheitsschulgedanke in der österreichischen Schulentwicklung. In: Lechner, E., Zielinski, J. (Hrsg.): Wirkung, System- und Reformansätze in der Pädagogik. Frankfurt 1988, S. 125–134.

Die schulpraktische Ausbildung im Rahmen der Lehrerausbildung an den österreichischen Universitäten. In: European Journal of Teacher Education 1988, 11, S. 49–58.

Die Heilpädagogik im Rahmen einer kritischen Erziehungswissenschaft. In: Heilpädagogik 2000, hrsg. von der Österreichischen Gesellschaft für Heilpädagogik. Graz 1988, S. 18–30.

Integration – Schlagwort oder Bedingung einer humanen Schulentwicklung. In: Vierlinger, R. (Hrsg.): Eine gute Schule – was ist das? Passau 1989, S. 391–405.

Reifeprüfung oder Reifeerkundung. In: Hrubi, F.R. (Hrsg.): Universität – Bildung – Humanität. Festschrift für Prof. Alois Eder. Wien 1989, S. 275–298.

Gedanken zur Erwachsenenbildung in Gesetzgebung und Verwaltung. In: Erwachsenenbildung in Österreich 1990, 41, 2, S. 2–6.

Zur Situation und den Perspektiven der universitären Lehrerbildung. In: Zeitschrift für Hochschuldidaktik 1990, 14, 3–4, S. 330–341.

Zur Diskussion über Fachhochschule in Österreich. In: Fachhochschule als Alternative zur Universität, hrsg. vom BMWF. Wien 1992, S. 111–122.

Die Aktualität des humanistischen Bildungsbegriffs – Wohin geht die österreichische Schule? In: Österreichisches Religionspädagogisches Forum 1992, 2, S. 85–95.

Bildung durch Wissenschaft in Schule und Erwachsenenbildung. In: Erwachsenenbildung in Österreich 1992, 43, 4, S. 21–27.

Die Hochschulentwicklung in Österreich. In: Akzente 1994, 4, S. 14–24.

Expansionstendenzen und Expansionschancen des Fachhochschulsektors in Österreich. Perspektiven im Feld der Erziehungs-, Sozial-, Gesundheits- und Kulturberufe. In: Höllinger, S., Hackl, E., Brünner, Ch. (Hrsg.): Fachhochschulstudien – unbürokratisch, brauchbar und kurz. Wien 1994. S. 167–184.

Die österreichische Schule im Umbruch. In: Unser Weg 1995, 50, S. 156–166.

Die Entwicklung der österreichischen Schulverwaltung. In: BMUK (Hrsg.): Verwaltungsqualität – Unterrichtsqualität. Innsbruck 1996, S. 41–82.

Die Klassenwiederholung – eine kritische Analyse. In: Unser Weg 1997, 52, S. 1–5.

Randbemerkungen zur Schulautonomie. In: Erziehung und Unterricht 1997, 147, S. 243–256.

Entwicklungsmöglichkeiten der Sekundarstufe II. In: Persy, E., Tesar, E. (Hrsg.): Die Zukunft der 14- bis 19jährigen. Wien 1997, S. 28–46.

Didaktik und Gestaltpsychologie. In: Gestalt Theory 1997, 19, 2, S. 100–127.

SCHULPÄDAGOGIK

Gerhild Bachmann

Kriterien der Studierfähigkeit

Ergebnis einer empirischen Erhebung

1. Zur Aktualität des Themas

Das Institut für Erziehungswissenschaften der Karl-Franzens-Universität Graz, Abteilung Schulpädagogik, befaßte sich in einem Forschungsprojekt mit den Auswirkungen der AHS-Oberstufenreform, welche nach Abschluß der Schulversuche 1986 mit der 11. Schulorganisationsgesetz-Novelle vom 9. Juni 1988, BGBl., Nr. 327/1988 vom Nationalrat beschlossen wurde. Die wesentlichen Neuerungen dieser Reform bestanden in einer Verringerung der Zahl der Schulformen in der AHS-Oberstufe, der Einführung eines Wahlpflichtfachsystems und der Senkung der KlassenschülerInnenhöchstzahl von 36 auf 30. Zusätzlich kam es zu einer Neugestaltung der Lehrpläne nach aktuellen pädagogischen Erkenntnissen. Durchgehend sollten die Realitätsbezogenheit und der fächerübergreifende Unterricht zur Schulung des Denkens in Zusammenhängen stärker berücksichtigt werden (vgl. Lehrplan der AHS 1989, S. 11). In weiterer Folge kam es zu einer Maturareform. Die Verordnung des BMUK vom 7. Juni 1990, BGBl. Nr. 432/1990 legte die Bestimmungen zur Durchführung der Reifeprüfung an den allgemeinbildenden höheren Schulen fest, wodurch es den SchülerInnen ermöglicht wurde, zwischen mehreren gleichwertigen Maturavarianten zu wählen. Jeder Prüfungskandidat und jede Prüfungskandidatin hat seit dem Schuljahr 1992/93 sieben Teilprüfungen teils schriftlich teils mündlich in mindestens vier Prüfungsgebieten abzulegen, wobei schriftliche Prüfungen in Deutsch, einer Fremdsprache und Mathematik und eine mündliche Prüfung in einer lebenden Fremdsprache in jedem Fall verpflichtend zu wählen sind. Neu ist die Möglichkeit, während des ersten Semesters der 8. Klasse freiwillig eine Vorprüfung in Form einer Fachbereichsarbeit abzulegen, welche die vierte Klausurarbeit ersetzt (vgl.

Achs/Rathmeier 1990). Mit diesen Neuerungen wurde u.a.eine Verbesserung der Studienorientierung, der Studienvorbereitung sowie der Studierfähigkeit angestrebt.

Nach wie vor haben die allgemeinbildenden höheren Schulen die Aufgabe, den SchülerInnen eine umfassende und vertiefte Allgemeinbildung zu vermitteln und sie zugleich zur Hochschulreife zu führen (vgl. § 34 des Schulorganisationsgesetzes zit. n. Lehrplan 1989, S. 116). Die Reifeprüfung verleiht eine allgemeine, das heißt für alle Studienrichtungen geltende Studienberechtigung. Lediglich für bestimmte Studienrichtungen, die ganz bestimmte Vorkenntnisse erfordern, die aufgrund der Typenvielfalt des österreichischen Schulwesens nicht in allen Formen vermittelt werden, ist die Ablegung von Zusatzprüfungen erforderlich. Eine Matura ist somit der Eintrittsschein in die Universitäten und Hochschulen. Innerhalb von 3 Semestern nach der Matura entscheiden sich fast 80% der AHS-MaturantInnen für ein Universitätsstudium (vgl. BMWVK 1996, S. 105). Steigenden StudentInnenzahlen stehen jedoch hohe Drop-out-Quoten gegenüber. Die Erfolgsquote ging von etwa 58% in den frühen 70er Jahren, trotz gegenläufiger Phasen, kontinuierlich zurück und erreichte im Studienjahr 1988/89 mit 43% den geringsten Wert (vgl. Dell'mour 1997, S. 178). Viele HochschullehrerInnen klagen über mangelnde Studierfähigkeit (vgl. Tuppy 1988, Stary 1994). Dieses Phänomen besteht jedoch schon seit langem: "Klagen über die Studierenden und ihre (wie immer präziser zu beschreibenden) Voraussetzungen für ein wissenschaftliches Studium sind kein Phänomen der Gegenwart. Sie sind Bestandteil der Universität in all ihren historischen Etappen; einmal mehr, einmal weniger laut beklagt" (Stary 1994, S. 160).

Dies leitet hin zur Frage: Was heißt Studierfähigkeit heute? Studierfähigkeit ist nicht statisch, sondern vielmehr studienverlaufsbezogen zu sehen. Sie ist in ihrer Komplexität nicht erfaßbar, wenn man nur einen einzelnen Zeitpunkt – entweder zu Beginn oder am Ende des Studiums – im Auge hat. Trivial könnte man mit Studierfähigkeit die Fähigkeit bezeichnen, ein ordentliches Studium aufzunehmen und zu seinem erfolgreichen Abschluß zu bringen. Bei der Sichtung deutschsprachiger Literatur zu diesem Thema gelingt es kaum eine befriedigende Festlegung des Begriffes Studierfähigkeit zu erhalten, denn Studierfähigkeit kann nicht durch eine einfache Formel umschrieben werden. Die Fähigkeit zum Studium setzt sich vielmehr aus einer Vielzahl von Faktoren zusammen, die letztendlich Studienerfolg ausmachen. Im Sinne von Heldmann (1984) ist "Studierfähigkeit das Ergebnis eines kontinuierlichen Entwicklungsganges, der über Jahre hinweg den Schüler an bestimmte Formen des Arbeitens heranführt, ihn für Weisen des Sammelns geistiger Erfahrungen aufgeschlossen und ihn mit dem Sachanspruch der einzelnen Fächer ständig konfrontiert hat. Dieser Herausforderung muß sich der Schüler stellen, sie prägt ihn. Der Abschluß (...) ist die Bestätigung dafür, daß der Schüler diese Herausforderung angenommen und damit zugleich die Studierfähigkeit erworben hat" (Heldmann 1984, S. 59). Nach Heldmann wird ein erfolgreiches Studium neben der Studierfähigkeit auch von den Zukunftsperspektiven, die sich ein Student oder eine Studentin setzt, und dem Lernumfeld an der Universität mitbestimmt.

Besondere Aktualität erhielt das Thema der Studierfähigkeit im Jahr 1980, als das österreichische Meinungsforschungsinstitut Fessel & GfK im Auftrag der Österreichischen Rektorenkonferenz festzustellen trachtete, welche Fähigkeiten HochschullehrerInnen verschiedener Studienrichtungen für StudienanfängerInnen in ihrem Fach für besonders bedeutsam halten. Nach der Priorität gereiht, ergaben sich folgende Dimensionen eines Anforderungsprofils: 1. methodisches schlüssiges Denken; 2. autonomes Denken, Selbständigkeit, Initiative; 3. Konzentrationsfähigkeit; 4. selbständiges autonomes Denken; 5. wissenschaftliche Redlichkeit; 6. vorurteilsloses Denken, Diskurs- und Argumentationsfähigkeit; 7. Artikulationsfähigkeit; 8. Ausdauer, Geduld; 9. verantwortliche Anwendung des Wissens; 10. Interesse für die Lösung von Problemen; 11. aktive Mitarbeit in Lehrveranstaltungen; 12. Fleiß, Zielstrebigkeit; 13. Bereitschaft zu Kommunikation und Kooperation; 14. Kenntnisse lebender Fremdsprachen; 15. Kritikfähigkeit gegenüber Autoritäten; 16. hohes Anspruchsniveau an die eigene Leistung; 17. Leistungsmotivation; 18. geschultes Gedächtnis; 19. Kreativität und Phantasie; 20. Fähigkeit zur praktischen Verwertung theoretischen Wissens (vgl. Fessel & GfK 1980, S. 5). Im Mittelpunkt des Anforderungsprofils standen dabei nicht so sehr die konkreten Fachkenntnisse oder die fachspezifischen Fähigkeiten, sondern ein breites Spektrum von generellen Fähigkeiten. Die entscheidenden Dimensionen bildeten sich aus den Bereichen Denkautonomie und Denkökonomie sowie sozialpsychologische Fähigkeiten. Ein idealtypischer Studienanfänger sollte einen hohen Standard an intellektueller und sozialer Flexibilität aufweisen und die Fähigkeit besitzen, übergreifende Strukturen zu erkennen. Darüber hinaus sollte er fähig sein, wissenschaftliche Erkenntnis als dynamischen Prozeß aufzufassen, der Kreativität und Innovationsfähigkeit verlangt (vgl. Fessel & GfK 1980, S. 4). Die den ersten zwölf Komponenten von Studierfähigkeit nach der Fessel & GfK- Studie entsprechenden Mittel- und Streuungswerte werden auch im Aufsatz "Reifeprüfung oder Reifeerkundung" von Helmut Seel (1989, S. 294ff) analysiert.

2. Zur Durchführung der Untersuchung

Zu Beginn des Wintersemesters 1995/96 erhielten alle an der Karl-Franzens-Universität Graz Immatrikulierenden mit AHS-Matura mit den Immatrikulationsunterlagen einen von Prof. H. Seel und der Autorin erstellten Fragebogen, der u. a. Antwort geben sollte auf

- die Gründe für eine bestimmte Variante der Reifeprüfung,
- die Vor- und Nachteile der nichtgewählten Maturavarianten aus SchülerInnensicht,
- die Gegenstände der schriftlichen und mündlichen Matura,
- die Wahl vertiefender und fächerübergreifender Schwerpunktprüfungen,
- die Form der Reifeprüfung bei einer nochmaligen Entscheidung,
- die Themen der Fachbereichsarbeiten,
- die Art der Betreuung während des Schreibens der Fachbereichsarbeiten,
- die besuchten Wahlpflichtgegenstände, unverbindlichen Übungen und Freigegenstände,
- den Zweck eines Hochschulstudiums aus der Sicht der Befragten,
- die Einflüsse auf die Studienwahl und die Kriterien der Studierfähigkeit (Grad der Aneignung verschiedener Faktoren für ein erfolgreiches Studium in der AHS-Oberstufe und deren Wichtigkeit für ein erfolgreiches Studium).

Im darauffolgenden Semester (Mai 1996) wurden Tiefeninterviews zu den Themenbereichen Schulzeit, Fachbereichsarbeit und Studium mit 10 StudentInnen dieser Stichprobe durchgeführt. Im Juni 1997 schließlich erfolgte eine LehrerInnenbefragung zur AHS-Oberstufenreform in der Steiermark.

Aufgrund der vorgeschriebenen, begrenzten Seitenanzahl dieses Beitrags soll an dieser Stelle nur ein Aspekt aus der Fülle der Ergebnisse herausgegriffen werden, nämlich jener der "Studierfähigkeitskriterien". Die Gesamtergebnisse liegen als Forschungsberichte des Instituts für Erziehungswissenschaften vor (Bachmann 1997a, 1997b).

3. Auszüge aus den Befunden

3.1 Die Stichprobe

Der Großteil der neuimmatrikulierenden AHS-MaturantInnen (86,7%) legte die Reifeprüfung im Schuljahr 1994/95 ab und begann somit kontinuierlich mit einem Hochschulstudium. 10,2% der StudentInnen pausierten ein Jahr nach ihrer Matura vor der Immatrikulation an der Karl-Franzens-Universität Graz und 3,1% entschlossen sich erst 2 Jahre nach ihrer Matura für den Beginn eines Studiums. Die befragten AHS-MaturantInnen stammten aus Graz (42,9%), Klagenfurt (5%), Gleisdorf (2,4%), Köflach (2,3%), Leibnitz (2,1%), Feldbach (2,1%), Wolfsberg (2,1%), Villach (2%), Deutschlandsberg (2%), Fürstenfeld (2%), Leoben (1,7%), Salzburg (1,7%), Hartberg (1,4%), Bad Radkersburg (1,2%), Birkfeld (1,2%), Jennersdorf (1,2%), Eisenerz (1,1%), Kapfenberg (1,1%), Mürzzuschlag (1,7%), Stainach (1,1%) und Weiz (1,1%) etc. Das Gymnasium besuchten 46,4% der Befragten, das Realgymnasium 19,1%, das Wirtschaftskundliche Gymnasium 5,2%, das Oberstufenrealgymnasium 23,1% und eine Sonderform der AHS 6,2%. Insgesamt setzte sich die Stichprobe aus 395 (60,9%) Studentinnen und 254 (39,1%) Studenten zusammen (vgl. Tab. 1).

Schulbezeichnung	Anzahl der MaturantInnen	(weiblich/männlich)
Gymnasium:	301	(192 w / 109 m)
Realgymnasium:	124	(53 w / 71 m)
Wirtschaftskundliches Gymnasium:	34	(28 w / 6 m)
Oberstufenrealgymnasium:	150	(98 w / 52 m)
Sonderform der AHS:	40	(24 w / 16 m)
Gesamt	649	(395 w / 254 m)

Tab. 1: Stichprobe nach Geschlecht und besuchter Schultype

Die MaturantInnen hatten als 1. Studienrichtung Medizin (138), Rechtswissenschaften (131), Psychologie (57), Betriebswirtschaft (38), Biologie (32), Pharmazie (31), Anglistik (30), Chemie (17), Mathematik (12), Volkswirtschaft (10), Deutsche Philologie (9), Übersetzerausbildung (9), Französisch (9), Sportwissenschaften (9), Geschichte und Sozialkunde (8), Italienisch (8), Spanisch (8), Kunstgeschichte (6), Physik (6), Musikwissenschaft (6), Pädagogik (5), Soziologie (5), Geschichte (5), Russisch (5), Wirtschaftspädagogik (4), Philosophie (3), Volkskunde (3), Klassische Archäologie (3), Sprachwissenschaft (3), Latein (2), Meteorologie (2), Alte Geschichte (2), Astronomie (2), etc. inskribiert.

3.2 Kriterien der Studierfähigkeit

Die Erstsemestrigen wurden in Anlehnung an die eingangs erwähnte Fessel & GfK-Studie aufgefordert zu beurteilen, welche Faktoren sie für ein erfolgreiches Studium als wichtig erachten und inwieweit sie sich diese in der AHS angeeignet haben. Nachfolgende Tabelle gibt die arithmetischen Mittelwerte (AM) und die zugehörigen Standardabweichungen (s) für die einzelnen Items des Anforderungsprofils an.

Die arithmetischen Mittelwerte zwischen Aneignung und Wichtigkeit der genannten Faktoren unterschieden sich in allen 14 Faktoren signifikant. Es fällt auf, daß die Aneignungswerte in der AHS relativ gute Schulnotenwerte erhielten. (Anm. d. V.: 1 bedeutet angeeignet, ..., 5 bedeutet nicht angeeignet). Am *besten angeeignet in der AHS-Oberstufe* haben sich die MaturantInnen
1. die Fähigkeit und Bereitschaft zu autonomem Denken, Selbständigkeit, Initiative und Selbstkritik (AM = 1,42);
2. den selbständigen Wissenserwerb und die Bereitschaft zu autonomem Lernen (AM = 1,49) sowie
3. die Konzentrationsfähigkeit (AM = 1,52).

Bei der Erstellung einer Rangreihe stehen *nach Wichtigkeit für ein Studium* (Anm. d. V.: 1 bedeutet außerordentlich wichtig, …, 5 bedeutet wichtig) die Faktoren
1. die Fähigkeit und Bereitschaft zur Kommunikation und Kooperation (AM = 2,19),
2. die Konzentrationsfähigkeit (AM = 2,21) und
3. die Fähigkeit und Bereitschaft zu vorurteilslosem Denken, zur argumentativen Auseinandersetzung, der Mut zum eigenen Urteil

		1995/96			
		nach Wichtigkeit		nach Aneignung	
		AM	s	AM	s
a)	Methodisches, schlüssiges Denken	2,53	1,06	1,76*	0,75
b)	Konzentrationsfähigkeit	2,21	0,99	1,52*	1,10
c)	Geduld, Ausdauer	2,48	1,10	1,52*	0,75
d)	Artikulationsfähigkeit: differenzierte Ausdrucksfähigkeit	2,43	1,06	1,63*	0,78
e)	Aktive Mitarbeit in Lehrveranstaltungen	2,96	1,15	2,40*	0,99
f)	Fleiß, Zielstrebigkeit	2,43	1,15	1,65*	0,79
g)	Fähigkeit und Bereitschaft zu autonomen Denken, Selbständigkeit, Initiative und Selbstkritik	2,48	1,14	1,42*	0,65
h)	Selbständiger Wissenserwerb, Bereitschaft zu autonomen Lernen	2,63	1,17	1,49*	1,33
i)	Verpflichtung zur wissenschaftlichen Redlichkeit (des Denkens, Urteilens, Argumentierens, Diskutierens)	2,96	1,04	2,12*	0,92
j)	Fähigkeit zum Erkennen und Definieren von Problemen und fachadäquaten Fragestellungen	2,87	1,00	1,90*	0,77
k)	Fähigkeit und Bereitschaft zur verantwortlichen Anwendung des Wissens, Gewissenhaftigkeit	2,74	1,13	1,87*	0,84
l)	Fähigkeit und Bereitschaft zur Kommunikation und Kooperation	2,19	1,01	1,65*	0,81
m)	Fähigkeit und Bereitschaft zu vorurteilslosem Denken, zur argumentativen Auseinandersetzung, Mut zum eigenen Urteil gegenüber Gruppendruck und sonstigen Zwängen, Offenheit für verschiedene Theorien	2,32	1,12	1,53*	0,81
n)	Verfolgung von Problemstellungen aus Interesse auch ohne unmittelbaren Nutzen, Inverbindungsetzen von eigenen Interessen (Problemstellungen) mit wissenschaftlichen Fragestellungen	2,94	1,18	2,02*	0,85

Tab. 1: Kriterien der Studierfähigkeit nach Wichtigkeit und Aneignung in der AHS

gegenüber Gruppendruck und sonstigen Zwängen, die Offenheit für verschiedene Theorien (AM = 2,32) an der Spitze.

Vergleicht man diese Werte mit den Daten der Fessel & GfK Studie aus dem Jahr 1980, wohlbeachtend daß es sich dort um die Beurteilung der ProfessorInnen handelt, so zeigt sich ein relativ gutes Abschneiden der AHS-Oberstufe in der Untersuchung aus dem Jahr 1995/96. Vor allem der selbständige Wissenserwerb, so scheint es, wurde besser vermittelt.

4. Resümee

Stets gilt es zu beachten, daß allgemeine Hochschulreife, Studierfähigkeit und Allgemeinbildung in einem engen, sachlichen Zusammenhang stehen, der eine Wechselwirkung zwischen Gymnasium und Universität bedingt. Die allgemeine Hochschulreife wird am Gymnasium vermittelt und eine Universität kann ihre Aufgabe nur erfüllen, wenn die StudienanfängerInnen über die sachlich gebotenen Eingangsstandards, d.h. die entsprechenden Fähigkeiten, Kenntnisse, Fertigkeiten und Arbeitshaltungen verfügen (vgl. Haider 1986, S. 261). Durch den veränderten beruflichen und gesellschaftlichen Qualifikationsbedarf werden aber auch neue Anforderungen an Universitätsstudien gestellt. Am Arbeitsmarkt werden persönliche Schlüsselqualifikationen, eine breite Grundlagenausbildung, aber auch neue Spezialisierungen dringend nachgefragt. Universitätsstudien und ein möglichst hoher Bildungsabschluß erhöhen in vielen Bereichen nach wie vor die Berufschancen, geben allerdings keine Garantie auf einen Arbeitsplatz. Weiters von Vorteil sind heute sicherlich Mobilität, Einsatzbereitschaft, gute Fremdsprachenkenntnisse, analytisches Denken, Praktika, gute Noten, analytische und kommunikative Fähigkeiten, Eigeninitiative, Humor, Teamgeist und Kreativität (vgl. trend 1997, S. 105).

Was SchülerInnen künftig lernen sollten, ergibt sich aus den Bedingungen, unter denen Jugendliche in den nächsten Jahren aufwachsen werden. Es stellt sich die Frage, ob die

Kenntnisse und Fertigkeiten, die wir heute für grundlegend halten, auch in Zukunft wichtig sein werden und ob sich diese Kenntnisse und Fertigkeiten auch außerhalb der Schule erwerben lassen. Abschließend sei mit einem Zitat von Per Dalin festgestellt: "Jugendliche sind derzeit einer großen, oft verwirrenden Flut von Eindrücken, Wissensfragmenten und isolierten Informationen ausgesetzt. Die tieferen Lernbedürfnisse – das Leben zu ordnen, Zusammenhänge zu verstehen, die Bruchstücke zu verbinden, eigene Standpunkte zu entwickeln und argumentativ zu vertreten, vom bloßen Wissen zu wirklichem Verstehen fortzuschreiten – drohen darüber zu kurz zu kommen. Dies zu verhindern, ist eine wichtige und schwierige Aufgabe der Schule" (Dalin 1997, S. 23).

LITERATUR

Achs, O., Rathmeier, H. (Hg.): Die neue Reifeprüfung für die AHS. Broschüre. Wien 1990.
Bachmann, G.: Auswirkungen der Wahlpflichtfächer und der Maturareform auf die Studienwahl. Forschungsbericht des Instituts für Erziehungswissenschaften – Abteilung Schulpädagogik. Graz 1997a.
Bachmann, G.: LehrerInnenbefragung zur AHS-Oberstufenreform. Forschungsbericht des Instituts für Erziehungswissenschaften – Abteilung Schulpädagogik. Graz 1997b.
BMUK – Schulservice (Hg.): Die neue Oberstufe. Broschüre. Wien 1991a.
BMWVK (Hrsg.): Hochschulbericht 1996. Band 2. Wien 1996.
Dalin, P.: Schule auf dem Weg in das 21. Jahrhundert. Berlin 1997.
Dell`mour, R.: Erfolgsquoten und Drop-outs an der Universität. In: Haider, Günter (Hrsg.): Indikatoren zum Bildungssystem. Innsbruck, Wien 1997, S. 178–179.
Fessel & GFK (Hrsg.): Studierfähigkeit. Bericht 80/3622. Wien 1980.
Haider, A.: Studierfähigkeit und Hochschulzugang. In: Die allgemeinbildende höhere Schule, 1986, 9, S. 259–264.
Heldmann, W.: Studierfähigkeit. Schriften des Hochschulverbandes, Heft 29, Göttingen 1984.
Lehrplan der AHS, Allgemeiner Teil, 5. – 8. Klasse, Wien 1989.
Seel, H.: Reifeprüfung oder Reifeerkundung? Gedanken anläßlich einer bevorstehenden Maturareform. In: Hrubi, Franz Rupert (Hrsg.): Universität – Bildung – Humanität. Festschrift für Alois Eder zum 70. Geburtstag. Wien 1989. S. 275–298.
Stary, J.: Hodegetik oder "Ein Mittel gegen das Elend der Studierunfähigkeit". In: Das Hochschulwesen 1994, Heft 4, S. 160–164.
Trend 1997, Heft 6, S. 105.
Tuppy, H.: Die Studierfähigkeit der AHS- und BHS-Maturanten. In: VCL 1988, 5, S. 129–138.

Fritz Buchberger

Lehrer-Bildungsreform als Anliegen

In Zeiten rasanten gesellschaftlichen Wandels und damit korrespondierender geänderter Anforderungen und Erwartungen an Bildung und Schule (vgl. Hargreaves 1994, Niemi 1997) erfordert alleine schon die Erhaltung bestehender (und vielfach als unzureichend kritisierter) Leistungsfähigkeit von Bildungssystemen permanent (Schul-) Reform und Innovation. Erst recht jedoch verlangt eine stetig eingeforderte Steigerung der "Qualität"[1] von Bildungssystemen nach laufender (struktureller wie innerer) Schulreform. Maßnahmen zur Erhöhung der "Qualität" der Lehrerbildung in all ihren Bereichen bedeuten dabei eine notwendige Bedingung für gelingende Schulreform und Innovation. Eine am Leitmotiv "Pädagogische Professionalität"[2] orientierte Lehrerbildung für die Schulreform wird unerläßlich.

Als wissenschaftlicher Leiter des gesamteuropäischen Kongresses "Teacher Education and the Changing School" hat H. Seel (1984) in seinem zusammenfassenden Referat diesen Zusammenhang von Bildungs- bzw. Schulreform und Lehrerbildung nachdrücklich festgehalten und Erfordernisse für konkretes (bildungspolitisches) Handeln aufgezeigt. Diese Beziehung

---

1 Vgl. zur uneindeutigen und den laufenden bildungspolitischen Diskurs bestimmende Rhetorik "Qualität" und deren Verwendung im Bereich der Lehrerbildung etwa F. Buchberger (1995) oder F. Buchberger & K. Byrne (1995).

2 Vgl. zum wenig eindeutigen (soziologischen) Begriff "Professionalität" etwa den kriterienorientierten Ansatz von U. Schwänke (1988) oder zu dessen (erforderlicher) Erweiterung zu einem Konzept "Pädagogischer Professionalität" B. Dewe et al. 1992; zur unterschiedlichen Bedeutung wie Verwendung des Begriffs "Professionalität" in verschiedenen europäischen kulturellen Kontexten und den daraus resultierenden Mißverständnissen in der internationalen Diskussion um Lehrerbildung das Themenheft 2-3/1994 des European Journal of Teacher Education.

spiegelt mit ihren beiden Komponenten Schulreform und (Reform der) Lehrerbildung auch zwei wissenschaftliche wie bildungspolitische Schwerpunktsetzungen – und persönliche Anliegen – von H. Seel. Über eine um das Leitmotiv "Pädagogische Professionalität" zentrierte (organisations-) strukturelle, curriculare wie methodische Reform der Lehrerausbildung (vgl. Seel 1979, 1990, 1997) und unterstützt durch Formen einer professionalisierten (kollegialen, schulzentrierten) Lehrerfortbildung (vgl. Krutzler & Seel 1980, Seel 1981a, 1982) sollten in Österreich längst überfällige strukturelle und curriculare Reformen – vor allem im Bereich der Sekundarstufe I – Realisierungschancen erhalten. Der Argumentationshintergrund dafür wird mit politikanalytischen und bildungsgeschichtlichen (Seel 1985), komparatistischen (Seel 1983), professionstheoretischen (Krutzler & Seel 1980) oder wissenstheoretischen (Seel 1981b) Studien ausgeleuchtet, ein Erfahrungshintergrund mit einem an der Universität Graz initiierten Reformprojekt zur Ausbildung der LehrerInnen für höhere Schulen beigesteuert (vgl. Seel 1988). Zudem ist auf zwei didaktische Standardwerke (Seel 1968, 1974) zu verweisen, mit denen H. Seel eine verbesserte theoretische Fundierung der professionellen Tätigkeit von LehrerInnen anstrebt.

Von der Kommission der Europäischen Union oder der OECD vorgelegte Weißbücher (vgl. European Commission 1995), Diskussionsbeiträge zur Bildungsentwicklung (vgl. European Commission 1996, 1997, OECD 1996a) oder Bereichsstudien zu aktuellen bildungspolitischen Problemfeldern (vgl. Bekämpfung von Schulversagen, EURYDICE 1994, OECD 1996b; "Quality in Teaching", OECD 1994; lebensbegleitendes Lernen, OECD 1996a) betonen deutlich die Erforderlichkeit einer engen Verknüpfung von (nachdrücklichst einverlangter) Bildungsreform und Maßnahmen (einer reformbedürftigen) Lehrerbildung. Gleichzeitig können die angeführten Dokumente auch zu Einschätzungen des aktuellen Standes von Bildungssystemen sowie des Erfolgs bzw. Mißerfolgs von Bildungs- und Lehrerbildungsreformen herangezogen werden. Einer geforderten dynamischen Lerngesellschaft (mit ihren Implikationen im schulorganisatorischen, curricularen und lernorganisatorischen Bereich) stünden substantiell reformbedürftige statische

Bildungssysteme und nur bedingt leistungsfähige wie innovationsbereite Systeme der Lehrerbildung gegenüber (vgl. Buchberger & Beernaert 1996). Anstatt Pro-Aktivität wäre (verzögerte) Re-Aktivität beobachtbar. Zudem werden für den Bildungssektor im allgemeinen und die Lehrerbildung im besonderen Problemlösungsversuche nach einer Logik eines "more of the same" einer scharfen Kritik unterzogen[3]. Substantielle Neuorientierung wäre unerläßlich (vgl. Adams & Tulasiewicz 1995, Bayer et al. 1997, Bildungskommission 1995).

Bezogen auf Österreich sind vor allem unerledigte strukturelle und curriculare Reformen der Sekundarstufe I, verdrängte Reformen im Bereich der Sekundarstufe II (vgl. etwa unzureichende Lösungen zum Verhältnis von allgemeiner und beruflicher Bildung) oder eine unzureichende Auseinandersetzung mit Fragen multimediabasierten Lernens und Lehrens oder Problemen des lebensbegleitenden Lernens festzuhalten, welche mit verschleppten wie halbschrittigen (organisations-) strukturellen, curricularen und lernorganisatorischen Reformen der Lehrerbildung (in all ihren Bereichen) in einen engen Zusammenhang gerückt werden können. (Durchaus erfolgreiches) Krisenmanagement, ein im OECD – Vergleich überdurchschnittlicher Einsatz von Ressourcen (vgl. OECD 1996c) oder Eskapismen in didaktische Introversion (vgl. "innere Schulreform") bzw. ins Formelhafte[4] lassen sowohl innerösterreichisch als auch in einem europäischen Vergleich diese ungelösten Probleme nur bedingt als gravierend erscheinen, können jedoch über Reformbedarf nicht hinwegtäuschen. Problemverdrängung und Symptomkosmetik sollten sich nicht (länger) als Barrieren für erforderliche Schulreformen und eine Reform der Lehrerbildung erweisen müssen.

Platzgründe erlauben es nicht, den Strang Bildungs- und Schulreform in diesem Aufsatz weiter zu verfolgen. Vor dem skizzierten Hintergrund wird unter einer bevorzugt komparatistischen Perspektive eine Beschränkung auf eine Diskussion von Orientierungen einer Lehrerbildung für die Schulreform vorgenommen. Gemäß dem Aufgabenrahmen der Vergleichenden Erziehungswissenschaft (vgl. Schriewer 1992) bzw. Vergleichenden Bildungsforschung (Busch 1996) sollen damit Beschreibungs- wie Erklärungswissen zur Erweiterung wie Neudefinition von Problemräumen und Veränderungswissen zur Reform der Lehrerbildung beigesteuert werden. Vorerst wird eine Skizze zur Situation der Lehrerbildung in den Mitgliedsstaaten der Europäischen Union präsentiert. Einige Reformkonzeptionen aus dem deutschen Raum werden in

---

3 Vgl. die Aussage der OECD-BildungsministerInnen von 1991: "The challenges of the 21st century cannot be met with a spirit of more of the same".
4 Vgl. etwa das Niveau der aktuellen (bildungspolitischen) Diskussion um die Formel "Schulautonomie" mit der differenzierten Aufarbeitung des Problemfeldes durch P. Posch & H. Altrichter (1992).

einem zweiten Kapitel vorgestellt. Weitere Problemräume erforderlicher Lehrerbildungsreformen werden anhand des hoch entwickelten Modells der Lehrerbildung in Finnland in einem dritten Abschnitt zu bestimmen versucht. Aus diesen Analysen werden mögliche Folgerungen für Reformen der Lehrerbildung in Österreich zur Diskussion gestellt.

1. Lehrerbildung zwischen Ansprüchen und Beliebigkeiten in einer "sozialen Arena"

"Teacher education in England and Wales is a product of history rather than of logic". Mit dieser scharfen Bemerkung hat H. Judge (1990) den Zustand der Lehrerbildung in England umschrieben. Nach komparatistischen Analysen von Modellen der Lehrerbildung in drei Kontinenten betrachtet T. Popkewitz (1993) vorfindbare Formen von Lehrerbildung als Ergebnisse interessenpolitischer Auseinandersetzungen in einer "sozialen Arena" mit einer Vielzahl von AkteurInnen unterschiedlicher Mächtigkeit (z.B. Regierungen, tertiäre Bildungseinrichtungen mit ihren verschiedenen Interessengruppierungen, Schulverwaltungen, LehrerInnen). Vergleichbar argumentieren etwa J. Ölkers (1995) in Analysen zur Situation der Lehrerbildung in Deutschland oder H. Seel (1985, 1997a) in Studien zu Genese und aktuellem Zustand der Lehrerbildung in Österreich[5]. Zudem belegen F. Buchberger (1994, 1997) oder T. Sander et al. (1996) diese Charakterisierung durch Beschreibungen und Analysen von Modellen der Lehrerbildung in den Mitgliedsstaaten der Europäischen Union.

Die überwiegende Zahl von Modellen der Lehrerbildung in den Mitgliedsstaaten der Europäischen Union muß als Konglomerat mit unterschiedlichen und beinahe beliebig zusammengefügten Komponenten bezeichnet werden.

---

5   Auf interessenpolitisch erklärbare "Weglegungen des ungeliebten Kindes Lehrerbildung" verweisen etwa H. Seel (1985) für die fachwissenschaftliche Bildung der LehrerInnen für höhere Schulen in Österreich an philosophischen Fakultäten oder J. Ölkers (1995) für das Verhältnis von Erziehungswissenschaften und Lehrerbildung an deutschen Universitäten. In beiden Fällen wurde bzw. wird die Lehrerbildung zum Aufbau bzw. der Absicherung von universitären (Organisations-) Strukturen benötigt, ohne daß dies zu einer Auseinandersetzung wie Kultivierung von Aufgaben der Lehrerbildung geführt hätte.

Als Komponenten können erziehungs- und gesellschaftswissenschaftliche, (fach-) didaktische, berufspraktische und fachwissenschaftliche Studien angeführt werden. Diese in der deutschsprachigen Diskussion um Lehrerbildung durchaus gebräuchliche Begrifflichkeit kann jedoch in anderen europäischen kulturellen Kontexten (z.b. England) nur sehr bedingt nachvollzogen werden, in der bevorzugt von professionellen (z.b. Erziehungsphilosophie, Erziehungssoziologie, Methodologie, Praxis) und fachwissenschaftlichen Komponenten gesprochen wird.[6] Eine große Varianz besteht auch hinsichtlich der zeitlichen Anordnung und Verbindung der angeführten Komponenten in konkreten Programmen bzw. Curricula der Lehrerbildung.[7] Daraus resultiert die beobachtbare Vielzahl von Modellen der Lehrerbildung in Europa. Was mit "bunter Vielfalt" umschrieben werden kann, kann gleichzeitig auch als weitreichende Beliebigkeit interpretiert werden.

In ihrer Vielfalt spiegeln die vorfindbaren Modelle der Lehrerbildung vor allem
(i) (mitunter historisch weit zurückreichende und gegenwärtig oft nur noch sehr bedingt legitmierbare) Traditionen[8],
(ii) eine Reihe neuerer Leitmotive, wie Professionalisierung oder Universitarisierung,

---

6 Der wenig befriedigende Entwicklungsstand einer international vergleichenden erziehungswissenschaftlichen Fachsprache scheint bei einer Dominanz des Englischen als lingua franca nicht nur mit verkürzenden Problemraumdefinitionen zu korrelieren. Zentrale Konzepte der deutschsprachigen Erziehungswissenschaften (z.B. Bildung, Didaktik) bedürften dringend einer internationalen Verständigbarkeit. Die Entwicklung einer entsprechenden (internationalen) Fachsprache kann als eine gleichermaßen zentrale wie vernachlässigte Aufgabe der Vergleichenden Erziehungswissenschaft aufgefaßt werden.
7 Vgl. zu unterschiedlichen Anordnungen von Komponenten der Lehrerbildung in Programmen etwa in integrativer, konkurrenter, konsekutiver oder modularisierter Form bzw. nach Phasen der Lehrerbildung (z.B. ein-, zwei-, mehrphasig) F. Buchberger (1994).
8 H. Judge (1990, p.11) führt in vielen Ländern weiter bestehende Segmentierungen der Lehrerbildung für verschiedene Schultypen zurück auf "rooted in patterns of schooling, specifically in the sharp distinction throughout the last century and well into this between public elementary education on the one hand and secondary education provided only for a privileged minority on the other". In der Lehrerbildung zeigt sich dies auch heute noch in vielen Bereichen als "seminaristische Tradition" in der Ausbildung von PflichtschullehrerInnen und als "akademische Tradition" in der Ausbildung von LehrerInnen für die Sekundarstufe II (mitunter auch in der Sekundarstufe I, wie in Österreich).

(iii) Alltagstheorien wie (nicht überprüfungsfähige bzw. überprüfte) Meinungen und Überzeugungen oder

(iv) (politische) Interessen verschiedener Interessengruppen (vgl. H. Seel 1985).

Weitaus seltener sind sie als Ergebnis wissenschaftlich fundierten Problemlösens und rationaler Systemplanung zu verstehen. Zudem muß angemerkt werden, daß sich bislang die meisten Modelle der Lehrerbildung in der Europäischen Union einer Untersuchung ihrer Wirkungen bzw. Wirksamkeit (erfolgreich?) entzogen haben[9]. Dies trifft nahezu ungebrochen auch für die unterschiedlichen Lehrerbildungskonglomerate in Österreich zu (vgl. Buchberger & Gruber 1996a). Eine unzureichende bis fehlende theoretische wie empirische Fundierung von Lehrerbildung kann auch mit einem (hohen) Grad an Abhängigkeit von Traditionen, Leitmotiven, Meinungen, politischen Interessen auf einem Makro-, Meso- wie Mikrolevel oder kurzfristigen "Theoriekonjunkturen" in einen engen Zusammenhang gerückt werden.

Vor dem skizzierten Hintergrund lassen sich trotz einer Fülle unterschiedlichster Detaillösungen in den Mitgliedsstaaten der Europäischen Union einige allgemeine und breitere Entwicklungslinien der letzten dreißig Jahre ausmachen, die sich um das mehrfach interpretationsfähige Leitmotiv "Professionalisierung" zentrieren lassen. Diese scheinen sich allerdings bedingt durch das Aufkommen neokonservativer wie neoliberaler (Bildungs-) Politiken seit Beginn der Achtzigerjahre erneut zu verwischen. Unter Verwendung populistischer und etwa dem Bereich eines New Public Management (NPM) entnommener Rethoriken (z.B. Qualität, Effizienz oder Accountability) sollen in einer antiakademischen Atmosphäre die Lehrerbildung wie auch andere akademische Berufs(vor)bildungen deprofessionalisiert werden)[10]. Schulba-

---

9 Vgl., daß das umfassende Projekt einer einphasigen integrierten Lehrerbildung an der Universität Oldenburg nicht systematisch evaluiert wurde; kontrovers jedoch etwa das umfassende Projekt zur Ermittlung der Wirksamkeit der Lehrerbildung in der Schweiz (vgl. Themenhefte 1 und 2/1997 der Beiträge zur Lehrerbildung) oder finnische Entwicklungen (F. Buchberger et al. 1994). Ferner ist auf gravierende Defizite der Lehrerbildungsforschung zu verweisen, welche nicht selten selbst Mindeststandards empirischer Forschung nicht zu entsprechen imstande ist (vgl. W. Doyle 1990).

10 Angesichts des weitreichenden Fehlens einer berufswissenschaftlichen Fundierung des Lehrerhandelns seitens der Erziehungswissenschaften in vielen Modellen der Lehrerbildung ist zumindest bei Verwendung einer kriterienorientierten Ansatzes von Professio-

siertes Lehrertraining ("school-based teacher training") nach einem (handwerklichen) Anlernmodell mit nur minimaler Beteiligung von Hochschuleinrichtungen wird (erneut) favorisiert (vgl. R. MC Bride 1996). Dennoch können folgende bestimmende gemeinsame Trends in den Mitgliedsstaaten der Europäischen Union festgehalten werden (vgl. ausführlich F. Buchberger 1994):

(i) Verlängerung aller Formen der Lehrerausbildung (einschließlich der KindergartenlehrerInnenausbildung) in der Regel auf mindestens drei Jahre im postsekundären Bildungsbereich
(ii) Einführung neuer Systeme der Lehrerausbildung für Sonderpädagogik oder das berufsbildende Schulwesen
(iii) Erhöhung der Eintrittsvoraussetzungen in die Lehrerausbildung
(iv) Verlagerung der Lehrerausbildung für alle Lehrergruppen an (Fach-) Hochschulen bzw. Universitäten
(v) Stärkere Orientierung der Lehrerausbildung an den professionellen Anforderungen des Lehrberufs bzw. von Schule
(vi) Erhöhung des Anteils berufswissenschaftlicher wie -praktischer Studienkomponenten in den Ausbildungen für SekundarstufenlehrerInnen sowie fachwissenschaftlicher Komponenten in den Ausbildungen für PrimarstufenlehrerInnen
(vii) Verringerung der Fragmentierungen zwischen Ausbildungsformen für unterschiedliche Gruppierungen von LehrerInnen (z.B. durch die Einführung von StufenlehrerInnenmodellen anstatt SchultypenlehrerInnenmodellen oder modularisierte Ausbildungsmodelle)
(viii) Aufbau umfassender Modelle der Lehrerfortbildung

Gemessen an berufssoziologischen Kriterien von Professionalität (vgl. U. Schwänke 1988) bedeutet vor allem die (in Österreich allerdings noch nicht vollzogene) Überführung bzw. Eingliederung aller Formen der Lehrerbildung in den Hochschulsektor zunächst eine strukturelle Entwicklungsoption zu einer weiteren Professionalisierung des Lehrberufs. Komparatistische Analysen zur Er- bzw. Ausfüllung eröffneter struktureller Entwicklungsoptionen in den Mitgliedsstaaten der Europäischen Union lassen ein äußerst hetero-

---

nalisierung (vgl. U. Schwänke 1988) kritisch zu fragen, ob dort Lehrerbildung jemals schon einen professionellen Standard erreicht hatte, der nun seit mehr als zehn Jahren Gegenstand von weiterer Deprofessionalisierung ist.

genes Bild zeichnen: von einem bloßen Austausch von Etiketten (vgl. Irland) über eine Zersplitterung in partikuläre Interessen bei einem Mangel inhaltlich begründeter Reformkonzeptionen (vgl. für Deutschland J. Ölkers 1995) bis hin zu Dynamisierungsschüben für gezielte wissenschaftliche wie organisatorische Entwicklungen (vgl. Finnland, Norwegen). Die Chancen einer verbesserten und professionalisierten Lehrerbildung am Lernort Universität konnten bislang nicht immer genutzt werden.

Ohne an dieser Stelle auf die Vielzahl länderspezifisch unterschiedlicher Problemlösungen eingehen zu können, soll auf sechs weiterhin nur unbefriedigend gelöste allgemeinere Problemfelder hingewiesen werden.

(i) Im englischsprachigen Kontext weisen J. Calderhead & S. Shorrock (1997) in Fortführung von Argumentationen von S. Feiman-Nemser (1990), im deutschsprachigen Kontext J. Ölkers (1995) oder F.-O. Radtke (1996) auf unklare Zielkonzeptionen der Lehrerbildung hin, welche eng mit unklaren bis widersprüchlichen Vorstellungen zur Berufsrolle von LehrerInnen korrespondieren. Dieser Umstand könnte pointiert mit dem Spruch des amerikanischen Unterrichtswissenschafters F. Mager kommentiert werden, daß, wer nicht weiß, wohin er will, sich auch nicht zu wundern braucht, wenn er nirgendwo ankommt. Es kann aber auch interpretiert werden, daß die angesprochenen Zielunklarheiten von verschiedenen Interessengruppen mit ihren diskursbestimmenden Rethoriken gezielt für eigene Interessen kultiviert werden[11]. Vor diesem Hintergrund mögen auch (mikro-) politische Auseinandersetzungen um Studienanteile an der Lehrerbildung (oft als undifferenzierte Forderungen nach einem Mehr an Fachwissenschaft, Erziehungswissenschaft oder "Praxis" ausgedrückt) oder mitunter zu Glaubenskämpfen verkommene Diskussionen um Organisationsmodelle der Lehrerbildung in einem geänderten Licht erscheinen. Mit Zielunklarheiten in einem engen Zusammenhang können auch ungeklärte Fragen nach den möglichen Berufswissenschaften für den Lehrberuf gesehen werden (vgl. Seel 1997b). Weiters ist auf vorbelastete Diskussionen um eine Persönlichkeitsbildung von LehrerInnen oder mitunter verdrängte Auseinandersetzungen zum Problem der Gewinnung berufsethischer Kompetenz in und durch Lehrer(aus)bildung zu verweisen (vgl. V. Buddrus

---

11 Für die Situation der Lehrerbildung in Deutschland hat etwa H. Meyer (1995) die Worthülsenhaftigkeit wie den Mißbrauch der diskursbestimmenden Rhetorik "Bildung durch Wissenschaft" in scharfen Worten aufgezeigt.

1997, F. Oser & J.-L. Patry 1995).

(ii) Während kein Mangel an idealisierenden Vorstellungen zur Berufsrolle von LehrerInnen besteht (vgl. Hentig 1995), liegen bislang ausgereifte Aufgabenanalysen zur beruflichen Tätigkeit von LehrerInnen nur bedingt vor (vgl. Bauer et al. 1996). Damit korrespondiert ein unzureichendes Wissen über jene Qualifikationen bzw. Kompetenzen und Einstellungen, die zur Bewältigung der Aufgaben des Lehrberufs unterstützt durch Maßnahmen der Lehrerbildung erworben werden sollen (vgl. Buchberger 1997b). Wenn an vielen Programmen der Lehrerbildung in den USA kritisiert wird, daß sie aus einem unkoordinierten Mix romantisierender theoretischer Lehrveranstaltungen und wenig geplanter (Schul-) Praxis bestünden (vgl. Houston 1990), dann deutet dies auf Versäumnisse in beiden angeführten Bereichen hin. Für viele Modelle der Lehrerbildung in Europa dürfte die Kritik einer unzureichenden Aufgabenanalyse angesichts deutlich geänderter gesellschaftlicher Erwartungen ebenfalls zutreffend sein (vgl. H. Niemi 1997). Lehrerbildung scheint für eine nicht mehr oder bestenfalls nur noch bruchstückhaft vorfindbare (Schul-) Wirklichkeit vorzubereiten – und selbst dafür nur bedingt angemessene Qualifikationen bzw. Kompetenzen und Einstellungen zu vermitteln[12]. Diesbezügliche Defizite können mit Problemen der Lehrerbildungsforschung gerade im Bereich "learning to teach" in einen engen Zusammenhang gerückt werden. Es mag deshalb auch nicht zu verwundern, daß der Bereich durch "heimliche Theorien" oder Plausibilitäten besetzt erscheint[13].

(iii) Modelle der Lehrerbildung sind weiterhin an statischen Konzeptionen – "Rucksackmodellen" – orientiert, die ihr (fast ausschließliches) Augenmerk auf eine kurze Periode der Lehrerausbildung richten, eine gezielte Einführung in die professionelle Kultur von Schulen vernachlässigen, keine kohärente Weiterbildung anstreben und die permanente Fortbildung weitestgehend der Freiwilligkeit von LehrerInnen überlassen. Eine Diskussion der Unangemes-

---

12 H. Seel (1984) hat diesbezügliche Defizite angesichts geänderter Anforderungen und Erwartungen im Bereich der Sekundarstufe I und II für Österreich nachdrücklich aufgezeigt. Mit der Denkschrift der Bildungskommission Nordrhein-Westfalen (1995) liegt ein weitreichender Entwurf zur Neubestimmung der beruflichen Aufgabenstruktur von LehrerInnen und Erfordernissen einer zu reformierenden Lehrerbildung vor.

13 Vgl. etwa die undifferenzierten Forderungen nach einem Mehr an Praxis oder Praxisbezug oder das unklare Konzept eines "Lernens an Erfahrung". (Neu-)Ansätze der Wissensverwendungsforschung werden ihr Potential zur Lösung noch zu zeigen haben (vgl. F.-O. Radtke 1996).

senheit dieser Konzeption kann an dieser Stelle wohl unterbleiben. Es bleibt nur auf die Fahrlässigkeit hinzuweisen, die sich mit einer solchen Konzeption verbindet.

(iv) Die Gewinnung, Erhaltung und Erweiterung von pädagogischer Professionalität kann als ein permanenter Prozeß über eine in der Regel lange berufliche Laufbahn betrachtet werden. Eine auf Lehrerausbildung reduzierte Lehrerbildung blendet diesen Umstand weitgehend aus. Es mag deshalb auch nicht verwundern, daß eine die professionelle Entwicklung unterstützende permanente Lehrerbildung mit ihren vielfachen Bezügen mit dem System Schule bzw. einem systemischen Lernen bislang unterentwickelt erscheint (vgl. kontrovers Neuansätze, wie sie von F. Buchberger 1994 oder der Bildungskommission NRW 1995 formuliert werden). Zudem scheint die (heimliche) Annahme unterlegt, daß die berufliche Aufgabenstruktur des Lehrberufs eine undifferenzierte wäre.

(v) Wenn für das Lehren bzw. die Lernförderung an Schulen die Forderung nach aktivem Lernen (vgl. Stern & Huber 1997) und die Gestaltung von "powerful learning environments" (vgl. Buchberger et al. 1994) gerichtet ist, dann muß die Frage nach deren Erfüllung in der Lehrerbildung gleichermaßen gestellt werden. Welche Lernkulturen (vgl. Posch 1996) bietet die Lehrerbildung an? Dominieren in der Lehrerbildung etwa an Fachsystematiken orientierte Formen einer Vermittlung statischen Wissens oder aktive Formen des Erwerbs von Professionalität? An welchen Aufgabenstellungen haben (angehende) LehrerInnen Möglichkeiten, ein wissenschaftlich begründetes Lösen von beruflichen Aufgaben und Problemen (im Interesse der KlientInnen) zu erwerben?[14]. H. Meyer (1995) hat anschaulich Defizite in der Lernorganisation der Lehrerbildung festgemacht und nachdrücklich eine Kultivierung einer Didaktik der Lehrerbildung eingefordert (vgl. auch Buchberger 1997a). Zusätzlich muß gefragt werden, warum in nahezu allen Modellen der Lehrerbildung in Europa (angehende) LehrerInnen von einer aktiven Teilnahme an erziehungswissenschaftlicher wie professionsrelevanter Forschung ausgeschlossen bleiben (vgl. Buchberger 1997b).

(vi) Unter institutionellen Aspekten bleibt weitgehend ungeklärt, welche Organisationsstrukturen der Lehrerbildung in all ihren Bereichen eine opti-

---

14 Vgl. zum Konzept einer "wissenschaftlich-klinischen Ausbildung" von LehrerInnen etwa J. Ölkers (1995) oder M. Kennedy (1990).

male Unterstützung der professionellen Entwicklung von LehrerInnen gewährleisten können. Beobachtbare Zersplitterungen der Lehrerbildung in unterschiedliche Einrichtungen, Fakultäten und Institute bei teilweise unklaren Verantwortungsstrukturen müssen als unbefriedigend erscheinen und sind primär als Ergebnisse von Auseinandersetzungen in der "sozialen Arena" erklärbar, weniger unter sachlichen Gesichtspunkten. Das Lösungspotential von erziehungswissenschaftlichen bzw. pädagogischen Fakultäten (vgl. Seel 1988) wird (noch) auszuloten sein.

2. Lehrerbildung – neu gedacht und gestaltet?

Für die Lehrerbildung in den Mitgliedsstaaten der Europäischen Union im allgemeinen und in Österreich im besonderen besteht Reformbedarf (vgl. Sander et al. 1996). Dieser Umstand legt es nahe, jüngste Reformen wie neuere Reformkonzepte in anderen kulturellen Kontexten einer näheren Betrachtung zu unterziehen. So wäre es etwa verlockend, das Modell einer klinisch – akademischen und permanenten Lehrerbildung mit dem Kernpunkt von "professional development schools" für einen rollendifferenzierten Lehrberuf näher zu beleuchten, welches in den USA von der HOLMES COMMISSION (1986) – einem Zusammenschluß führender lehrerbildender Universitäten – entwickelt wurde und verwirklicht wird. Erwähnenswert erscheint auch eine Reformkonzeption, die von der Vereinigung europäischer Lehrergewerkschaften (ETUCE 1995) vorgelegt wurde und sehr stark Vorstellungen folgt, wie sie von F. Buchberger seit Beginn der Neunzigerjahre vorgelegt wurden. Konträr zum Modell einer professionalisierten Lehrer – Bildung der Holmes Commission oder von Etuce hat die englische Open University einer deprofessionalisierenden Logik folgend Lehrer – Trainingsprogramme vorgelegt, die auf multimediagestützten offenen Unterricht und Fernlehre sowie schulpraktisches Erfahrungslernen setzen. Andere englische Veränderungen betreffen eine Deakademisierung der Lehrerausbildung, setzen jedoch auf systematisierte Personalentwicklung, kontinuierliche durch Lehrerfortbildung unterstützte berufliche Entwicklung und effizienzorientierte Organisationsentwicklung.

Damit sind bloß vier Neuansätze aus der Fülle von Reformkonzeptionen der Lehrerbildung benannt. Der zur Verfügung stehende Raum erlaubt keine Beschreibung weiterer Modelle. Eine Reihe gemeinsamer Problemlagen (z.B.

ungelöste Probleme im Bereich der Sekundarstufe I, vergleichbare zweipasige Ausbildungsmodelle für GymasiallehrerInnen[15], statische Lehrerbildungskonzeptionen) oder die schon lange verwirklichte Universitarisierung aller Formen der Lehrerausbildung lassen eine Beschränkung auf deutsche Reformkonzeptionen begründen. Allerdings muß selbst bei dieser Beschränkung eine weitere Eingrenzung vorgenommen werden. (Bestehende interne) Probleme der Lehrerbildung in Deutschland, eine gesteigerte Problemsensibilität wie auch externe Herausforderungen (z.B. Diskussionen um eine Rückstufung der Primarschullehrerausbildung auf Fachhochschulniveau) mögen dazu beigetragen haben, daß seit geraumer Zeit Reformkonzeptionen nahezu inflationär zur Diskussion gestellt werden (vgl. Bauer et al. 1996, Bayer et al. 1997, Hänsel & Huber 1995, Radtke 1996).

Situation und Perspektiven der Lehrerbildung in Deutschland können zutreffend aus zwei neueren Sammelbänden abgelesen werden. Im Sammelband von Hänsel & Huber (1995) treten 12 AutorInnen an, ihre Sicht für eine neu gedachte und neu gestaltete Lehrerbildung zu eröffnen, in jenem von Bayer et al. (1997) herausgegebenem 22. Im Spannungsfeld der Bezugssysteme Person, Wissenschaft und Praxis (mit ihrem jeweiligen "Eigensinn" und ihren Beziehungen) werden Defizitbereiche der deutschen Lehrerbildung konstatiert. Diese betreffen vor allem

(i) eine unzureichende Berücksichtigung persönlichen Wissens-, Kompetenz- und Einstellungserwerbs in universitären Lernstrukturen sowie eine Vernachlässigung (berufs-) biographischer Bezüge oder eine Verdrängung berufsethischer Fragestellungen,
(ii) eine Fokussierung der fach- wie erziehungswissenschaftlichen Ausbildung auf die Vermittlung von Fachsystematiken und statischem wissenschaftlichen Wissens sowie
(iii) deren fehlende Integriertheit in lehrerbildende Studiengänge und
(iv) eine abgegrenzte und reflexionshinderliche berufspraktische wie methodische Ausbildung in einer zweiten Phase der Lehrerbildung.

---

15 Die Notwendigkeit komparatistischer Analyse scheint durch folgenden Sachverhalt deutlich begründbar: Mit der Einführung eines zweiphasigen Modells der Lehrerbildung für LehrerInnen an höheren Schulen über das Unterrichtspraktikumsgesetz zu Beginn der 90-er Jahre wurde in Österreich eine Organisationsänderung vorgenommen, die in Deutschland aufgrund ihrer mangelnden Effizienz seit langem Gegenstand von heftigster Kritik gewesen ist.

Zudem werden
(v) unzureichend entwickelte Lernkulturen,
(vi) eine nur bedingt entwickelte Lehrerbildungsdidaktik und
(vii) gravierende Forschungs- wie Theoriedefizite festgehalten[16].

Aus diesen Situationsanalysen werden partiell bemerkenswerte Reformüberlegungen entwickelt, die sich bevorzugt auf Neudefinitionen von Zielstellungen (vgl. Hentig 1995, Ölkers 1995), lehrerbildungsdidaktische Fragestellungen und strukturelle Änderungen in den Beziehungen der verschiedenen Phasen der Lehrerbildung beziehen. Die Notwendigkeit einer universitären Lehrergrundbildung wird nicht in Frage gestellt, deren gegenwärtige curriculare und lernorganisatorische Verfaßtheit hingegen umso deutlicher.

Im Frühjahr 1997 hat die Kommission Lehrerbildung der Deutschen Gesellschaft für Erziehungswissenschaften nach einem längeren Diskussionsprozeß "Empfehlungen zur Weiterentwicklung der Lehrerausbildung" veröffentlicht[17]. In diesem primär interessenpolitisch zu interpretierenden Papier wird eine Weiterentwicklung der Lehrerausbildung mit geänderten Aufgaben von und Erwartungen an Schule und damit korrespondierenden Veränderungen der beruflichen Aufgabenstruktur von Lehrerinnen begründet. Bei einem nicht näher begründeten Festhalten an einem (gemäßigten) Prinzip "Bildung durch Wissenschaft" wird primär auf ausbildungsdidaktische Reformmaßnahmen (z.b. eine verstärkte Berücksichtigung problemorientierten und forschenden Lernens in Projekten) gesetzt. Unter curricularen Aspekten wird eine verstärkte Integration von Ausbildungsangeboten und eine Verlagerung von Studienanteilen hin zu professionsbedeutsamen Studienfeldern gefordert. Unter strukturellem Aspekt wird für koordinierte Organisationsstrukturen für die Lehrerbildung innerhalb der Universitäten argumentiert. Zu deren Gewährleistung wird die Errichtung von (inner-) universitären Zentren der Lehrerausbildung vorgeschlagen.

---

16 Im Sammelband von M. Bayer et al. (1997) beklagen nahezu alle AutorInnen den wenig entwickelten Stand der Lehrerbildungsforschung in Deutschland. Mit dem Sammeltopfbegriff "Theorie-Praxis-Problem" scheinen vor allem unzureichend entwickelte (lehrerbildungs-)theoretische Konzeptionen (vgl. etwa den Forschungsstrang Wissensverwendungsforschung) verdeckt zu werden.

17 Die Selbstbeschränkung der "Empfehlungen" auf Lehrerausbildung wird lapidar mit pragmatischen Gründen begründet. Damit verbinden sich aber auch Beschränkungen in der Problemraumdefinition.

In der Denkschrift "Zukunft der Bildung – Schule der Zukunft" legt die Bildungskommission Nordrhein-Westfalen (1995) im Kapitel "Personal im Schulwesen" eine Reformkonzeption der Lehrerbildung vor. Mit der Untergliederung dieses Kapitels in die Teile (i) Berufssituation und berufliches Leitbild, (ii) Lehrerbildung, (iii) Personalentwicklung und Personalführung und (iv) Einstellung, Beschäftigung, Personalvertretung wird eine systemische wie integrative (und bislang meist vernachlässigte) Perspektive zum Problemkreis Deckung des Qualifikationsbedarfs von Schulen zum Ausdruck gebracht und schlüssig ausargumentiert.

Vorerst mag die Vorstellung bestechen, die "Lehrerbildung an der Konzeption der Schule der Zukunft und ihrem Berufsleitbild auszurichten und sie inhaltlich und organisatorisch umzugestalten" (S. 309). Für die Reform der Lehrerbildung als Beitrag zur Schule der Zukunft werden in diesem Rahmen folgende Leitvorstellungen formuliert:

(i) Durch eine explizite Orientierung der Lehrerbildung an einem (diskussionsfähigen) Berufsleitbild kann eine Annäherung an vielfach eingeforderte Zieltransparenz erwartet werden.

(ii) Mit der Leitvorstellung "Zusammenhang von Aus- und Fortbildung" wird der Einsicht Rechnung getragen, daß Lehrerbildung ein Kontinuum bei der Unterstützung der (permanenten) professionellen Entwicklung von LehrerInnen bedeutet, eine (historisch zwar erklärbare) Fragmentierung von Ausbildung und permanenter professioneller Entwicklung überwunden werden soll.

(iii) Die Leitvorstellung "Systematische Kooperation der lehrerbildenden Institutionen Einzelschule, Universität, Zentren für Lehrerbildung sowie anderen Institutionen" spiegelt die in OECD-Berichten immer wieder formulierte Forderung nach Partnerschaften der AkteurInnen wider.

(iv) Nach einer relativ kurzen, im internationalen Vergleich jedoch sehr langen Dauer der Lehrerausbildung (nach dem Entwurf der Bildungskommission von etwa 5 bis 6 Jahre) findet die professionelle Entwicklung primär an Schulen statt, die bislang nur kaum Kulturen der Induktion und der Fortbildung entwickelt haben. Mit der Leitvorstellung "Bedeutung der Einzelschule" soll diesbezüglich Lösungspotential erschlossen werden.

(v) Für jeden Ausbildungsabschnitt sollen klare Definitionen von Zielen und Angeboten erarbeitet werden.

(vi) Im Rahmen des Berufsleitbildes sollen von den Ausbildungsinstitutionen Universität und Zentrum für Lehrerbildung eigenverantwortlich Studiengänge und Ausbildungsangebote mit klar definierten Mindeststandards erarbeitet, in modularisierter Form angeboten und über Prüfungsordnungen gesichert werden.
(vii) Eine weitere Leitvorstellung geht dahin, flexible Prüfungssysteme zu installieren.
(viii) Die (Selbst-) Verantwortung der Universitäten für die Studiengänge des ersten Studienabschnitts soll gestärkt werden.
(ix) Über kombinierbare Ausbildungselemente und Modularisierungen soll der Zugang zum Lehrberuf geöffnet und eine Erweiterung von Qualifikationen während der Berufstätigkeit ermöglicht werden. Lehrerbildung soll zu einem offenen Qualifikationssystem weiterentwickelt werden.

Damit wird auf der Ebene von Leitvorstellungen und in konkreter Form vielfach Überlegungen gefolgt, die von F. Buchberger seit Beginn der 90-er Jahre unter der Leitvorstellung "professionalisierte Lehrerbildung als offenes und dynamisches System" entwickelt worden sind (vgl. zusammenfassend Buchberger 1997b). Unterschiede ergeben sich im Detail einerseits durch stärkere Orientierungen der Bildungskommission an Machbarkeiten, Ergebnissen der Schulentwicklungsforschung oder neoliberalen Vorstellungen zum Management von Berufsbildungen, andererseits durch eine gewisse Vernachlässigung lehrerbildungstheoretischer Wissensbestände.

Die vorgeschlagene organisationsstrukturelle Lösung bleibt sowohl hinter selbst definierten Ansprüchen als auch solchen der theoretischen Diskussion um Lehrerbildung zurück. Es wird abzuwarten sein, ob mit einer (trotz mehrfach ausgedrückter integrativer Absichten dennoch) grunsätzlichen Beibehaltung eines dreiphasigen Lehrerbildungsmodells an unterschiedlichen Institutionen mit einem
  (i) ersten Ausbildungsabschnitt von 3 bis 4 Jahren an Universitäten,
  (ii) einem zweiten Ausbildungsabschnitt ("Berufsfeldbezogene Ausbildung") von etwa zwei Jahren an Zentren für Lehrerbildung und Schulen sowie
  (iii) einer dritten Phase der Fortbildung einschließlich einer einjährigen Berufseingangsphase an Schulen und weiteren Institutionen der Fort- und Weiterbildung als unbefriedigend erlebte traditionelle Logiken und Praktiken überwunden werden können.

3. Zum Potential Pädagogischer Fakultäten

Das finnische Bildungssystem wie die finnische Lehrerbildung können im internationalen Vergleich als äußerst erfolgreich eingeschätzt werden (Buchberger 1995, OECD 1996b). Vergleichbar mit Österreich stellte sich in Finnland zu Beginn der 70-er Jahre die Frage nach umfassenden strukturellen und curricularen Reformen im Bereich der Sekundarstufe I zur Behebung konstatierter Mängel. Im Unterschied zu Österreich wurde eine Gesamtschullösung mit einer Primarstufe (Schulstufen 1-6) und einer Sekundarstufe I (Schulstufen 7-9) eingeführt. Nahezu parallel wurden umfassende Reformen der Lehrerbildung zur Unterstützung dieser schulreformatischen Absicht in die Wege geleitet. Alle Formen der Lehrerausbildung wurden dabei universitarisiert[18] und erhielten ihre institutionelle Verankerung an eigenen Abteilungen für Lehrerbildung im Rahmen der erziehungswissenschaftlichen Fakultäten. Gleichzeitig wurden in enger Kooperation mit den erziehungswissenschaftlichen Fakultäten universitäre Einrichtungen zur Lehrerfortbildung eingerichtet. Bedingt durch die finnische Diplomstruktur sind die erziehungswissenschaftlichen Fakultäten zusätzlich in einem hohen Maß in die Lehrerweiterbildung involviert.

Die bei einer vergleichbaren Ausgangslage zu Beginn der 70-er Jahre dann doch sehr unterschiedlichen Entwicklungsverläufe in Finnland und Österreich lassen eine komparatistische Analyse zweckmäßig erscheinen und nach dem Potential der gewählten Lösungen nachfragen[19].

Erziehungswissenschaftliche Fakultäten können als relativ enger Zusammenschluß verschiedener Abteilungen (etwa Allgemeine Pädagogik, Erwachsenenbildung, Sozialpädagogik) verstanden werden, von denen jene für Lehrerbildung die zahlenmäßig größte bildet. Dies eröffnet Kooperationschancen und vermeidet eine universitäre Gettobildung der universitären Lehrerbildung, bedeutet gleichzeitig aber auch Verpflichtung zur Kooperation.

---

18 Mitte der 90-er Jahre wurde als letzte die KindergartenlehrerInnenausbildung an die erziehungswissenschaftlichen Fakultäten der Universitäten verlagert und in dreijährige Bachelor-Programme gefaßt.
19 Die Ausführungen beruhen auf folgenden Quellen: einem Evaluierungsprojekt im Rahmen des OECD-Projekts "Quality in Teaching-Review of Teacher Education Programmes" (vgl. F. Buchberger 1995), einer internationalen Evaluation der finnischen erziehungswissenschaftlichen Fakultäten durch F. Buchberger, E. De Corte, B. Groombridge und M. Kennedy (1994) sowie Veröffentlichungen von S.-E. Hansen (1996) und S. Tella (1996).

Unter der Gesamtverantwortlichkeit eines Leiters/einer Leiterin und in kollegialen Führungsgruppen werden die Abteilungen für Lehrerbildung in weitere Einheiten untergliedert. Als solche Einheiten können etwa Primarstufe, Sekundarstufe mit einer Integration von Sekundarstufe I und II, Kindergartenstufe oder Hauswissenschaft gelten. Zusätzlich sind Modell-, Forschungs- und Übungsschulen, die sich als "professional development schools" verstehen, in den Abteilungen für Lehrerbildung integriert.

Vom Personal her stehen den Abteilungen für Lehrerbildung (habilitierte) ProfessorInnen bzw. AssistenzprofessorInnen für Schulpädagogik sowie für verschiedene Fachdidaktikbereiche (z.B. Didaktik der Muttersprache) mit der Verpflichtung zu Forschung und Lehre sowie LektorInnen und LehrerInnen an den "professional development schools" zur Verfügung, welche im Regelfall formal (mindestens) über ein Magisterium qualifiziert sind. Dieses zweifelsfrei im internationalen Vergleich als sehr hoch zu bewertende Qualifikationsprofil mag mit permanenten internen Entwicklungs- und Optimierungsprozessen oder einem als weit überdurchschnittlich konstatierbaren Forschungsoutput zu Problemen der Weiterentwicklung von Lehrerbildung und Schule in einem engen Zusammenhang gesehen werden. Erwähnenswert ist, daß bei der Universitarisierung der Lehrerausbildung entsprechende Programme zur Höherqualifizierung vorgesehen waren.

Die Studienstrukturen befinden sich gegenwärtig erneut in einer Phase des Umbruchs. Bei einem deutlich reduzierten Regelungsbedarf seitens der Regierung stehen den Universitäten breite Entwicklungsoptionen offen, welche ihrerseits den Studierenden verstärkt Wahlmöglichkeiten und individuelle Studienverläufe zum Erwerb gleichzeitig differenzierter, jedoch pädagogisch-professionell einheitlicher Lehrbefugnisse eröffnen sollen. Zur Umsetzung dieser Konzeption ist die Erstellung zieltransparenter Ausbildungsmodule erforderlich[20]. Als Diplomstudiengänge führen sämtliche Lehramtsstudien zu einem (erziehungswissenschaftlichen) Magisterium, welches nach Abschluß einen durchlässigen Zugang zu weiteren universitären Studien ermöglicht.

---

20 Zieltransparente Ausbildungsmodelle sollten nach schulpädagogischen Vorstellungen etwas Selbstverständliches sein. Sie ermöglichen Studierenden verstärkt Wahlmöglichkeiten inhaltlicher wie lernorganisatorischer Art. Dies erfordert von Studierenden eine verstärkte Verantwortungsübernahme für ihre professionellen Lernprozesse, bedeutet aber auch, daß Einrichtungen der Lehrerausbildung nicht mehr (individuelle) Studienverläufe vorwegbestimmen können.

Einen Kernpunkt bildet dabei das erziehungswissenchaftliche Studium für alle Studierenden im Ausmaß von etwa 25% der vorgesehenen Studiendauer. Es erstreckt sich auf Schulpädagogik, Fachdidaktik, erziehungswissenschaftliche Forschung und Schulpraxis. Besondere Bedeutung kommt der Erstellung einer (erziehungs-) wissenschaftlichen Diplomarbeit zu, mit der die Studierenden ihre Befähigung zur Lösung professionsrelevanter Problemstellungen mit Hilfe wissenschaftlichen Wissens bzw. Methoden nachweisen.

Zum besseren Verständnis der finnischen Lehrerbildung und ihrer Leistungsfähigkeit soll abschließend nicht verheimlicht werden, daß (angehende) LehrerInnen vor Studienantritt einem strikten Numerus Clausus ausgesetzt sind. Nur etwa 10% der BewerberInnen für die Lehrerausbildung können einen Studienplatz erhalten.

Die organisatorische Verankerung der Lehrerbildung an erziehungswissenschaftlichen Fakultäten in Finnland scheint eine Fülle von Entwicklungsoptionen eröffnet und zu nachhaltigen Entwicklungsschüben der Lehrerbildung und des Bildungswesens beigetragen zu haben. Reformkonzeptionen zur Lehrerbildung in Österreich sollten an diesem Fall nicht vorbeigehen (dürfen). Aktuelle Veränderungen (vgl. Universitäts-Studiengesetz) oder Diskussionen (vgl. Umwandlung der Pädagogischen Akademien in Pädagogische (Fach-) Hochschulen) spiegln mehr ein Krisenmanagement oder ein muddling through als konzeptuell vorbereitete, (vergleichend) erziehungswissenschaftlich begründbare und kohärente Reform. Eine am Leitmotiv pädagogische Professionalität orientierte Lehrer-Bildungsreform für die Schulreform bleibt ein Anliegen.

LITERATUR

Adams, A., Tulasiewiecz: The crisis in teacher education: a European concern? London 1995.
W. Bauer, K.-O., Kopka, A., Brindt, S.: Pädagogische Professionalität und Lehrerarbeit. Weinheim 1996.
Bayer, M., Carle, U., Wildt, J. (Hg.): Brennpunkt: Lehrerbildung. Opladen 1997.
Bildungskommission Nordrhein-Westfalen: Zukunft der Bildung – Schule der Zukunft. Neuwied 1995.
Buchberger, F.: Teacher Education in Europe: Diversity versus Uniformity. In: Galton, M., Moon, B. (Eds.): Handbook of Teacher Training in Europe. London 1994, S. 14–51.
Buchberger, F.: Lehrerbildung auf dem Prüfstand. Innsbruck 1995.
Buchberger, F.: LehrerInnenaus- und -fortbildung. In: Pelzelmayr, H. (Hg.): Entwicklungsgrundlagen für das österreichische Schulwesen. BMUkA, Wien 1996, S. 35–74.

Buchberger, F.: Skizzen zu einer Didaktik der Lehrerbildung. In: Buchberger, F., Eichelberger, H., Klement, K., Mayr, J., Seel, A., Teml, H.: Seminardidaktik. Innsbruck 1997, S. 31–42.

Buchberger, F.: Between traditionalism, restructuring and reconceptualization – remarks on the current state of teacher education in the European Union. In: Nielsen, M., Brusling, C. (Ed.): Curriculum problems in teacher education. Oslo 1997, S. 10–38.

Buchberger, F., Beernaert, Y.: Recent Developments in Teacher Education in the European Union. In: Sander, T., Buchberger, F., Greaves, A., Kallos, D. (Eds.): Teacher Education in Europe: Evaluation and Perspectives. Umea 1996, S. 393–406.

Buchberger, F., Byrne, K.: Quality in Teacher Education: a Suppressed Theme? In: European Journal of Teacher Education 1995, 18, 9-24.

Buchberger, F., De Corte, E., Groombridge, B., Kennedy, M.: Educational Studies and Teacher Education at Finnish Universities. Helsinki 1994.

Buchberger, F., Gruber. K.: Teacher Education in Austria: Description and Analysis. In: Sander, T. et al. (Ed.): Teacher Education in Europe. Umea University Press 1996, S. 19–46.

Buddrus, V.: Die Bedeutung der Persönlichkeitsbildung in integrativen Ansätzen für die Ausbildung von Lehrerinnen und Lehrern. In: Bayer, M., Carle, U., Wildt, J. (Hg.): Brennpunkt Lehrerbildung. Opladen 1997, S. 381–410.

Busch, F.: Entwicklung, Programm und Ergebnisse der Bildungsforschung in Oldenburg. In: Busch, F. (Hg.): Aspekte der Bildungsforschung. bis, Oldenburg 1996, S. 11–32.

Calderhead, J., Shorrock, S.: Understanding Teacher Education. London 1997.

Dewe, B., Ferchhoff, W., Radtke, F.-O. (Hg.): Erziehen als Profession. Opladen 1992.

DGfE: Empfehlungen zur Weiterentwicklung der Lehrerbildung. Paper, Duisburg 1997.

Doyle, W.: Themes in teacher education research. In: Houston, W. (Ed.): Handbook of Research on Teacher Education. New York 1990, S. 3–24.

ETUCE: Die Lehrerbildung in Europa. Brüssel 1995.

European Commission: Teaching and Learning. Towards a Learning Society. Luxemburg 1995.

European Commission: Learning in the Information Society. Brussels 1996.

European Commission: Europa verwirklichen durch allgemeine und berufliche Bildung. Luxemburg 1997.

Eurydice: Measures to Combat Failure at School. Luxemburg 1994.

Feiman-Nemser, S.: Teacher Preparation: Structural and Conceptual Alternatives. In: Houston, W. (Ed.): Handbook of Research on Teacher Education. New York 1990, S. 212–233.

Hänsel, D., Huber, L. (Hg.): Lehrerbildung neu denken und gestalten. Weinheim 1995.

Hansen, S.-E.: Teacher Education in Finland. In: Sander, T. et al. (Ed.): Teacher Education in Europe: Evaluation and Perspectives. Umea 1996, S. 101–126.

Hargreaves, A.; Changing teachers, changing times. London 1994.

Hentig, H.: Die Schule und die Lehrerbildung neu denken. In: Hänsel, D., Huber, L. (Hg.): Lehrerbildung neu denken und gestalten. Weinheim 1995, S. 17–38.

Holmes Commission: Tomorrows' Teachers. Lansing 1986.

Houston, W. (Ed.): Handbook of Research on Teacher Education. New York 1990.

Judge, H.: The Education of Teachers in England and Wales. In: Gumbert, E. (Ed.): Fit to Teach. Atlanta 1990, S. 7–30.

Kennedy, M.: Choosing a Goal for Professional Education. In: Houston, W. (Ed.): Handbook of Research on Teacher Education. New York 1990, S. 813–857.

Kolbe, K.-U.: Lehrerbildung ohne normative Vorgaben für das praktische Handlungswissen? In: Bayer, M., Carle, U., Wildt, J. (Hg.): Brennpunkt: Lehrerbildung. Opladen 1997, S. 121–138.

Krutzler, F., Seel, H.: Überlegungen zur Lehrerrolle und Konsequenzen für die Lehrerfortbildung. In: Erziehung und Unterricht 1980, 130, S. 76–80.

Mahoney, P., Hextall, I.: The policy context and impact of the Teacher Training Agency. 1997. http://www.tntee.umu.se.

Mc Bride, R. (Ed.): Teacher Education Policy. London 1996.

Meyer, H.: Didaktik in der LehrerInnenausbildung – Lehrerbildung didaktisch? In: Arndt, H.-G., Raapke, H.-D. (Hg.): Revision der Lehrerbildung. ZpB, Oldenburg 1995, S. 66–80.

Niemi, H.: Teachers and teacher education in a postmodern world. Paper, Frankfurt 1997.

OECD: Quality in Teaching. Paris 1994.

OECD: Life-long Learning for All. Paris 1996a.

OECD: Measures to Combat Failure at School. Paris 1996b.

OECD: Education at a Glance. Paris 1996b.

Ölkers, J.: Die Rolle der Erziehungswissenschaft in der Lehrerbildung. In: Hänsel, D., Huber, L. (Hg.): Lehrerbildung neu denken und gestalten. Weinheim 1995, S. 39–53.

Oser, F., Patry, J.-L.: Teacher Responsibility. In: Anderson, L. (Ed.): International Encyclopedia of Teaching and Teacher Education. New York 1995, S. 35–41.

Posch, P.: Entwicklungstendenzen der Kultur des Lehrens und Lernens. In: Specht, W., Thonhauser, J. (Hg.): Schulqualität. Innsbruck 1996, S. 38–55.

Posch, P., Altrichter, H.: Schulautonomie in Österreich. BMUkA, Wien 1992.

Popkewitz, T. (Ed.): Changing Patterns of Power. New York 1993.

Radtke, F.-O.: Wissen und Können – Grundlagen der wissenschaftlichen Lehrerbildung. Opladen 1996.

Sander, T., Buchberger, F., Greaves, A., Kallos, D. (Ed.): Teacher Education in Europe: Evaluation and Perspectives. Umea University Press.

Schriewer, J., Holmes, B.: Theories and Methods in Comparative Education. Frankfurt 1992.

Schwänke, U.: Der Beruf des Lehrers. München 1988.

Seel, H.: Der Unterricht in der Bildungsschule. Linz 1968.

Seel, H.: Allgemeine Unterrichtlehre. Wien 1974.

Seel, H.: Gedanken zur Neuordnung der Bildung der Lehrer für höhere Schulen. In: Erziehung und Unterricht 1979, 129, S. 77–84.

Seel, H.: Zehn Jahre Zentrum für Schulversuche und Schulentwicklung – Erfahrung, Erfolge, Enttäuschungen aus der Sicht eines Betroffenen. In: BMUKS (Hg.): Schulversuche zur Schulreform. Klagenfurt 1981a, S. 23–27.

Seel, H.: Theorie-Praxis-Vermittlung als Kernproblem der Lehrerbildung. In: Erziehung und Unterricht 1981b, 131, 72–79.

Seel, H.: Schulentwicklung – Schulversuche – Lehrerfortbildung. In: Sturm, J. (Hg.): Aspekte der Lehrerfortbildung in Österreich. Wien 1982, S. 105–112.

Seel, H.: Entwicklungen der Lehrerbildung in internationaler Sicht. In: Haas, K. (Hg.): Aspekte der Lehrerfortbildung in Österreich. Wien 1983, S. 63–83.

Seel, H.: Lehrerbildung für die Schulreform. In: Buchberger, F., Seel, H. (Hg.): Teacher Education and the Changing School. ATEE, Brussels 1984, S. 16–32.

Seel, H.: Universität und Lehrerbildung. In: Freisitzer, K. et al. (Hg.): Tradition und Herausforderung. 400 Jahre Universität Graz. Graz 1985, S. 555–567.
Seel, H.: Zukunft der Lehrerbildung. In: Wingert, O. (Hg.): Zukunft der Lehrerbildung – Lehrerbildung ohne Zukunft? SLÖ, Wien 1988, S. 21–24.
Seel, H.: Zur Situation und den Perspektiven der universitären Lehrerbildung. In: Riedl, A., Steyskal, P. (Hg.): Lehrerbildung wohin? Zeitschrift für Hochschuldidaktik 1990, 14 S. 330–341.
Seel, H.: Der Stufenlehrer für die Sekundarstufe I – eine realistische Entwicklungsperspektive der österreichischen Lehrerbildung? 1997a (im Druck).
Seel, H.: "Didaktik" and "Fachdidaktik" as science(-s) of the teaching profession? 1997b. http://www.tntee.umu.se.
Stern, D., Huber, G. (Ed.): Active learning for students and teachers. Frankfurt 1997.
Tella, S. (Ed.): Teacher Education in Finland. Helsinki.

Hans-Jörg Herber

Das Unterrichtsmodell "Innere Differenzierung"

Die Bedeutung von Analogiebildungs- und Motivationsprozessen

Dieser Aufsatz gibt in knapper Form einen Zwischenbericht über den aktuellen Stand eines längerfristigen Forschungsprogramms zur kognitiven und motivationalen Analyse des Modells der Inneren Differenzierung nach Herber (1994), das explizit auf dem Vier-Phasen-Modell von Seel (1983) aufbaut.

1. Das Vier-Phasen-Modell des Unterrichtsprozesses von Seel (1965, 1983) als allgemeindidaktische Basis

Dieses ursprünglich gestaltpsychologisch begründete Modell (Seel, 1965, 1997), das in der Folge mehrfach kognitionspsychologisch und bildungstheoretisch rekonstruiert (erweitert und differenziert) wurde, geht davon aus, daß jeder Unterricht mit einer "Problembegegnung" beginnt: SchülerInnen sollen durch eine geeignete Aufgabenstellung das Wesentliche an einem Problem erfassen. Sie gewinnen damit Einsicht in die "Vorgestalt" der Lösung und elaborieren diese prototypische Erkenntnis in der Folge weitgehend durch selbständiges Tun. Die gefundene Problemlösung muß überprüft, eingeübt und zur "Übertragung vorbereitet werden" (Seel 1997, S. 114). Aufgaben und Sozialformen des Unterrichts (Klassenunterricht, Einzel-, Partner- oder Gruppenarbeit) werden von LehrerIn für alle SchülerInnen in gleicher Weise vorgegeben.

2. Das Modell der Inneren Differenzierung (Herber 1983, 1994)

Im Bestreben, an die individuellen kognitiven und motivationalen Lernvoraussetzungen von Lernenden so dicht als möglich anknüpfen zu können, werden neben einer sachlogischen Analyse des betreffenden Gegenstandsbereichs auch psychologische Gegebenheiten der jeweiligen Lehr- und Lernsituation so gut wie möglich berücksichtigt. Inhaltlich variierende analoge Einstiege wie auch Differenzierungen im Schwierigkeitsgrad sollen über die Aktualisierung einschlägiger Interessen und der allgemeinen Leistungsmotivation eine möglichst "optimale Aktivierung" bei Lernenden mit unterschiedlichen Lernvoraussetzungen bewirken, was mit einer thematischen Einkleidung und einem Schwierigkeitsgrad für alle – typisch für traditionellen Unterricht – nicht erreicht werden kann. Dabei ist es nicht unerheblich, ob sachliche Interessen, Leistungs- oder Sozialorientierungen, etc. den individuell und situativ günstigeren Zugang darstellen. Nie aber sind die Lernvoraussetzungen von SchülerInnen wirklich gleich (weder im kognitiven noch im motivationalen Bereich). Einschlägige empirische Forschungen bestätigen diese Annahmen (vgl. Herber u.a. 1978, Herber 1987, Böhnel u. Svik 1993, Herber u.a. 1997). Freie Wahl der Aufgaben (inhaltliche Einkleidung, Schwierigkeitsgrad) und der Sozialformen (Einzel-, Partner- und Gruppenarbeit) in den Phasen des Lernprozesses, die nicht im (stark reduzierten) Lehrer-Schüler-Gespräch der ganzen Klasse stattfinden, sind wesentliche Kennzeichen einer Inneren Differenzierung im Unterricht. Das selbständige Erfinden und Konstruieren von Aufgaben für sich selbst wie für andere (vor Anwendung durch LehrerIn zu überprüfen), ist ein weiteres Kennzeichen zunehmender Selbststeuerung durch SchülerInnen (vgl. Herber 1994). Die gefundenen Lösungen müssen abschließend hinsichtlich ihrer richtigen bzw. falschen Folgerungsmengen diskriminiert werden, um Über- oder Untergeneralisierungen zu vermeiden: Welche Lösungen bzw. welche logischen Folgerungen der eben gelernten Lösungsstrategien gehören sachlich zur betreffenden Lösungsmenge, welche nicht. Etwa: Auf welche Dreiecke, die in verschiedenen Formen (spitz-, stumpf-, rechtwinkelig), Größen, Lagen, Farben, Materialien, etc. angeboten werden, ist der eben gelernte Pythagoräische Lehrsatz anzuwenden, auf welche nicht? Weitere Beispiele zur Phase der Diskrimination: Herber 1983, 1984, 1985, 1994.

Auf der Basis aktueller Forschungsarbeit zur Analogiebildung (vgl. Vosniadou u. Ortony 1989, Herber u. Vásárhelyi 1993, Barnden u. Holyoak 1994, Holyoak u. Thagard 1995, 1997, Herber u.a. 1996, Gentner u. Holyoak 1997, Gentner u. Markman 1997, Kolodner 1997) und zur Motivierung durch verschiedene Aufgabenschwierigkeiten (van den Bercken u.a. 1986, Heckhausen 1989, Halisch u. van den Bercken 1989, Astleitner u. Herber 1993, Faulhammer u.a.1996) wurde folgendes Zwei-Stufen-Modell der Inneren Differenzierung (Herber u.a.1997) entwickelt, das sich in zwei Thesen zusammenfassen läßt:

1. Analogisierendes Vorgehen kommt der Eigenart einer bestimmten Person-Umwelt-Interaktion mehr entgegen als ein traditionell-sequentielles Vorgehen.

Analogisierendes Vorgehen: Über Oberflächenmerkmale und bekannte Wissensstrukturen (ermittelt durch eine Lernvoraussetzungsanalyse) werden verschiedene Einstiegsaufgaben angeboten. Die Lernenden entscheiden – aufgrund ihrer kognitiven und motivationalen Erfassungsmöglichkeiten – selbst, mit welcher Aufgabe (in welcher inhaltlichen Einbettung) sie beginnen und mit welchen Aufgaben sie fortfahren wollen. Über analogisierendes Mapping (dimensioniertes systematisches Vergleichen) kommt es zur Dekontextualisierung und zum Herausfinden der funktionalen und strukturellen Gemeinsamkeiten, zur abstrahierenden Problemdefinition. Dieses "simultane" Vorgeben bzw. Zulassen verschiedener Einstiegswege soll sich deutlich abheben gegenüber einem traditionell-sequentiellen Vorgehen: Das kollektiv gegebene-Vorverständnis der Lernenden wird systematisch weiterentwickelt, indem von einfachen Begriffen, Regeln und Strukturen Schritt für Schritt zu komplexeren und fachlich angemesseneren ("tieferen") hierarchischen Netzwerkknoten vorangeschritten wird. Dabei werden durch Anwendung fachspezifischer Regeln höhere Abstraktionsgrade und damit ein fachlich präziseres Verständnis der (logisch ableitbaren) Einsetzungsinstanzen angestrebt (vgl. Nenniger u.a. 1993).

2. **Freie Wahl von Aufgaben aus einem gemischten Pool von Schwierigkeitsgraden ermöglicht eine bessere "Passung" an die inter- und intraindividuell differierenden kognitiven und motivationalen Lernvoraussetzungen in einer situationsspezifischen Interaktion.**

Gegenüber einer graduellen Erhöhung der Schwierigkeitsgrade vom Beginn bis zum Ende der Sequenz von Erarbeitungsaufgaben ("Vom Leichten zum Schweren!") werden Aufgaben mit verschiedenen Schwierigkeitsgraden gemischt vorgegeben: Zwar werden die das Grundverständnis sichernden Fundamentumsaufgaben ebenfalls in kleinen Schritten gesteigert, doch werden herausfordernde Additumsaufgaben (nicht verpflichtendes Zusatzangebot) gezielt eingestreut. Nach jeder Additumsaufgabe mit erhöhtem Schwierigkeits- und Herausforderungsgrad werden ausreichend Fundamenta angeboten, um besonders für Mißerfolgsängstliche Erfolgserlebnisse sicherzustellen. So wird zwar eine Sequenz von Fundamentums- und Additumsaufgaben vorgegeben, die den kognitiven und motivationalen Lernvoraussetzungen der meisten SchülerInnen entspricht (erhoben durch Lernvoraussetzungsanalysen), doch können alle SchülerInnen frei die für sie passende Sequenz wählen und diese Aufgaben in freier Sozialform bearbeiten. Einige wenige von LehrerIn festgesetze Kriteriumsaufgaben sichern – im Feedback an LehrerIn – das rechtzeitige Erkennen von Problemen im Grundverständnis.

3. Fundierung der ersten (neuen) These des Zwei-Stufen-Modells (Herber u.a. 1997) durch das syntaktische Analogiebildungsmodell von Majewski (1994) – ein heuristischer Versuch

Der Prozeß der Analogiebildung (Herber u.Vásárhelyi 1993) bzw. des "Analogieschlusses" (AS-Rahmenmodell, Majewski 1994) setzt sich im wesentlichen aus zwei Phasen zusammen:

(1) einer Phase des Vergleichens von bekannten und unbekannten Gebieten (analogisierendes Mapping), des gegenseitigen Spiegelns, der bijektiven Abbildung, des Herausfindens von Äquivalenzen und Identitäten, von Homo-

und Isomorphismen, etc.. Diese Phase steht im Zentrum der einschlägigen Forschung.
So entwickeln sich nach Gentner (1989), Medin u. Ortony (1989) Transfermöglichkeiten aus dem Vergleich von Oberflächenmerkmalen (Einfachargumenten: Es ist ...; es hat ...) bis hin zum Vergleich von Funktion und Strukturen (Mehrfachargumenten: Es sieht aus wie ...; es läßt sich handhaben wie ...; es funktioniert wie ...; es ist aufgebaut wie ...; die einzelnen Teile verhalten sich zueinander wie ...; etc.).

Aufgabenschwierigkeit: Die Assimilation des unbekannten Stoffes durch bekannte und verfügbare Schemata (Piaget 1980) ist leichter, wenn gleiche Funktionen – begründet durch homo- oder isomorphe Strukturen in beiden Bereichen – erkannt werden können. Durch die an sich leichtere Identifizierung gleicher Oberflächenmerkmale (Form, Farbe, etc.) als – nicht immer eindeutige – Indizes entsprechender Tiefenstrukturen sind mehr "Fehlschlüsse" zu erwarten (vgl. Gentner 1989). Sind die Oberflächenmerkmale zwischen zwei Situationen verschieden, kommt es sogar bei Kenntnis der gemeinsamen Tiefenstruktur zu Blockaden beim Transfer. Ohne theorie- bzw. erfahrungsbezogene Generierung von "Suchscheinwerfern" vom bekannten zum unbekannten Terrain können nur zufallsgenerierte Extrapolationen der verfügbaren Basisstruktur initiiert werden, in der Hoffnung, dabei zu "Zufallstreffern" als Ausgangsbasis einer gezielten Suche von Spiegelungen, Projektionen und Assimilationen zu kommen. Die Gefahr der Wahrnehmungsverfälschung unter Erfolgszwang und bei hoher subjektiver Überzeugung (individueller oder kollektiver Bedürfnisfixierung) ist in so einem Setting sehr hoch (zusammenfassend Herber u. Vásárhelyi 1993).

(2) der eigentlichen Transferphase von der bekannten Basis (Base, Source) zum Zielbereich (Target). Diese Phase ist in der einschlägigen Forschung kaum thematisiert, geschweige denn systematisiert. Majewski (1994) versucht, mit Hilfe eines prädikatenlogischen Repräsentationsformalismus logisch-syntaktische Möglichkeiten der Transformation des Wissens der Basis zur Strukturierung der Zieldomäne aufzuzeigen. Diesem Modell des Analogen Schließens (AS-Rahmenmodell) sollten aber entsprechende inhaltliche Einsetzungsinstanzen zugeordnet werden können sowie objekttheoretische "Mechanismen" (Begriffe, Regelsysteme, Strukturen, etc.) der Lernpsychologie zur Seite gestellt werden, z.B. die Wechselwirkung von Assimilation und Adaption bei Piaget (1980) oder in Anlehnung an Freuds (1962) "Entwurf einer

Psychologie" innovative Annahmen, die das Funktionieren der Analogiebildung (aber auch von Assimilation und Akkomodation) abbilden könnten. So eine Modellvorstellung wäre z.B., Elemente im neuen, zu erschließenden Bereich (Zieldomäne) als Spiegelungen vertrauter Wissens- und Könnensstrukturen aufzufassen (Assimilation durch den Basisbereich). Das Erlernen des Neuen, Unvertrauten (Akkomodation) wäre als projektives Umzentrieren der Spiegelachsen darzustellen, sodaß – ausgehend von der vertrauten Basis – im zu erfassenden Zielbereich durch Extrapolationen Treffer und Nichttreffer mittels Permutation "gelandet" werden. Der Suchbereich wird durch das bisherige Wissen und Können, aber auch durch überdauernde und situationsspezifische Motivationen determiniert. Als potentielle alternative wie auch komplementäre Erklärungsansätze könnten Annahmen des gestaltpsychologischen Umstrukturierens durch systematischen Wechsel von "Figur" und "Hintergrund" einbezogen werden (vgl. Seel 1997) oder eine "zufallsbedingte", jedenfalls operante Permutation räumlich-zeitlicher Assoziationen, verbunden mit dem Auflösen und Neuknüpfen von unbedingten und bedingten (neutralen) Reizen, etc. (vgl. Herber u.a. 1996).

Aufgabenschwierigkeit: In dieser Phase der Akkomodation der Basis bestehen Probleme, durch Umstrukturieren, Neuverknüpfen von Elementen, Teilstrukturen und Funktionen eine Struktur zu schaffen, die das Neue, Unbekannte stimmig erfaßt ("stimmig": es zeigen sich keine "Reste", Dysfunktionen, "weißen Flecken" bei Anwendung der "kognitiven Landkarte", Problemlösung, etc). Die Konstruktion von "maps", von "Landkarten" zur Erfassung von "Neuland" umfaßt neben kognitiven Faktoren ("Erwartungen") auch affektive Komponenten ("Werte", Motivationen), sodaß die jeweilige Aufgabenschwierigkeit durch spezifische Interaktionen kognitiver und affektiv-motivationaler Variablen zu definieren wäre.

Im folgenden soll eine Interpretation des formalen Modells des Analogieschließens von Majewski (1994) in seiner Grundstruktur vorgestellt werden, dessen allgemeine Rahmenbedingungen wir für ein Unterrichtsexperiment (vgl. S. 9ff.) operationalisiert haben. Wir verzichten in diesem Zusammenhang auf die Wiedergabe der aussagenlogischen Ableitungen und Begründungen:

Im Vergleich verschiedener Analogiebildungsmodelle formuliert Majewski (1994, 33ff.) sieben Komponenten des Analogen Schließens zwischen bekannter (source) und unbekannter Domäne (target):

Vergleichsphase: 1) Abwägen (identification), 2) Erinnern (retrieval), 3) Ausarbeiten (elaboration), 4) Zuordnen (mapping).

target
source
Aufgabenschwierigkeiten darstellbar als Spiegelungs-, Umstrukturierungs- und Assimilationsprobleme.

Transferphase: 5) Übertragen (inference), 6) Interpretieren/Rechtfertigen (justification), 7) Verwenden (learning/consolidation).

target
source
Aufgabenschwierigkeiten darstellbar als Extrapolations-, Projektions-, Umstrukturierungs- und Akkomodationsprobleme.

Diese Auffassung von Analogiebildung weist strukturell ausreichend Ähnlichkeiten mit den Unterrichtsmodellen von Seel (1983, 1997) und der Inneren Differenzierung (Herber 1983, 1994) auf, die im Sinne traditioneller Lern- und Motivationsforschung fundiert sind. Damit scheint eine Elaboration bzw. Neuinterpretation von (differenzierendem) Unterricht aus der Sicht der Analogieforschung möglich. Majewski (1994) geht davon aus, daß am Beginn einer Analogiebildung die Phase des *"Abwägens"* steht. In dieser Phase müssen wichtige Lernvoraussetzungen (der Quellbereich, die Basisdomäne) aktualisiert und eine Entscheidung getroffen werden, ob die dabei sich "anbietenden" Analogien bei der Lösung der gestellten Aufgabe hilfreich sein können. Dies setzt im Sinne unserer Modifikation (vgl. Herber u.a. 1996) eine Feedbackschleife über die nächste Phase des *"Erinnerns"* voraus. In ihr werden Grundbegriffe des Basisbereiches wiederholt, voneinander abgegrenzt und dem Zielbereich (der zu lösenden Aufgabe) grob (unspezifisch) gegenübergestellt, die Konturen der Vorgestalt einer eventuellen Lösung werden sichtbar (vgl. Seel 1965, 1997). Während der folgenden Phase des „Ausarbeitens" wird das Wissen erzeugt, das für die Lösung der Aufgabe unbedingt notwendig ist. In dieser Phase werden zentrale Begriffe und Lösungsoperationen ausgewählt bzw. nicht benötigte Begriffe und Operationen ausgeschieden. Das Wissen, das für die Aufgabenlösung relevant erscheint, wird aus dem Wissensfundus, der erinnert wurde, ausgewählt. In der Phase der „Zuordnung" werden die ausgewählten, aufgabenrelevanten Merkmale des Basisbereiches denen des Zielbereichs exakt zugeordnet. In den Phasen der *"Übertragung"* wird die gegebene Aufgabe (des Zielbereiches) durch Nutzung der zugeordneten Analogiebeziehungen (z.B. durch bereichsspezifische Permutationen) gelöst. Während der Phase der *"Interpretation"* wird versucht, die Aufgabenlösung auf andere, ähnliche Aufgabenbereiche zu übertragen bzw. zu generalisieren. In der letzten Phase der *"Verwendung"* werden neue Aufgaben mit der generalisierten Aufgabenlösung bearbeitet.

Der Unterricht im Rahmen des Feldexperiments, über das im nächsten Kapitel berichtet wird, wurde in konsequenter Anwendung des AS-Modells in folgendem kategorialen Dreischritt konkret geplant: (1) "Sachlogisch" notwendige und mögliche Aufgabenlösungsschritte des Schülers in bezug auf bestimmte analogiebezogene Aufgabenarten (-schwierigkeiten). (2) Involvierte kognitive, emotionale und motivationale Prozesse beim Schüler und (3) didaktische Hilfen.

Die Verbindung der Thesen 1 und 2 (vgl. S. 3f.) zu einem integrierten Gesamtmodell eines analogisierend-differenzierenden Unterrichts bedarf allerdings noch einer breiteren motivations- und lernpsychologischen Analyse des AS-Rahmenmodells, die erst am Beginn steht (vgl. Herber u.a. 1996).

4. Die empirische Überprüfung von Kernannahmen der Inneren Differenzierung

Herber u.a. (1997) haben in einem Feldexperiment die Wirksamkeit der zwei besprochenen zentralen Maßnahmen der Inneren Differenzierung im Vergleich zu einem traditionell-sequentiellen Vorgehen im Mathematikunterricht untersucht:

a) *Inhaltlich* unterschiedliche, aber analoge Einbettung der "Problembegegnung", um unterschiedlichen Vorerfahrungen gerecht werden zu können (→ Analogiebildung im obigen Sinne sowie gegenstandsbezogene Interessentheorien, vgl. Schiefele u.a. 1979, Schiefele u.a. 1993, Herber 1997).

b) *Formal* variierende Schwierigkeitsgrade, um unterschiedliche motivationale "Passungen" im Sinne der Leistungsmotivationstheorie (z.B. Heckhausen 1989, Astleitner u. Herber 1993) zu ermöglichen.

Als Versuchspersonen fungierten 54 Schüler und Schülerinnen einer fünften Schulstufe aus einer zufällig ausgewählten Schule in Budapest. Klasse 1, die Experimentalgruppe, wurde analogisierend im Sinne des AS-Rahmenmodells unterrichtet, Klasse 2, die Kontrollgruppe, traditionell-sequentiell.

Die *Durchführung der Untersuchung* umfaßte 14 Wochen. Zunächst fand eine vierwöchige Vorbereitungsphase statt, in der drei spezifische Persönlichkeitsmerkmale (Leistungsmotivation, fach- bzw. schulbezogene Interessen und Fertigkeiten im analogen Schließen) erfaßt und die mathematischen Vorkenntnisse aller Schüler auf ein einigermaßen vergleichbares Niveau gebracht wurden. In der Vorbereitungsphase wurden in kleinen Schritten zusätzlich die experimentellen Bedingungen eingeführt. In den folgenden sechs Wochen wurden die Schüler gemäß ihrer Gruppenzugehörigkeit sequentiell oder analogisierend unterrichtet. In der dritten bis sechsten Woche dieses sechswöchigen Zeitraumes wurden die Aufgabenschwierigkeiten der Demonstrations- und Übungsaufgaben systematisch variiert: In der dritten Woche wurden unter beiden experimentellen Bedingungen nur leichte Aufgaben vorgegeben, in der vierten Woche nur mittelschwere, in der fünften Woche nur schwere, in der sechsten Woche alle drei Schwierigkeitsgrade in vermischter Form. Die Überprüfungsaufgaben, die am Ende jeder Woche präsentiert wurden, enthielten jeweils alle Schwierigkeitsgrade.

In diesen ersten 10 Wochen waren Bruchrechnung und Winkelmessung die unterrichteten Themen, die in der Experimentalgruppe analogisierend-überlappend und in der Kontrollgruppe hintereinander behandelt wurden. Nach diesen 10 Wochen wurde das Thema der Dezimalrechnung drei Wochen lang behandelt, wobei in beiden Gruppen nur traditionell unterrichtet wurde. Diese Phase diente der Überprüfung von Transfereffekten der analogisierenden Instruktion, bezogen auf ein anderes Gebiet, indem analogisierendes Vorgehen von der Lehrerin nicht verboten, aber auch nicht explizit gefordert wurde. In der letzten, der 14-ten Woche wurden Nachtests der Persönlichkeitsvariablen und ein Gesamttest über die Mathematikleistungen durchgeführt.

Die *Ergebnisse* zeigen, daß die experimentelle Variation der Aufgabenschwierigkeiten einen bedeutsameren Lerneinfluß ausübt als die überdauernde, feldexperimentell durchgeführte Instruktionsart (analogisierend vs. sequentiell). Einschränkend muß allerdings hinzugefügt werden, daß das analogisierende Vorgehen nicht progressiv getestet wurde: Die Effekte des Analogisierens wurden mit traditionellen Aufgaben gemessen, die eher den Erarbeitungsaufgaben der Kontrollgruppe entsprachen, d.h. die zur Leistungsmessung herangezogenen Aufgabentypen waren zwar der Kontrollklasse vertraut, den SchülerInnen der Experimentalklasse aber unvertraut. Somit wurde bei diesen wahrscheinlich weniger die *Lernleistung* im analogisierenden Unterricht, als vielmehr die allgemeine Analogiebildungsfähigkeit und Flexibilität erfaßt. Ein Leistungsvorteil analogisierender gegenüber sequentieller Instruktion zeigt sich demnach nur in der Situation mit hoher Aufgabenschwierigkeit.

Ist eine Lernsituation mit Demonstrations- und Übungsaufgaben mit mittlerer Aufgabenschwierigkeit gestaltet, werden in einem nachfolgenden Test im Sinne der Leistungsmotivationstheorie (vgl. Heckhausen 1989) die besten Mathematikleistungen erzielt. Pädagogisch nicht ratsam ist es hingegen, im Unterricht nur Demonstrations- und Übungsaufgaben mit hoher Aufgabenschwierigkeit einzusetzen. Unter dieser Bedingung werden die schlechtesten Leistungen erzielt, und zwar bei jeder Instruktionsart. Auch wenn das analogisierende Vorgehen nicht mit analogen Aufgaben gemessen wurde, ist seine signifikante Auswirkung bei hoher Aufgabenschwierigkeit ein möglicher Hinweis auf gewisse Änderungen der Problemlösestrategie, die sich – in Hinblick auf eine überdauernde kognitve Fähigkeit – in relativ kurzer Zeit abzeichnet.

Die mittels TAT projektiv erhobene Leistungsmotivation (Gesamtmotivation) der Kontrollgruppe überwiegt in Vor- und Nachtest signifikant die der Experimentalgruppe (Nachtest: 5.6 vs. 9.5, $p = 0.007$). Bezüglich fach- und schulbezogener Interessen unterscheiden sich die Klassen nicht (17.8 vs. 17.7). Die signifikante Apriori-Überlegenheit der Kontrollklasse hinsichtlich persönlich relevanter Leistungsorientierungen könnte mit eine Erklärung für die geringen Unterschiede zwischen analogisierendem und traditionellem Unterricht sein.

Als statistisch relevant bei der Erklärung der Mathematikleistungen haben sich ferner Interesse am Fach und Fertigkeiten im analogen Schließen herausgestellt, besonders in der Situation mit gemischter Aufgabenschwierigkeit. Diese Art der individualisierten Herausforderungslage dürfte, wie von Herber (1983) postuliert, eine besonders hohe Adaptivität gegenüber individuellen Schülermerkmalen herstellen, insbesondere was motivationale Aspekte betrifft. Während Interesse und Mathematikleistung in der Situation mit mittlerer Aufgabenschwierigkeit nicht bedeutsam korrelieren ($r = 0.11$, $p = 0.415$), sind beide Variablen bei gemischter Aufgabenschwierigkeit bedeutsam korreliert ($r = 0.28$, $p = 0.038$). Dieser Unterschied gilt allerdings nur tendenziell und ist statistisch nicht signifikant ($Z = 0.90$, $p = 0.184$). Ähnliche tendenzielle Unterschiede zeigen, daß die Gesamtmathematikleistung sich so verteilt: Die analogisierend unterrichtete Klasse bewältigte im Schnitt 63% der Aufgaben, die traditionell geführte Kontrollgruppe 59% ($p = 0.253$).

Im wesentlichen zeigen unsere Ergebnisse, daß die Unterrichtsphase mit gemischter Aufgabenschwierigkeit der individuellen kognitiven und motivationalen Struktur am ehesten entgegenkommt (vgl. die signifikanten Einflüsse der Vortestwerte "Fertigkeiten im analogen Schließen" und "Interesse am Fach" auf die Höhe der Mathematikleistungen). Didaktisch ziehen wir daher den Schluß, daß LehrerInnen der Gestaltung von Problembegegnung und Übung sowie der rückkoppelnden Überprüfung der individuellen SchülerInnenleistung im Zusammenhang mit der Vorgabe gemischter Aufgabenpools (mit Erweiterungsmöglichkeiten durch die SchülerInnen selbst) erhöhte Aufmerksamkeit zuwenden sollten. Die Verbindung verschiedener Einkleidungen und Strukturierungen von Problemstellungen und Übungsaufgaben durch Oberflächenmerkmale und sachlogisch unterschiedliche Komplexitäts- und Schwierigkeitsgrade sollte mehr als bisher den Erkenntnissen der Analogieforschung Rechnung tragen (neben der Berücksichtigung semantischer Modelle in Form von Netzwerkstrukturen und anderen deduktiven Systembildungen, vgl. Nenniger u.a. 1993, Herber u.a. 1996).

5. Abschließende Bemerkungen

Dieser Aufsatz deutet die "historische" Beziehung an, die zwischen Seels allgemeindidaktischem Denken und meiner "differentialpsychologischen" Interpretation seines Vier-Phasen-Modells besteht. Insofern das geschilderte Projekt sich erst in Entwicklung befindet, möchte ich darüberhinaus die Absicht zum Ausdruck bringen, der von Seel (1997) wiederbelebten gestaltpsychologischen Reflexion von Didaktik besonders für den Bereich der Analogiebildung in vermehrter Weise Rechnung zu tragen. Erste Ansätze liegen bereits vor (vgl. Herber u.a. 1996). Dabei handelt es sich um einen m.W. bis dato nicht explizierten Forschungsbereich. Daß der verehrte Lehrer der eigenen Forschungsarbeit in manchen Formulierungen entgegenkommt, darf mit Freude registriert werden.

LITERATUR

Astleitner, H., Herber, H.-J.: Rechnersimulation von Auswirkungen unterschiedlicher Erfolgswahrscheinlichkeiten auf motivationale Prozesse. In: Humankybernetik 1993, Heft 2, S. 78–88.

Barnden, J.A., Holyoak, K.J. (Hrsg.): Analogy, Metaphor, and Reminding. Norwood 1994.

Bercken, J.H.L. van den, De Bruyn, E.E.J., Bergen, Th.C.M. (Hrsg.): Achievement and Task Motivation. Lisse 1986.

Böhnel, E., Svik, G.: Modellbeschreibung und Evaluation des Schulversuchs "Innere Differenzierung und Individualisierung im Mathematikunterricht". In: Unterrichtswissenschaft 1993, Heft 1, S. 66–93.

Faulhammer, E., Herber, H.-J., Astleitner, H.: Musikunterricht und Leistungsmotivation – Ergebnisse einer Feldstudie. Papier zur Poster-Präsentation der AEPF-Tagung in Salzburg, 29.9.–3.10 1996.

Freud, S.: Entwurf einer Psychologie. In: Freud, S.: Aus den Anfängen der Psychoanalyse. Hamburg 1962, S. 297–384.

Gentner, D.: The Mechanism of Analogical Learning. In: Vosniadou, S. u. Ortony, A. (Hrsg.): Similarity and Analogical Reasoning. Cambridge 1989, S. 199–241.

Gentner, D., Holyoak, K.J.: Reasoning and Learning by Analogy: Introduction. In: American Psychologist 1997, Heft 1, S. 32–34.

Gentner, D., Markman, A.B: Structure Mapping in Analogy and Similarity. In: American Psychologist 1997, Heft 1, S. 45–56.

Halisch, F., van den Bercken., J. H. L. (Hrsg.): International Perspectives on Achievement and Task Motivation. Amsterdam 1989.

Heckhausen, H.: Motivation und Handeln. Berlin 1989.

Herber, H.-J., Kainz, R., Vierlinger, R.: In: Vierlinger, R. (Hrsg.): Eine Variation zum Thema Gesamtschule. Pädagogische Intentionen. Linz 1978, S. 11–35.

Herber, H.-J.: Innere Differenzierung im Unterricht. Stuttgart 1983.

Herber, H.-J.: Innere Differenzierung im Physikunterricht. In: PC-Magazin des PI Steiermark 1984, Heft 6, S. 1–10.

Herber, H.-J.: Zum Theorie-Praxis-Problem in der Lehrerbildung. In: Buchberger, F., Seel, H. (Hrsg.): Materialien zur Lehrerbildung für die Schulreform. Brüssel 1985, S. 75–85.

Herber, H.-J.: Das Theorie-Praxis-Problem, aufgezeigt aus der Sicht eines Theoretikers mit praktischen Lehrerfahrungen in einem heterogenen Klassenverband. In: Vierlinger, R. (Hrsg.): Die Guten ins Töpfchen, die Schlechten ...? Passau 1987, S. 43–57.

Herber, H.-J., Vásárhelyi, É.: Analogiebildung (ein analogisierender Integrationsversuch im Überblick). Papier zur Tagung österreichischer und ungarischer Mathematikdidaktiker in Nyíregyháza 1993.

Herber, H.-J.: Innere Differenzierung. In: Unser Weg 1994, Heft 4, S. 121–131.

Herber, H.-J., Astleitner, H., Vásárhelyi, É., Parisot, K.J.: Versuch der (Re-) Konstruktion mathematisch-didaktischer Analogiebildung durch "vernetzte" Anwendung syntaktischer (systemisch-metatheoretischer) und semantischer (lernpsychologisch-objekttheoretischer) Kriterien. Forschungsbericht. Salzburg 1996.

Herber, H.-J.: Ein Paradigmenvergleich: "Interesse" aus pädagogischer und psychologischer Sicht. Salzburger Beiträge zur Erziehungswissenschaft 1997, Heft 1, S. 41–49.

Herber, H.-J., Vásárhelyi, É., Astleitner, H., Parisot, K.J.: Analogisierende versus sequentielle Instruktion, situativ geänderte Aufgabenschwierigkeiten und Mathematikleistungen. In:

Vásárhelyi, É., Parisot, K.J. (Hrsg.): Integrativer Unterricht in Mathematik. Salzburg 1997 (im Druck).
Holyoak, K. J., Thagard, P.: Mental Leaps. Cambridge 1995.
Holyoak, K.J., Thagard, P.: The Analogical Mind. American Psychologist. 1997, Heft 1, S. 35–44.
Kolodner, J.L.: Educational Implications of Analogy: A View From Case-Based Reasoning. American Psychologist 1997, Heft 1, S. 57–66.
Majewski, R.: Über die Rolle der Wissensrepräsentation in einem Analogien bildenden System. Aachen 1994.
Medin, D., Ortony, A.: Comments on part I: Psychological Essentialism. In: Vosniadou, S., Ortony, A. (Hrsg.): Similarity and Analogical Reasoning. Cambridge 1989, S. 179–195.
Nenniger, P., Eigler, G., Macke, G.: Studien zur Mehrdimensionalität von Lehr-Lern-Prozessen. Bern 1993.
Piaget, J.: Psychologie der Intelligenz. Olten 1980.
Schiefele H., Hausser, K., Schneider, G.: "Interesse" als Ziel und Weg der Erziehung, Überlegungen zu einem vernachlässigten pädagogischen Konzept. In: Zeitschrift für Pädagogik 1979, Heft 1, S. 1–20.
Schiefele, U., Krapp, A., Schreyer, I.: Metaanalyse des Zusammenhangs von Interesse und schulischer Leistung. In: Zeitschrift für Entwicklungspsychlologie und Pädagogische Psychologie 1993, Heft 2, S. 120–148.
Seel, H.: Zeitgemäßer Unterricht und seine Vorbereitung. Linz 1965.
Seel, H: Allgemeine Unterrichtslehre. Wien 1983.
Seel, H.: Didaktik und Gestaltpsychologie. In: Gestalt Theory 1997, Heft 2, S. 100–127.
Vosniadou, S., Ortony, A. (Hrsg.): Similarity and Analogical Reasoning. Cambridge 1989.

Gunter Iberer

Humor und Kreativität

1. Ausgangslage

Dieser Beitrag beschäftigt sich mit einigen positiven Wirkungen, die dem Humor zugeschrieben werden. Der Anstoß dazu kann in der provokanten, aber faszinierenden Hypothese von Arthur Koestler (vgl. 1966, S. 17) gesehen werden, daß nämlich Humor, Wissenschaft und Kunst eine gemeinsame Basis hätten.

Humor, Wissenschaft und Kunst seien "schöpferische Aktivitäten", die eine will uns zum Lachen bringen (Haha!), die zweite zum Verstehen (Aha!) und die dritte zum Staunen (Aah!). In allen drei Fällen sei die "logische Struktur" die gleiche – sie besteht in der Entdeckung verborgener Ähnlichkeiten. Das "emotionale Klima" sei allerdings jeweils verschieden – der komische Vergleich hat einen Hauch von Absurdität oder Aggressivität, die wissenschaftliche Schlußfolgerung ist von Emotionen unabhängig, also emotional neutral, während die Kunst emotional positiv inspiriert ist und Bewunderung oder Mitgefühl auslöst.

Der Spaßmacher "entlarvt", der Wissenschaftler "entdeckt" und der Künstler "enthüllt".

Koestler stellt somit den Wissenschaftler in die Mitte zwischen den Spaßmacher und den Künstler (ebd., S. 18). Daß der Spaßmacher gleichsam der Bruder des Wissenden sein soll, mag blasphemisch klingen, aber schon unsere Sprache weist auf die nahe Verwandtschaft hin: "Witz" in seiner ursprünglichen Bedeutung von Scharfsinn und Erfindungsgabe; englisch "wit" von "witan" (verstehen); lateinisch videre; griechisch "idein", sanskr. "veda" (Wissen). Das deutsche Wort "Witz" hält die Balance zwischen Spaß und Scharfsinn, somit besteht ein Verwandtschaftsverhältnis zwischen Wissenschaft und Fürwitz bzw. Aberwitz (vgl. ebd.).

2. Von Aha zu Haha

Humor ist eine höchst komplexe Angelegenheit, die einen "simplen", genau definierten physiologischen Reflex, das Lachen, auslöst. Das Lachen scheint keinen ersichtlichen biologischen Zweck zu erfüllen, kann also als ein "Luxusreflex" (ebd., 1966, S. 21), bezeichnet werden. Daß vom Erhabenen zum Lächerlichen nur ein kleiner Schritt ist, ist bekannt. Warum soll dieser Schritt nicht auch vom Lächerlichen zum Erhabenen möglich sein?

Die Wirkung, z.B. eines Witzes, die ein Lachen zur Folge hat, wird durch eine unerwartete Reaktion hervorgerufen. Aber das Unerwartete allein genügt nach Koestler (ebd., S. 23) nicht, um einen komischen Effekt auszulösen; die Pointe muß zugleich unerwartet und trotzdem vollkommen logisch sein, wenn auch von einer Logik, die in einer solchen Situation "normalerweise" nicht zur Anwendung kommt.

Als Beispiel für ein derart unlogisch-logisches Denken kann der folgende Witz dienen (vgl. Die neuesten Witze aus Österreich (TOSA) 1997; S. 103):
Mann: "Herr Doktor, kann ein Mensch auch ohne Blinddarm leben?"
Doktor: "Sie schon, aber ich nicht!"

Von vielen Humorforschern wird diese unerwartet-logische Wendung, die das Lachen auslöst mit "Inkongruenz" bezeichnet, einer Art kreativer "Verletzung des Realitätsprinzips" (vgl. Liu 1995, S. 177). Dazu ein weiteres Beispiel (vgl. ebd., S. 35):
Sohn: "Papa, was ist ein Transvestit?"
Vater: "Frag die Mama, der weiß es!"

Dieser Zusammenprall also von zwei miteinander normalerweise unvereinbaren Spielregeln ist es, der die Spannung zur Explosion bringt. Somit bewirkt ein "Aha" das "Haha".

Die "Güte" eines Witzes hängt aber nicht davon ab, daß sich dieser gut erklären läßt. Wenn jemandem die Pointe erst erklärt werden muß, findet dieser den Witz meistens nicht witzig. Gerade das Nicht-Gesagte, aber Wohl-Verstandene macht ja das Lustvolle am Witz aus.

Der schöpferische Akt eines Witzes ist also ein Akt der Erkenntnis und ein Akt der Befreiung – auf den Geistesblitz folgt der Gefühlsdonner – es ist ein Sieg der Originalität über die Gewohnheit. Ein Maß für die Originalität ist der

Überraschungseffekt. Koestler (1966, S. 88) erfindet für dieses Zusammenprallen verschiedener Denksysteme den Ausdruck "Bisoziation".

Der schöpferische Akt des Humoristen besteht darin, eine "momentane Verschmelzung" von zwei gewöhnlich unvereinbaren Systemen herbeizuführen. Wissenschaftliche Entdeckung kann als eine "permanente Verschmelzung" von Denksystemen, die man vorher für unvereinbar gehalten hat, angesehen werden (vgl. ebd. S. 91).

Viele bahnbrechende wissenschaftliche Entdeckungen würden von den meisten Zeitgenossen mit schallendem Gelächter quittiert. So wurde etwa Galilei verhöhnt: "Wir fliegen also um die Sonne und kriechen wie Ameisen auf der Erde herum!" Oder Darwin mit der Frage konfrontiert: "Stammen Sie mütterlicherseits oder väterlicherseits vom Affen ab?"

3. Von Haha zu Aha

Daß der Weg von der Erkenntnis zum Lachen führen kann, ist bereits aufgezeigt worden. Der "Lachende" ist aber noch nicht kreativ. Er empfindet vielleicht eine gewisse Genugtuung, schlau genug gewesen zu sein, die Pointe zu erfassen und vielleicht auch eine gewisse Bewunderung für die Spitzfindigkeit des Witzes, aber er ist im besten Falle intelligent, nicht kreativ.

Aus der Sicht der kognitiven Humortheorie stellt übrigens das Verstehen von Absurditäten den Schlüssel für das Verständnis von Humor dar (vgl. Webb et al. 1989; Ziv 1990). Beim Humor, wie beim Problemlösen, gibt es inkongruente Elemente, die wahrgenommen, analysiert, verglichen und in ihrer Beziehungsverflochtenheit verstanden werden müssen.

Humorverständnis und Humorgenuß ist also die eine Seite, Humorproduktion die andere. Erst mit der Humorproduktion, die dem "divergenten Denken" (vgl. Guilford 1973) vergleichbar ist, kommt Kreativität ins Spiel. Personen beginnen meist kreativ zu denken, wenn sie humorvoll zu denken beginnen. Wo immer neue Ideen jongliert werden, kommen auch witzige Ideen zum Vorschein – wo immer witzige Ideen geboren werden, kommt die Kreativität zum Vorschein.

Dazu ein Beispiel. Die Vorlage ist dem Witze-Test 3WD-B von Ruch (1983) entnommen. Die Antworten stammen von LehrerInnen aus einem Fortbildungsseminar des Autors. (Die Originalantwort des Testbeispiels wird am Ende des Literaturverzeichnisses angeführt.)

Mutteraussagen:
- "Hörst du schon das Gras wachsen?"
- "Hast du heute schon die Ohren gegossen?"
- "Sind das die Grüße vom Biolehrer?"
- "Ab morgen schaust du mir nicht mehr: 'Wetten, daß ...!'"
- "Ist heute womöglich Muttertag?"
- "Ich will ja nicht autoritär werden! Aber ich fürchte, allmählich wirst du dir doch wieder mal die Ohren waschen müssen!"

Mutter-Kind-Dialog:
M: "Was sollen denn die Blumen in deinen Ohren?"
K: "Wir spielen gerade Almabtrieb!"
–

M: "Woher hast du denn die Blumen?"
K: "Aus dem Garten vom Ohrenarzt."
–

M: "Kannst du mich hören?"
K: "Willst du mich pflanzen?"
–

M: "Putz' dir sofort deine Ohren!"
K: "Ich darf nicht, ich bin ein Naturschutzgebiet."
–

M: "Warst du schon bei deiner Oma?"
K: "Ja, aber sie hat auch keine Vase."
–

M: "Was machst Du in diesem Aufzug?"
K: "Ich gehe zum Ausseer Narzissenfest."
–

M: "Du sollst dir doch wieder die Ohren waschen."
K: "Ja, aber nur, wenn ich einen Walkman bekomme."

M: "Warum trägst du die Blumen im Ohr?"
K: "Damit ich die Hände frei habe."

—

M: "Um Gottes willen, du hast mein Substral geschluckt!"
K: " Das war also kein grünes Cola?"

—

M: (Mutter schaut entgeistert)
K: "Warum schaust du mich so an? Merkst du nicht, daß ich ein Biotop bin?"

—

M: "Was soll denn das?"
K: "Du hast ja gesagt, Ringelblumen sind gut gegen Ohrenschmerzen!"

4. Humor im (Schul-)Alltag

Humorforscher machen sich auch auf die Suche nach dem praktischen Nutzen von Humor. Neben der bereits besprochenen günstigen Auswirkung auf die Kreativität (geistige Flexibilität und Originalität), wird eine positive Auswirkung auf die (psychische) Gesundheit (vgl. Titze 1995), auf die Entwicklung eines positiveren Selbstkonzepts (vgl. Kuiper & Martin 1993), auf die ausgleichende Wirkung in sozialen Beziehungen (vgl. Morreall 1991) und auf das Zusammenleben im Alltag (vgl. Ruch 1994) hingewiesen.

Werden diese Effekte auch in der Schule genutzt?
In diese Hinsicht scheiden sich die Geister. Es gibt LehrerInnen, die sich zu der Feststellung bekennen, daß eine Unterrichtsstunde, in der nicht wenigstens einmal gelacht wird, eine verlorene Stunde sei, aber es gibt auch LehrerInnen, die den Humor nicht in angemessener Weise akzeptieren. "Was findest Du dabei so witzig?" ist eine häufige Floskel, die bei Schülern das Lachen vereiteln soll.

Wenn ein Schüler musikalisch ist, wird er in den Schulchor geholt, wenn er sportlich ist, in die Schulmannschaft, wenn er aber humorvoll und witzig ist, wird er zum Direktor geschickt.

Ein "gesunder Humor" hat aber eine befreiende und entspannende Wirkung auf die Klassenatmosphäre, bietet sich also als einfaches und neutrales Mittel zur Reduzierung von Schulstreß an.

Wenn Humor die geistige Flexibilität von Schülern herausfordert und fördert, dann müssen diese einerseits in der Lage sein, sich von fixen Vorstellungen und Vorurteilen zu befreien, und andererseits in der Lage sein, eine Situation von verschiedenen Blickwinkeln aus zu betrachten. Gerade der Abbau von Vorurteilen und die Zunahme an Objektivität gehören zu den wichtigen Erziehungszielen in der Schule.

Personen, die einen Sinn für Humor haben, schreibt man die Fähigkeit zu, Fehler besser zu verkraften. Dies ist besonders hilfreich in Prüfungs- und Bewertungssituationen. Um Kritik auf konstruktive Weise aussprechen und annehmen zu können, muß jemand ebenfalls die Fähigkeit besitzen, sich in die Lage einer anderen Person versetzen zu können.

Dadurch, daß sich mit Humor Fehler leichter tolerieren und auch Konfliktsituationen entkrampfen lassen, wird diesem auch eine Schlüsselrolle für den Erwerb der Teamfähigkeit zugestanden (vgl. Morreall 1991, S. 370).

Schüler, die intellektuell begabt sind, besitzen eine Reihe von gemeinsamen Merkmalen, deren eines auch ein überdurchschnittlicher Sinn für Humor ist (vgl. Holt & Willard-Holt 1995, S. 257). Humor bietet nämlich einerseits ein Sicherheitsventil für das Aussprechen ungewöhnlicher Gedanken und verborgener Gefühle und hilft Schülern andererseits, die eigenen Gedanken besser zu organisieren und präziser auszudrücken. Darüberhinaus zeigen humorvolle Schüler in sozialen Situationen eine größere Selbstsicherheit und ein stärkeres Durchsetzungsvermögen (vgl. McGhee 1979, S. 202).

Wer sich bis hierher durch die Humorforschung durchgekämpft hat und noch zum Lachen fähig ist, sollte sich abschließend in die Lage eines Mannes versetzen, der am Grab seines allzu früh verstorbenen Freundes steht und die Grabinschrift liest:

"Hier ruht
Herr Walter Müller,
ein guter Mensch und
ein ehrlicher Geschäftsmann."

Daraufhin schüttelt dieser Mann nachdenklich seinen Kopf und murmelt vor sich hin: "Der arme Walter ... muß mit zwei wildfremden Leuten im Grab liegen."

LITERATUR

DeBono, E.: Das spielerische Denken. Frankfurt/M. 1972.
Die neuesten Witze aus Österreich. Wien 1997.
Freud, S.: Der Witz und seine Beziehung zum Unbewußten. Frankfurt/M. 1958.
Guilford, J.P.: Grundlegende Fragen bei kreativitätsorientiertem Lernen. In: Mühle G., Schell, Ch. (Hg.): Kreativität und Schule. München 1973, S. 139–164.
Holt, D.G., Willard-Holt, C.: An Exploration of the Relationship between Humour and Giftedness in Students. In: Humor 1995, 8-3, S. 257–271.
Hunt, M.: Das Universum in uns. München, Zürich 1984.
Koestler, A.: Der göttliche Funke. Der schöpferische Akt in Kunst und Wissenschaft. Bern 1966.
Kuiper, N.A., Martin, R.A.: Humor and Self-Concept. In: Humor 1993, 6-3, S. 251–270.
Landmann, S.: Die klassischen Witze der Juden. Ullstein Tb. 40057, 1989.
Liu, F.: Humor as Violations of the Reality Principle. In: Humor 1995, 8-2, S. 177–190.
McGhee, P.: Humor: Its Origin und Development. San Francisco 1979.
Morreall, J.: Humor and Work. In: Humor 1991, 4-3/4, S. 359–373.
Ruch, W.: 3 WD-A/3 WD-B: Psychologisches Institut II der Universität Düsseldorf, 1983.
Ruch, W.: "Sinn für Humor" als Persönlichkeitsmerkmal: Vergessen, fehlkonstruiert, neukonzipiert. In: Pawlik, K. (Hg.): Bericht über den 39. Kongreß der Deutschen Gesellschaft für Psychologie in Hamburg 1994. Göttingen 1994.
Titze, M.: Die heilende Kraft des Lachens. München 1995.
Webb, J.T., Meckstroth, E.A., Tolan, S.S.: Guiding the Gifted Child. Columbus OH, 1989.
Ziv, A.: The Influence of Humorous Atmosphere on Creative Thinking. Contemporary Educational Psychology 1983, 8, S. 68–75.
Ziv, A.: Humor and Giftedness. Gifted International 1990, 2 (6) S. 42–51.

Die Originalaussage des Witze-Tests ist die letzte Aussage der Mutteraussagen.

Regina Mikula

Schulkritik als Impulsgeberin
Eine reflexive Standortbestimmung pädagogischer Schulkritik als ein Beitrag zur Schulpädagogik

1. Graz – Berlin – Zürich – eine Einleitung

Der Artikel ist während meines Forschungsaufenthaltes in Berlin und Zürich entstanden, den ich nicht ohne die Unterstützung von Prof. Helmut Seel unternehmen hätte können. Es ist mir daher eine besondere Freude, ihm diesen Artikel zu widmen und damit für den konstruktiv-kritischen Diskurs, der auch wesentlich zur Themenfindung meines derzeitigen Forschungsschwerpunktes geführt hat, zu danken. Die Festlegung meines Forschungsprojektes, hier kurz "Schulkritik" genannt, war ein Entscheidungsprozeß mit Sprüngen und Neuanfängen. Dieser Artikel ist als reflexive Standortbestimmung hinsichtlich der Bedeutung von Schulkritik für die Weiterentwicklung der Schule zu verstehen. Damit möchte ich meinen Beitrag für die Abteilung Schulpädagogik leisten und die Anerkennung für die wissenschaftliche Begleitung durch Prof. Seel zum Ausdruck bringen.

Der erste Schritt zur Verwirklichung meines Forschungsprojektes besteht in der Abfassung eines Überblicks über Entwicklungsgeschichte, Stand und Tendenzen eines kritischen Diskurses, der allgemein als Schulkritik etikettiert wird. Der Fokus ist dabei auf die Deskription der Schulkritik, d.h. das Denken über und die Kritik an der Schule gerichtet. Dabei versuche ich, den internationalen Stand der Schulkritikforschung und deren Entwicklungstendenzen auf einer Zeitachse parallel zum gesellschaftlichen Wandel und der damit einhergehenden Krise der Disziplin der Erziehungswissenschaft, systemisch hinsichtlich der Schule und sozialwissenschaftlich hinsichtlich des Kritikbegriffes, zu erfassen. Das bedeutet einerseits die Strukturbedingtheiten des Systems Schule auf deren Regeln und Regelmäßigkeiten zu durchleuchten, andererseits die mehrdimensionale Verwendung des Kritikbegriffes im Kontext der erziehungswissenschaftlichen Verwertbarkeit zu entlarven und letztlich soll das Verhältnis zwischen dem theoretischen Konstrukt Schulkritik und den konkreten Denk- und Handlungsprozessen praktizierender LehrerInnen untersucht werden.

Dieser Artikel ist von einem theoretischen aber auch an der Praxis orientierten Standpunkt aus geschrieben. Es ist wichtig zu erkennen, daß daraus keine kritische Schultheorie entwickelt wird, ja diese theoretische Analyse oder kritische Interpretation führt geradezu weg von einem Entwurf kritischer Theorie und betont vielmehr stattdessen die Mannigfaltigkeit schulkritischer Leitprinzipien, d.h. das Verstehen der Komplexität des Phänomens Schulkritik und das in einer dem vorgegebenen Rahmen des Artikels begrenzten Weise. Dabei erweist sich das Einnehmen verschiedener Standpunkte als äußerst nützlich, denn jeder Standpunkt verändert die Perspektive neu. Die Grundlage dieses Überblicks bilden Schulbesuche in Berlin und Zürich sowie umfangreiche Literaturrecherchen und Fachgespräche mit SchulkritikerInnen, LehrerInnen und SchülerInnen; sie alle haben letztlich meinen Blick erweitert.

Bei oberflächlicher Betrachtung der schulkritischen Literatur findet man eine Vielzahl von Büchern sowie zahlreiche Zeitschriftenartikel, die vor allem in den letzten 20 Jahren zum Thema "Schulkritik" veröffentlicht wurden. Neben theorievergleichenden Arbeiten existieren pädagogisch orientierte Arbeiten, die Schule unter dem Anspruch der Bildung betrachten, gesellschaftspolitisch orientierte und institutionskritische Werke ebenso wie kulturanthropologische und historisch orientierte Schulkritiken. Die hier getroffene Auswahl aus der Fülle des Materials, macht vor allem die gesellschafts- und institutionskritische sowie die pädagogische Perspektive deutlich, aus der heraus ein Einblick in den gegenwärtigen Stand der Schulkritikforschung vermittelt werden soll. Meine Darstellung ist nicht systematisch und auch nicht chronologisch, sondern versucht einzelne, immer wiederkehrende Leitprinzipien darzustellen, wobei historisch vergleichende Perspektiven angedeutet werden, um die Permanenz der Schulkritik deutlich zu machen; mithin hat die Auswahl exemplarischen Charakter und erhebt nicht den Anspruch auf Vollständigkeit. Ziel dieser Auseinandersetzung ist meine Überzeugung, daß Bildungsforschung die Aufgabe hat, kritische Schultheorien einer Analyse zu unterziehen, um so deren gesellschaftliche Funktionen zu erkennen. Indem die Genese und Kontinuität bzw. Diskontinuität der ausgemachten Kernaspekte in ihrer Bedeutung und den Beziehungen miteinander verstanden werden, ist es einerseits möglich, deren Relevanz für Schulentwicklungsprozesse abzuschätzen und andererseits kritische Distanz einzunehmen, vor allzu schnell getroffenen Schlußfolgerungen hinsichtlich der Machbarkeit von Veränderungsprozessen im Bildungssystem, im Sinne von Schulreformprogrammen.

2. Gedankensplitter zu zentralen Begriffen "Kritik" und "Schule"

Der Begriff der Kritik stellt eine Aporie dar. So sehr das Wort Kritik zu den Kategorien des Alltagswissens gehört, fester Bestandteil unseres alltäglichen Sprachgebrauchs ist, so wenig wissen wir, was "das Kritische" ist. Es existiert heute kaum ein Phänomen in der Welt, das nicht mit Hilfe der Formulierung "Kritik der ..." umschrieben und damit in Frage gestellt wird. Ein Blick in Magazine, in eine beliebige Tageszeitung ebenso wie in Fachzeitschriften genügt um festzustellen, daß der Kritikbegriff sich großer Beliebtheit erfreut. Alles und jedes scheint kritiktauglich und kritikwürdig. Dem Gegenstand der Kritik selbst sind keine Grenzen gesetzt. Er reicht von – um nur drei Beispiele zu nennen – der Kritik am dramatischen Rückgang der Frühlingsschlüsselblume in den Schweizer Bergen (vgl. Matthies/Schmid 1996, S. 22), der Kritik an den neuen Technologien, die ein Medienproletariat produzieren (vgl. Bonfadelli 1996, S. 53) bis hin zur Kritik an der Verwertbarkeit der Forschungsbedingungen auf dem Mars für die Genforschung (vgl. Schrader 1997, S. 95). Zweifellos sind auch die Sozialwissenschaften, mithin die Bildungsinstitutionen, vom Phänomen der Kritik in erheblichem Ausmaß erfaßt worden. Soziologisch und pädagogisch wird der Kritikbegriff benutzt, um eine Vielzahl disparater und heterogener Veränderungen im öffentlichen und privaten Leben zu beschreiben. Wenngleich es keine allgemeingültige Form gibt, die diese in Frage stellenden Bewegungen verbindet, außer eine bestimmte Art zu denken, eine bestimmte Haltung, so teilen sie doch das Merkmal einer Krisenpolitik. Somit bedienen sich Kritikdiskurse auch im pädagogischen Feld der Strategie der Macht, durch die sie zum Beispiel versuchen, strukturelle Veränderungen im Schulsystem zu erzielen. Mein Erkenntnisinteresse richtet sich jedoch nicht auf die Prozesse der Herstellung von Kritik, auch nicht darauf, ob der Kritikbegriff zur Beschreibung sozialer, politischer, kultureller Reformprozesse geeignet ist. Meine Aufmerksamkeit richtet sich auf die Gestalt und den Inhalt des Begriffes "Schulkritik", mithin auf Fragen des "Was" ist Gegenstand der Kritik und "Wie" wird diese formuliert. Wichtig dabei erscheint mir der Aspekt, daß Kritik die Reflexion ist von etwas, das bereits existiert. Sie (die Kritik) existiert nur im Verhältnis zu etwas anderem als sie selbst, "sie ist Instrument, Mittel zu einer Zukunft oder zu einer Wahrheit, die sie weder kennen noch sein wird, sie ist ein Blick auf einen Bereich, in dem sie als Polizei auftreten will, nicht aber ihr Gesetz durchsetzen kann" (Foucault 1992, S. 8).

Wer sich über Schule kritisch äußert, hat bestimmte Hintergrundtheorien darüber, wie die Institution Schule funktioniert, welche Rolle die Beteiligten einnehmen und welche Konsequenzen daraus für Veränderungen abzuleiten sind. Da es nicht möglich ist, kritische Schultheorien ohne Bezugsgröße zu vergleichen, sei an dieser Stelle lediglich darauf verwiesen, daß die Theorien sozialer Systeme (vgl. Luhmann 1991, Willke 1989, Hermanns 1992) die Basis meiner Analyse bilden. Die allgemeine Systemtheorie und die sozialwissenschaftliche Strukturanalyse (Reckwitz 1997) beeinflußen die Betrachtung der Institution Schule insofern, als sie einen konzeptionellen Rahmen zur Verfügung stellen, den ich für brauchbar halte, um Schulphänomene zu beschreiben sowie deren strukturelle Bedingtheiten zu verstehen. Mittlerweile existiert über diese Sichtweise ein breiter Konsens auch in der pädagogischen Diskussion. Er besteht darin, Schule als soziales System zu begreifen, dessen Funktion in der "gesellschaftlich kontrollierten und veranstalteten Sozialisation" (Fend 1981, S. 2) liegt. Das Erziehungssystem hat dabei eine doppelte Funktion zu erfüllen, nämlich einerseits zur Erhaltung eines bestimmten gesellschaftlichen dynamischen Gleichgewichts beizutragen und andererseits die personale Entwicklung der an der Erziehung beteiligten Individuen zu unterstützen. Blicken wir auf das soziale System Schule, so erkennen wir eine bestimmte übergreifende Struktur, die gekennzeichnet ist durch Regeln und Regelmäßigkeiten innerhalb der strukturbildenden Elemente wie Stundenpläne, Lehrpläne, Architektur, AkteurInnen, Rollen und Erwartungshaltungen, Kommunikatons- und Handlungsmuster, Inputs, Outputs usw. Über das Verhältnis der verschiedenen Elemente zueinander und deren Beziehungsmuster miteinander, aber auch zum Verhältnis der allgemeinen Schulstruktur und den konkreten Prozessen des Handelns und deren Auswirkungen, existieren sehr unterschiedliche Vorstellungen. Je nach dem wie diese Vorstellungen gelagert sind, ergeben sich daraus Spannungen, die als Krisenmechanismen bezeichnet werden können und somit die Brennpunkte schulkritischer Aspekte bilden. Im pädagogischen Diskurs stehen die Begriffe "Schule" und "System" oft zusammen, als ein symbiotisches oder sich gegenseitig definierendes Paar. In der Tat legt auch das eine systemische Betrachtung der Schule nahe, denn die Schule kann in vielerlei Hinsicht als System betrachtet werden, nämlich als ein Kommunikations- und Interaktionssystem, ein Machtsystem, ein soziales System, ein Beziehungssystem, ein Wirtschaftssystem.

Was bedeutet der Begriff Schulkritik? Wenn man einmal alles eliminiert, was für die verschiedenen Schulen/Kritiken idiosynkratisch ist, was bleibt dann an "Gleichem" übrig? Was bleibt, was für alle irgendwie ähnlich genug ist, um es "Schulkritik" zu nennen? Die verwendete Begrifflichkeit ist so unterschiedlich, daß sie alle nicht eine Sache bezeichnen, sondern es sind Komplexbegriffe, Vielfaltbegriffe, wie Dörner (1997) es ausdrückt, die eine Menge von verschiedenen Sachverhalten begrifflich zu erfassen versuchen. Der Begriff "Problemschule" oder "Neue Lernkultur" kann z.B. daher dies oder jenes oder etwas Drittes markieren. Sehr oft wird ein Bündel von Problemen mit einer begrifflichen Marke versehen, um den Umgang damit zu erleichtern. Dies scheint hier der Fall. Am Begriff "Problemschule", d.h. jener Schule, die ein Problem hat, wird ein weiterer interessanter Aspekt offenkundig. KritikerInnen zeigen beispielweise auf, was zur Aufrechterhaltung bzw. Verschlimmerung des Problems erkannt wird und wie man durch Veränderung versucht, dieses Problem zu lösen. Der Begriff Problem impliziert jedoch einen anderen, nämlich das sogenannte "Nicht-Problem". Ich frage an dieser Stelle, was ist eigentlich das "Nicht-Problem" an der Schule? In den schulkritischen Konzepten läßt sich die Handhabung dieser problemorientierten, eingeschränkten Perspektive gut beobachten, indem die Analyse der beizubehaltenden Elemente fast konsequent vermieden wird. Lediglich der Raum zwischen Problem und Nicht-Problem wird in einigen Konzepten mit dem Begriff der "Ausnahme" zu fassen versucht. Mit Ausnahmen werden Alternativen zur Regelschule (z.B. Summerhill) benannt. Auch einzelne Schulen, die in Schulentwicklungsprozessen Veränderungen vollzogen haben, werden als Ausnahmen erfaßt. Eine Ausnahme ist in den schulkritischen Konzepten alles was vom gewöhnlichen Muster abweicht, nicht der Norm entspricht. Der Begriff Norm führt mich zu einer weiteren Auffälligkeit. Auch hinsichtlich des Begriffes "Schule" verhalten sich SchulkritikerInnen so eindeutig, als ob es etwas gäbe, das sie eint. Sie alle sprechen von der "Schule", obwohl diese "Schule" nur als Allgemeinbegriff existiert; ich gebe daher zu bedenken, daß wir es mit einem Abstraktum zu tun haben, das ich hier nicht weiter ausführe. Für die meisten SchulkritikerInnen herrscht Einigkeit darüber, daß die Schule als notwendige Einrichtung erhalten werden sollte. Konsens herrscht auch darin, daß die Schulkrise mit einer gesamtgesellschaftlichen Sinnkrise in Verbindung gebracht wird. Somit stellt das Verhältnis zwischen der Institution Schule und der Gesamtheit der Gesellschaftssysteme (z.b. Wirtschaft, Politik, Wissenschaft, Kultur, Religion, Recht) ein Kernproblem in der schulkritischen Literatur dar.

3. Gesellschaftlicher Wandel und Schule bzw. Schulkritik in Veränderung

"Die Schule ist ein Radargerät. An ihr können wir ablesen, in was für einer Gesellschaft wir leben!" (Christie Nils 1974).

Seit es Schulen gibt, werden sie kritisiert, d.h. man könnte sagen, daß die Geschichte der modernen Schule auch eine Geschichte ihrer kontinuierlichen Kritik ist. Für die Pädagogik ist die Frage nach ihrer Geschichte als eine werdende Gegenwart keine neue, gibt sie doch Hinweise darauf, wie sich ein System im Verlauf der Zeit in Wechselwirkung mit gesellschaftlichen Veränderungen entwickelt hat. Das Studium von bildungsgeschichtlichen Werken und philosophischen Traktaten gibt mannigfaltige Einblicke in Äußerungen des Unmuts gegen veraltete Schulordnungen, lebensferne und überholt angesehene Lehrinhalte u.v.a.m. Schon John Locke hat beispielsweise in seinen "Gedanken über Erziehung" scharfe Kritik an der Schule geübt, "die den Kindern die Köpfe mit allen möglichen Plunder vollstopfen (...), an den sie gewöhnlich größtenteils nie wieder denken, so lange sie leben; und was davon hängen bleibt, ist nur von Nachteil für sie" (Locke 1962, S. 73). In den 20er Jahren dieses Jahrhunderts wird das Ende der Schule beschrieben, genauso wie die schulfreie Gesellschaft, die auf pädagogische Zwänge verzichtet und die Sklaverei des Kindes abzuschaffen versucht. Walther Borgius formuliert in seiner Schrift "Die Schule – ein Frevel an der Jugend" (1930) die zentrale

Grundfrage für die Zukunft. "Wie werden wir die Schule wieder los?" (Borgius 1981, S. 194 zit.n. Oelkers 1995, S. 62). Der Widerspruch von Individuum und Institution, von Leben und Erleben auf der einen Seite und Schulzwang auf der anderen Seite ist immer wieder Anlaß zu heftiger Kritik. So formuliert z.B. Max Tepp im Jahre 1924 folgende kritische Gedanken: "Schule, schon das Wort trägt Bosheit in sich, weil es ein Gebiet abgrenzt (...). Ihr meint, die ewige Zeit, die ihr bei den Kindern hockt und grübelt und lehrt mit vielem Fleiss und saurer Mühe ist Dienst am Menschentum der Kinder, ist wahre Schule. Die Zeit hat mit Schule nichts zu schaffen" (Tepp 1924, S. 6 zit.n. Oelkers 1995, S. 6). Die unterschiedlichen Aussagen zur "Krise" der Schule oder zur Forderung nach ihrer "Entschulung" sind auf den historisch unterschiedlichen Stellenwert von Schule zurückzuführen. Festzustellen ist, daß die neuen Ideen oft aus alten durch Interpretation und Revision entstanden sind. Eine differenzierte Betrachtung läßt allerdings auch erkennen, daß aufgrund gesellschaftlicher Veränderungen heute eine radikal "neue" Funktionsbestimmung von Schule erfolgt. Während in den 60er und 70er Jahren u.a. die Reformpositionen der Demokratisierung, Chancengleichheit und Emanzipation bestimmend waren, werden gegenwärtig Begriffe wie Pluralität, Technologisierung und Individualisierung zu zentralen Themen der Auseinandersetzung. Dies muß eng in Zusammenhang mit dem rasanten gesellschaftlichen Wandel am Ende diese Jahrtausends gesehen werden, der gekennzeichnet ist durch eine steigende strukturelle und kulturelle Komplexität, die auch die Bildungssysteme erfaßt und vor neu zu bewältigende Herausforderungen stellt. Gerade auf jene Herausforderungen reagieren SchulkritikerInnen, wenn sie der Schule umfassendere Funktionen zuschreiben, damit Unterricht und Erziehung dazu beitragen kann, die Erhaltung und Weiterentwicklung der Kultur zu sichern. Daher wird die Schule zu einem bestimmenden Faktor; sie ist nicht nur das Ergebnis und Produkt der Anpassung an den Wandel, sondern sie ist als integrierter Teil der gesamtgesellschaftlichen Verhältnisse – aktiv wie passiv – mitbeteiligt an deren Weiterentwicklung. Vor allem die neuen Technologien, die sogenannte Medienrevolution, wirft für die Gestaltung von Bildungssystemen viele Fragen auf. Warum soll man noch lernen, wenn Wissen per Knopfdruck abrufbar ist? Die neuen Medien zwingen uns, über die veränderte Bedeutung von Schule nachzudenken. Problematisch ist dabei die Tatsache, daß einerseits der Zugang zur Information nicht gleichzeitig das Wissen erhöht, obwohl andererseits die Wissensvermittlung eine Domäne der neuen Medien im Schulunterricht werden soll. Vor allem amerikanische SchulkritikerInnen stellen sich eingehend die Frage, wie wir zu einem sinnvollen Umgang mit den neuen Technologien erziehen können. In diesem Zusammenhang bin ich auf ein interessantes Werk der amerikanischen Schulkritik gestoßen. In der Publikation "Rethinking Media Literacy. A Critical Pedagogy of Representation" (1995) wird die unmittelbare Wirkung der modernen Medien diskutiert und ihre pädagogische Funktion hinsichtlich der Ausbildung von Identitäten sowie der Konstruktion von Wissen in postmodernen Gesellschaften kritisch hinterfragt. Die verwendete Begrifflichkeit orientiert sich am derzeit in den Sozialwissenschaften geführten Diskurs der Postmoderne; Kennzeichen dafür sind Schlüsselbegriffe wie "Identität", "Subjektivität", "Klasse", "Rasse", "Ethnie" und "Gender". Basis der Auseinandersetzung bildet die Annahme, daß Individuen heute wesentlich durch die modernen Medien gebildet werden. Daher zieht sich eine radikale Kritik an der medialen Hegemonie aus der Perspektive postmodernistischer Theorien durch dieses Werk, wobei insbesondere die Auswirkungen der Medien auf die Gestaltung von Schule thematisiert wird. Vorrangiges Ziel der Schule muß die Vermittlung einer kritisch-reflexiven Medienbildung sein, sodaß der totalen Manipulation der Menschen durch die Massenmedien Einhalt geboten werden kann. Kritisch-reflexive Medienbildung bedeutet mithin das Durchschauen der Wirkungen einerseits sowie den kreativen Gebrauch der neuen Medien andererseits. Aus dieser kritischen Perspektive wird damit an die Eigenverantwortlichkeit im Gebrauch mit Medien appelliert, dies führt als Auswirkung der Kritik jedoch im Sinn einer effektiven "media literacy" zu einer völligen Umgestaltung der Schule (vgl. McLaren/Hammer/Sholle/Smith 1995, S. 5ff). Eine Form der Umgestaltung von Schule konnte ich beim Besuch der Bildungsmesse "Interschul 1997" in Berlin kennenlernen, wo der vielfältige und umfassende Computereinsatz im Schulunterricht in beeindruckender Weise demonstriert wurde. Computerprogramme ersetzen dabei das Lehrmittel Schulbuch. Dabei stellt sich für mich die Frage, welche Bedeutung dabei der Persönlichkeit von LehrerInnen zukommt? Zwangsentschulung durch die neuen Technologien wäre dann die nicht gewollte Fortsetzung zur Entschulungsidee in den 70er Jahren. Denn es würde eine Entschulung der Gesellschaft eintreten, ohne daß an ihre Stelle tritt, was die radikalen SchulkritikerInnen vor fast 30 Jahren forderten, nämlich "die Entdeckung eines Lernens, das tatsächlich im Leben selbst vor sich gehen kann", "die Wiederherstellung der Freiheit des Lernens" und das "Lernen (als) ein natürlicher und persönlicher Akt" von Person zu Person (Hentig 1971, S. 13ff).

4. Der Weg entsteht im Gehen: im Dreischritt von der Schulkrise zur Schulkritik bis hin zur Schulreform

4.1 Kennzeichen der Schulkrise

"Unsere Schulen sind in einem erbarmungswürdigen Zustand"
(Oskar Negt 1997).

Gibt es eine Krise der Schule oder macht die formulierte Schulkritik die Krise? Folgt man der Medienberichterstattung aufmerksam, so wird deutlich, daß diese einen Krisenzustand der Schule verbreiten. Die Krise der Schule wird aber nicht nur von den Medien in populistischer Art für die Öffentlichkeit aufbereitet, sondern findet auch Niederschlag auf internationalen Tagungen. Ebenso weisen Buchpublikationen darauf hin, daß das Phänomen der Schulkrise weit über die Ländergrenzen hinweg existent ist. "Schule in der Krise", "Schule im Kreuzfeuer", "Schulpolitik im Widerstreit", "Schule zwischen Rotstift und Reform", "Schule mit beschränkter Haftung", "School's Out" – unter diesen und anderen Titeln wird heute in der pädagogischen Forschungsliteratur Krisenstimmung verbreitet, die auf die Notwendigkeit der Schule, ihren Bildungs- und Erziehungsauftrag zu klären, die tatsächliche Wirkung von Schulen wahrzunehmen bzw. dem gesellschaftlichen Auftrag gerecht zu werden, hinweisen. Als Schuldige erkennen die einen die Verstaatlichung bzw. Verrechtlichung der Schule, die sich die Kinder zu eigen macht (Brosio 1994); die anderen machen die veränderten Aufwachsbedingungen von Kindern und Jugendlichen verantwortlich (Preuss-Lausitz 1993) oder die Argumentation bezieht sich auf LehrerInnen und deren unzureichende Professionalisierung (Struck 1995) und Eltern (Hensel 1994). Feministische KritikerInnen weisen z.B. auf die patriarchalen Machtverhältnisse (Brehmer 1991) innerhalb der Institution Schule und deren Auswirkungen auf die Interaktion der Beteiligten (Enders-Dragässer/Fuchs 1989) hin, sowie auf geschlechtsspezifische Unterrichtsinhalte und deren Vermittlungspraxis (Kreienbaum 1989).

Trotz großer Reformbewegungen in diesem Jahrhundert ist die Schule auch darum in der Krise, weil sie scheinbar unzureichend qualifiziert, weil ihr eine geringe Effektivität hinsichtlich der Leistungsfähigkeit von SchülerInnen bescheinigt wird. Diese Diskussion um die Wirksamkeit von Bildungssystemen wird derzeit auch in der Schweiz kontrovers diskutiert, nachdem erste Ergebnisse der bisher größten internationalen Bildungsvergleichsstudie, kurz TIMSS ("Third International Mathematics and Science Study") genannt, veröffentlicht wurden. Eine halbe Million SchülerInnen aus mehr als 40 Ländern beteiligten sich an diesem Leistungsvergleich hinsichtlich Mathematik und Naturwissenschaften. Ohne genauer auf diese Studie einzugehen, sei jedoch darauf verwiesen, wie widersprüchlich die Ergebnisse der aufgestellten Rangreihen (in Mathematik belegen die Schweizer SchülerInnen den 8. Platz, die österreichischen SchülerInnen den 12. Platz) interpretiert werden können. "Schweizer rechnen schlecht" (vgl. Tagesanzeiger 1997, S. 14) und "In Mathematik sind Schweizer Schüler an der europäischen Spitze" (vgl. Aargauer Zeitung 1997, S. 3), diese Aussagen zeigen zum einem die Sinnlosigkeit und zum anderen die Gefahr derart verkürzter Interpretationen. Indem beispielsweise auch nicht benannt wird, daß die (Deutsch-)Schweizer Kinder der 7. Klasse mit Kindern der 8. Klasse anderer Länder verglichen wurden und es hinsichtlich der Resultate der Schweizer SchülerInnen, zu SchülerInnen aus weiteren 10 Ländern keine signifikanten Unterschiede gibt, entstehen aus diesen verkürzten Darstellungen in der Folge scharfe Kritiken auch an der Wirksamkeit von Bildungssystemen. Auf dieser Basis argumentiert z.B. Peter Hasler, Direktor des Schweizer Arbeitgeberverbandes, in dem er darauf hinweist, daß in der aktuellen Wirtschaftssituation sich diese Mängel unseres Bildungssystems gravierend auswirken. Das System ist seiner Meinung nach "wenig effizient", obwohl für dieses "klägliche Resultat", die Schweiz aber am meisten Geld pro Schüler/in aufwendet (vgl. Hasler 1997, S. 26). Daher fordert Hasler für das Schweizer Bildungswesen, daß "Bildung wie andere Wettbewerbsfaktoren effizient, schnell und kostengünstig" sein soll, damit die Schweiz konkurrenzfähig bleibt (vgl. Hasler 1997, S. 26). Damit stellt sich auch die Frage nach einer korrekten und verantwortungsvollen Berichterstattung in den Medien, in anderen Worten, die Frage nach der Validität der Fakten und Aussagen, aus denen Schulkritik entsteht. Der Schule wird, wie an diesem Beispiel sichtbar geworden ist, bei der Lösung gesellschaftlicher Probleme eine Schlüsselrolle zugesprochen. Auch Peter Struck weist darauf hin, daß die Schule nicht auf die veränderten Gegebenheiten in der Gesamtgesellschaft reagiert. Als Lösung schlägt er vor, daß die Schule sich radikal und rasch ändern muß, damit sie zu einer "zeitgemäßen" wieder funktionierenden Institution der Gesellschaft werde, die sinnvoll in Kinder und damit in die Zukunft unserer Gesellschaft investiert (vgl. Struck 1997, S. 10). SchulkritikerInnen schlagen unterschiedliche, manchmal völlig konträre Lösungsmöglichkeiten vor, wie auf die nicht selten von ihnen festgestellte Krise reagiert werden müßte. Gelegentlich überschneiden sich die Lösungen, manchmal sind sie aber auch uneinsichtig, verwirrend und in sich widersprüchlich.

4.2 Ausgewählte idealtypische Leitprinzipien von Schulkritik

Diese zunächst rein formale Beschreibung der Schulkritik und Schulkrise in Abhängigkeit vom gesellschaftlichen Wandel erlaubt es, im folgenden auf einige zentrale Punkte vergangener und gegenwärtiger Kritik knapp einzugehen. Auffallend dabei ist, daß die Kritik der 90er Jahre weniger die äußere Strukturfrage der Schule betont, sondern den Fokus vorrangig auf die innerschulische Ebene der Schule richtet, beispielsweise auf die "neue Lernkultur" im "Haus des Lernens", deren kontroversen Diskurs ich am Schluß dieses Kapitels beispielhaft skizziere.

4.2.1 Kritik am Modernitätsrückstand der Schule

Die Kritik am Traditionalismus und Modernitätsrückstand des tradierten Schulsystems ist ein Argument, das man in jeder Epoche der Moderne findet. Die Schulen werden als veraltet, überholt, nicht mehr zeitgemäß, lebensfremd und in ihrer Leistungsfähigkeit eingeschränkt, wahrgenommen. In den 60er Jahren ist durch Warnungen einer bevorstehenden Bildungskatastrophe vor allem von Georg Picht (1964) und Ralf Dahrendorf (1965) der Bildungsnotstand ausgerufen worden. Einerseits warnten die Autoren vor sinkender internationaler Wettbewerbsfähigkeit und andererseits setzten sie sich für Bildung als allgemein zugängliches Bürgerrecht vor allem für benachteiligte Gruppen der Gesellschaft ein. Die Folgejahre standen daher ganz im Zeichen der Expansion des Bildungswesens, in der man sich vor allem um eine Höherqualifizierung der SchülerInnen aus volkswirtschaftlichen und bildungspolitischen Überlegungen bemühte. Die Forderung nach Demokratisierung und Chancengleichheit im Bildungssystem muß auch eng in Zusammenhang mit den Zielsetzungen der Frauenbewegung gesehen werden, die sich u.a. insbesondere für eine erhöhte Bildungsbeteiligung von Mädchen und Frauen im sekundären und tertiären Bereich (vgl. Mikula 1996, S. 669ff) einsetzte.

4.2.2 Schulkritik als (radikale) Gesellschaftskritik

Schulkritik wird zur Gesellschaftskritik, indem sie sich gegen die "Verschulung der Gesellschaft" richtet. Institutionen können nicht leisten, was sie versprechen. Sie verhindern sogar die Befreiung der Menschen durch Bildung. In dieser Perspektive reicht es dann nicht mehr aus, Schulen zu reformieren, sondern die Gesellschaft muß sich bedingungslos von Bildungsinstitutionen lösen. Die in den 70er Jahren stattfindende Auseinandersetzung, über die von Ivan Illich (1971) verfochtene Theorie der totalen Entschulung, ist vor allem auf bildungspolitische Aspekte konzentriert und sucht diese im Zusammenhang allgemein gesellschaftlicher und kulturphilosophischer Themen zu erfassen. Diese Entschulungsdiskussion ist in den 80er Jahren weitergeführt worden und auch heute plädieren einige KritikerInnen ernsthaft für die Abschaffung der Schule als staatliche Einrichtung. So zum Beispiel Bertrand Stern, der Ansätze einer (Selbst)Befreiung des Menschen von zivilisatorischen Ideologien und Institutionen formuliert. Er plädiert für den "Abschied von der zumeist unmenschlichen, bildungsfeindlichen, sinnwidrigen Pflichtschule" (Stern 1993, S. 20ff). Wenn man die "Freiheitlich-Demokratische Grundordnung" seiner Auffassung nach tatsächlich ernst nimmt, so ist die Freiheit der Bildung mit dieser "vor- und antidemokratischen Institution Schule" nicht vereinbar. "Hören wir doch auf mit widersinnigem Verschleiß an Lebensenergien, an Geistespotenzen, an Schaffensdynamik, mit der Verschwendung von Geld und anderen materiellen Werten, mit dem leichtfertigen Opfern der Menschlichkeit! Hören wir doch auf ein instabiles, auf Sand gebautes Gebäude partout erhalten und unentwegt flicken zu wollen, wo wir uns dem Wesentlichen, dem Eigentlichen widmen müßten: dem Menschen, seiner Lebendigkeit, seiner Bildung" (Stern 1993, S. 22).

Blicken wir über die Ländergrenzen hinweg, so wird auch das amerikanische Bildungssystem derzeit radikal in Frage gestellt. Im Buch von Richard A. Brosio mit dem Titel "A Radical Democratic Critique of Capitalist Education" (1994) bilden die Theorien der Aufklärung die fundamentale Basis der Schulkritik, gesetzt als Antikapitalismuskritik. "Capitalism has always caused great problems for democracy, but the reverse ist also true". Darin wird die Dialektik zwischen der Anpassung des Schulsystems an die herrschenden gesellschaftlichen Verhältnisse wie der Herrschaftscharakter des Schulsystems selbst und der dabei immer wiederkehrende Pragmatismus bei der Lösung von schulischen Problemen angesprochen. Dieses Kompendium, welches mehr als 1000 Seiten umfaßt, sticht schon durch die Umschlaggestaltung ins Auge, auf dem das Dreigestirn Karl Marx, John Dewey und Antonio Gramsci abgebildet ist. Sie bilden sozusagen die Eckpfeiler, von denen aus Bildungssysteme radikal in Frage gestellt werden.

4.2.3 System kontra Subjekt – Schulkritik im Namen der Individualisierung

Ende der 60er Jahre haben sich vor allem die Erziehungswissenschafter Peter Fürstenau, Wolfgang Kramp, Carl-Ludwig Furck und Franz Wellendorf an einer subjektorientierten Schulkritik beteiligt, die sich einerseits auf die Theorietraditionen der Psychonalyse und andererseits auf die Argumentationen kritischer Gesellschaftstheorie stützt. Schulen werden dabei als Institutionen der Machtausübung und Machtsicherung gesehen, die ihren Teil dazu beitragen, das kapitalistische Gesellschaftssystem zu stützen. So spricht Carl-Ludwig Furck beispielsweise von der "ideologischen Kaschierung bildungspolitischer Interessen" (Furck 1969, S. 128) und Wolfgang Kramp von der "ideologischen Seligsprechung einzelner Schulformen" (Kramp 1973, S. 49). Das Subjekt, so diese Variante der Kritik, werde in der Schule seiner Subjektivität beraubt oder könne sie zumindest dort nicht entwickeln. Heute wird vor allem im Individualisierungsdiskurs der Moderne über die gesellschaftlichen Herausforderungen an Individuen diskutiert. Michael Brater (1996) geht in diesem Zusammenhang davon aus, daß Individuen die aktuellen Anforderungen, die das Leben heute an sie stellt, nur dadurch meistern können, "daß die Menschen individuell die Fähigkeiten erwerben, sich (...) unter extremen Ungewißheitsbedingungen zu verhalten, und zwar aus eigener Einsicht und aus eigener Verantwortung. Mündigkeit heißt heute: individuell fähig sein, hinter der Oberfläche der Dinge deren Wesen erfassen und sich ganz objektiv auf die praktischen Konsequenzen dieser Schau einlassen können. (...) Die Antwort auf die Orientierungsnöte der Individualisierung kann also heute nur darin bestehen, ab dem Jugendalter subjektive Fähigkeiten zu bilden, die den einzelnen in die Lage versetzen, sich selbst gültige Orientierungen zu schaffen" (Brater 1997, S. 155). Die Schule ist für Brater Mittel zum Zweck. Indem dieser Zweck, nämlich die Vorbereitung auf das spätere Leben, nun unter Individualisierungsbedingungen nicht mehr so eindeutig ist wie früher, verliert die Schule seiner Einschätzung nach ihre Glaubwürdigkeit. Somit entstehen auch Zweifel an ihrer Daseinsberechtigung. Diese Institution läuft daher "grundsätzlich Gefahr, zur Scheinwelt zu werden, anachronistisch zu sein, in Gesellschaften einzuführen, die es gar nicht mehr gibt" (Brater 1997,

S. 158). Schule müßte nicht länger Wissensstoff vermitteln, von dem eher unwahrscheinlich ist, daß er für das spätere Leben direkte Relevanz hat, sondern sie hätte "Erfahrungs-Lern-Situationen" zu schaffen und zu vermitteln (vgl. Brater 1997, S. 159).

4.2.4 Kritik an der Inkompatibilität von Lernen und Institutionalisierung

Unter diesem Aspekt pädagogischer Schulkritik wird die Unverträglichkeit von Bildung mit der Schule als Institution, die sich immer mehr zu einem bürokratischen Aktionsfeld entwickelt, in dem die Verwaltungsorganisation ständig die pädagogischen Aufgaben überlagert, differenziert herausgearbeitet. Wesentlich dabei ist, daß SchülerInnen sich als Objekte des Unterrichtsgeschehens erfahren, in dem "verzweckt-rationales Denken und Handeln" bevorzugt wird. Im Zentrum steht nicht der gebildete und mündige Mensch, nicht das verantwortungsfähige Subjekt, sondern die Schule als eine verwaltete, verstaatlichte, technologisierte und formalisierte Institution (vgl. Fischer 1978, S. 9ff). Diese prinzipielle Unvereinbarkeit des gesellschaftlichen und politischen Auftrags der Schule einerseits und die "pädagogische Freiheit als Verbürgung der Bildungsfreiheit andererseits sind letztlich unvereinbar, auch wo Demokratie die Form des Staates und des sozialen Lebens ist oder werden soll" (Fischer 1978, S. 59). Zu ähnlicher Schlußfolgerung kommt auch Peter Vogel (1977), der vor allem den apädagogischen Charakter der Schule untersucht. Für ihn erweist sich die Schule "primär als Herrschaftsinstrument und nicht als Dienstleistungsinstitution" (Vogel 1977, S. 130ff). Dieser radikalen Kritik an der Schule folgt als Konsequenz aber nicht, wie bei anderen SchulkritikerInnen deren Auflösung, sondern interessanterweise die Aufrechterhaltung eben gerade dieser Herrschaftsfunktion der Institution. Was in den 70er Jahren unter dem Kritikpunkt der Verstaatlichung, Institutionalisierung und Verwaltung, d.h. mit Bürokratiekritik bezeichnet wurde, ist in jüngster Zeit als Strukturfrage bezüglich der Schulautonomie Gegenstand der Diskussion. Die Forderung nach mehr Selbstbestimmung und Eigenverantwortung der Schulen wird durch die Absicht begründet, "in einer demokratisch verfassten Gesellschaft mündiger Staatsbürger alle gesellschaftlichen Institutionen in den Prozeß der Demokratisierung einzubeziehen. Die Schule darf nicht ein Restbereich hierarchisch-bürokratischer Fremdsteuerung und Verwaltung bleiben" (Seel 1997, S. 248). Allerdings gibt Helmut Seel zu beachten, daß die Autonomie der Schule für sich genommen noch kein Reformprogramm darstellt, "aber sie kann die wesentlichen Freiräume zur Demokratisierung und Professionalisierung der Schule sichern" (Seel 1997, S. 252). Ein alternatives Reformmodell stellt Horst Hensel in seinem Buch "Die Autonome Öffentliche Schule. Das Modell des neuen Schulsystems" (1995) vor. Der Autor setzt die Reform nach dem "Prinzip der Demokratisierung der Arbeitsverhältnisse" an und will damit die gegenwärtige staatliche Ordnung des Schulwesens überwinden. Folglich fordert Hensel, daß "die einzelnen Schulen pädagogisch und administrativ autonom werden und sich in einem Selbstverwaltungssystem untereinander abstimmen, sich evaluieren und kontrollieren, was den Rückzug des Staates aus der Verwaltung der Schule bedingt" (Hensel 1995, S. 28).

4.2.5 Kritik an der curricularen Dimension der Schule

Durch den über Jahrzehnte relativ gleichbleibenden Wissenskanon, Schulfächer weisen eine enorme Kontinuität auf, versucht die Schule Fähigkeiten und Fertigkeiten zu vermitteln, die insofern ins Spannungsfeld geraten, da sie entweder nicht mehr aktuell oder noch nicht relevant sind. In diesem "Noch nicht" oder "Nicht mehr" liegt beispielsweise für Bohnsack (1984) ein wesentlicher Grund für die Lebens- und Erfahrungsferne, unter der die Schule leidet sowie für den Sinn- und Bedeutungsverlust, der dem schulischen Lernen damit vorgeworfen wird (vgl. Bohnsack 1984, S. 17ff). Die Einführung sogenannter Bindestrich-Pädagogiken (Öko-Pädagogik, Friedens-Pädagogik etc.) als neue Curricula bzw. Unterrichtsprinzipien, kann als Reaktion darauf verstanden werden. Man versuchte damit, "das Verhältnis von schulischem und außerschulischem Lernen neu zu bestimmen" (Dauber 1993, S. 113). Eine Neubestimmung der Inhalte schlägt auch Wolfgang Klafki vor und gerät damit ins Kreuzfeuer der Kritik, weil er der Schule "Schlüsselprobleme unserer Gegenwart und der voraussehbaren Zukunft" empfiehlt (vgl. Klafki 1985, S. 96). Aber nicht nur der offizielle Lehrplan gibt Anlaß zur Kritik. In den 70er Jahren war einer der zentralen Kritikpunkte jener, der unter dem Fachbegriff "Heimlicher Lehrplan" in die Diskussion eingegangen ist. Hauptaugenmerk wurde dabei auf die Erforschung und Aufdeckung der Diskrepanz zwischen dem offiziellen Lehrplan und dem heimlichen Lehrplan und damit z.B. auf die tatsächlichen Erziehungsauswirkungen der Institution Schule gerichtet. In diesem Zusammenhang ist auch der von Siegfried Bernfeld (1967) geprägte Ausspruch, "Die Schule als Institution erzieht" zu erwähnen, der u.a. von feministischen SchulkritikerInnen aufgenommen und heute weitergeführt wird.

4.2.6 Perspektiven der neuen Schulkultur für die Schule 2000

Die gegenwärtige Schulkritik hat eine Komplexität erreicht, die sich u.a. durch die Heterogenität der Ansätze auszeichnet. Um eine Auseinandersetzung der spannungsvollen Aussagesysteme zu ermöglichen, werde ich anhand einiger Beispiele zeigen, was heute wie kontrovers diskutiert wird. Einen ersten Einblick erhält man beim Lesen der 1996 publizierten Streitschrift zum Thema "Wozu die Schule da ist". Anlaß dafür war ein von Hermann Giesecke verfaßter Artikel zur Funktionsbeschreibung der Schule. Die Thesen von Giesecke hinsichtlich der Aufgabe der heutigen Schule erregten die pädagogischen Gemüter so sehr, daß sie zu scharfen Entgegnungen herausgefordert wurden. So zum Beispiel Hartmut von Hentig, der besser getan hätte "die Publikation an dieser Stelle zu verhindern, wenn ich nicht wollte, daß man mich für einen Kapitulanten hielte. Nun muß ich geräuschvoll Widerspruch einlegen, diesen begründen (…) und also einer These, die ich für falsch halte, mit großem Aufwand entgegentreten. (…) Ja, ich muß es schon, um andere, vor allem jüngere Leser vor diesem Traktat zu warnen" (Hentig 1996 S. 57). Hermann Giesecke hält die derzeit reformpädagogische Strategie von der kindgerechten Schule und der damit einhergehenden Sozialpädagogisierung sowie die Anpassung der Schule an die SchülerInnen und nicht umgekehrt, für einen fundamentalen Fehlschluß. Für ihn muß alles Nachdenken über Schule bei ihrer gesellschaftlichen Funktion ansetzen, und "darf nicht von den individuellen Bestrebungen der Schüler ausgehen" (Giesecke 1996, S. 6). Die Aussage von Giesecke, "daß der Zweck der Schule Unterricht" sei, ist für Hentig ein Argument, "das zugleich wunderbar in die postsozialistische Privatisierungseuphorie paßt und die Abdankung der Pädagogik mit geradezu mutwilliger Blindheit vollzieht" (Hentig 1996, S. 58). Hentig wirft Giesecke vor, daß er keine begriffliche Ableitung vornimmt, keine wissenschaftliche Theorie zitiert, nicht zwischen verschiedenen Schulen unterscheidet und die tiefgreifenden gesellschaftlichen Veränderungen ignoriert. Hentig gesteht am Schluß seiner Ausführungen, daß es ihm schwer fällt zu glauben, "daß Hermann Giesecke sich selber glaubt" (Hentig 1996, S. 63).

Das Bildungskonzept Nordrhein-Westfalen mit dem Titel "Zukunft der Bildung-Schule der Zukunft" (1995) wie auch die Arbeiten von Peter Struck (1997) geben Aufschluß über alternative Zukunftsvorstellungen der Schule. Das Bildungskonzept schlägt eine völlig neue Schule vor, "denn die Schule hat nur eine Zukunft, wenn sie rechtzeitig versteht, daß sie in der tradierten Form und Struktur keine Zukunft hat" (Bildungskommission NRW 1995, S. 69ff).

Für die Zukunft der Schule schlägt das Bildungskonzept neue Dimensionen, Strukturen und Organisationsformen des Lernens und Lehrens vor. Diese zielen darauf ab, in den Lernzusammenhängen Identitätsfindung und soziale Erfahrung zu ermöglichen. "Dies erfordert anders gestaltete Lernsituationen. Sie müssen Fachlichkeit und überfachliches Lernen, individuelle und soziale Erfahrungen, Praxisbezug und die Einbeziehung des gesellschaftlichen Umfeldes miteinander verknüpfen" (Bildungskommission NRW 1995, S. XIV). Als Dimension wird beispielsweise "Identität und soziale Beziehungen, eigene Körperlichkeit und Psyche" genannt, womit auch der derzeitige Fächerkanon in Frage gestellt wird. Die im Konzept vorgestellte Lern- und Schulkultur fokussiert auf ein "Haus des Lernens", das sich durch eine starke Öffnung der Schule nach außen und eine "partielle Entstaatlichung der Schule" auszeichnet. Das bedeutet u.a., "daß die teilautonomen Schulen ein selbstverantwortetes Schulprogramm nach Basislehrplänen erarbeiten; sie werden auch dazu verpflichtet ihre Ergebnisse zu evaluieren, sodaß sie eigenständig Schulentwicklungsprozesse durchführen" können (Bildungskommission NRW 1995, S. 164ff).

Peter Struck, Schulkritiker aus Hamburg, plädiert für eine Funktionserweiterung der Schule in Richtung Sozialpädagogisierung und sieht die traditionelle Schule "größtenteils als organisierte Zeit- und Materialverschwendung". Daher liegt für ihn der Wert der heutigen Schule nur sehr begrenzt in der Wissensvermittlung und in der Einführung in die Kulturtechniken, "er liegt aber inzwischen ganz entscheidend und weichenstellend für unsere Gesellschaft im Erzieherischen, im Familienersatz sowie im Sozialkompetenz, Normen und Weltbild aufbauenden Zusammenleben" (Struck 1995, S. 226).

Der Pädagoge Kurt Aurin (1997) versteht seine Thesen zur Schulgestaltung als Plädoyer für eine realistische Schulpolitik. Die Schule schafft einen "charakteristischen Lebensraum des Zusammenlebens, -lernens und -arbeitens (…) und sucht auch dadurch ihre Persönlichkeitsentwicklung zu fördern". Er tritt für eine "größere Eigenverantwortlichkeit und mehr Handlungsfreiheit" ebenso ein, wie für die Förderung der "Qualität von Schulen" (Aurin 1997, S. 213ff). So ähnlich die begrifflichen Formulierungen auch klingen mögen, von Einigkeit unter den hier erwähnten SchulkritikerInnen hinsichtlich der Umgestaltung der Schule, kann nicht gesprochen werden. Kurt Aurin grenzt sich ganz klar von Peter Struck ab, indem er ihm "eindimensionale Lösungen" und "Unverantwortlichkeit" vorwirft.

Die veränderten Lebensbedingungen der Kinder nimmt Horst Hensel (1994) zum Ausgangspunkt für seine Kritik an der Schule. Er verfaßte 1994 eine pädagogische Streitschrift mit dem Ziel, die innerschulische Reformdiskussion weiterzubringen. Ein kurzer Auszug soll an dieser Stelle genügen, um einen Eindruck zu gewinnen, um sich aufzuregen oder zustimmend in Gedanken zu verweilen. "Eine große Zahl der Kinder verhält sich so, als sei ihr Zentralnervensystem an das Vorabendprogramm des Fernsehers angeschlossen: Ihr schulisches Verhalten ist ein Reflex auf schnelle Schritte, Kliff-Hänger, Zapping usw. Sie sind nervös, können sich nicht konzentrieren, bedürfen immer neuer Reize, Stimuli und Sensationen, können nicht mit sich allein sein, behalten nichts, strengen sich nicht an – kurz: das Konstante ihrer Persönlichkeit ist die Flüchtigkeit; ihr Verhalten ist flüchtig wie die 25 Frames pro Sekunde Fernsehfilm" (Hensel 1994, S. 17). Das "neue" Kind beschreibt Hensel folgendermaßen. "Es ist häufiger ein Junge als ein Mädchen. Die Eltern des Kindes sind geschieden. Es hat keine Geschwister und lebt bei der Mutter. Die Mutter kümmert sich nicht um ihr Kind. Es lebt neben ihr her und hört nicht auf sie. (...) Der Konsum von Sexfilmen und auch pornographischen Filmen ist ihm nicht fremd. (...). Als Faustregel führt er an: Wer außergewöhnlich schlecht schreibt benimmt sich auch außergewöhnlich schlecht" (Hensel 1994, S. 56). In Anlehnung an Hentig fällt es mir schwer zu glauben, daß diese Zeilen aus der Feder eines praktizierenden Lehrers stammen.

    Natürlich dürfen auch in einer straffen Analyse Hartmut von Hentigs (1993) Vorstellungen von Schule nicht fehlen. Hentig tritt für eine Schule als Lebens- und Erfahrungsraum ein, an der wichtige Kenntnisse erworben, Fähigkeiten entwickelt und geübt sowie Vorstellungen geordnet werden. Die Schule wird nicht primär als Unterrichtsschule gesehen, wie Giesecke es vorschlägt, sondern als Polis, als ein politisches Modell, in dem konkrete (Einzel-)Erfahrungen im Zusammenleben mit anderen gemacht werden können. "An der neuen Schule erfahren die Schüler die wichtigsten Merkmale unserer Gesellschaft" (Hentig 1993, S. 219). Am Gemeinschaftsmodell sozusagen werden die "Grundbedingungen des friedlichen, gerechten, geregelten und verantworteten Zusammenlebens und alle Schwierigkeiten, die dies bereitet" gelernt (Hentig 1993, S. 222). Das Leben steht im Zentrum, daher ist für Hentig vorrangig, daß zuerst die Lebensprobleme der SchülerInnen aufgenommen werden, "bevor wir ihre Lernprobleme lösen können, die sie auch nicht haben müssen" (Hentig 1993, S. 190). Ein guter Aufenthaltsort ist die Schule für ihn dann, wenn sich auch die Erwachsenen darin wohlfühlen.

Die folgende Tabelle zeigt im Überblick, wie SchulkritikerInnen die traditionelle Schule wahrnehmen und welche Vorstellungen für die Schule der Zukunft existieren.

Übergeordnete Differenzkriterien der Schulen von heute im Blick auf die Schule von morgen		
Sozialsystem Schule	Pädagogische Leitideen der traditionellen Schulkultur	Pädagogische Leitideen der neuen Schulkultur
Gesamtcharakter	*Wissenschaftsorientierung *Unterrichtsschule *Trennung von Leben und Schule *Haus des Wissens *Orientierung am Input-Output-System	*Lebensorientierung *Lebens- und Erfahrungsschule *Leben in die Schule *Haus des Lernens *Orientierung an der Komplexität, Reflexivität vernetzter Systeme
Steuerung	*Verstaatlichung *Verrechtlichung *autokratische Fremdbestimmung	*Entstaatlichung *Autonomie / Teilautonomisierung *demokratische Selbstbestimmung
Organisation	*bürokratisches Fremdorganisationsmodell *fremdbestimmte Aufgaben lösen *Einheit der geschlossenen Schule *fixe Tagen- und Wochenpläne *sequentielle Arbeit	*professionelles Selbstorganisationsmodell *selbstgewählte Interessen *Öffnung der Schule nach außen *freie Tages- und Wochenpläne *integrierte Arbeit
Fokussierung auf Prinzipien	*Chancengleichheit, Personalisation, Sozialisation, Qualifikation, *Leistungsprinzip *Ziffernbenotung am Durchschnitt der Klasse orientiert, Kontrolle *verbale Beurteilung	*Mündigkeit, Demokratisierung, Integration, Humanisierung, Individualisierung, Pluralität *Lustprinzip *differenzierte, individuelle und kollektive Lernentwicklungsberichte

Didaktik und Methodik	*Produktorientiertheit *Behandlung von Einzelthemen *Frontalunterricht als geschlossene Form	*Prozeßorientiertheit *Behandlung von systemischen Zusammenhängen *offener Unterricht
Lernen	*alte Lernkultur: bruchstückhaftes, isoliertes Lernen *LehrerInnen-zentriert *Buchkultur	*neue Lernkultur: nicht-lineares, vernetztes Lernen *SchülerInnen-zentriert *Multi-medialer Unterricht
Lehrinhalt	*traditioneller Fächerkanon: Vermittlung der Kulturtechniken Lesen, Schreiben, Rechnen sowie konkreter Kenntnisse, Fähigkeiten und Fertigkeiten	*Schlüsselprobleme der Gegenwart als Gegenstände der Schule, Schlüsselqualifikationen fördern, Vermittlung der vierten Kulturtechnik: Umgang mit dem Computer
LehrerInnen	*Professionalisierung: FachlehrerInnen, UnterrichtsexpertInnen mit der Aufgabe des Unterrichtens, Erziehens etc.	*Ent- bzw. Vollprofessionalisierung: KlassenlehrerInnen, Teamteaching, Erweiterung um familienergänzende bzw. sozialpädagogische Aufgaben
SchülerInnen	*Fernsehkinder, Konsumkinder, Crash-Kids, psychisch überforderte Kinder, aggressive Buben, stille Mädchen, Video- und Computerkids, orientierungslose Kids, uninteressierte Jugendliche etc.	*Glückliche, kritikfähige, flexible, handlungserfahrene, kommunikative, sozialkompetente, qualifizierte, motivierte, selbstbewußte, neugierige, kreative, lustvolle, kontakt- und konfliktfähige Individuen etc.

Eines der gegenwärtigen Probleme in der Pädagogik ist sicherlich der Zweifel an der universellen Gültigkeit. Mit dem Vorangegangenen stellt sich die Frage, wie die Vielfalt an Meinungen und Positionen in der Praxis nutzbar gemacht werden können, zu welchem Zweck und mit welchen expliziten Zielsetzungen? Zur Debatte steht nicht, ob der pädagogische Diskurs "wahr" oder "falsch" ist, sondern ob er in der Lage ist, die Schule für alle Beteiligten zu verbessern. Je mehr ich mich mit der Fülle der Schulkritik auseinandersetze, desto weniger kann ich die von ihr attestierte Stagnation der "Schule" sehen und desto mehr begreife ich Schule als ein sich veränderndes, lebendiges, hochkomplexes System. Der Standort der Schulkritik ist für mich in diesem System der eines funktionalen "Selbsterkenntnisinstruments" für Veränderungen und Reformen.

4.3 Der letzte Schritt zur Schulreform

Ein gängiges Denkmuster für Veränderungen im fortschreitenden Zivilisationsprozeß ist der Ruf nach Reformen. Wie sich an der Diskussion der Schulkritik gezeigt hat, können die in ihr implizit und explizit enthaltenen Reformvorschläge notwendig und hilfreich sein, um Veränderungen voranzutreiben. Geht man nun in diesem Drei-Schritt (Krise-Kritik-Reform), nach der Krisenbeschreibung und anschließenden Kritikdebatte noch einen Schritt weiter, so hat es den Anschein, daß mit Reformen im Bildungssystem gesellschaftliche Gesamtprobleme gelöst werden könnten. Mit Bildungsreformen versucht man erstens der strukturellen Arbeitslosigkeit entgegenzuwirken, indem auf Qualifikationsanforderungen und deren Verwertbarkeit am Arbeitsmarkt hingewiesen wird, zweitens versucht man zu sozialer Gerechtigkeit beizutragen, drittens bemüht man sich um die Vermittlung von Schlüsselqualifikationen im Sinne einer ganzheitlichen Bildung, indem Lernen nicht mehr nur auf intellektuelles Lernen beschränkt bleibt, sondern auch emotionale und soziale Kompetenz gefragt ist, viertens versucht man die Demokratisierung voranzubringen im Sinne der Autonomisierung der Schule und fünftens wird die Individualisierung von Lernprozessen angestrebt, um die Befähigung zum Handeln zu erwerben und damit den Anforderungen des gesellschaftlichen Wandels gewachsen zu sein. Am Übergang von der Lehranstalt Schule zur lernenden Schulorganisation können als Impulse für die Schulreform die Wirtschaft, Schulpolitik, LehrerInnenschaft, Elternschaft, SchulkritikerInnen, aber auch SchülerInnen angesehen werden. Wohin wir in der Schullandschaft blicken, überall ist reale Veränderung sichtbar und spürbar. SchülerInnen und LehrerInnen werden aktiv, Schulen geben sich eigene Programme und Profile, Konzepte aus dem Management finden in Schulorganisationsprozesse Eingang, Schulen beginnen sich selbst als Dienstleistungsunternehmen zu begreifen und fragen nach den Bedürfnissen ihrer KundInnen. In diesem Zusammenhang ist vor allem die "school effectiveness and improvement research" (Steffens/Bargel 1987), im deutschen Raum besser bekannt unter dem

Namen "Schulqualitätsforschung" und "Schulentwicklungsforschung" zu erwähnen.

Die Schule ist ein hoch komplexes soziales System. Daher muß grundsätzlich bei allen aus der Schulkritik resultierenden Reformvorschlägen die Frage gestellt werden, ob diese wirksam werden können und ob die Auswirkungen auf andere Parameter im sozialen System Schule genügend Berücksichtigung erfahren. Bei jedem in der Institution Schule auftauchenden Problem ertönt von LehrerInnen, Eltern und Verantwortlichen der Ruf nach praktischen "Maßnahmen" zu deren Lösung. Wer in Schulentwicklungsprozessen gearbeitet hat, der weiß, daß Reformen nur gelingen, wenn sie sich für die Beteiligten als notwendig und hilfreich erwiesen haben. Reformen dürfen daher nicht nur Anstrengung hervorrufen sondern sollten vor allem der Befriedigung und Erleichterung dienen und sie müssen so angelegt werden, daß die Realisierungschancen absehbar sind.

5. Schlußgedanken mit Blick auf Graz

"Bei jeder Sache muß man so lange verweilen, bis sie verstanden ist"
(Johann Amos Comenius 1657).

Wir befinden uns im Übergang von einer belehrenden zu einer lernenden Gesellschaft, in der die Institution Schule gleichzeitig den bewußten Übergang von einer Lehrinstitution zu einer lebendigen, lernenden Organisation vollzieht. Der Schulkritik kommt dabei die Funktion zu, sich auf die Suche nach neuen Wegen zu begeben, indem sie sich mit Verbesserungsmöglichkeiten auseinandersetzt, d.h. indem sie über die Bedeutung von Erziehung und Bildung heute nachdenkt. Dieser Artikel versucht zu verdeutlichen, mit welchen unterschiedlichen und sich teils widersprechenden Vorschlägen die an der Schule beteiligten Personen bzw. Personengruppen konfrontiert werden. Die gegenwärtigen Leitprinzipien und Ideen sind vielfältig, komplex und sehr heterogen, je nach Bildungskonzept und dahinterliegendem Menschenbild, sodaß eine differenzierte, kritische Reflexion und Interpretation, gestützt auf empirische Forschungsergebnisse, vor deren Umsetzung erfolgen müßte. Unbestreitbar ist heute, daß eine Kritik an der Schule und die daraus resultierenden Lösungsvorschläge zur Weiterentwicklung der Schulen nicht nur auf struktureller Ebene sondern auch auf der Mikroebene (Kommunikation und

Interaktion) und intrapersonalen Ebene (Verarbeitung von Kommunikation) beigetragen haben. Allerdings ist ein kritisches Abwägen der Lösungsvorschläge ebenso gefragt wie der Blick auf schon vollzogene Alternativen, wie neueste Publikationen (Voß 1996) beweisen.

Am Ende meiner Ausführungen angelangt hoffe ich, mit dieser Beschreibung der Schulkritik und der vorerst selbstkritisch distanzierten Analyse, einen Beitrag zum Diskurs innerhalb der Schulpädagogik geleistet zu haben.

LITERATUR

Aargauer Zeitung vom 14. Juni 1997, S. 3.
Aurin, K: Plädoyer für eine realistische Schulpolitik und Schulpädagogik. In: Aurin, Kurt, Wollenweber, Horst (Hg.): Schulpolitik im Widerstreit. Bad Heilbrunn 1997, S. 213–231.
Bernfeld, S.: Sisyphos oder die Grenzen der Erziehung. Frankfurt am Main 1967.
Bildungskonzept NRW: Zukunft der Bildung – Schule der Zukunft. Neuwied 1995.
Bohnsack, F. (Hg.): Sinnlosigkeit und Sinnperspektive. Die Bedeutung gewandelter Lebens- und Sinnstrukturen für die Schulkrise. Frankfurt am Main 1984.
Bonfadelli, H.: Medienumwelt im Wandel. In Global Change. 1996/3, S. 53-56.
Brater, M.: Schule und Ausbildung im Zeichen der Individualisierung. In: Beck, Ulrich (Hg.): Kinder der Freiheit. Frankfurt am Main 1997, S. 149–174.
Brehmer, I.: Schule im Patriarchat-Schulung fürs Patriarchat? Weinheim und Basel 1991.
Brosio, R. A.: A Radical Democratic Critique of Capitalist Education. New York 1994.
Comenius, J.A.: Große Didaktik. hrsg. von Flitner, Andreas. Düsseldorf 1960.
Dahrendorf, R.: Bildung ist Bürgerrecht. Die ZeitBücher. Osnabrück 1965.
Dauber, H.: Radikale Schulkritik als Schultheorie? In: Tillmann, Klaus-Jürgen (Hg.): Schultheorien. Hamburg 1993, S. 105–115.
Dörner, D.: Die Logik des Mißlingens. Strategisches Denken in komplexen Situationen. Reinbek bei Hamburg 1997.
Enders-Dragässer, U., Fuchs, C.: Interaktionen der Geschlechter. Sexismusstrukturen in der Schule. Weinheim und München 1989.
Fend, H.: Theorie der Schule. München 1981.
Fischer, W.: Schule als parapädagogische Organisation. Kastellaun 1978.
Foucault, M.: Was ist Kritik? Berlin 1992.
Furck, C.-L.: Innere oder äußere Schulreform. In: Furck, C.-L. (Hg.): Zur Theorie der Schule. Weinheim 1969, S. 121–139.
Giesecke, H.: Wozu ist die Schule da? In: Fauster, P. (Hg.): Wozu die Schule da ist. Eine Streitschrift der Zeitschrift Neue Sammlung. 1996, S. 5–16.
Hasler, P.: Kürzer, besser und erst noch billiger. In: Weltwoche vom 26.06.1997, S. 26.
Hentig, H. v.: Cuernavaca oder: Alternativen zur Schule. Stuttgart, München 1971.
Hentig, H. v.: Abdankung. In: Fauster, P. (Hg.): Wozu die Schule da ist. Eine Streitschrift der Zeitschrift Neue Sammlung. 1996, S. 57–66.
Hentig, H. v.: Die Schule neu denken. München 1993.

Hensel, H.: Die neuen Kinder und die Erosion der alten Schule. o.O. 1994.
Hensel, H.: Die Autonome Öffentliche Schule. Das Modell des neuen Schulsystems. München 1995.
Hermanns, A.: Systemanalytisches Denken. Frankfurt am Main 1992.
Illich, I.: Entschulung der Gesellschaft. Reinbek bei Hamburg 1971.
Kreienbaum, M.A. (Hg.): Frauen bilden Macht. Dokumentation des 7. Fachkongresses Frauen und Schule. Dortmund 1989.
Klafki, W.: Konturen eines neuen Allgemeinbildungskonzeptes. In: Klafki, W.: Neue Studien zur Bildungsthorie und Didaktik. Weinheim 1985, S. 91–102.
Kramp, W.: Studien zur Theorie der Schule. München 1973.
Locke, J.: Gedanken über Erziehung. Hrsg. von H. Wohlers. Bad Heilbrunn 1962, S. 73.
Luhmann, N.: Soziale Systeme. Grundriß einer allgemeinen Theorie. Frankfurt am Main 1991.
Matthies, D., Schmid, B.: Dramatischer Rückgang der Artenvielfalt. In: Global Change. Die Zeitschrift der Universität Zürich 1996/3, S. 20–23.
McLaren, P., Hammer, R., Sholle, D., Smith Reilly, S.: Rethinking Media Literacy. A Critical Pedagogy of Representation. New York, Washington 1995.
Mikula, R.: Rückblick und Ausblick auf zwei Jahrzehnte Koedukation in Österreich. In: Erziehung und Unterricht. 1996/9, S. 669-681.
Negt, O.: Kindheit und Schule in einer Welt der Umbrüche. Göttingen 1997.
Nils, Ch.: Wenn es die Schule nicht gäbe. Ketzerisches zur Schulreform. München 1974.
Oelkers, J.: Schulreform und Schulkritik. Würzburg 1995.
Picht, G.: Die deutsche Bildungskatastrophe. Freiburg im Breisgau 1964.
Preuss-Lausitz, U.: Die Kinder des Jahrhunderts. Zur Pädagogik der Vielfalt im Jahr 2000. Weinheim 1993.
Reckwitz, A.: Struktur. Opladen 1997.
Seel, H.: Randbemerkungen zur Schulautonomie. In: Erziehung und Unterricht. 1997, 3, S. 243–256.
Schrader, Ch.: Die Mars Attacke. In: Facts. Das Schweizer Nachrichtenmagazin. Nr. 27, 1997, S. 90–97.
Steffens, U., Bargel, T. (Hg.): Erkundungen zur Wirklichkeit und Qualität von Schule. Wiesbaden 1987.
Stern, B.: Schule? Nein danke! Für ein Recht auf freie Bildung! In: Kunert, K. (Hg.): Schule im Kreuzfeuer. Hohengehren 1993, S. 20–43.
Struck, P.: Schulreport. Zwischen Rotstift und Reform oder Brauchen wir eine andere Schule? Hamburg 1995.
Struck, P.: Erziehung von gestern. Schule von heute. Schule von morgen. München 1997.
Tagesanzeiger vom 14/15. Juli 1997, S. 14.
TIMSS: IEA's Third International Mathematics and Science Study by Beaton, Albert E./Mullis, Ina, V.S./Martin, Michael, O. et al. Boston 1996.
Vogel, P.: Die bürokratische Schule – Unterricht als Verwaltungshandeln und der pädagogische Auftrag der Schule. Kastellaun 1977.
Voß, R. u.a.(Hg.): Die Schule neu erfinden. Systemisch-konstruktivistische Annäherungen an Schule und Pädagogik. Berlin 1996.
Wellendorf, F.: Schulische Sozialisation und Identität. Weinheim, Basel 1973.
Westphalen, K.: Die verhängnisvolle Trennung von gesellschaftlichem und pädagogischem

Leistungsbegriff? – eine Erblast der 68er Bewegung. In: Aurin, K., Wollenweber, H. (Hg.): Schulpolitik im Widerstreit. Bad Heilbrunn 1997, S. 99–110.
Willke, H.: Systemtheorie entwickelter Gesellschaften. Dynamik und Riskanz moderner gesellschaftlicher Selbstorganisation. Weinheim 1989.
Wollenweber, H.: Autonomie der Schule? – Zur Problematik einer schulpolitischen Forderung. In: Aurin, K., Wollenweber, H. (Hg.): Schulpolitik im Widerstreit. Bad Heibrunn 1997a, S.113–128.
Wollenweber, H.: Unterrichts- oder Lebensschule? – Zu Forderungen nach einer neuen Schulkultur. In: Aurin, K., Wollenweber, H. (Hg.): Schulpolitik im Widerstreit. Bad Heilbrunn 1997, S. 47–62.

PÄDAGOGISCHE PSYCHOLOGIE

Lilian Blöschl

Soziale Interaktion und Depression im Kindes- und Jugendalter

1. Einleitung

Daß das Auftreten von Depressionen bei Kindern und Jugendlichen keineswegs so selten ist wie früher manchmal angenommen, ist in den letzten Jahren in einer Reihe von epidemiologischen Studien nachgewiesen worden. Schon im Schulkindalter kommen ausgeprägte klinisch depressive Störungsbilder ebenso wie leichtere – subklinisch depressive – Verstimmungstendenzen mit beachtenswerter Häufigkeit vor; im Jugendalter liegen die berichteten Prävalenzwerte jeweils noch deutlich höher (Poznanski & Mokros 1994; Goodyer 1995). Daß anhaltende depressive Verstimmungszustände klinischer wie subklinischer Natur eine massive Beeinträchtigung der Lebensqualität der betroffenen jungen Menschen mit sich bringen, steht außer Frage; zugleich dürfen offensichtlich auch die ungünstigen Langzeitfolgen von depressiven Störungen, die sich erstmalig in den frühen Lebensperioden manifestieren, nicht unterschätzt werden (Blöschl 1997). Unter diesen Umständen verwundert es nicht, daß die Befassung mit den Depressionen des Kindes- und Jugendalters in jüngster Zeit in Forschung und Praxis rasch intensiviert worden ist.

Daß das Verständnis depressiver Prozesse bei Kindern und Jugendlichen ebenso wie bei Erwachsenen eine multidimensionale Betrachtungsweise erfordert – daß zahlreiche Faktoren psychosozialer, psychologischer und biologischer Art an der Entwicklung und der Aufrechterhaltung solcher Prozesse beteiligt sein können –, wird heute allgemein anerkannt (vgl. Harrington 1993; Birmaher, Ryan & Williamson 1996; u.a.). Der vorliegende Beitrag befaßt sich mit einigen Aspekten dieser vielschichtigen Thematik, die aus klinisch-psychologischer und aus pädagogisch-psychologischer Sicht gleichermaßen von Interesse sind; im Mittelpunkt steht dabei die Frage nach dem interpersonellen Hintergrund depressiver Verstimmungszustände im frühen Lebensalter, d.h. die Frage nach den sozialen Beziehungen depressiver junger Menschen in zentralen Bereichen ihrer persönlichen Lebenswelt. Daß die sozialen Umweltbeziehungen depressiver Erwachsener häufig durch gravierende Probleme und Defizite gekennzeichnet sind, wird durch ein breites Spektrum von empirischen Daten belegt (Feldman & Gotlib 1993; Blöschl 1993). Sind solche "dysfunktionalen" Interaktionsmuster auch bei depressiven Schulkindern und Jugendlichen in gehäuftem Ausmaß zu finden? Im folgenden sollen zunächst die wichtigsten Ergebnisse der einschlägigen empirischen Forschung kurz zusammengefaßt und diskutiert werden; anschließend wird auf die Perspektiven, die sich von hier aus für die praktisch-therapeutische Arbeit ergeben, Bezug zu nehmen sein.

2. Befundtrends und Probleme der neueren empirischen Forschung

Im Rahmen der Versuche, mehr über die sozialen Umweltbeziehungen depressiver Kinder und Jugendlicher zu erfahren, ist aus verständlichen Gründen den Interaktionen in der Familie besondere Aufmerksamkeit gewidmet worden, kommt doch den Beziehungen im familiären Feld in den frühen Lebensperioden eine substantielle Rolle zu. Dabei beruht ein Teil der zahlreichen Studien, die zu diesem Fragenkreis auf der subklinischen und der klinischen Ebene durchgeführt worden sind, auf dem Einsatz von Selbstberichtmaßen, d.h. von Fragebogenverfahren zur Erfassung des Familienklimas und der familiären Interaktion, speziell der Eltern-Kind-Interaktion, aus der Sicht des Kindes oder Jugendlichen selbst. Daß depressive junge Menschen ihre familiären Beziehungen ungünstiger beurteilen als dies bei gleichaltrigen Probanden aus der Normalpopulation der Fall ist – daß sie über ein erhöhtes Ausmaß an Spannungen und Konflikten und/oder über ein geringeres Ausmaß an Akzeptanz und Unterstützung im familiären Umfeld berichten –, geht aus der großen Mehrheit der einschlägigen Befunde hervor. Zugleich spricht eine Reihe von Ergebnissen auf der Basis anderer methodischer Zugänge dafür, daß diese ungünstigen Einschätzungen jedenfalls nicht ausschließlich die negativ gefärbten Sicht- und Berichtstendenzen depressiver Kinder und Jugendlicher widerspiegeln, sondern in gewisser Weise in der sozialen Realität verankert sind. Daß das emotionale Klima in den Familien depressiver junger Menschen häufig negative Merkmale aufweist, ist auch anhand von Fragebogenverfahren für die Eltern mehrfach aufgezeigt worden; die Ergebnisse einiger Studien mittels Methoden zur systematischen Verhaltensbeobachtung und Verhaltensregistrierung belegen auch auf dieser Datenebene, daß die familiären Interaktionen depressiver Kinder und Jugendlicher überzufällig oft aversiven und/oder defizitären Charakter tragen. (Vgl. Hammen 1991; McCauley & Myers 1992; Kaslow, Deering & Racusin 1994; Blöschl 1996; speziell zu den relevanten Arbeiten aus der "expressed emotion"-Forschung Asarnow, Tompson, Hamilton, Goldstein & Guthrie 1994.)

Ähnliche Befundtrends zeichnen sich auch in bezug auf jenen zweiten Schwerpunkt der sozialen Lebenswelt junger Menschen ab, der die Beziehungen zu den Gleichaltrigen – die Beziehungen in der Peer-Gruppe – betrifft. In einer größeren Anzahl von empirischen Studien ist den Interaktionen depressiver Kinder und Jugendlicher mit ihren Peers im schulischen Feld und im Freizeitbereich nachgegangen worden; Untersuchungen auf der subklinischen Ebene stehen dabei wieder neben Untersuchungen, die sich mit den Gleichaltrigenkontakten von jungen Menschen mit der klinischen Diagnose einer Depression befassen. Auch hier sprechen diverse Befunde auf der Basis einschlägiger Selbstberichtverfahren dafür, daß depressive Kinder und Jugendliche ihre Beziehungen zu den Alterskameraden im Vergleich zu jungen Probanden aus der Normalpopulation als stärker problembehaftet und/oder defizitär beschreiben; eine Reihe von Beiträgen, die auf Einschätzungen von seiten der Peers, der Eltern und der Lehrpersonen sowie auf verhaltensdiagnostischen Erhebungsmethoden beruhen, weist gleichfalls darauf hin, daß solche ungünstigen Interaktionsmuster in den Peer-Kontakten depressiver Kinder und Jugendlicher in vermehrtem Ausmaß zu finden sind. (Vgl. Puig-Antich et al. 1985; 1993; Altmann & Gotlib 1988; Gotlib & Hammen 1992; Bell-Dolan, Reaven & Peterson 1993; Kaslow, Brown & Mee 1994; u.a.)

Wenngleich diese Ergebnisse nicht unkritisch verallgemeinert werden dürfen, so belegen sie insgesamt doch unmißverständlich, daß sich depressive Störungen im frühen Lebensalter ebenso wie im Erwachsenenalter nicht in einem sozialen Vakuum abspielen. Offensichtlich sind die Beziehungen depressiver Kinder und Jugendlicher in wichtigen Bereichen ihrer sozialen Lebenswelt überzufällig häufig durch Merkmale dysfunktionaler Art, d.h. durch ausgeprägte Spannungen, Konflikte und/oder Integrationsmängel, gekennzeichnet. Daß es sich dabei in der Tat um "interaktionelle" Probleme handelt – daß nicht nur das Kontaktverhalten der Bezugspersonen, sondern auch das der depressiven jungen Menschen selbst häufig Charakteristika aufweist, die einem positiven Verlauf der Kontakte wenig förderlich sind –, wird durch die Resultate jener Studien, die eine entsprechende Detailanalyse erlauben, ebenfalls nachdrücklich nahegelegt (vgl. Blöschl 1994; u.a.). Auf die Bedeutung, die dem Zusammenspiel zwischen ungünstigen Umfeldbedingungen und ungünstigen interpersonellen Verhaltensweisen von seiten des betroffenen Kindes oder Jugendlichen vom therapeutischen Standpunkt aus zuzumessen ist, wird später noch näher einzugehen sein.

Wie angesichts der Komplexität der Thematik nicht anders zu erwarten, bleibt auf diesem Gebiet noch viel weitere gezielte Forschungsarbeit zu leisten. So sind etwa in bezug auf das Spezifitätsproblem – auf den Vergleich sozial dysfunktionaler Merkmale bei depressiven Probanden und bei Probanden mit anderen psychischen Störungsbildern – noch zahlreiche Fragen ungeklärt; insbesondere steht jedoch unser Wissen in bezug auf die kausale Richtung der Zusammenhänge zwischen sozialer Dysfunktion und depressiven Verstimmungszuständen im Kindes- und Jugendalter und damit in bezug auf den möglichen ätiologischen Stellenwert solcher Auffälligkeiten derzeit noch in den Anfängen. Gehen die interaktionellen Probleme und Defizite dem Beginn der depressiven Störung voraus, d.h. sind sie als belastende Vorfeldfaktoren bzw. als ursächliche Faktoren der depressiven Entwicklung aufzufassen? Sind sie Begleiterscheinungen bzw. Folgen der depressiven Störung, d.h. spiegeln sie die negativen Veränderungen des Erlebens und Verhaltens junger Menschen im Lauf der depressiven Entwicklung und die Reaktionen der Bezugspersonen auf diese Veränderungen wider? Prospektive Längsschnittuntersuchungen zu diesem Fragenkreis liegen sowohl hinsichtlich der Beziehungen im familiären Feld als auch hinsichtlich der Peer-Kontakte erst in spärlicher Anzahl und mit inkonstistenten Ergebnissen vor; generell legt der gegenwärtige Befundstand die Annahme nahe, daß zwischen sozialer Dysfunktion und depressiver Verstimmung kausale Zusammenhänge in beiden Richtungen möglich sind bzw. daß soziale Dysfunktion und depressive Verstimmung einander wechselseitig beeinflussen und verstärken können (Harrington 1993; Kaslow, Deering & Racusin 1994; vgl. dazu auch Coyne, Burchill & Stiles 1991). Die Intensivierung von einschlägigen prozeßanalytischen Studien erscheint auf diesem Hintergrund dringend zu wünschen.

3. Implikationen für die Praxis

Ungeachtet aller noch offenen Forschungsfragen gilt freilich schon jetzt, daß die Präsenz ausgeprägter interaktioneller Störungszeichen in der Familie und/oder im Gleichaltrigenbereich in der therapeutischen Arbeit mit depressiven jungen Menschen auf jeden Fall sorgfältige Aufmerksamkeit finden muß. Auch dann, wenn solche Probleme und Defizite erst im Lauf der depressiven Entwicklung zunehmend in den Vordergrund getreten sind, darf doch ihre mögliche Funktion in bezug auf die Aufrechterhaltung und die Verschärfung der depressiven Störung nicht außer acht gelassen werden; die Notwendigkeit entsprechender Interventionsmaßnahmen erscheint daher auch unter diesen Aspekten gegeben. Im Einklang damit nehmen Verfahren, die auf die Veränderung ungünstiger sozialer Umweltbeziehungen abzielen, im Rahmen der neueren psychologischen Ansätze zur Behandlung von Depressionen im Kindes- und Jugendalter eine prominente Stelle ein. Im folgenden können nur die wichtigsten Leitlinien, die diesbezüglich in den letzten Jahren speziell auf kognitiv-verhaltenstherapeutischer Basis entwickelt worden sind, kurz umrissen werden; detaillierte Überblicksdarstellungen und Standortbestimmungen finden sich bei Blöschl 1988; Stark, Rouse & Kurowski 1994; Lewinsohn, Clarke & Rohde 1994; Kovacs & Bastiaens 1995; u.a.

In Abstimmung auf die Ergebnisse der diagnostischen Eingangsphase, d.h. auf die Problemlage im Einzelfall, wird versucht, die gestörten sozialen Interaktionsmuster von verschiedenen Ansatzpunkten her zu modifizieren; in der Regel wird dabei die Veränderung aversiver und defizitärer Umfeldbedingungen zusammen mit der Veränderung ungünstiger interpersoneller Verhaltensweisen von seiten des Kindes oder Jugendlichen angestrebt. Der Einbeziehung der Eltern in die Therapie wird grundsätzlich substantielle Bedeutung zuerkannt; beratende Gespräche in bezug auf das Erziehungsverhalten der Eltern, die Teilnahme an Elterngruppen, die die Behandlung des Kindes begleiten, und familientherapeutische Methoden im engeren Sinn kommen zu diesem Zweck in fallspezifischer Weise zum Einsatz. Zugleich kommt in vielen Fällen auch den Lehrerinnen/den Lehrern eine wichtige Rolle als Ko-Therapeuten zu, kann doch durch adäquat geplante und durchgeführte pädagogisch-psychologische Maßnahmen im Klassenverband die soziale Integration des Kindes in der Gleichaltrigengruppe wesentlich gefördert werden (vgl. Miezitis 1992). Parallel zu diesen Strategien, die unmittelbar an der Veränderung von dysfunktionalen Interaktionsmustern im natürlichen sozialen Umfeld ansetzen, werden Strategien herangezogen, mittels derer die interpersonellen Fertigkeiten und Kompetenzen des depressiven Kindes oder Jugendlichen gleichsam situationsübergreifend verbessert werden sollen. Zu den Verfahren, die diesbezüglich verwendet werden, gehören Methoden zur Förderung sozialkognitiver Fertigkeiten, etwa im Bereich der sozialen Wahrnehmung und des sozialen Problemlösens, ebenso wie Methoden zur Förderung sozial-behavioraler Fertigkeiten, z.b. Methoden des Selbstsicherheitstrainings und des Aufbaus von positiven sozialen Aktivitäten. Häufig werden solche Programme zum Training interpersoneller Kompetenz in Therapiegruppen von Gleichaltrigen mit ähnlich gelagerten Schwierigkeiten durchgeführt. Im Verlauf dieser sozialen Lern- und Übungsprozesse sollen den jungen Menschen einerseits Möglichkeiten vermittelt werden, ihre aktuellen Probleme im Umgang mit anderen besser zu verstehen und sie auf der kognitiv-emotionalen Ebene und auf der Verhaltensebene besser zu bewältigen; zugleich sollen ihnen aber auch Möglichkeiten vermittelt werden, sich auch späterhin mit neuen Problemsituationen im interpersonellen Feld konstruktiv auseinanderzusetzen und ihr soziales Netzwerk um neue positive Beziehungen zu erweitern.

Daß Strategien dieser Art nicht als der einzige Zugangsweg zur therapeutischen Hilfe für depressive Kinder und Jugendliche zu betrachten sind, ist dabei nocheinmal hervorzuheben. Wie einleitend angeführt, können in der Entwicklung und der Aufrechterhaltung von depressiven Störungen zahlreiche unterschiedliche Faktoren zusammenwirken; analog dazu erfordert auch die Therapie solcher Störungen meist ein breit angelegtes – multimodales – Vorgehen, das der Vielschichtigkeit der depressiven Problematik angemessen Rechnung trägt. Nichtsdestoweniger spricht ein beachtliches Ausmaß an klinischer und empirischer Evidenz dafür, daß Verfahren zur Verbesserung interpersoneller Beziehungs- und Verhaltensmuster einen bedeutsamen Beitrag zur Behebung depressiver Verstimmungszustände bei Kindern und Jugendlichen leisten können, d.h. daß sich auf diesem Weg offensichtlich bei vielen jungen Menschen dem Zustand der Freudlosigkeit, der Entmutigung und des Selbstwertverlusts, der für das depressive Erleben charakteristisch ist, erfolgreich entgegenwirken läßt. Bemühungen um die systematische Fundierung und Weiterentwicklung der einschlägigen Verfahren, speziell auch im Hinblick auf ihre mögliche präventive Funktion, stellen dementsprechend für die kommenden Jahre ein wichtiges Anliegen dar.

Abschließend erscheint noch eine grundsätzliche Anmerkung zur Intention der oben skizzierten Behandlungsmethoden angebracht. Selbstverständlich zielen diese Methoden nicht darauf ab, Konflikte, Spannungen und Enttäuschungen aus der sozialen Lebenswelt junger Menschen auszusparen. Belastende und enttäuschende Erfahrungen im Umgang mit anderen bilden auf allen Altersstufen einen integrierenden Bestandteil interpersoneller Prozesse und repräsentieren insbesondere in den frühen Altersperioden unerläßliche Lernsituationen, denen im Zug der sozialen Entwicklung eine wesentliche Rolle zuzuschreiben ist. Was erreicht werden soll, ist vielmehr eine Veränderung der ausgesprochen ungünstigen Relation zwischen negativen interpersonellen Erfahrungen und positiven – selbstwertfördernden, unterstützenden und anregenden – interpersonellen Erfahrungen, der sich viele depressive Kinder und Jugendliche oft über längere Zeiträume hinweg in ihren alltäglichen Lebensvollzügen gegenübersehen. Es sind solche Dysbalancen in der Struktur und im Verlauf der Beziehungen zwischen dem jungen Menschen und seiner sozialen Umwelt, die es möglichst frühzeitig zu erkennen und zu beheben gilt.

LITERATUR

Altmann, E.O., Gotlib, I.H.: The social behavior of depressed children: An observational study. In: Journal of Abnormal Child Psychology 1988, 16, 1, S. 29–44.

Asarnow, J.R., Tompson, M., Hamilton, E.B., Goldstein, M.J., Guthrie, D.: Family-expressed emotion, childhood-onset depression, and childhood-onset schizophrenia spectrum disorders: Is expressed emotion a nonspecific correlate of child psychopathology or a specific risk factor for depression? In: Journal of Abnormal Child Psychology 1994, 22, 2, S. 129–146.

Bell-Dolan, D.J., Reaven, N.M., Peterson, L.: Depression and social functioning: A multidimensional study of the linkages. In: Journal of Clinical Child Psychology 1993, 22, 3, S. 306–315.

Birmaher, B., Ryan, N.D., Williamson, D.E.: Depression in children and adolescents: Clinical features and pathogenesis. In: Shulman, K.I., Tohen, M., Kutcher, S.P. (Eds.), Mood disorders across the life span. New York 1996, S. 51–81.

Blöschl, L.: Verhaltenstherapeutische Ansätze zur Depression im Kindes- und Jugendalter. In: Friese, H.-J., Trott, G.E. (Hrsg.), Depression in Kindheit und Jugend. Bern 1988, S. 206–214.

Blöschl, L.: Interpersonelles Verhalten und Depression: Befunde, Probleme, Perspektiven. In: Montada, L. (Hrsg.), Bericht über den 38. Kongreß der Deutschen Gesellschaft für Psychologie in Trier 1992 (Bd. 2). Göttingen 1993, S. 134–140.

Blöschl, L.: Interpersonal dysfunction and depressive mood states in children and adolescents. Paper presented at the International Psychological Conference, Pedagogical University Cracow, Poland, May 1994.

Blöschl, L.: Depressed children: The role of the family. Paper presented at the XXVI International Congress of Psychology, Montreal, Canada, August 1996.

Blöschl, L:: Entwicklungspsychopathologische Ansätze in der Depressionsforschung. Referat gehalten im Rahmen der 13. Tagung der Fachgruppe Entwicklungspsychologie der Deutschen Gesellschaft für Psychologie, Universität Wien, September 1997.

Coyne, J.C., Burchill, S.A.L., Stiles, W.B.: An interactional perspective on depression. In: Snyder, C.R., Forsyth, D.R. (Eds.), Handbook of social and clinical psychology. The health perspective. New York 1991, S. 327–349.

Feldman, L.A., Gotlib, I.H.: Social dysfunction. In: Costello, C.G. (Ed.), Symptoms of depression. New York 1993, S. 85–112.

Goodyer, I.M.: The epidemiology of depression in childhood and adolescence. In: Verhulst, F.C., Koot, H.M. (Eds.), The epidemiology of child and adolescent psychopathology. Oxford 1995, S. 210–226.

Gotlib, I.H., Hammen, C.L.: Psychological aspects of depression. Toward a cognitive-interpersonal integration. Chichester 1992.

Hammen, C.: Depression runs in families. The social context of risk and resilience in children of depressed mothers. New York 1991.

Harrington, R.: Depressive disorder in childhood and adolescence. Chichester 1993.

Kaslow, N.J., Brown, R.T., Mee, L.L.: Cognitive and behavioral correlates of childhood depression. A developmental perspective. In: Reynolds, W.M., Johnston, H.F. (Eds.), Handbook of depression in children and adolescents. New York 1994, S. 97–121.

Kaslow, N.J., Deering, C.G., Racusin, G.R.: Depressed children and their families. In: Clinical Psychological Review 1994, 14, 1, S. 39–59.

Kovacs, M., Bastiaens, L.J.: The psychotherapeutic management of major depressive and dysthymic disorders in childhood and adolescence: Issues and prospects. In: Goodyer, I.M. (Ed.), The depressed child and adolescent: Developmental and clinical perspectives. Cambridge 1995, S. 281–310.

Lewinsohn, P.M., Clarke, G.N., Rohde, P.: Psychological approaches to the treatment of depression in adolescents. In: Reynolds, W.M., Johnston, H.F. (Eds.), Handbook of depression in children and adolescents. New York 1994, S. 309–344.

McCauley, E., Myers, K.: Family interactions in mood-disordered youth. In: Child and Adolescent Psychiatric Clinics of North America 1992, 1, 1, S. 111–127.

Miezitis, S.: Teacher-mediated intervention with depressed children: Model and practitioner's guides. In: Miezitis, S. (Ed.), Creating alternatives to depression in our schools. Assessment, intervention, prevention. Seattle 1992, S. 287–314.

Poznanski, E.O., Mokros, H.B.: Phenomenology and epidemiology of mood disorders in children and adolescents. In: Reynolds, W.M., Johnston, H.F. (Eds.), Handbook of depression in children and adolescents. New York 1994, S. 19–39.

Puig-Antich, J., Kaufman, J., Ryan, N.D., Williamson, D.E., Dahl, R.E., Lukens, E., Todak, G., Ambrosini, P., Rabinovich, H., Nelson, B.: The psychosocial functioning and family environment of depressed adolescents. In: Journal of the American Academy of Child and Adolescent Psychiatry 1993, 32, 2, S. 244–253.

Puig-Antich, J., Lukens, E., Davies, M., Goetz, D., Brennan-Quattrock, J., Todak, G.: Psychosocial functioning in prepubertal major depressive disorders. I. Interpersonal relationships during the depressive episode. In: Archives of General Psychiatry 1985, 42, 3, S. 500–507.

Stark, K.D., Rouse, L.W., Kurowski, C.: Psychological treatment approaches for depression in children. In: Reynolds, W.M., Johnston, H.F. (Eds.), Handbook of depression in children and adolescents. New York 1994, S. 275–307.

Elfriede Ederer, Karin Strobl-Zöchbauer

Diagnostik im Rahmen der Teamentwicklung

Diagnostische Instrumentarien im Teamentwicklungsprozeß eingesetzt erbringen in ihrer traditionellen Funktion die Basis und Voraussetzungen für eine produktive Veränderungsarbeit eines Teams. Das diagnostische Vorgehen, das in der vorliegenden Arbeit geschildert wird, geht über diese Funktion hinaus. Die von den Autorinnen praktizierte und angewandte diagnostische Vorgangsweise erhöht und fördert die Selbst- und Situationseinschätzungskompetenz des gesamten Teams und dies sowohl während der Teamentwicklungsarbeit als auch bei der Anwendung des Gelernten und Erarbeiteten in der Realsituation des Alltags. Bevor jedoch näher auf diesen diagnostischen Zugang einzugehen ist, wird das Verständnis von Teamentwicklung dargestellt.

1. Das Verständnis von Teamentwicklung in der vorliegenden Arbeit

Unter sehr pragmatischen Aspekten ist Teamentwicklung ein Arbeitsgebiet der Organisationspsychologie, ein Gebiet der genuin Angewandten Psychologie im Bereich der Wirtschaft, der öffentlichen Verwaltung, des Schul- und Gesundheitswesens bis hin zum Non-Profit Bereich. Im Inhalt und in den zur Anwendung kommenden Methoden liegt die Teamentwicklungsarbeit zwischen Vorgangsweisen, die Aspekte der Supervision, des Verhaltenstrainings bis hin zur Organisationsentwicklung miteinander vereinen, d.h. zwischen berufsbezogener Selbstreflexion, also eher Prozeßbegleitung, individueller Verhaltensmodifikation und Projektmanagement, Personal- und Strategieentwicklung (Rosenstiel, 1986; siehe dazu auch Münker-Kramer, 1995 unter angewandten Aspekten). Nicht das individuelle Lernen steht im Mittelpunkt, sondern das miteinander arbeitende Team läßt sich auf einen gemeinsamen Lernprozeß im System selbst ein. Im Rahmen dieses Prozesses wird das Funktionieren des Teams permanent diagnostiziert bzw. evaluiert und als Folge davon, werden ständig neue und effizientere Formen des Zusammenarbeitens entworfen und etabliert. Die Indikation für Teamentwicklung ist gegeben bei relevanten Änderungen der Teamzusammensetzung, bei Änderungen im Aufgabenbereich und in Krisensituationen. Das Entscheidende ist die Zusammensetzung der Teilnehmergruppe. Die Mitglieder sind real miteinander kooperierende Personen eines Teilsystems der Organisation: eine Abteilung, ein Fachbereich, ein Projektteam. Die TeilnehmerInnen haben einen realen Arbeitszusammenhang, aus dem sich sowohl der Lernbedarf als auch die Lösungsmöglichkeiten ergeben. In der Regel sind mehrere Hierarchieebenen eingebunden. Vorgesetzte und Mitarbeiter arbeiten an gemeinsamen Zielen und kehren mit konkreten gemeinsam erarbeiteten Ergebnissen in den Alltag zurück. Da die Maßnahmen gemeinsam verabschiedet werden, ist die Umsetzungswahrscheinlichkeit und Verbindlichkeit bedeutend höher als bei herkömmlichen Trainings in "Stranger-Groups", zumal sich die Arbeit an den Praxisbedingungen der jeweiligen Organisation und nicht an theoretischen Fallbeispielen orientiert.

2. Diagnostik im Rahmen der Teamentwicklung

Diagnostik im Rahmen des Teamentwicklungsprozesses wird in der vorliegenden Arbeit als ein Konglomerat (durchaus positiv gemeint im Sinne von Komplexität und Vielfalt) von spezifischen Methoden gesehen, die Psycho-, Sozio- und Institutionsdynamik beruflicher Interaktionen (Interaktionen der Mitglieder innerhalb des jeweiligen Teams und Interaktionen des Teams mit anderen Bereichen der Institution bzw. Organisation) transparent machen. Erst wenn die im beruflichen Handeln sich widerspiegelnden persönlichen Erfahrungen (Psychodynamik), das Zusammenspiel der Interaktionspartner (Soziodynamik) sowie das Zusammenspiel zwischen Personen und Institutionen (Institutionsdynamik) verstanden werden, kann professionell gehandelt werden. Professionell Handeln im Gegensatz zum Laienhandeln heißt in diesem Zusammenhang, auf Grund systematischer Beobachtungen (zum Beispiel des Verhaltens einer Person, einer Gruppe, einer Institution, einer beruflichen Ereigniskette o. ä.) mit Hilfe spezifischen Fachwissens eine Deutung vorzunehmen und daraus Handlungsanweisungen und Maßnahmen abzuleiten, mit dem Ziel, die bestehende Problemlage zu lösen (vgl. Pönninger, 1995a). Das diagnostische Instrumentarium bedarf auf diesem Hintergrund einer differenzierten Abstimmung auf die spezifische Situation der Organisation (verstanden als soziales System).

2.1 Theoretischer Hintergrund

Auf diesem Hintergrund ist der diagnostische Prozeß in Anlehnung an Booth (1988) als psychosoziale Situation zu charakterisieren. Die Interaktion und das kommunikative Handlungsgeschehen zwischen den beteiligten Akteuren im soziokulturellen Umfeld stehen im Mittelpunkt der Betrachtung (Spitznagel, 1982). Versucht man diese Sichtweise den paradigmatischen Grundkonzepten der Persönlichkeit zuzuordnen, so lokalisieren die "personalen Ansätze" die Determinanten des Verhaltens innerhalb der menschlichen Person. Sie gehen davon aus, daß Verhalten aufgrund personinterner Eigenarten zustande kommt. Demgegenüber unterstellt das "situative Paradigma", daß menschliches Verhalten den Prägekräften der jeweiligen Situation unterliegt. In der vemittelnden Position des "Interaktionismus" (vgl. Endler & Magnusson, 1976; Magnusson & Endler, 1977) im Rahmen der Paradigmen der Persönlichkeitspsychologie wird Verhalten weder durch personinterne noch durch externe Konstrukte allein hinreichend erklärt, sondern durch Konzepte, die die Art der Einbindung in die umgebende Situation oder das Positionbeziehen einer Person gegenüber ihren situativen Bezügen zum Gegenstand haben. Führte die Berücksichtigung der Interaktion von Person und Situation zunächst zu einem statischen Interaktionismus und zu einer Überschätzung von Situationsmerkmalen, so betont heute der dynamische Interaktionismus einen wechselseitigen Einfluß von Person und Situation auch in dem Sinne, daß Personen (aufgrund ihrer Persönlichkeitsmerkmale) bestimmte Situationen aktiv aufsuchen bzw. meiden (vgl. Dieterich und Sowarkar, 1995). Diese psychosoziale und kommunikative Perspektive der Betrachtung des diagnostischen Prozesses erfordert vom diagnostizierenden Trainer/Berater sowohl menschlich-emotionale und kommunikative Fähigkeiten, als auch

Wissen und Reflektieren der zugrundeliegenden oben angerissenen psychologischen Theorien und des damit verbundenen Menschenbildes.

2.2 Grundkompetenzen des Trainers/Beraters

Sichler (1995) spricht von psychodiagnostischen Grundkompetenzen, die ein Trainer/Berater mitbringen sollte, und unterteilt diese in praxisbegleitende und praxisreflektierende Kompetenzen.

Praxisbegleitende Kompetenzen umfassen theoretische und methodische, sowie kommunikative und empathische Grundkompetenzen, die den diagnostizierenden Trainer/Berater zu diagnostischem Handeln befähigen. Theoretische und methodische Kompetenzen befähigen den diagnostizierenden Trainer/Berater vor allem zur Aufnahme und Verarbeitung von Informationen im diagnostischen Prozeß, während sich kommunikative Kompetenz im speziellen auf die Beziehung zwischen Diagnostiker und Klientel auswirkt. Empathische Kompetenz ist als Ergänzung zur kommunikativen Kompetenz zu sehen. Vor allem Sensibilität gegenüber den Problemstellungen der Klientel steht hier im Mittelpunkt.

Praxisreflektierende Kompetenzen setzen metatheoretische, methodologische, metakommunikative und ethische Fähigkeiten und Kenntnisse beim diagnostizierenden Trainer/Berater voraus. Metatheoretische Kompetenz meint das Einnehmen der selbstkritischen Perspektive in bezug auf das jeweilige konkrete Praxishandeln. Grundkenntnisse der Wissenschaftstheorie und Anthropologie bilden die Grundlage der kritischen Analyse. Methodologische Kompetenz umfaßt Wissen über und Kenntnisse von Methoden der Datenerhebung und Datenverarbeitung, Testtheorien und Entscheidungstheorien. Metakommunikative Kompetenz (Theorien des Gesprächs und des kommunikativen Handelns) unterstützen vor allem die Diagnose des kommunikativen Handlungsgeschehens, auch hier im Sinne von selbstkritischer Begutachtung der eigenen diagnostischen Interventionen. Die ethische Kompetenz betrifft das Verantwortungsbewußtsein des Diagnostikers, sein diagnostisches Handeln weist er als verantwortete Tätigkeit aus.

Ergänzend zu diesen psychodiagnostischen Grundkompetenzen sind die Anforderungen zu sehen, die unter dem Stichwort der Feldkompetenz diskutiert werden (Berker, 1992). Gemeint ist damit die Vorstellung von einem beruflichen Feld, welches die verschiedenen handelnden Personen, Rollen, Institutionen und deren berufstypische Interaktion umfaßt. Zu umschreiben ist dies mit Felddynamik, die sich aus den Einzelkomponenten wie Klientendynamik, Professionellendynamik und Institutionsdynamik zusammensetzt. Die Klientendynamik ist gekennzeichnet durch die besonderen (den Klienten zugeschriebenen) Merkmale (z.b. Schüler, Patient, Kunde, Mitarbeiter usw.) sowie die Person des Klienten mit ihrer Biographie und der aktuellen sozialen Situation. Neben der Person (mit Biographie und sozialer Situation) spielt bei der Professionellendynamik die berufliche Rolle mit ihren jeweiligen Standards und Methoden eine Rolle. Die Institutionsdynamik ergibt sich aus den rechtlichen, ökonomischen, politischen und organisatorischen Ressourcen sowie dem Handlungsrepertoire. Jedes berufliche Feld entwickelt ein spezifisches Zusammenspiel dieser Komponenten. Die Wahrnehmung dieses Zusammenspiels ist notwendige Voraussetzung zum Verstehen der geschilderten beruflichen Szenen. Danach ist Feldkompetenz "die Fähigkeit zur immer neuen Wahrnehmung eines komplexen Beziehungsgeflechts und die auf Fachwissen beruhende Gestaltung eines Lernprozesses" (Berker, 1992, S. 7). Es geht also darum, sich als von außen Kommender in das vorgefundene berufliche Feld einzufühlen, dabei die notwendige Distanz zu wahren, um nicht selbst übermäßig in die ablaufende Dynamik involviert zu werden, um zu einem möglichst umfassenden Verstehen der Felddynamik zu gelangen und in der Folge auch den TeilnehmerInnen zu einem vertieften und umfassenden Verstehen beruflicher Handlungsvollzüge zu verhelfen.

3. Diagnostik als dreistufiger Prozeß

Im Rahmen der praktischen Prozeßbegleitung von Teams läuft diagnostisches Arbeiten, wie es von den beiden Autorinnen in der vorliegenden Arbeit vorgeschlagen wird, in drei Stufen ab, die nun im folgenden beschrieben und dargestellt werden.

3.1 Diagnose im Vorfeld des Teamentwicklungsprozesses

Diagnose ist die Voraussetzung jeglicher Art von Intervention in einem Team. Sie ist Ausgangspunkt für die Maßnahmenentwicklung, für die Spezifizierung von Lernzielen, für die Planung von Interventionsschritten, sowie für jede Form von Kontraktbildung. Im Vorfeld werden situative Komponenten wie Organisationsstrukturen und Arbeitsabläufe, Qualifikation der Mitarbeiter,

Unternehmenskultur, finanzielle und sonstige Ressourcen, Führungsverhalten und die Stellung des Teams innerhalb der Organisation diagnostiziert. Diese situativen Merkmale sind zweifach wirksam: sie haben direkten Einfluß auf den Erfolg oder Mißerfolg eines Teams und beeinflussen Verhalten und Handeln der Teammitglieder innerhalb des sozialen Systems. Es sind die verbindlichen Normen bzw. die an diese Normen geknüpften Erwartungen, an denen sich die Mitglieder des jeweiligen sozialen Systems orientieren.

Die in dieser Phase in Ermangelung von Instrumenten zur Operationalisierung und Erhebung von Situationen (siehe dazu Hatzelmann & Wakenhut, 1995, S. 140) hauptsächlich zum Einsatz kommenden Diagnoseinstrumente sind Interviews, Beobachtungen vor Ort und Dokumenteneinsicht (Leitbild etc.). Diese sprachlichen Situationsbeschreibungen werden durch bildliche Darstellungen in Form von Zeichnungen der TeilnehmerInnen aber auch in Form von Bilderwahlverfahren ergänzt, um die Situationen, die immer schon durch individuelle Erfahrungen und Wahrnehmungen subjektiv überformt und insofern personabhängige Situationsdefinitionen sind, als integrative, "ganzheitlich" zu betrachtende Deutung der Umwelt im Sinne von subjektiv wahrgenommenen Handlungsfeldern zu begreifen (vgl. Hatzelmann & Wakenhut, 1995). Diese im Vorfeld des Teamentwicklungsprozesses zu geschehenden diagnostischen Bemühungen entsprechen am meisten der traditionellen Sichtweise von Diagnostik. Es versteht sich von selbst, daß, je sorgfältiger und breiter in dieser Phase das Informationseinholen und die Datenerhebung erfolgt, um so besser auf den folgenden Stufen darauf aufgebaut werden kann.

3.2 Diagnose während des Teamentwicklungsprozesses

Im Kontext des beschriebenen Verständnisses von Diagnostik im Rahmen der Teamentwicklung wird Diagnostizieren als das Training eines quasi forschenden Umgangs mit Problemsituationen der Berufspraxis verstanden. In dieser Phase werden vor allem Verhalten und Handeln im situativen Kontext des Teams diagnostiziert. Es soll erreicht werden, daß berufliche Szenen mit einem professionell-distanzierten Blick betrachtet werden und Lösungen (ohne den Handlungsdruck der Praxis) auf den Grundlagen von gesicherten Berufs- und Erfahrungswissen gefunden werden. Dabei wird zunächst eine genaue, aber distanzierte Darstellung eines gegebenen Sachverhalts gemeinsam von Team und Berater angestrebt. Im Sinne einer Schärfung der Wahrnehmung und des Richtens des Bewußtseins auf die Merkmale des Problemzustandes und seiner Kontextmerkmale wird die Konzentration besonders auf die Differenzierung von Ausgangs- und Folgeproblematiken gelenkt.

Auf der Grundlage von vorliegendem Wissen werden Hypothesen zur Erklärung der für die Gruppe relevanten Probleme erarbeitet, die nach der dann folgenden Datensammlungsphase unter Hinzuziehung theoretischer Erkenntnisse untersucht und überprüft werden. Mit Hilfe der bestätigten bzw. widerlegten Hypothesen lassen sich die untersuchten Probleme (wenngleich auch meist nur partiell) erklären. Oft ist das Ergebnis dieses Erkundungs- und Foschungsprozesses lediglich ein Präzisieren und Eingrenzen der ursprünglichen Fragestellung, was allerdings nachfolgende Untersuchungen erheblich vereinfacht. In dem sich daraus entwickelnden Prozeß werden immer präzisere Erklärungen von verschiedensten Problemstellungen möglich (vgl. Bönninger 1995b). Es gilt hier auch individuelle Strategien der Problemsicht aufzudecken bzw. transparent zu machen und dabei auf die Verwobenheit der Problematik mit der Gesamtsituation im Systems zu achten. Eine Hauptaufgabe des Beraters in dieser Phase besteht darin, die Wahrnehmung und das Bewußtsein für die ausgegrenzten Anteile des Teamproblems zu erweitern. Es ist durchaus nicht unüblich, daß das Ausgangsproblem (präsentiertes Problem) sich im Laufe des Diagnoseprozesses wandelt und neu formuliert werden muß (tatsächliches Problem). Die Distanz und die Fachkompetenz des externen Beraters und Begleiters des Teams ermöglicht es diesem, ausgehend von einer Arbeitshypothese, gemeinsam mit den Betroffenen ein klares und oft neues Bild dessen zu entwickeln, was das Problem verursacht und am Leben hält. Die methodische Vorgangsweise ist abhängig von den Vorerfahrungen der Teammitglieder.

Diagnostische Hilfsmittel sind hier u. a. Entscheidungs- und Problemlösungssituationen, die in Form von Rollenspielen oder Fallbeispielen, durch projektive Verfahren (Zeichnungen, Bildkarteien) und mit Hilfe von Fragenkatalogen zur Situation abgebildet werden. Im Sinne der Anwendungsorientierung unserer Arbeit arbeiten wir nicht mit vorgegebenen Rollenspielen, sondern nehmen Problembereiche, die im Rahmen des Teamtrainings von den TeilnehmerInnen selbst bearbeitet werden wollen und als repräsentativ für die immer wiederkehrenden Probleme im Arbeitszusammenhang angesehen werden. Es sollen dies Situationen sein, die im Alltag Probleme bereiten, die dort nicht bewältigbar sind, und dies offensichtlich deshalb, weil den TeilnehmerInnen die Möglichkeit für eine Diagnose der Gesamtsituation fehlt. Hierbei gilt: Die Spieler werden sich um so eher identifizieren und motiviert realistisch handeln können, je mehr ihnen die Situation und die Rolle aus ihrem eigenen Erfahrungshintergrund vertraut sind, je realer der Kontext hergestellt wurde und je mehr sie selbst ihr Handeln gestalten können. Gleichzeitig wird damit auch die Gültigkeit des Rollenspiels als Verhaltenstest für die simulierte(n) Situation(en) im Sinne der Inhaltsvalidität (vgl. Schaller & Schmidtke, 1983) verbessert. Ein Rollenspiel hier als didaktische Methode eingesetzt erlaubt strukturiert und gezielt wichtige Handlungsweisen des alltäglichen oder beruflichen Lebens erfahrbar oder eine Situation aus der Perspektive einer anderen Person erlebbar zu machen (vgl. Freudenreich, 1979; Kochan, 1981), bisheriges Handeln der TeilnehmerInnen in bestimmten Situationen zu analysieren bzw. um in einer späteren Trainingsphase bestimmte alternative Handlungsmuster, etwa Lehrerverhalten, systematisch zu üben (vgl. Grell, 1977) und die Handlungskompetenz der TeilnehmerInnen in definierten Bereichen zu verbessern (vgl. zur Anwendung von Rollenspielen im Managementbereich Weber, 1981). Die dafür notwendigen diagnostischen Erfahrungen in Richtung der Anwendungskompetenz bei den TeilnehmerInnen auszubauen und zu fördern ist jedoch Schwerpunkt und Zielsetzung in der nun folgenden Stufe.

3.3 Aneignung umsetzungsorientierter Kompetenzen durch die TeilnehmerInnen

Im Sinne der Anwendungsorientierung der die Teamentwicklung unterstützenden diagnostischen Grundkompetenzen wird in dieser Phase vor allem an der Festigung der kommunikativen und empathischen Kompetenzen der TeilnehmerInnen gearbeitet. Die Situationen, in denen die Arbeitspartner untereinander, mit Vorgesetzten oder externen Partnern Kontakt aufnehmen und kommunizieren, sind beziehungsrelevante Situationen, in denen, relativ unabhängig von aufgabenspezifischen Inhalten, affektive Grundstimmungen vorherrschen, die im Sinne der zwischenmenschlichen Sympathie oder Antipathie gedeutet werden können. Soziale Beziehungen drücken sich in konkreten Interaktionsperioden aus, sind ein Merkmal sozialer Situationen bzw. affektiver Bindungen in Situationen gemeinsamen Handelns. Hier ist es wichtig, daß der diagnostische Blick auf Beziehungen von den TeilnehmerInnen als sinnvoll erkannt wird. Dieser vermag weiterzuhelfen, zum einen, weil damit latente Spannungspotentiale und Konfliktquellen aufgedeckt, zum anderen, weil Wege zu psychisch und ökonomisch profitablen Arbeitskontakten aufgezeigt werden. Wichtig an diesen Beziehungsdiagnosen ist darüber hinaus, daß die Ursachen von Problemen im Team nicht vorschnell an bestimmten Einzelpersonen festgemacht werden.

Befragungsinstrumente, die Verhaltens- und Organisationsklimabeschreibungen zum Ziel haben und soziometrische Erhebungsmethoden hinzuziehen sowie Beobachtungsinstrumente wie Interaktions-Prozeß-Analysen, Netzwerk- und systemische Kommunikationsanalysen (siehe dazu Müller & Nachreiner, 1995) haben sich im Rahmen von Teamentwicklungen in der praktischen Arbeit als zu aufwendig für die Diagnose erwiesen. Darüber hinaus werden damit im Sinne des vorliegenden Verständnisses von Diagnose zu wenige Aspekte abgedeckt. In dem im Rahmen dieser Arbeit relevanten Verständnis von diagnostischen Zielen und Vorhaben ist auch die Vermittlung metakommunikativer Ansätze ein wichtiges Ziel. Als praxisreflektierende Kompetenzen werden sie in dieser Stufe den TeilnehmerInnen durch die Begleiter des Teamentwicklungsprozesses vorgelebt. Diese Kompetenzen können dann in ihren Konsequenzen von den TeilnehmerInnen als hilfreich und fördernd erlebt werden. Die TeilnehmerInnen sollen damit motiviert werden, diese Kompetenzen auszubauen und in ihr eigenes Handlungsrepertoire zu übernehmen. Vieles, was sich während des Teamentwicklungsprozesses in der Gruppe abspielt, ist ein Spiegelbild der Zusammenarbeit des Teams im Alltag, meistens, ohne daß es den TeilnehmerInnen auffällt. Dem Berater obliegt es, auf diese Phänomene aufmerksam zu machen, wenn sie geeignet sind, den Teamentwicklungsprozeß zu fördern. Das gemeinsame Betrachten solcher Ereignisse hat eine überaus fruchtbare diagnostische Funktion. Die persönliche Betroffenheit der TeilnehmerInnen bietet eine unmittelbare Chance zu Lernmöglichkeiten (vgl. Reuter, 1997). Hier gibt eine Videoanalyse durch das Einnehmen der Metaperspektive als wichtige Fähigkeit im diagnostischen Prozeß die Möglichkeit an einzelnen Handlungssequenzen auslösende Faktoren und ihre Folgen sowohl auf der individuell persönlichen Ebene als auch in ihren Auswirkungen auf die Situation und Interaktion im Team auseinanderzuhalten. Die TeilnehmerInnen lernen damit eine ihnen bisher unbekannte Vorgehensweise kennen und haben die Möglichkeit, diese in Begleitung eines qualifizierten Beraters auch ansatzweise einzuüben. Die so unmittelbar erfahrenen Ansätze und Möglichkeiten zur Diagnose können von den Teammitgliedern für die Arbeit an anderen anstehenden Themen verwendet werden und sind Ansporn, sich weiterzuentwickeln und Veränderungsprozesse einzuleiten.

Erst an dieser Stelle setzt im Rahmen des in dieser Arbeit vorgeschlagenen Diagnosemodells der Problemlösungs- bzw. Strategieprozeß mit der Definition von Soll-Zielen und den Erarbeiten von Lösungswegen zur Zielerreichung ein. Dies ist aber erst der nächste Schritt, auf den mit der vorliegenden Schwerpunktsetzung auf Diagnostik nicht mehr eingegangen wird.

4. Konsequenzen des diagnostischen Vorgehens für den Problemlösungsprozeß

Zahlreiche von den Autorinnen begleitete Teamentwicklungsprozesse bei verschiedensten Zielgruppen haben gezeigt, daß die Vorbereitung des eigentlichen Problemlösungs- bzw. Strategieprozesses durch das dargestellte stufenweise diagnostische Vorgehen für die praktische Arbeit einen wichtigen Stellenwert hat. Durch Selbstreflexion, Gruppenfeed-back, Analyse von Beobachtungsaufgaben und situationsgerecht eingesetzte Instrumente bzw. methodische Hilfsmittel wird verhindert, daß Interventionen gesetzt werden, ohne daß eine Klärung von Ausgangs-, Umgebungs-, Kontext- und Personbedingungen vorgenommen wird. Erst wenn die Problembearbeitung und Problemlösung klar getrennt vom diagnostischen Prozeß als nächste Schritte abgegrenzt sind, werden die TeilnehmerInnen zur Trennung von Interpretation und Beobachtung, zur Unterscheidung subjektiver Einflüsse und dem Erkennen der Verwobenheit der Akteure und Ereignisse mit dem System und der Kultur des Systems befähigt. Bei den Beteiligten entwickelt sich eine höhere Aufmerksamkeit und Sensibilität für die ablaufenden Geschehnisse und Prozesse und eine Diagnose des Komplexitätsgrades der Situation wird möglich. Potentiell problematische Situationen können daher oft schon sehr früh erkannt werden. Viele Konflikte und Probleme entstehen erst gar nicht oder können zumindest nicht mehr so stark eskalieren. Bei Problemen, die das Team nicht allein bewältigen kann, ist die Hemmschwelle externe Hilfe in Anspruch zu nehmen nicht mehr so hoch. Es versteht sich von selbst, daß der Erfolg der im Team erarbeiteten Erkenntnisse und Lösungsansätze im Zusammenhang mit der gewählten Umsetzungsstrategie steht, für die aber mit dem geschilderten Vorgehen die beste Basis geschaffen wird.

LITERATUR

Berker, P.: Felddynamik. In: Supervision 1992, 21 (1), 3-9.

Booth, J. F.: Kompetenz. In R. S. Jäger (Hrsg.), Psychologische Diagnostik. Ein Lehrbuch. München 1988, S. 104–113.

Dieterich, R., Sowarkar, B.H.: Gesamtkonzepte der Persönlichkeit. In W. Sarges (Hrsg.), Management-Diagnostik. Göttingen 1995, S. 432–444.

Endler, N.A., Magnusson, D. (Eds.): Interactional psychology and personality. New York 1976.

Freudenreich, D.: Das Planspiel in der sozialen und pädagogischen Praxis. München 1979.

Grell, J.: Techniken des Lehrerverhaltens. Weinheim 1977.

Hatzelmann, E., Wakenhut, R.: Probleme der Situationsdiagnostik. In W. Sarges (Hrsg.), Management-Diagnostik. Göttingen 1995, S. 135–140.

Kochan, B. (Hrsg.): Rollenspiel als Methode des sozialen Lernens. Königstein 1981.

Magnusson, D., Endler, N.A. (Eds.): Personality at the cross-roads: Current issues in interactional psychology. Hillsdale 1977.

Müller, G. F., Nachreiner, F.: Soziale Beziehungen. In W. Sarges (Hrsg.), Management-Diagnostik. Göttingen 1995, S. 150–156.

Münker-Kramer, E.: Teamentwicklung – eine Herausforderung für den/die Organisationspsychologie. In: Psychologie in Österreich 1995, 15 (3–4), S. 26–33.

Pönninger, C.: Supervision für Pflegekräfte: Psychohygiene oder mehr? (1. Teil). In: Pflege 1995a, 8 (1), S. 37–42.

Pönninger, C.: Supervision für Pflegekräfte: Psychohygiene oder mehr? (2. Teil). In: Pflege 1995b, 8 (2), S. 107–112.

Reuter, R.: Noch ungewohnt: Teamentwicklung mit Pflegenden. In: Pflege Management 1997, (3), S. 15–21.

Rosenstiel, L. v.: Organisationspsychologie. Stuttgart 1986.

Schaller, S., Schmidtke, A.: Verhaltensdiagnostik. In: Groffmann, K.J., Michel, L. (Hrsg.), Verhaltensdiagnostik. Göttingen 1983, S. 489–701.

Sichler, R.: Psychodiagnostische Grundkompetenzen. In W. Sarges (Hrsg.), Management-Diagnostik. Göttingen 1995, S. 135–140.

Spitznagel, A.: Die diagnostische Situation. In: Groffmann J., Michel, L. (Hrsg.), Grundlagen psychologischer Diagnostik. Göttingen 1982, S. 249–294.

Weber, H.: Arbeitskatalog der Übungen und Spiele. Hamburg 1981.

Hannelore Reicher

Entwicklungspsychologie in der LehrerInnenbildung

1. Entwicklungspsychologie im Rahmen der Allgemeinen Pädagogischen Ausbildung

In der derzeitigen universitären LehrerInnenbildung kommt der Allgemeinen Pädagogischen Ausbildung neben der fachdidaktischen und schulpraktischen Ausbildung eine Schlüsselposition zu. Die Fächer der Allgemeinen Pädagogischen Ausbildung dienen nach Seel (1985a) einerseits der wissenschaftlichen Grundlegung sowie andererseits den pädagogisch-praktischen Erfordernissen, wobei folgende Themen bearbeitet werden: "... die Darstellung der Schule als Institution in ihrem gesellschaftlichen und politischen Zusammenhang als Handlungsfeld des Lehrers, die Vermittlung der psychologischen Grundlagen der Lern- und Lehrprozesse im Hinblick auf Schüler und Lehrer sowie die Erarbeitung edukativer, curricularer, didaktischer, methodischer und kommunikativer Fähigkeiten" (Seel 1985a, S. 564). Die Entwicklungspsychologie stellt eines der Kernfächer im Rahmen dieser Allgemeinen Pädagogischen Ausbildung für LehramtskandidatInnen dar. Die Bedeutung dieses Faches für die LehrerInnenbildung soll im folgenden Beitrag herausgearbeitet werden.

2. Aktuelle Ansätze in der Entwicklungspsychologie

Während die älteren Konzeptionen der Jugendpsychologie bis in die 30er Jahre dieses Jahrhunderts in einer geisteswissenschaftlichen Tradition standen und eng mit Bildungstheorien verknüpft waren (vgl. dazu Fend 1997), versteht sich die heutige Entwicklungspsychologie als eine Grundlagenwissenschaft mit stark empirischem naturwissenschaftlichem Charakter, die sich mit folgenden Themen befaßt (vgl. Montada 1995): (1) Veränderungen im Verhalten und Erleben des Menschen im zeitlichen Verlauf des Lebens; (2) Erforschung und Beschreibung von Gesetzmäßigkeiten, die in ganz bestimmten Altersstufen beobachtbar sind; (3) Untersuchung von Bedingungen, die menschliche Verhaltens- und Erlebensweisen fördern, schädigen oder verhindern.

Kennzeichnend für die moderne Entwicklungspsychologie sind folgende Leitlinien: (1) Entwicklung wird unter dem Aspekt der gesamten Lebensspanne betrachtet: Entwicklung endet nicht nach dem Jugendalter! (2) Die aktuellen Vorstellungen zur Anlage-Umwelt-Problematik gehen von interaktionistischen Modellen aus, die Wechselwirkungsprozesse zwischen Mensch und Umwelt annehmen: Der Mensch reagiert nicht nur auf Umwelteinflüsse und ist nicht nur von seiner biologischen Reifung bestimmt, sondern er ist als erkennendes und selbstreflektierendes Wesen aktiver Gestalter seiner Entwicklung. Diese Annahme von Handlungs- und Selbstgestaltungsmöglichkeiten spricht für die grundsätzliche Offenheit von Entwicklungsprozessen. (3) Im letzten Jahrzehnt war eine verstärkte Beschäftigung mit den Unterschieden und Ähnlichkeiten von normalen und pathologischen Entwicklungsprozessen zu beobachten. Risiko- und Schutzfaktoren für gesunde und problematische Entwicklungsverläufe wurden erforscht. Als neue Disziplin hat sich am Schnittpunkt der klassischen Entwicklungspsychologie und der Klinischen Psychologie die Entwicklungspsychopathologie bzw. die Klinische Kinder- und Jugendpsychologie etabliert (vgl. dazu Petermann 1995).

3. Das Jugendalter als veränderungsintensiver Lebensabschnitt

Ein historischer Rückblick in die Wissenschaftsgeschichte zeigt, daß es eine lange pädagogische Tradition von Arbeiten zum Thema "Jugend" gibt; eine differenzierte Darstellung würde allerdings den Rahmen dieses Beitrages sprengen (vgl. dazu Abels 1993; Hafenegger 1995): Begonnen mit Rousseau, der in "Emile" das Jugendalter als "zweite Geburt" beschreibt, haben sich wichtige Pädagogen zu den Besonderheiten dieser Lebensphase geäußert, wie beispielsweise Nohl, Litt, Flitner, Schelsky; u.a. hat auch der in den 30er und

40er Jahren an der Grazer Universität lehrende Otto Tumlirz mit dem zweibändigen Werk "Die Reifejahre" einen wichtigen Diskussionsbeitrag geliefert (vgl. dazu Bachmann & Mikula 1996).

In der aktuellen Entwicklungspsychologie wird das Jugendalter als eine Phase der bio-psycho-sozialen Übergänge ('period of transitions') gesehen. Kennzeichnend für diesen Altersbereich sind massive Veränderungen, die im körperlichen Bereich am augenfälligsten sind; gleichzeitig spielen sich aber auch markante entwicklungsspezifische Veränderungen im sozialen Bereich (z.B. Ablösung von den Eltern, zunehmende Bedeutung der Peergruppe), im kognitiven Bereich (formales Denken) und ganz generell in bezug auf die Persönlichkeitsentwicklung ("Identität") ab. Nach Havighurst (1982) hat der Jugendliche folgende "Entwicklungsaufgaben" zu bewältigen (Unter Entwicklungsaufgaben werden Aufgaben verstanden, die sich in einer bestimmten Lebensperiode des Individuums aufgrund gesellschaftlicher Anforderungen oder biologischer Veränderungen stellen bzw. aufgrund individueller Erwartungen und Ziele): Akzeptieren der eigenen körperlichen Erscheinung, Sexualität, Erwerb der männlichen und weiblichen Rolle, Aufnahme neuer und reifer Beziehungen zu Alterskollegen, Vorbereitung auf Familiengründung, Gewinnen emotionaler Unabhängigkeit von den Eltern, Berufliche Karriere / Berufswahl, sozial verantwortliches Handeln, Entwicklung eines Wertesystems (Entwicklung eines ethischen Bewußtseins zur Orientierung), Entwurf eines Lebensplans, Entwicklung einer Zukunftsperspektive, Identität. In neueren Ansätzen wird verstärkt das aktive Verhalten des Individuums bei der Bewältigung dieser entwicklungsspezifischen Anforderungen betont.

"Identität" wurde und wird ausgehend von den klassischen Arbeiten Eriksons (1980) als das zentrale Thema im Jugendalter betrachtet (vgl. Oerter & Dreher 1995). In dieser Altersphase stellen sich für das Individuum erstmals die Fragen "Wie bin ich?" (Frage nach der subjektiven Identität), "Wie möchte ich sein?" (Frage nach der wünschbaren Identität), "Für wen hält man mich?" (Frage nach der zugeschriebenen Identität). Auf diese Fragen gilt es zumindest am Ende dieser Entwicklungsphase Antworten zu finden. Bei dieser Suche nach Antworten kann es zu Krisen kommen, in denen alte Orientierungen auf dem Prüfstand stehen und neue erste gefunden werden müssen. Um diese Krisen zu bewältigen, bedarf es nach Erikson eines sogenannten "psychosozialen Moratoriums", eines gewissen sozialen und geistigen Freiraums. Die Lösung dieser Krise kann entweder in einer geglückten Identität oder in Identitätsdiffusion resultieren. Geglückte Selbstfindung ist geprägt durch eine relative Konstanz von Einstellungen und Verhaltenszielen bezüglich der eigenen Person; man baut sich selbst als eine einmalige, unverwechselbare Person auf, die sich in einer persönlichen Kontur darstellt bzw. präsentiert. Diese Strukturierung ist zwar ein lebenslanger Prozeß der Veränderung, wichtige Weichenstellungen erfolgen jedoch im Jugendalter.

Für eine detailliertere Darstellung der entwicklungspsychologischen Aspekte im Jugendalter sei auf einschlägige Fachbücher verwiesen (Remschmidt 1992; Mietzel 1995; Oerter & Dreher 1995; Rossmann 1996).

3.1 Schule und Entwicklung

Der Prozeß der Identitätsentwicklung ist eng an die äußeren Chancen und Möglichkeiten der Entwicklung in der jeweiligen Lebenswelt und der pädagogischen Erfahrungswelt gebunden; Bildungsprozeß und Persönlichkeitsentwicklung sind eng verwoben (Fend 1991a, 1997). Fend (1997) hat die bisher einzige deutschsprachige Longitudinalstudie zum Thema "Der Umgang mit der Schule in der Adoleszenz" vorgelegt; der Untertitel des Buches "Aufbau und Verlust von Lernmotivation, Selbstachtung und Empathie" weist auf die Zusammenhänge zwischen schulischen Erfahrungen, sozialer Einbettung und deren Bedeutung für die Selbstakzeptanz hin. Aus dieser umfangreichen Längsschnittstudie, in der Schüler von der 6. bis zur 10. Schulstufe untersucht wurden, seien einige Ergebnisse herausgegriffen.

Für ältere Schüler zeichnen sich im Vergleich zu jüngeren Schülern folgende markante Unterschiede im Umgang mit der Schule ab: Bemerkenswert ist eine größere emotionale Distanz der Schule gegenüber; bei 20 bis 30% der Schüler manifestiert sich diese in einer markanten Verschlechterung der Schulleistungen. Es kommt zu einer größeren Differenzierung in der Wahrnehmung und Bewertung von Fächern und Personen und auch der Umgang mit Anforderungen in den einzelnen Lernbereichen wird differenzierter. Gleichzeitig läßt sich eine selbständigere, eigenverantwortliche Planung von Lernprozessen und Organisation des Lernverhaltens konstatieren. Insgesamt wird die Beziehung zur Schule neu ausgehandelt und ausgelotet. Dabei scheint hohe Leistungsbereitschaft generell einen eher risikoarmen Entwicklungspfad zu indizieren, Leistungsdistanz hingegen ein höheres Risiko für problematische Entwicklungspfade. Wie vielschichtig die Dimensionen Leistung, soziale Akzeptanz und Selbstakzeptanz miteinander verknüpft sind, zeigt sich an folgendem Befund: Während schulische Probleme durch eine gute Integration in die Gleichaltrigengruppe kompensiert werden können – allerdings für den Preis der Reduktion der Bedeutung schulischer Anstrengungen und der Hinwendung zu außerschulischem Risikoverhalten, zeigen Schüler mit guten Leistungen und geringer Peerakzeptanz eine schwache Selbstakzeptanz. Grundsätzlich kristallisieren sich große interindividuelle Unterschiede heraus: Während bei einigen Schülern im Prozeß der Identitätsbildung Leistungsaspekte aus der Kernzone des Selbst ausgeschlossen werden, wird bei anderen der Leistungsbereich als zentraler Teil in das Selbst integriert. Von ganz besonderer Bedeutung im Sinne eines langfristiger Entwicklungseinflusses sind die prägenden Erfahrungen mit Lernen während der Schule für die weitere Lerngeschichte, die Fend (1997) folgendermaßen kommentiert: "In einer historischen Phase der unerläßlichen 'recurrent education', in der sowohl das persönliche als auch das gesellschaftliche Wohlergehen von dieser Ressource 'Motivation' entscheidend abhängt, gewinnen schulische Erfahrungsräume, die bei möglichst vielen Schülern die Lernbereitschaft erhalten und pflegen, eine große Bedeutung" (Fend, 1997, S. 9).

Fend (1997) plädiert insbesonders dafür, die Entwicklungspsychologie des Jugendalters wieder an eine schulisch relevante Bildungstheorie zurückzubinden, um die genuin pädagogische Aufgabe zu wahren, die Gestaltungsmöglichkeiten von Identitätsentwicklung in Bildungsprozessen wachzuhalten. Schule sollte sich als Raum für die ganzheitliche Entwicklung verstehen, wobei man sich bewußt werden sollte, daß Erfahrungen mit der Schule einerseits Entwicklungschancen andererseits aber auch Entwicklungsrisiken bergen können.

3.2 Jugend in der Moderne

Individuelle Entwicklungsprozesse werden ganz wesentlich vom historischen Kontext und soziologisch-gesellschaftlichen Bedingungen mitgestaltet. "Konsequenterweise müßte die Entwicklungspsychologie für jede Generation neu geschrieben werden ..." (Montada, 1995, S. 17). Was bedeutet es, in der heutigen Zeit, die als sogenannte "Moderne" bezeichnet wird, aufzuwachsen? Ein wesentliches Kennzeichen der Moderne stellt Pluralität dar, das Aufeinandertreffen von verschiedenartigen und widersprüchlichen Erfahrungswelten und Wertebereichen. Für die Lebensplanung des einzelnen heißt dies, daß er mit einer Fülle von alternativen Laufbahnen konfrontiert ist. Die Orientierung in dieser sich rasch wandelnden Gesellschaft, an einer "Landkarte der Gesellschaft", deren Wege und Ziele sehr vielschichtig und verwirrend sind, wird besonders für Jugendliche auf der Identitätssuche erschwert. "Die in jüngster Zeit konstatierte Pluralität von Lebensstilen wirft in der Tat die Frage auf, ob es Identität im strengen Sinne von Authentizität, Konstanz und Einzigartigkeit überhaupt noch geben kann" (Abels 1993, S. 545). Angesichts aktueller gesellschaftlicher Entwicklungen gehen Kraus & Mitzscherlich (1995) sogar so weit, Identitätsdiffusion nicht notwendigerweise als pathologisches Ergebnis zu sehen, sondern als kulturelle Anpassungsleistung, die durchaus gesellschaftlich funktional sein kann.

Die Zusammenfassung der zentralen Ergebnisse der jüngst publizierten 12. Shell Jugendstudie trägt den Titel "Die gesellschaftliche Krise hat die Jugend erreicht" (Jugendwerk der Deutschen Shell 1997, S. 11); dies scheint ebenfalls widerzuspiegeln, daß das Aufwachsen unter den heutigen gesellschaftlichen Bedingungen zunehmend schwieriger geworden sein dürfte. Vor diesem Hintergrund scheint es mehr denn je von Bedeutung zu sein, pädagogische Zielsetzungen neu zu überdenken und zu reflektieren: Zunehmende Bedeutung wird Erziehungs- und Sozialisationszielen emanzipatorischer Art zukommen, die auf die Förderung von Wertvorstellungen, Einstellungen und Persönlichkeitsmerkmalen zielen, die zu einer innovatorischen, kritischen und nonkonformistischen Auseinandersetzung mit den gesellschaftlichen Gegebenheiten motivieren und befähigen. "Insgesamt wird die Schule in viel umfassenderer Form auf das Leben vorzubereiten haben als heute. Da die Konturen dieses Lebens noch unscharf sind, muß diese Vorbereitung vielseitig und offen sein, kreativitätsfördernd, aber auch verantwortungsbewußtseinsfördernd" (Seel 1985b, S. 5).

4. Wozu Entwicklungspsychologie? – Zur Bedeutung des Faches in der LehrerInnenbildung

Im folgenden soll kurz skizziert werden, welche Implikationen sich aus der Vermittlung und Erarbeitung entwicklungspsychologischen Wissens für die pädagogische Arbeit ableiten lassen. "Ohne dieses Wissen, daß Schule immer auf Menschen in der Entwicklung trifft, bleibt auch pädagogisches Handeln unzulänglich" (Fend 1997, S. 2).

4.1 Reflektierendes Verständnis für entwicklungspsychologische Veränderungen im Jugendalter

Nach Fend (1997) baut sich in der Adoleszenz generell ein neues Weltverständnis und ein neues Selbstverständnis auf. PädagogInnen sind in dieser Phase wichtige Wegbegleiter der Entwicklung vom Kind zum Erwachsenen. Ein reflektierendes Verständnis der psychischen Situation der Jugendlichen und ihrer Bedürfnisse ist für (zukünftige) PädagogInnen von Interesse, um Entwicklungsverläufe von Kindern und Jugendlichen fördern und unterstützen zu können, sodaß eine positive Persönlichkeitsentwicklung gewährleistet wird. Wie entwicklungspsychologisches Wissen die Einordnung bestimmter alterstypischer Verhaltensweisen erleichtern bzw. ermöglichen kann, soll im folgenden anhand des Themas *"Körperliche Veränderungen in der Pubertät"* exemplarisch skizziert werden. Ausgehend von einer deskriptiven Beschreibung der ablaufenden biologischen Reifungsprozesse werden folgende Fragen bearbeitet: Wie gehen Jugendliche mit diesen körperlichen Veränderungen um? Welche Faktoren beeinflussen die Bewältigung dieser Veränderungen? Welche Relevanz haben diese Forschungsbefunde für die pädagogische Arbeit?

Während der Pubertät kommt es ausgelöst durch hormonelle Umstellungsprozesse zu einer Reifung der primären und der Herausbildung der sekundären Geschlechtsmerkmale; neben der Erlangung der Geschlechtsreife führen Wachstumsschub, Veränderung der Körperproportionen und Kräftezuwachs zum sogenannten "2. Gestaltwandel". Nach Remschmidt (1992) zeigen viele Jugendliche beim Umgang mit dem sich verändernden Körper eine Überbewertung wirklicher oder vermeintlicher Normabweichungen, es läßt sich eine ängstliche Beachtung normativer Vorstellungen (Bin ich normal?) beobachten.

In keiner Altersphase wie gerade beim Übergang von der Kindheit in die Adoleszenz gibt es eine so große Heterogenität des körperlichen Entwicklungsstandes. Die Veränderungen laufen bei verschiedenen Jugendlichen zu unterschiedlichen Zeitpunkten und in einem unterschiedlichen Tempo ab, ein Phänomen das als individuelle Akzeleration bzw. Retardation (Früh- und Spätentwickler) bezeichnet wird: Jugendliche mit gleichem chronologischen Alter können in bezug auf das körperliche Entwicklungsstadium in einem großem Ausmaß variieren. Zusätzlich kommen Mädchen im Schnitt zwei Jahre früher in die Pubertät als Jungen. "All dies führt zum auffälligen, manchmal – was den unterschiedlichen körperlichen Entwicklungsstand angeht – fast grotesken

Erscheinungsbild von Schulklassen der 5. bis 10. Jahrgangsstufe" (Fend 1994, S. 138). Der Prozeß der Akzeptanz des eigenen Körpers wird durch innere Variable (z.B. erhöhte sexuelle Ansprechbarkeit; Stimmung), kontextuelle Variable (z.B. gesellschaftlich definierte Bewertungen der Veränderungen, Idealvorstellungen) aber vor allem auch durch soziale Reaktionen auf die Veränderungen (z.b. Anerkennung oder Spott, v.a. vom anderen Geschlecht) beeinflußt. Neben einigen direkten Wirkungen der hormonellen Veränderungen laufen die entscheidenden psychosozialen Konsequenzen über sozial vermittelte Interpretationsprozesse. Dabei spielt der soziale Vergleich mit anderen in der Schulklasse eine herausragende Rolle; die Schulklasse gibt den Rahmen für die Interpretation der eigenen Entwicklung ab; die eigene Stellung in diesem sozialen Netzwerk wird durch die biologischen Veränderungen neu ausgelotet und definiert. In den psychosozialen Konsequenzen der individuellen Akzeleration bzw. Retardation lassen sich gravierende geschlechtsspezifische Unterschiede erkennen (vgl. Kracke & Silbereisen 1994): Es sind die frühentwickelte Knaben und die normal entwickelten Mädchen, die das beste psychische Wohlbefinden aufweisen; in der psychologisch ungünstigsten Situation befinden sich die frühreifen Mädchen und die spätentwickelten Knaben. Frühreife Knaben werden öfters in Führungsfunktionen (Klassensprecher, Sport) gewählt, sie sind beliebter (vor allem bei Mädchen), ausgeglichener, selbstbewußter und weniger ängstlich. Frühentwickelte Mädchen zeigen hingegen ein negatives Körperkonzept mit großer Selbstunsicherheit, soziale Anpassungsprobleme (mehr Rebellion und Disziplinprobleme, häufigere Auseinandersetzungen mit Eltern und auch LehrerInnen) und Leistungsprobleme (schlechtere Schulleistungen, höhere Fehlzeiten, geringeres Interesse an schulischen Belangen). Auch für die Wahrnehmung und Erwartungen von Erwachsenen, scheint der körperliche Reifegrad des Jugendlichen bedeutsam zu sein (Johnson & Collins 1988): Bei Eltern und LehrerInnen korrelierten die Einschätzungen der körperlichen und sozialen Entwicklung hoch bei bekannten Jugendlichen; bei unbekannten Jugendlichen wurden jene als älter eingeschätzt, die körperlich weiter entwickelt waren. LehrerInnen hielten physisch reiferer Mädchen auch für psychisch reifer, auch Eltern erwarten von ihnen mehr Selbständigkeit. Spätentwicklern werden von LehrerInnen übrigens geringere Schulleistungen zugetraut als Frühentwicklern.

Mit der Bearbeitung dieser Themen werden folgende Lernziele verfolgt: (1) Bescheid wissen über ablaufende Veränderungen aber auch über alterstypische Bewältigungsformen; (2) Komplexe Wechselwirkungen zwischen biologischen und psychosozialen Faktoren verstehen; (3) Problemkonstellationen in unterschiedlichen Gruppen (z.B. Früh- und Spätentwickler, geschlechtsspezifische Unterschiede) kennen und erkennen können; (4) Reflexion der eigenen Erfahrungsgeschichte bzw. des eigenen Verhaltens.

Mit der Bearbeitung dieser Themen soll u.a. auch der von Herz (1996) formulierten kritischen These begegnet werden, daß derzeit Schule und Pubertät wenig miteinander zu tun haben: "In der Schule sind zwar alle pubertär, ..., doch Pubertät ist so gut wie kein bewußter Gegenstand in der Schule und so gut wie keine differenziert reflektierte Hintergrundbedingung von Schule" (Herz 1996, S. 78).

4.2 Kompetenzen, emotionale Probleme und Verhaltensprobleme wahrnehmen und adäquate Maßnahmen anregen

Neben der Kompensation elterlichen Erziehungsverhaltens empfinden LehrerInnen den Umgang mit verhaltensschwierigen und aggressiven Schüler als die größten Belastungen in ihrem Beruf (Tanzer & Schwetz 1996). Hier könnte die entwicklungspsychopathologische Forschung einerseits Hintergrundwissen über Risiko- und Schutzfaktoren für typische und problematische Entwicklungsverläufe anbieten, andererseits aber auch Handlungswissen im Sinne von Anregungen für interventive und vor allem präventive Schritte liefern.

Speziell geht es dabei aber auch um eine Erhöhung der Sensibilität und Wahrnehmungsfähigkeit von LehrerInnen für die Gefühlswelt und das Befinden von Heranwachsenden. Nach einer Studie von Epanchin & Rennells (1989) nehmen nämlich LehrerInnen das Unglücklichsein und die depressive Gestimmtheit von Kindern kaum als solches wahr, sondern interpretieren es als störendes Verhalten; es gibt einer geringe Übereinstimmung zwischen dem, wie sich die Kinder fühlen, und zwischen dem, wie diese Gefühle wahrgenommen und interpretiert werden.

4.3 Unterrichtsplanung: Didaktik, Methodik und Curriculum

In welchem Alter kann ich welche Leistungen aufgrund welcher emotionaler, sozialer und kognitiver Voraussetzungen erwarten? Auf diese Frage kann die entwicklungspsychologische Forschung basierend auf dem Modell der kognitiven Entwicklung von Piaget wissenschaftlich fundierte Antworten geben: Den Veränderungen der Denkstrukturen in der "Phase der formalen Operationen" (Fähigkeit zum völlig abstrakten Denken, differenzierteres kausales und konditionales Denken, systematische Vorgangsweise bei der Analyse von Problemsituationen, metakognitive Fertigkeiten) wird vom Lehrplan beispielsweise insofern Rechnung getragen, als abstrakte physikalische, mathematische oder logisch-philosophische Inhalte erst in einer bestimmten Schulstufe, d.h. in einem bestimmten Alter, in dem die dafür notwendige kognitive Entwicklungsstufe erreicht ist, vermittelt werden.

Weiters läßt sich entwicklungspsychologisches Wissen auch in der Wahl von Arbeitsformen verwerten, so beispielsweise sind Kenntnisse über soziale Entwicklungsprozesse für die Organisation und Planung von Gruppenarbeiten hilfreich: Welche Vor- und Nachteile haben in bestimmten Schulstufen gemischtgeschlechtliche oder geschlechtshomogene Gruppen? Und schließlich bietet sich auch die Unterrichtsgestaltung bzw. Themenauswahl selbst an: Ein verstärkter Lebensweltbezug, indem aktuellen Fragen, Interessen und Problemen der Heranwachsenden entsprechend Raum und Zeit gegeben wird, ist nicht zuletzt der Motivation förderlich (vgl. dazu Pfender 1995). "Die Schule muß für den Schüler immer auch Themen und Lerninhalte bereithalten, die für die Gegenwart des Schülers bedeutsam erscheinen, aus seinen Interessen heraus bestimmt werden" (Seel 1984, S. 12).

4.4 Übertragen dieses Wissens auf die Beziehungsebene

All diese zuvor angeschnittenen Aspekte werden nur dann handlungsrelevant, wenn sie in das konkrete Verhalten einfließen bzw. auf die Gestaltung der Beziehungsebene wirken. Dabei müssen sich PädagogInnen auch der entwicklungsspezifischen Veränderungen, denen dieses Beziehungsverhältnis selbst unterliegt, bewußt werden: Eine zentrale Aufgabe im Jugendalter stellt nämlich die Neudefinition des Verhältnisses zu Autoritäten dar, seien es Eltern oder LehrerInnen. Das kritische Hinterfragen und Infragestellen von Autoritäten ist ein wichtiger Meilenstein zur Erlangung von Identität; erst durch die Überwindung von kindlichen Abhängigkeitsverhältnissen kann sich eine mündige, selbständige und eigenverantwortliche Persönlichkeit entwickeln. Als Konsequenz für LehrerInnen läßt sich daraus ableiten, daß eine altersadäquate Gestaltung dieser Rolle entscheidend ist. LehrerInnen werden kritisch beobachtet, allerdings auch unter dem Blickwinkel, ob sie nicht auch Modell für richtiges Verhalten und richtige Lebensorganisation sein können (Fend 1991b). Positive LehrerInnenbeziehungen sind es, die eine wichtige protektive Wirkung entfalten können, wie Funk (1996) in der Nürnberger Schülerstudie zum vieldiskutierten Thema "Gewalt in der Schule" zeigen konnte: Als Determinanten der verbalen und behavioralen Gewalt (schimpfen, prügeln, Vandalismus) im Schulkontext stellten sich geringe Mitbestimmungsmöglichkeiten, geringer Lebensweltbezug der Lerninhalte, nicht nachvollziehbare Notengebung und geringe soziale Anerkennung heraus. Unter mehreren Schul-Indizes war es ein gutes LehrerInnen-Schüler-Verhältnis, das mäßigend auf Gewalt wirkt. Diese Befunde können die Bedeutung eines guten LehrerInnen-Schüler-Verhältnisses im Sinne eines Schutzfaktors zur Vermeidung gewalttätiger Handlungen eindrucksvoll unterstreichen. Auf der Beziehungsebene scheint also beträchtliches protektives Einflußpotential zu liegen.

Aus entwicklungspsychologischer Sicht sollten sich PädagogInnen vermehrt die Frage stellen, was sie neben der fachlichen Ausbildung an Persönlichkeitsbildung und Identitätsbildung beitragen? Inwieweit nehmen sie auch ihre Rolle als "Entwicklungs-Helfer" wahr? Wenn SchülerInnen mit der sogenannten "Reifeprüfung" aus der Schule in die große weite Welt entlassen werden, sollten da nicht auch "alternative" Kriterien für die erlangte Reife angelegt werden: Hat der Entwicklungsprozeß, der in entscheidenden Jahren unter anderem auch wesentlich von der Schule mitgestaltet wird, dazu beigetragen, daß diese jungen Menschen in ihrem Leben über Eigenverantwortung, Mündigkeit und Kritikfähigkeit, über Fremdverantwortung, Glücks-, Liebes- und Toleranzfähigkeit verfügen (nach Friedrich 1996)? Nach Friebertshäuser (1995) sind für gelingende Prozesse des Erwachsenwerdens Aspekte wie Unterstützung, Beratung und emotionale Begleitung von entscheidender Bedeutung. Fundiertes entwicklungspsychologisches Wissens- und Verhaltensrepertoire kann substantiell dazu beitragen, diese Ansprüche an PädagogInnen nach professionellem psychosozialem Handeln zu erfüllen.

Abschließend soll ein Thema angeschnitten werden, das immer wieder und vor allem in der LehrerInnenbildung heftig diskutiert wird, das Theorie-Praxis-Problem: Was bringt all dieses theoretische Wissen und wie läßt es sich in professionelles Handeln umsetzen? Antworten möchte ich mit einem zwar nicht mehr ganz neuen, aber trotz seiner 100 Jahre noch immer höchst aktuellen Zitat: "Man macht einen großen ... Fehler, wenn man glaubt, daß die

Psychologie als Wissenschaft von den Gesetzen der Seele die Möglichkeit bietet, aus ihr bestimmte Programme ... und Lehrmethoden für den unmittelbaren Gebrauch abzuleiten; Psychologie ist eine Wissenschaft, Erziehung ist eine Kunst, eine praktische Fertigkeit; und praktische Fertigkeiten entstehen niemals direkt aus der Wissenschaft. Zwischen beiden muß ein schöpferischer Geist vermitteln und durch seine Originalität die Anwendbarkeit der Wissenschaft auf die Praxis ermöglichen" (William James 1898, zit. nach Seebauer 1987, S. 19).

LITERATUR

Abels, H.: Jugend vor der Moderne. Soziologische und psychologische Theorien des 20. Jahrhunderts. Opladen 1993.
Bachmann, G., Mikula, R.: Ein Jahrhundert Pädagogik an der Universität Graz. Graz 1996.
Epanchin,B.C., Rennells, M.S.: Parents' and teachers' sensitivity to unhappiness reported by undercontrolled children. In: Behavioral Disorders 1989, 14, 3, S. 166-174.
Erikson, E.H.: Jugend und Krise. (3. Aufl.) Stuttgart 1980.
Fend, H. Identitätsentwicklung in der Adoleszenz. Lebensentwürfe, Selbstfindung und Weltaneignung in beruflichen, familiären und politisch-weltanschaulichen Bereichen. Entwicklungspsychologie der Adoleszenz in der Moderne. Band II. Bern: 1991a.
Fend, H.: Pädagogische Handlungsmaximen für den Umgang mit Jugendlichen. In: Ergebnisse der Berufsbildungsforschung 1991b, 14.
Fend, H.: Die Entwicklung des Selbst und die Verarbeitung der Pubertät. Entwicklungspsychologie der Adoleszenz in der Moderne. Band III. Bern 1994.
Fend, H.: Der Umgang mit der Schule in der Adoleszenz. Aufbau und Verlust von Lernmotivation, Selbstachtung und Empathie. Entwicklungspsychologie der Adoleszenz in der Moderne. Band IV. Bern 1997.
Friebertshäuser, B.: Jugendsubkulturen – Orte der Suche nach einer weiblichen Identität, in: deutsche jugend 1995, 4, S. 180-189.
Friedrich, M.: Pubertätskrise. Vortrag gehalten auf der Tagung "Die entscheidenden Jahre. Erziehung in der Krise", 28.11.1996, Akademie Graz.
Funk, W.: Familien- und Haushaltskontext als Determinanten der Gewalt an Schulen. Ergebnisse der Nürnberger Studie 1994. In: Zeitschrift für Familienforschung 1996, 8, S. 5-45.
Hafenegger, B.: Jugendbilder. Zwischen Hoffnung, Kontrolle, Erziehung und Dialog. Opladen 1995.
Havighurst, R.J.: Developmental tasks and education. New York 1982.
Herz, O.: Pubertät in der Schule. In: Aschoff, W. (Hrsg.), Pubertät. Erregungen um ein Lebensalter. Göttingen 1996, S. 73-110.
James, W. (1898). Talks to teachers on psychology. zit nach R. Seebauer: Einführung in die Lernpsychologie. Wien 1987

Johnson, B.M., Collins, W.A.: Perceived maturity as a function of appearance cues in early adolescence: Ratings by unacquainted adults, parents and teachers. In: Journal of Early Adolescence, 1988, 8, 357–372

Jugendwerk der Dt. Shell.: Jugend '97. Zukunftsperspektiven. Gesellschaftliches Engagement. Politische Orientierungen. Opladen 1997

Kracke, B., Silbereisen, R.K.: Körperliches Entwicklungstempo und psychosoziale Anpassung im Jugendalter: Ein Überblick zur neueren Forschung. In: Zeitschrift für Entwicklungspsychologie und Pädagogische Psychologie 1994, 26, 4, S. 293–330

Kraus, W., Mitzscherlich, B.: Identitätsdiffusion als kulturelle Anpassungsleistung. Erste empirische Ergebnisse der Identitätsentwicklung. In: Psychologie in Erziehung und Unterricht 1995, 42, S. 65–72

Mietzel, G.: Wege in die Entwicklungspsychologie. Kindheit und Jugend (2. Aufl.). Weinheim 1995.

Montada, L.: Fragen, Konzepte, Perspektiven. In: Oerter, R., Montada, L. (Hrsg.): Lehrbuch der Entwicklungspsychologie (2. Aufl.). Weinheim 1995, S. 1–83.

Oerter, R., Dreher, E.: Jugendalter. In: Oerter, R., Montada, L. (Hrsg.): Lehrbuch der Entwicklungspsychologie (2. Aufl.) Weinheim 1995, S. 310-395.

Petermann, F.: Lehrbuch der Klinischen Kinderpsychologie. Modelle psychischer Störungen im Kindes- und Jugendalter. Göttingen 1995.

Pfender, U.: Konflikte sind Leben. Wie Jugendprobleme ihren Platz in der Klasse finden. In: Pädagogik 1995, 7-8, S. 75–79.

Remschmidt, H.: Adoleszenz. Entwicklung und Entwicklungskrisen im Jugendalter. Stuttgart 1992.

Rossmann. P.: Einführung in die Entwicklungspsychologie des Kindes- und Jugendalters. Bern 1996.

Seel, H.: Lehrerbildung und Organisationsreform – Grundlagen einer Erneuerung der Schule. In: Unser Weg 1984, 39, 1-2, S. 9–17.

Seel, H.: Universität und Lehrerausbildung. In: Freisitzer, K., Höflechner, W., Holzer, H.-L., Mantl, W. (Hrsg): Tradition und Herausforderung. 400 Jahre Universität Graz. Graz 1985a, S. 555–567.

Seel, H.: Lehrerbildung für die Schulreform. In: Buchberger, F., Seel, H. (Hrsg.): Lehrerbildung für die Schulreform: Materialien der 9. ATEE-Konferenz. Brüssel/Linz 1985b, S. 16–32.

Tanzer, N.K., Schwetz, H.: Was streßt? Ergebnisse zweier Umfragen an steirischen Volks- und Hauptschullehren. In: Unser Weg 1996, 51, S. 31–35.

Peter Rossmann, Andreas Gratz, Erika Engel

Explanationsstil und Depressivität im Kindesalter

Eine prospektive Studie unter besonderer Berücksichtigung der Kontrollattribution

1. Zusammenfassung

In der vorliegenden Arbeit wird der Frage nachgegangen, inwieweit Kinder mit internalen, stabilen und globalen Attributionstendenzen für negative Ereignisse in besonderem Maße gefährdet sind, auf unkontrollierbare Mißerfolge mit depressiver Verstimmung zu reagieren. 397 Gymnasialschülerinnen und -schüler aus der 5. und 6. Schulstufe (10 bis 11 Jahre alt) wurden zu Beginn des Sommerhalbjahres, unmittelbar nach den Semesterferien, mittels des Attributionsstil-Fragebogens für Kinder- und Jugendliche (ASF-KJ) und des Depressionstests für Kinder (DTK) getestet. Weiters wurde zu diesem Meßzeitpunkt ihr Anspruchsniveau in bezug auf Noten in Englisch und Mathematik erhoben. Nach der ersten Schularbeitenwelle des Semesters, im Schnitt drei Wochen nach der ersten Messung, wurden die erhaltenen Noten bei den Schularbeiten in Englisch und Mathematik sowie das Ausmaß der erlebten Unkontrollierbarkeit dieser Ergebnisse erfragt. Zudem bearbeiteten die Kinder ein zweites Mal den DTK. Erwartungsgemäß hatten die Kinder mit depressionstypischem Explanationsstil zu beiden Meßzeitpunkten im Schnitt höhere Scores in der DTK-Skala "Dysphorie/Selbstwertprobleme" aufgewiesen. Zum zweiten Meßzeitpunkt hatte sich diese Beeinträchtigung der Befindlichkeit besonders bei jenen Kindern mit depressionstypischem Explanationsstil verschärft, die in bezug auf ihre Noten zwei als unkontrollierbar eingeschätzte Mißerfolge erlebt hatten. Diese Ergebnisse werden als Hinweise auf die Gültigkeit der attributionstheoretischen Annahmen zur Entstehung depressiver Verstimmungszustände im Kindesalter interpretiert. Erweiterte Replikationen der vorliegenden Studie sind allerdings wünschenswert.

2. Problemstellung

Im Rahmen der Modelle zur Genese und Behandlung depressiver Zustandsbilder kommt bereits seit Jahrzehnten den kognitiven Ansätzen große Bedeutung zu. Darunter wird ganz allgemein die Annahme verstanden, daß Prozesse der Wahrnehmung, des Denkens und Schlußfolgerns die Entstehung und Aufrechterhaltung von Depressionen bedingen oder wenigstens mitbedingen können. Damit im Zusammenhang steht umgekehrt dann auch die Annahme, daß eine planmäßige Veränderung ungünstiger kognitiver Prozesse als wirksame psychotherapeutische Methode zur Behandlung von depressiven Personen eingesetzt werden kann. Die Annahmen von Beck und seinen Mitarbeitern (vgl. Beck, 1987; Haaga & Beck, 1992), wonach Depressive ungünstige kognitive Schemata ("basic beliefs", unhinterfragte Grundannahmen) aufweisen, welche speziell in Streßsituationen aktiviert werden und dann im Sinne "automatischer Gedanken" zu einer ins Negative verzerrten Sicht der Welt, der eigenen Person und der Zukunft führen, haben im Zusammenhang mit den daraus abgeleiteten und unbestritten wirksamen kognitiven Behandlungsmethoden bereits einen hohen Bekanntheitsgrad erlangt. Doch auch im Rahmen der Weiterentwicklungen des Konzeptes der gelernten Hilflosigkeit (siehe z.B. Seligman & Peterson, 1986; Seligman & Nolen-Hoeksema, 1987; Robins & Hayes, 1995) werden kognitive Prozesse als mögliche an der Depressionsentstehung beteiligte Faktoren betrachtet. Wiederholtes Erleben von Hilflosigkeit, so wird dabei angenommen, also die Erfahrung, persönlich bedeutsame negative Ereignisse nicht durch das eigene Verhalten kontrollieren zu können, kann zur Entwicklung von Hoffnungslosigkeit und zu depressiven Zuständen führen und zwar besonders dann, wenn die Betroffenen geneigt sind, sich die Schuld für das Auftreten der unerfreulichen Ereignisse selbst zuzuschreiben (internale Attribution) und allgemeine (globale Attribution) und in bezug auf zukünftige Ereignisse zeitlich stabile Mißerfolgserwartungen (stabile Attribution) zu entwickeln. Die gewohnheitsmäßige, "automatische" Anwendung solcher internaler, globaler und stabiler Erklärungsmuster beim Auftreten unkontrollierbarer unangenehmer Ereignisse wird als depressiogener Explanationsstil betrachtet. Es ist also nach diesen theoretischen Annahmen nicht das Auftreten persönlich bedeutsamer unkontrollierbarer negativer Ereignisse per se, das einen Menschen depressiv macht, sondern das Zusammentreffen solcher unerfreulicher Ereignisse mit einem spezifischen Stil der Betroffenen, sich die Ursachen für ihr Zustandekommen zu erklären.

Zur Überprüfung der Frage, ob diese theoretischen Annahmen auch in bezug auf die Entstehung depressiver Verstimmungszustände im Kindes- und Jugendalter Gültigkeit beanspruchen können, wurde in den letzten Jahren bereits eine ganze Reihe von empirischen Studien mit Kindern und Jugendlichen durchgeführt. Diese können grob in zwei Kategorien eingeteilt werden, nämlich in (korrelative) Querschnittstudien und in (quasi-experimentelle) Längsschnittstudien. In den vorliegenden Querschnittstudien (z.b. Curry & Craighead, 1990ab; Hops, Lewinsohn, Andrews & Roberts, 1990; Rotheram-Borus, Trautman, Dopkins & Shrout, 1990; Kaufman, 1991; Spirito, Overholser & Hart, 1991; Schoenherr, Brown, Baldwin & Kaslow, 1992; DeMoss, Milich, R. & DeMers, 1993; Garber, Weiss & Shanley, 1993; Gotlib, Lewinsohn, Seeley, Rhode & Redner, 1993; Summerville, Kaslow, Abbate & Cronan, 1994; um nur einige der neueren zu nennen) zeigt sich relativ konsistent, daß depressive Kinder und Jugendliche in bezug auf ihre Attributionstendenzen bzw. Explanationsstile weitgehend den oben dargelegten Erwartungen entsprechen (für eine ausführlichere Literaturübersicht mit Metaanalysen siehe Joiner & Wagner, 1995 und Gladstone & Kaslow, 1995): Depressive Kinder und Jugendliche weisen, verglichen mit nichtdepressiven gleichaltrigen Kontrollpersonen, eine signifikant erhöhte Tendenz zu internalen, globalen und stabilen Mustern bei der Erklärung des Zustandekommens negativer Ereignisse auf (und bevorzugen darüber hinaus offenbar externale, spezifische und instabile Ursachenerklärungen bei positiven Ereignissen).

Nun ist bekanntermaßen eine wesentliche Schwäche korrelativer Versuchspläne in der Tatsache zu sehen, daß sie keine Aussagen über die Richtung von Ursache-Wirkungsbeziehungen ermöglichen. Mit anderen Worten, auf der Basis von Querschnittdaten kann nicht geklärt werden, ob die beschriebenen Auffälligkeiten in bezug auf die Attributionstendenzen zur Depression geführt haben oder ob sie umgekehrt nur die feststellbaren Symptome eines depressiven Zustands sind. Der Antwort auf diese Frage kann man sich nur mit Hilfe von Längsschnittstudien in quasi-experimentellen Designs annähern. Dies ist auch aus einem anderen Grund geboten, nämlich weil die kognitiven Ansätze, wie einführend schon dargestellt, grundsätzlich als Diathese-Stress-Modelle zu verstehen sind. Die Attributionstendenzen, die in diesem Modell die Diathese (einen Vulnerabilitätsfaktor) darstellen, können nicht für sich allein depressiogen wirken, sondern nur im Zusammenspiel mit dem Auftreten persönlich bedeutsamer negativer Ereignisse, die nach der Theorie noch dazu als unkontrollierbar erlebt werden müssen. Wenn keine solchen Ereignisse im Leben eines Menschen vorhanden sind, dann sollten auch seine Attributionstendenzen, welcher Art auch immer sie sein mögen, keinen Einfluß auf seine Befindlichkeit nehmen können.

Die am ehesten angemessene methodische Vorgangsweise bei der Erforschung der Wirkung habitueller Attributionstendenzen wäre demnach eine längsschnittliche Beobachtung unter Ausnützung von Experimenten, die das Leben schreibt. Dazu müßten die affektive Befindlichkeit und der Explanationsstil einer großen Zahl von Personen zu einem Zeitpunkt t1 erfaßt werden und nach dem Eintreten bedeutsamer negativer Ereignisse müßte zu einem Zeitpunkt t2 erneut die Befindlichkeit der Befragten erfaßt werden. Wenn die theoretischen Annahmen richtig sind, dann sollte es möglich sein, anhand von Daten dieser Art zu zeigen, daß das Ausmaß der Befindlichkeitsänderung von t1 zu t2 in Abhängigkeit steht vom Explanationsstil der beobachteten Personen. Dies ist in Grundzügen die Vorgangsweise, die in einigen Längsschnittstudien mit Kindern und Jugendlichen auch tatsächlich verfolgt wurde (Nolen-Hoeksema, Girgus & Seligman, 1986; Hammen, Adrian & Hiroto, 1988; Stiensmeier-Pelster & Schürmann, 1991; Stiensmeier-Pelster, 1994; Bennett & Bates, 1995; Hilsman & Garber, 1995).

Drei der genannten Längsschnittstudien, nämlich jene von Nolen-Hoeksema, Girgus & Seligman (1986), Hammen, Adrian & Hiroto (1988) und Bennett & Bates (1995) erbrachten keine die Theorie stützenden oder jedenfalls keine im Sinne der theoretischen Annahmen klar interpretierbaren Ergebnisse. Methodisch stimmen diese drei Arbeiten insofern überein, als die Anzahl der zwischen den Meßzeitpunkten aufgetretenen kritischen Lebensereignisse als Maß für den aufgetretenen Streß herangezogen wurde. Der Ansatz entspricht damit im Grunde nur unzureichend dem zu testenden theoretischen Modell und ist unter anderem deshalb auch oft kritisiert worden (siehe z.B. Stiensmeier-Pelster, 1993). In den Untersuchungen von Stiensmeier-Pelster & Schürmann (1991), Stiensmeier-Pelster (1994) und Hilsman & Garber (1995) wurde dagegen ein konkretes, für Schulkinder in der Regel persönlich bedeutsames negatives Ereignis spezifiziert, nämlich schlechte Schulnoten zu bekommen. In diesen letztgenannten Studien konnten auch weitgehend hypothesenkonforme Ergebnisse gefunden werden. In den Untersuchungen wurde jeweils bei mehreren hundert Schülerinnen und Schülern der Explanationsstil und das Ausmaß ihrer depressiven Symptomatik erhoben. Zudem hatten alle Befragten die Note, die sie bei der nächsten Schularbeit (oder im nächsten Zwischenzeugnis) in wichtigen Fächern mindestens erreichen wollten, anzugeben. Einige Tage nachdem die Noten für die entsprechende Schularbeit bzw. die Fächer bekanntgegeben worden waren, wurde das Ausmaß an depressiver Symptomatik ein zweites Mal erhoben. Außerdem wurden die tatsächlich von den Kindern erzielten Noten erfaßt. Die von der ersten zur zweiten Messung aufgetretenen Veränderungen im Ausmaß der depressiven Symptomatik wurden in Abhängigkeit von schulischem Erfolg versus Mißerfolg und in Abhängigkeit vom Explanationsstil der Kinder analysiert. Die depressive Symptomatik hatte sich jeweils unter einer Bedingung deutlich verstärkt, nämlich bei einer Kombination von Mißerfolg mit einem depressionstypischen Explanationsstil. Diese Ergebnisse sprechen insgesamt dafür, daß die zentralen Annahmen des attributionstheoretischen Depressionsmodells auch für die Depressionsgenese im Kindes- und Jugendalter Gültigkeit haben dürften.

Aus theoretischer Sicht unbefriedigend bleibt allerdings immer noch die Tatsache, daß bei den referierten empirischen Untersuchungen die von der Theorie ursprünglich geforderte Unkontrollierbarkeit der konkret eingetretenen negativen Lebensereignisse überhaupt nicht mehr berücksichtigt oder nur implizit angenommen wurde. (In der Studie von Hilsman & Garber, 1995 wurden zwar generelle "control beliefs" in bezug auf Schulleistungen erfragt, dies allerdings im Sinne von relativ stabilen Persönlichkeitsmerkmalen der befragten Kinder.) Die vorliegende Studie wurde daher geplant, um der Frage nach der Wichtigkeit der erlebten Unkontrollierbarkeit der konkret eingetretenen Lebensereignisse im geschilderten Zusammenhang nachzugehen.

3. Material und Methode

397 Kinder aus der fünften und sechsten Schulstufe eines österreichischen Gymnasiums und Realgymnasiums wurden zu Beginn des Sommerhalbjahres, unmittelbar nach den Semesterferien, gebeten, zwei Fragebögen zu bearbeiten, nämlich einen Teil des Attributionsstil-Fragebogens für Kinder und Jugendliche ASF-KJ (Stiensmeier-Pelster, Schürmann, Eckert & Pelster, 1994) und den Depressionstest für Kinder DTK (Rossmann, 1993). Außerdem

wurde das Anspruchsniveau der Kinder in bezug auf Noten in den Fächern Englisch und Mathematik erfaßt, indem sie jeweils nach der schlechtesten Note gefragt wurden, über die sie sich bei der nächsten Schularbeit in diesen Fächern gerade noch freuen würden.

Nach der ersten Welle von Schularbeiten im Sommerhalbjahr, im Schnitt drei Wochen nach der ersten Befragung, wurden die tatsächlich erhaltenen Noten in den Fächern Englisch und Mathematik erhoben und die Kinder wurden außerdem darüber befragt, in welchem Ausmaß sie diese Ergebnisse als kontrollierbar oder unkontrollierbar einschätzten. Schließlich bearbeiteten die Schülerinnen und Schüler zu diesem Zeitpunkt auch nochmals den Depressionstest für Kinder DTK.

Im Attributionsstil-Fragebogen für Kinder und Jugendliche ASF-KJ von Stiensmeier-Pelster, Schürmann, Eckert & Pelster (1994) werden acht negative und acht positive Ereignisse beschrieben. Die Kinder sollen sich so gut wie möglich in die jeweilige Situation hineinversetzen und im freien Antwortformat den ihrer Meinung nach wichtigsten Grund formulieren, durch den das geschilderte Ereignis wahrscheinlich verursacht worden sei. Sodann wird die vom Kind genannte Ursache auf einer Reihe von vierstufigen Skalen hinsichtlich Internalität, Stabilität und Globalität eingeschätzt. Zusätzlich wird auf Kontrollskalen erfaßt, welche Bedeutung das jeweilige Ereignis im Falle seines Eintreffens im Leben des befragten Kindes hätte, wie gut sich das Kind das jeweilige Ereignis vorstellen konnte und ob es ein solches Ereignis schon einmal wirklich erlebt hat. Für jedes Item des ASF-KJ wird damit ein Wert im Hinblick auf drei Attributions- und drei Kontrollskalen erhoben. Durch Addition der entsprechenden Itemscores werden schließlich für die Kinder Summenscores hinsichtlich Internalität, Stabilität und Globalität ihrer Attributionstendenzen bei negativen Ereignissen und bei positiven Ereignissen und außerdem Scores in den drei Kontrollskalen berechnet. In der vorliegenden Untersuchung wurden den Kindern nur die acht negativen Ereignisse des ASF-KJ zur Beurteilung vorgelegt, ihre Explanationsstile für positive Ereignisse wurden nicht erhoben.

Der Depressionstest für Kinder DTK (Rossmann, 1993) ist ein Fragebogentest zur Selbstbeurteilung der aktuellen Befindlichkeit und besteht aus drei Subskalen, die das Ausmaß von dysphorischer Verstimmung und Selbstwertproblemen (Skala 1), agitierter Verhaltenstendenzen (Skala 2) sowie von Müdigkeit und anderen autonomen somatischen Reaktionen (Skala 3) erfassen sollen, welche bei depressiven Zustandsbildern auftreten. Im Zusammenhang mit der in der vorliegenden Untersuchung geprüften Fragestellung erschien besonders die erste Skala des DTK als abhängige Variable unmittelbar relevant. Die beiden in der vorliegenden Untersuchung verwendeten Tests haben sich bereits in mehreren Voruntersuchungen hinsichtlich ihrer psychometrischen Kriterien als brauchbar erwiesen, was im übrigen im jeweiligen Testmanual ausführlich dargestellt wird.

Zur Erfassung der Kontrollattribution wurden den Kindern getrennt für die Englisch- und Mathematikarbeit jeweils acht Ursachen dargeboten, von denen sie je eine als Hauptursache für ihr Abschneiden auswählen sollten. Die in den Antwortalternativen angebotenen Begründungen unterschieden sich hinsichtlich ihrer Beeinflußbarkeit durch die Versuchsteilnehmer. Die Noten wurden in diesen Aussagen entweder auf vorhandene oder fehlende Begabung, auf Glück oder Pech (unkontrollierbar), auf Fleiß oder Faulheit bzw. auf das Ausmaß des Lernaufwandes im Verhältnis zum Schwierigkeitsgrad der zu bewältigenden Aufgaben (kontollierbar) zurückgeführt.

4. Statistische Auswertung und Ergebnisse

Zum Zweck der statistischen Auswertung wurden Extremgruppen hinsichtlich dreier Variablen gebildet: depressionstypischer/nicht depressionstypischer Explanationsstil, Mißerfolg/Erfolg bei beiden Schularbeiten und erlebte weitgehende Unkontrollierbarkeit/Kontrollierbarkeit der erhaltenen Noten. Die nach den folgenden Angaben zusammengestellten acht Gruppen hatten schließlich einen Umfang von jeweils höchstens 28 und mindestens 6 Personen.

Als depressionstypisch wurde der Explanationsstil eines Kindes dann beurteilt, wenn es im ASF-KJ einen über dem Mittel liegenden Gesamtwert aus den Scores in den Skalen "Internalität", "Stabilität" und "Globalität" der Attributionen für negative Ereignisse aufgewiesen hatte. Kinder mit unterdurchschnittlichen kombinierten Gesamtscores wurden der Gruppe mit nicht depressionstypischem Explanationsstil zugeordnet.

Mißerfolg wurde operationalisiert durch zweimaliges (in den Fächern Englisch und Mathematik) Abschneiden bei den Schularbeiten mit einer Zensur, die um mindestens eine Note unter dem erhobenen Anspruchsniveau lag. Umgekehrt war Erfolg bei den Schularbeiten definiert durch zweimaliges Abschneiden mit Noten, die besser als die angegebenen Mindestnoten waren.

Erlebte Unkontrollierbarkeit der erhaltenen Noten wurde jenen Kindern zugeschrieben, die auf die direkte Frage nach dem Grund ihres Abschneidens aus ihrer Sicht weitgehend unbeeinflußbare Ursachen nannten (generell vorhandene oder fehlende Begabung, speziell Glück oder Pech bei den beiden Schularbeiten). Der Gruppe mit erlebter Kontrollierbarkeit der Noten wurden jene Kinder zugeordnet, die ihr Abschneiden auf Ursachen zurückführten, welche grundsätzlich in ihrem Einflußbereich gelegen hätten (generell Fleiß oder Faulheit, speziell gute oder mangelhafte Vorbereitung auf die beiden in Frage stehenden Schularbeiten).

Die zufallskritische Beurteilung der Ergebnisse erfolgte mit Hilfe zweier dreifaktorieller Varianzanalysen, jeweils mit den unabhängigen Variablen "depressionstypischer versus nicht depressionstypischer Explanationsstil", "Mißerfolg versus Erfolg bei den Schularbeiten" und "erlebte Unkontrollierbarkeit versus Kontrollierbarkeit der erhaltenen Noten". Als abhängige Variable wurden einmal die zum ersten Meßzeitpunkt erzielten Scores in der ersten Skala ("Dysphorie/Selbstwertprobleme") des Depressionstests für Kinder DTK, zum anderen Mal dieselben Scores zum zweiten Meßzeitpunkt eingesetzt. Für die DTK-Scores des ersten Meßzeitpunktes wurde lediglich ein signifikanter Haupteffekt des Explanationsstils erwartet, in dem Sinne, daß Kinder mit einem depressionstypischen Explanationsstil im Schnitt höhere Scores bezüglich ihrer Depressivität aufweisen sollten. In den DTK-Scores zum zweiten Meßzeitpunkt sollte sich der inzwischen erlebte Mißerfolg nach dem theoretischen Modell besonders bei jenen Kindern, die diesen Mißerfolg depressionstypisch erklärt und als unkontrollierbar erlebt hatten, depressionsverschärfend auswirken.

Abbildung 1: Depressivität vor den Schularbeiten (Meßzeitpunkt 1) in Abhängigkeit von Explanationsstil und der späteren Extremgruppenzugehörigkeit der Schülerinnen und Schüler.

DTK-1 Depressionsscores — Vor Schularbeiten

konrollierbar / unkontrollierbar — Erfolg
kontrollierbar / unkontrollierbar — Mißerfolg

☐ nichtdepressiver Explanationsstil
■ depressionstypischer Explanationsstil (ASF-KJ)

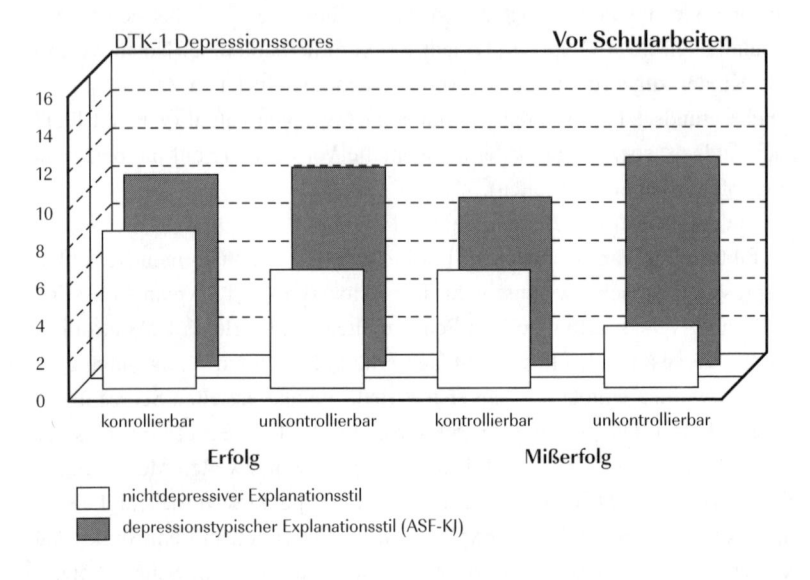

Tabelle 1: Ergebnisse der dreifaktoriellen Varianzanalyse: Depressivität zum Meßzeitpunkt 1 in Abhängigkeit von Explanationsstil und späterer Extremgruppenzugehörigkeit.

Quelle der Variation	QS	df	MQ	F
Explanationsstil	377.10	1	377.10	14.84**
Mißerfolg	29.73	1	29.73	1.17
Unkontrollierbarkeit	2.24	1	2.24	.09
Explanationsstil x Mißerfolg	14.75	1	14.75	.58
Explanationsstil x Unkontrollierbarkeit	38.93	1	38.83	1.53
Mißerfolg x Unkontrollierbarkeit	.02	1	.02	.00
Explanation x Mißerfolg x Unkontrollierbarkeit	16.65	1	16.65	.66
Residual	2389.39	94	25.42	
Total	2862.76	101		

** $p < .01$

Wie aus Abbildung 1 und Tabelle 1 ersichtlich ist, wiesen die Kinder aus der Gruppe mit depressionstypischem Explanationsstil erwartungsgemäß bereits zum ersten Meßzeitpunkt im Schnitt höhere Scores in der ersten DTK-Skala auf als die Kinder aus der Gruppe mit nicht depressionstypischen Explanationstendenzen. Ansonsten gibt es zwischen den später gebildeten Gruppen keine signifikanten Mittelwertsunterschiede. In der folgenden Abbildung 2 werden die entsprechenden Ergebnisse dargestellt, wie sie einige Tage nach der Rückgabe der Schularbeiten erhoben wurden.

Abbildung 2: Depressivität nach den Schularbeiten (Meßzeitpunkt 2) in Abhängigkeit von Explanationsstil, Erfolg/Mißerfolg bei den Schularbeiten und erlebter Unkontrollierbarkeit/Kontrollierbarkeit der erhaltenen Noten.

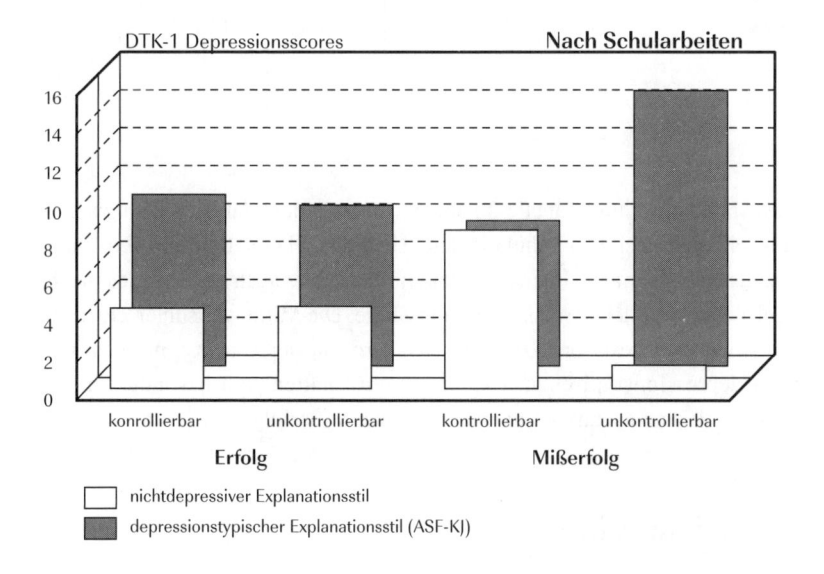

Tabelle 2: Ergebnisse der dreifaktoriellen Varianzanalyse: Depressivität zum Meßzeitpunkt 2 in Abhängigkeit von Explanationsstil, Erfolg/Mißerfolg bei den Schularbeiten und erlebter Unkontrollierbarkeit/Kontrollierbarkeit der erhaltenen Noten.

Quelle der Variation	QS	df	MQ	F
Explanationsstil	556.19	1	556.19	19.67**
Mißerfolg	15.64	1	15.64	.55
Unkontrollierbarkeit	1.68	1	1.68	.06
Explanationsstil x Mißerfolg	13.01	1	13.01	.46
Explanationsstil x Unkontrollierbarkeit	117.93	1	117.93	4.17*
Mißerfolg x Unkontrollierbarkeit	6.73	1	6.73	.24
Explanation x Mißerfolg x Unkontrollbarkeit	225.73	1	225.73	7.98**
Residual	2657.94	94	28.28	
Total	3661.46	101		

*p<.05
** p<.01

Aus Abbildung 2 und Tabelle 2 kann ersehen werden, daß sich zum zweiten Meßzeitpunkt nach den Schularbeiten neben dem Haupteffekt des Explanationsstils eine zweifache Interaktion und insbesondere auch die erwartete hochsignifikante dreifache Wechselwirkung zeigte. Die Mittelwertsunterschiede in den Depressionstestscores zwischen Kindern mit depressionstypischem und nicht depressionstypischem Explanationsstil hatten sich besonders in der Gruppe mit dem als unkontrollierbar erlebten Mißerfolg verschärft.

5. Diskussion

Die Ergebnisse der vorliegenden Studie entsprechen weitgehend den theoretischen Erwartungen und sprechen, wie auch die Ergebnisse der dargestellten Vorbildarbeiten, insgesamt dafür, daß die zentralen Annahmen des attributionstheoretischen Depressionsmodells auch für die Entstehung depressiver Verstimmungszustände im Kindes- und Jugendalter Gültigkeit haben dürften. Über die genannten Vorbildarbeiten hinausgehend, legen die Ergebnisse unserer Untersuchung außerdem nahe, daß die erlebte Unkontrollierbarkeit negativer Ereignisse tatsächlich, wie von der Theorie angenommen, einen wesentlichen Bestandteil im Zusammenwirken von Diathese und Stressor darstellt. Kinder und Jugendliche, die einen depressionstypischen Explanationsstil aufweisen, also negative Ereignisse bevorzugt internalen, stabilen und globalen Ursachen zuschreiben, laufen in erhöhtem Ausmaß Gefahr, depressive Symptome auszubilden, wenn sie mit persönlich bedeutsamen, negativen und von ihnen als unkontrollierbar erlebten Lebensereignissen konfrontiert werden. Diese Erkenntnis ist von einiger Bedeutung im Hinblick auf Bemühungen zu einer Prävention und Therapie depressiver Störungen bei Kindern und Jugendlichen (vgl. z.b. Clarke, Lewinsohn & Hops, 1990; Stark, Rouse & Kurowski, 1994; Vostanis & Harrington, 1994; Wilkes, Belsher, Rush & Frank, 1994; Gillham, Reivich, Jaycox & Seligman, 1995).

Freilich bleiben immer noch genügend offene Fragen und Unsicherheiten. Dies betrifft zum ersten die Tatsache, daß die in den prospektiven Untersuchungen zum Diathese-Stress-Modell beobachteten ProbandInnen zwar testpsychologisch meßbare aber in der Regel keine klinisch relevanten Beeinträchtigungen von Stimmung und Selbstwert aufgewiesen hatten. Prospektive Diathese-Stress-Studien mit klinisch depressiven Kindern und Jugendlichen sind wegen der kaum überwindbaren Schwierigkeiten bei ihrer Planung und Durchführung derzeit noch nicht vorhanden.

Zum zweiten ist die Rolle der einzelnen Dimensionen des depressionstypischen Explanationsstils noch keineswegs hinreichend geklärt. Die Daten einiger empirischer Untersuchungen sprechen dafür, daß zwar die Stabilität und Globalität (zusammengefaßt als Generalität) der Attributionstendenzen mit Depression in Beziehung stehen (z.B. Stiensmeier-Pelster und Schürmann, 1991), jedoch die Internalität mit Depression möglicherweise überhaupt nicht oder nur über den Aspekt der Beeinträchtigung der Selbstwertschätzung in Zusammenhang steht. Demgegenüber hat sich in der vorliegenden Untersuchung die Kombination aller drei Attributionsdimensionen als brauchbares Maß für einen depressionstypischen Explanationsstil erwiesen. Freilich war mit der DTK-Skala zur Erfassung von Dysphorie und Selbstwertproblemen auch eine in diesem Sinn speziell geeignete abhängige Variable vorhanden.

Zum dritten ist bezüglich der Ergebnisse der vorliegenden Untersuchung die Frage zu stellen, inwieweit nicht die erlebte Unkontrollierbarkeit der Noten bereits wieder ihrerseits als Symptom einer depressiven Verstimmung betrachtet werden muß, sodaß bei Versuchsplänen dieser Art ein Zirkelschluß entstehen könnte. Das Erleben von Unkontrollierbarkeit wäre dann nicht die Ursache für sondern nur die Auswirkung von Depressivität. Gegen dieses Argument spricht allerdings das Fehlen entsprechender Haupteffekte in der varianzanalytischen Auswertung. Schließlich ist noch zu beachten, daß bei einer posthoc durchzuführenden Extremgruppenbildung, wie sie bei einer Studie dieser Art erforderlich ist, trotz einer großen Ausgangsstichprobe letztlich in jeder einzelnen Extremgruppe meist nur eine recht kleine Anzahl von Kindern übrigbleibt, weshalb die Ergebnisse leicht von nicht kontrollierten stichprobenspezifischen Effekten beeinflußt werden könnten. Aus all diesen Gründen sind Replikationen und Erweiterungen der vorliegenden Arbeit äußerst wünschenswert.

LITERATUR

Beck, A. T.: Cognitive models of depression. In: Journal of Cognitive Psychotherapy 1987, 1, S. 537.
Bennett, D. S., Bates, J. E.: Prospective models of depressive symptoms in early adolescence: Attributional style, stress, and support. In: Journal of Early Adolescence 1995, 15, S. 299315.
Clarke, G., Lewinsohn, P., Hops, H.: Leader's manual for adolescent groups: Adolescent coping with depression course. Eugene, OR.: Castalia Publishing Company 1990.
Curry, J. F., Craighead, W. E.: Attributional style in clinically depressed and conduct disordered adolescents. In: Journal of Consulting and Clinical Psychology 1990a, 58, S. 109–115.
Curry, J. F., Craighead, W. E.: Attributional style and self-reported depression among adolescent inpatients. In: Child and Family Behavior Therapy 1990b, 12, S. 89–93.
DeMoss, K., Milich, R., DeMers, S.: Gender, creativity, depression, and attributional style in adolescents with high academic ability. In: Journal of Abnormal Child Psychology 1993, 21, S. 455–467.
Garber, J., Weiss B., Shanley, N.: Cognitions, depressive symptoms, and development in adolescents. In: Journal of Abnormal Psychology 1993, 102, S. 47–57.
Gillham, J. E., Reivich, K. J., Jaycox, L. H., Seligman, M. E. P.: Prevention of depressive symptoms in schoolchildren: Two-year follow-up. In: Psychological Science 1995, 6, S. 343–351.
Gladstone, T. R. G., Kaslow, N. J.: Depression and attributions in children and adolescents: A meta-analytic review. In: Journal of Abnormal Child Psychology 1995, 23, S. 597–606.
Gotlib, I. H., Lewinsohn, P. M., Seeley, J. R., Rhode P., Redner, J. E.: Negative cognitions and attributional style in depressed adolescents: An examination of stability and specificity. In: Journal of Abnormal Psychology 1993, 102, S. 607–615.
Haaga, D. A. F., Beck, A. T.: Cognitive therapy. In: Paykel, E. S. (Ed.): Handbook of affective disorders (2nd ed.). Edinburgh 1992, S. 511–523.

Hammen, C., Adrian, C., Hiroto, D.: A longitudinal test of the attributional vulnerability model in children at risk for depression. In: British Journal of Clinical Psychology 1988, 27, S. 37–46.
Hilsman, R., Garber, J.: A Test of the Cognitive Diathesis-Stress Model of Depression in Children: Academic Stressors, Attributional Style, Perceived Competence, and Control. In: Journal of Personality and Social Psychology 1995, 69, S. 370–380.
Hops, H., Lewinsohn, P. M., Andrews, J. A., Roberts, R. E.: Psychosocial correlates of depressive symptomatology among high school students. In: Journal of Clinical Child Psychology 1990,19, S. 211–220.
Joiner, T. E., Wagner, K. D.: Attributional style and depression in children and adolescents: A meta-analytic review. In: Clinical Psychology Review 1995, 15, S. 777–798.
Kaufman, J.: Depressive disorders in maltreated children. In: Journal of the American Academy of Child and Adolescent Psychiatry 1991, 30, S. 257–265.
Nolen-Hoeksema, S., Girgus, J. S., Seligman, M. E. P.: Learned helplessness in children: A longitudinal study of depression, achievement and explanatory style. In: Journal of Personality and Social Psychology 1986, 51, S. 435–442.
Robins, C. J., Hayes, A. M.: The role of causal attributions in the prediction of depression. In: Buchanan, G.M., Seligman, M.E.P. (Eds.): Explanatory style. New Jersey 1995, S. 71–97.
Rossmann, P.: Depressionstest für Kinder (DTK). Bern: Hans Huber 1993.
Rotheram-Borus, M. J., Trautman, P. D., Dopkins, S. C., Shrout, P. E.: Cognitive style and pleasant activities among female adolescent suicide attempters. In: Journal of Consulting and Clinical Psychology 1990, 58, S. 554–561.
Schoenherr, S. J., Brown, R. T., Baldwin, K., Kaslow, N. J.: Attributional styles and psychopathology in pediatric chronic-illness groups. In: Journal of Clinical Child Psychology 1992, 21, S. 380–387.
Seligman, M. E. P., Nolen-Hoeksema, S.: Explanatory style and depression. In: Magnusson, D., Öhmann, A. (Eds.): Psychopathology. An interactional perspective. Orlando, Fl. 1987, S. 125–139.
Seligman, M. P. E., Peterson, C.: A learned helplessness perspective on childhood depression: Theory and research. In: Rutter, M., Izard, C.E., Read, P.B. (Eds.): Depression in young people: Developmental and clinical perspectives. New York 1986, S. 223-249.
Spirito, A., Overholser, J., Hart, K.: Cognitive characteristics of adolescent suicide attempters. In: Journal of the American Academy of Child and Adolescent Psychiatry 1991, 30, S. 604–608.
Stark, K. D., Rouse, L. W., Kurowski, C.: Psychological treatment approaches for depression in children. In: Reynolds, W.M., Johnston, H.F. (Eds.): Handbook of depression in children and adolescents. New York 1994, S. 275–307.
Stiensmeier-Pelster, J.: Attributionsstil und Depression bei Kindern und Jugendlichen. In: L. Montada (Hrsg.), Bericht über den 38. Kongreß der Deutschen Gesellschaft für Psychologie in Trier 1992 (Band 2). Göttingen 1993, S. 376–385.
Stiensmeier-Pelster, J.: Der Einfluß von Mißerfolgsattributionen auf die Stimmung und Motivation nach schulischem Mißerfolg. Arbeiten aus der Arbeitseinheit Allgemeine Psychologie II. Universität Bielefeld 1994.

Stiensmeier-Pelster, J., Schürmann, M.: Attributionsstil als Risikofaktor der depressiven Reaktion bei Kindern. In: Zeitschrift für Entwicklungspsychologie und Pädagogische Psychologie 1991, 23, S. 318-329.

Stiensmeier-Pelster, J., Schürmann, M., Eckert, C., Pelster, A.: Attributionsstil-Fragebogen für Kinder und Jugendliche (ASF-KJ). Göttingen 1994.

Summerville, M. B., Kaslow, N. J., Abbate, M. F., Cronan, S.: Psychopathology, family functioning, and cognitive style in urban minority adolescents with suicide attempts. In: Journal of Abnormal Child Psychology 1994, 22, S. 221-235.

Vostanis, P., Harrington, R.: Cognitive-behavioural treatment of depressive disorder in child psychiatric patients: Rationale and description of a treatment package. In: European Child and Adolescent Psychiatry 1994, 3, S. 111-123.

Wilkes, T. C. R., Belsher, G., Rush, A. J., Frank, E.: Cognitive therapy for depressed adolescents. New York 1994.

SOZIALPÄDAGOGIK

Arno Heimgartner

Einblick in den Prozeß der "Sozialen Forschung"

Wie im Wissenschaftsdiskurs die Schrägstrichverbindung "Sozialpädagogik/Sozialarbeit" vom Begriff "Soziale Arbeit" abgelöst wurde (z.b. Engelke 1993), so ist es naheliegend, das dazugehörige empirische Forschungsaufkommen von den allgemeinen Begriffen "Sozialforschung" oder "sozialwissenschaftliche Forschung" zu lösen und es als "Soziale Forschung" zu bezeichnen. Fragen im Zusammenhang mit Sozialer Arbeit haben eine Forschungstradition wachsen lassen, deren Eigenständigkeit sich in inhaltlichen und methodischen Spezifika zeigt – Rauschenbach et al. (1993) sprechen vom "sozialpädagogischen Blick".

In Ausschnitten werden gleichsam als "Spiegelung des sozialpädagogischen Blicks" Arbeitsweisen vorgestellt, die den Alltag einer Forschung darstellen, die selbst als lebensweltlich orientiert und engagiert gilt (vgl. Kraimer 1994).

1. Die Analyse eines Themas und die Entwicklung von Forschungsaufgaben

Die Wahl eines sozialpädagogischen Forschungsthemas unterliegt einem komplexen – durch Vorerfahrung, Wahrnehmung eines Handlungsbedarfs, Themaempfehlung, öffentliche Aktualität beeinflußten – Entscheidungs- und Diskussionsprozeß, der außer der disziplinären Zuordnung und der Anbindung an den aktuellen Forschungs- und Wissensstand keinen Richtlinien unterliegt. Allgemeingültige Klassifikationen von Themen sozialpädagogischer Forschung, die sich beispielsweise an beruflichen Handlungsfeldern (z.B. Altenhilfe,

Bewährungshilfe, multikulturelle Arbeit, Familienhilfe, Jugendarbeit, Selbsthilfegruppen, Rehabilitation, Gemeinwesenarbeit, Beratungsstellen, Schulsozialarbeit) oder an Problemkonstellationen (z.b. materielle Notlagen, Folgen von Behinderungen und Krankheiten, prekäre Arbeitsverhältnisse, Erwerbslosigkeit, Identitäts- und Sinnprobleme, defizitäre Ausbildung, soziale Isolation) orientieren (vgl. Mühlum 1996), stehen aus. Ein sozialpädagogisches Substrat erkennt Kraimer (1994) in einer lebensweltlichen Orientierung, in der Trends zur Systemöffnung (Auflösung reaktiver zugunsten präventiver, Lebenschancen eröffnender Hilfen), zur Ressourcenarbeit (Schwerpunktverschiebung von stationären Maßnahmen in Richtung auf ambulante, lebensnahe Netze von Diensten und Einrichtungen) und zur Vermittlung (Auflösung rechtlich eingerahmter Fallbearbeitung zugunsten der Kommunikation mit KlientInnen als Verständigungsarbeit) enthalten sind. Eine konsensuelle Bestimmung eines Bedarfsumfangs an Forschung würde möglicherweise Meinungen unterstützen, die angesichts der Breite des Sozialwesens und der Differenziertheit sozialer Problemlagen von einem Mißverhältnis zwischen erforderlicher und praktizierter sozialpädagogischer Forschung sprechen (z.B. Gehrmann 1994).

Persönliche Gespräche mit involvierten bzw. erfahrenen Personen sowie hauptsächlich literaturbezogene Recherchen formen und präzisieren die Inhalte, zu denen differenzierte Forschungsaufgaben entwickelt werden. Computerunterstützte Zugriffe auf Datenbanken erleichtern die Suche nach Buchpublikationen (z.B. EMILE unter www-ub.kfunigraz.ac.at/emile/emile.html und BIBOS unter bibgate.univie.ac.at), nach Artikeln in internationalen Fachzeitschriften (z.b. ERIC unter ericir.syr.edu) und nach Datenmaterial in anderen Archiven (z.B. Österreichisches Statistisches Zentralamt unter www.oestat.gv.at). Anliegen zur Verbesserung in diesem Bereich betreffen die Digitalisierung österreichischer und europäischer Fachpublikationen mit sozialpädagogischer Ausrichtung sowie die stabile Förderung und Kultivierung der Vermittlung von Forschung und Sozialer Arbeit in Form von Forschungswerkstätten.

Eine Analyse zum Thema "Wie Eltern die Frühförderung erleben" erbrachte *zum Beispiel* folgende Inhalte und Subinhalte (Heimgartner und Magg 1997), die in der vollständigen Analyse jeweils mit Forschungsaufgaben aufgeschlüsselt sind:
(1) *Beginn der Frühförderung*: Quelle, Art und Qualität der Erstinforma-

tion; Berufsgruppe, die Frühförderung einleitet; Art der fachlichen Abklärung durch die Berufsgruppen; Anfängliches emotionales Erleben der Frühförderung; Einverständnis der Eltern mit der Frühförderung; Bedeutung der Frühförderung für die Eltern; Akzeptanz der Frühförderung im sozialen Umfeld;

(2) *Durchführung der Frühförderung*: Differenzierung der Tätigkeiten während der Frühförderung; Differenzierung der Intentionen der Frühförderin; Berufsfremde Tätigkeiten der Frühförderin; Zeitliche Struktur der Arbeit der Frühförderin im Verhältnis zu den beteiligten Personen;

(3) *Struktur der Frühförderung*: Förderplan; Tageszeitliche Einbettung der Frühfördereinheit; Lebensräumliche Einbettung der Frühförderung; Räumliche Ressource für die Frühförderung; Personelle Beteiligung bei den Frühfördereinheiten; Rollenspezifische Wahrnehmung der Frühförderin durch Eltern sowie Kind;

(4) *Wahrgenommene Veränderungen und wertende Betrachtung der Frühförderung*: Differenzierung und Bewertung der Wirkungen auf die Eltern, auf das betreute Kind sowie auf die Geschwister; Generelle Bewertung der Frühförderung; Analyse der Positiva und Negativa der Frühförderung;

(5) *Kontakt zur Frühförderstelle*: Häufigkeit des Kontaktes mit der Frühförderstelle; Informationswünsche; Lesen von zugesandtem Informationsmaterial; Teilnahme an Veranstaltungen der Frühförderstelle; Differenzierte Bereitschaft zur Teilnahme an Veranstaltungen der Frühförderstelle; Differenzierte Bereitschaft zur Mitwirkung in der Frühförderstelle;

(6) *Formale Bedingungen der Frühförderung*: Kosten der Frühförderung; Gesetzliche Grundlage; Zeitliche Abgrenzung der Frühförderung;

(7) *Lebenssituation des betreuten Kindes*: Alter und Geschlecht des betreuten Kindes; Anzahl, Geschlecht und Alter der Geschwister des betreuten Kindes; Besuch von Kindergarten und Schule des betreuten Kindes; Inanspruchnahme therapeutischer und freizeitpädagogischer Angebote für das betreute Kind; Medikamenteneinnahme durch das betreute Kind; Ärztliche Betreuung;

(8) *Lebenssituation der Eltern*: Alter und Berufssituation der Eltern; Wohnortgröße; Familiäre und finanzielle Situation der Eltern; Inanspruchnahme von sozialen Diensten und Förderungen.

Im Zuge des Forschungsprozesses werden zu den einzelnen Themeninhalten Forschungsaufgaben geplant: Definitionen bestimmen, Prozesse und Verteilungen differenziert beschreiben, Probleme strukturell analysieren, individuelle und kollektive Handlungsgeschehnisse reflexiv und planerisch klären, gruppen- oder einrichtungsspezifische Unterschiede erfassen, Gedankengut wie Erklärungen, Entscheidungen, Wertungen oder Intentionen vergleichend ermitteln, Zusammenhänge und prognostische Werte erarbeiten, systematisierend einschätzen und modellieren, Gesamt- oder Teilaspekte evaluieren sowie Vorschläge für Maßnahmen und Konzepte erstellen. Qualitätsmerkmale der elaborierten Forschungsaufgaben sind unter anderem gegenstandsbezogen in der lebenswelt- und prozeßorientierten Adäquatheit der Inhalte sowie forschungsbezogen in der definitorischen Nähe zur empirischen Umsetzung zu finden.

Öffentliche und private Forschungsaufträge, deren thematische Intentionen meist stärker vorgefaßt sind, lenken einen Teil des Forschungsgeschehens. In Zusammenhang mit einer Auftragsannahme steht die Finanzierung von Forschungsaktivitäten, um methodische Vorhaben (z.B. Interviews vor Ort) personell und instrumentell innerhalb eines adäquaten Zeitrahmens umsetzen zu können (vgl. Rogge 1995). Im Bemühen um die Finanzierung des gerade geplanten Forschungsprojektes und im Denken an die Zuerkennung eines stabilen Etats wird häufig arbeitsintensiv und innovativ nach "Geldtöpfen" gesucht.

2. Die Selektion eines sozialen Systems

Als Analysegegenstand wird ein soziales System definiert: Personen und Personengruppen werden benannt, die in einer Beteiligtenposition Teil des sozialen Systems sind. Die Beteiligtenposition kann zeitlich und in der Intensität variieren sowie auch potentiell oder fiktiv sein. Meuser und Nagel (1997, S. 481) betonen die Potentiale – Wissen um die Entscheidungsregeln, Erfahrungswissen und Faustregeln der alltäglichen Handlungsroutinen – von ExpertInnen, denn es gehe "um die Erfassung von praxisgesättigtem Expertenwissen, des know how derjenigen, die die Gesetzmäßigkeiten und Routinen, nach denen sich ein soziales System reproduziert, enaktieren und unter Umständen abändern bzw. gerade dieses verhindern". Gleichzeitig bedeutsam ist die Berücksichtigung der Beiträge von KlientInnen, da deren Position im Prozeß der Sozialen Arbeit nicht nur als "betreut", sondern als "mitwirkend" zu sehen ist. Von speziellem Interesse sind häufig Personengruppen, die sich nach einiger Zeit der Teilnahme vom Geschehen getrennt haben und über die

Möglichkeit einer distanzierten Reflexion verfügen. Das Einbeziehen der beteiligten Personengruppen erlaubt es, ein Thema perspektivisch zu betrachten und verschiedene Handlungsanleitungen und Entscheidungsvorschläge systemisch zu schaffen. Methodisch bedeutet dies, daß personen- und gegenstandsspezifisch optimierte Forschungsinstrumentarien kombiniert werden.

Für ein Thema aus dem Forschungsbereich "Unbezahltes, soziales Engagement in Form von Ehrenamt, Freiwilligenarbeit oder Volunteering" können zum Beispiel folgende Personengruppen berücksichtigt werden: (a) Ehrenamtliche; (b) Hauptamtliche, die mit Ehrenamtlichen zusammenarbeiten; (c) VertreterInnen von Einrichtungen, in denen Ehrenamtliche arbeiten; (d) KlientInnen, die ehrenamtlich betreut werden; (e) ExpertInnen, deren berufliche Tätigkeit mit Ehrenamt befaßt ist; (f) die Allgemeinheit, die potentiell ehrenamtlich arbeiten könnte; (g) ehemalige Ehrenamtliche.

Aus einer populativen Sammlung werden jene Personen unter Berücksichtigung soziodemografischer Eigenschaften (z.B. Alter, Geschlecht, Beruf, Wohnort) ausgewählt und kontaktiert, die in inhaltlichen, ökonomischen und anderen forschungsimpliziten Folgerungen als wesentlich erscheinen. Ein Teil der soziodemografischen Inhalte korrespondiert mit Sozialisationsinstanzen wie Familie oder Schule (vgl. Heinzel 1997). In einer räumlichen (z.B. Stadtteil, Bezirk), einer institutionellen (z.B. Einrichtungen für betreutes Wohnen) und einer zeitlichen (z.B. ein bestimmtes Jahr, ein bestimmter Zeitraum, Lebenszeit; retrospektiv, prospektiv) Eingrenzung werden weitere Rahmenbedingungen festgelegt, deren Nennung für die Einordnung der Forschungsergebnisse notwendig ist. Diese Selektion akzentuiert den Charakter der Forschungsarbeit und führt bisweilen zur Benennung einzelner Forschungsfelder.

3. Der Aufbau einer Zusammenarbeit

Kontaktaufbau und -pflege ergeben sich aus dem Einbeziehen von bestimmten Einrichtungen, Berufs- oder Personengruppen, um die geplanten Forschungsziele zu erreichen. Mögliche Reaktionsweisen auf eine Anfrage zur Zusammenarbeit bewegen sich – in Abhängigkeit von den Erwartungen eigener Vorteile (z.B. neue Impulse, Belebung, Strukturierung) bzw. Nachteile (z.B. zeitlicher Aufwand, Bedrohung des Systems, Störung) – zwischen Unterstützungsbereitschaft und Ablehnung. Einige Einrichtungen verfügen über keine entsprechenden Ressourcen für eine Öffentlichkeitsarbeit, sodaß bereits Anfragen keine oder nur schleppende Bearbeitung finden. Einrichtungen stehen zumeist in Abhängigkeit von geldgebenden Stellen, die teilweise Forschungsarbeiten mit unterschiedlichem Geschick einfordern. Der Einsatz von Arbeitskapazität seitens der MitarbeiterInnen von sozialen Einrichtungen beruht häufig auf freiem Willen und dem Eigeninteresse an Forschungsergebnissen. Ein Verfahren, das die Beteiligung von sozialen Einrichtungen an Forschungsprojekten unterstützt, wäre wünschenswert.

4. Das Interview als Kommunikationsform

Vorarbeiten für das eigentliche Interview sind das Informieren der Interviewperson über das Interview und das Forschungsprojekt, das Einholen der Zustimmung sowie die Terminisierung. Die Schaffung räumlicher Bedingungen oder die Beseitigung von Störungen (z.b. durch Lärm, ZuhörerIn) sind Aspekte, die im Verlauf des Interviews zu beachten sind. Insgesamt kann das Interview als eine Kommunikationsform aufgefaßt werden, in der Prozesse alltäglicher Kontakte (z.B. Höflichkeitsnormen) enthalten und einzuhalten sind. Auch bei Wiederholung des Interviews für die InterviewerInnen gestaltet sich jedes Interview für die Befragten als Einzelereignis. Dennoch unterscheidet sich das Interview in verschiedenen Phasen und Abläufen gravierend von einer alltagsweltlichen Kommunikation (vgl. Jakob 1997). Die Wahrnehmung der interaktiven Beziehung zwischen interviewter und interviewender Person ist Voraussetzung für die erwünschte Gestaltung der Interviewsituation.

Alternative Verfahrensweisen zum Zweiergespräch bilden in die eine Richtung eine selbständige Aufzeichnung (z.B. Tagebuch, Verlaufsdokumentation) und in die andere Richtung ein gemeinsames Gruppengeschehen (z.B. Gruppendiskussion). Sprache in Wort und Schrift kann durch fotografische Materialien, Zeichnungen (z.B. narrative Landkarten) oder Aufzeichnungen über die Körpersprache ergänzt werden.

Die Durchführung von Interviews verlangt organisatorische Fähigkeiten, inhaltliche Kompetenz sowie kommunikative Qualitäten. Die selektive Aufnahme der InterviewerInnen sowie der Führung einer InterviewerInnengruppe, die motivational und inhaltlich durch regelmäßige Treffen in den Forschungsprozeß eingegliedert wird, erweisen sich als unabdingbar. Die Qualität der durchgeführten Interviews wird durch eine konsequente Einschulung und übende Vorbereitung wesentlich mitbestimmt. Zur Reflexion der InterviewerInnen über den Verlauf von Interviews eignen sich Begleitblätter und Nachgespräche.

In der Systematisierung von Befragungsverfahren ist eine Trennung von quantitativen und qualitativen Interviews gängig, die ihrerseits wieder unsystematisch nach dem Grad der Standardisierung (z.b. teilstandardisiert), nach inhaltlichen Ansätze (z.b. problemzentriert) oder nach dem Antwortverhalten (z.b. narrativ) bezeichnet werden (vgl. Hopf 1995). Genauer wäre der Aufbau einer Liste für Merkmale von Interviews, auch wenn deren Varianten nicht unabhängig zueinander stehen. Ergänzend zu den erwähnten Merkmalen sind für eine Klassifikation von Interviewverfahren ebenfalls kennzeichnend: (a) Form der Speicherung: schriftliche Aufzeichnung, mündliches Gespräch mit Aufzeichnung auf einem Tonträger (b) Standardsiertheitsgrad der Fragen: InterviewerIn stellt nur vorbereitete Fragen vs. InterviewerIn stellt auch unvorbereitete Fragen (c) Prozeßrate: Häufigkeit des Treffens von InterviewerIn und interviewter Person für das Fortsetzen des Interviews (d) Quantifizierung: Dauer bzw. Länge des Interviews in Zeit-, Satz- oder Worteinheiten (d) Spontanitätsgrad: Interviewte hat die Möglichkeit, sich auf ein Interview anhand von Fragen vorzubereiten (e) Wiederholungsrate des Interviews: zeitversetzte Wiederholung des Interviews (f) Einhalten von Regeln: InterviewerIn greift in das Antwortverhalten regulierend ein (g) Interpretieren: InterviewerIn faßt Inhalte reflektierend zusammen (h) Anwesenheit von InterviewerIn: interviewte Person führt die Beantwortung der Fragen allein durch (i) Ort des Interviews: Klassenraum, Gesprächsraum etc. (j) Zahl der InterviewerInnen: allein, zu zweit etc.

5. Die Objektivierung von Fragen und Antworten

Obligatorisch für den Beginn eines Interviews ist eine sogenannte Einstiegs- bzw. Eingangsfrage, deren Wert in der Annäherung an eine geeignete situative und gedankliche Interviewatmosphäre liegt. Die Bildung jeder Frage erfolgt im Vergleich möglicher Alternativformulierungen nach vielfältigen Regeln und Erfahrungen (vgl. Bortz und Döring 1995). Mögliche Richtungen der Antwort sind bei der Konstruktion einer Frage zumindest skizzenhaft vorauszudenken. Eine standardisierte Antwortvorgabe ist beispielsweise sinnvoll, wenn die Antwortalternativen als ausreichend bestimmt angenommen werden können. Da sich definitorische Genauigkeit und sprachliche Leichtigkeit beinahe ausschließen, basiert jede Frage auf vermuteten Grundlagen der Kommunikation. Schemata für Frage-Antwortkombinationen klassifizieren nur teilweise die Vielfalt der Möglichkeiten. Einteilungsansätze wie "handlungsbezogene Fragen" (z.B. Was machst Du so in Deiner freien Zeit?), "Einstellungsfragen" (z.b. Wie stehst Du zu folgender Aussage: Anpassung ist etwas Wichtiges im Leben.) oder "reflektorische Fragen" (z.b. Es gibt verschiedene Gründe, warum jemand raucht. Warum rauchst Du eigentlich?) bleiben Versuche von theoretischen Grenzziehungen. Antworten lassen sich in "Verfassen von Text" (Sätze, Stichwörter, Ziffern) und in "Ankreuzen von Symbolen" (Kreise, Kästchen) mit dazugehörigem Text teilen. Der Entstehungsweg einer Frage mit Antwort soll an zwei Beispielen über die "Häufigkeit des Wirtshausbesuches" und über "Gründe für ehrenamtliche Arbeit" veranschaulicht werden:

1. Beispiel: "Häufigkeit des Wirtshausbesuches"

Ein erster Einfall würde die suggestive Frage vorsehen: "Gehen Sie häufig ins Wirtshaus?" Vorzugeben wären die Antworten "ja" und "nein", beizufügen eventuell Zwischenstufen und eine Ausweichkategorie. Freie Antworten würden weitgehend in dieselbe Richtung gehen – ergänzt von einigen assoziativen Antworten (z.B. "es geht", "nicht häufiger als früher"). Unzufriedenstellend bei dieser Frage ist, daß das implementierte zweistufige Antwortverhalten die Interviewten wesentlich einschränkt bzw. eine enge subjektive Theorie von "Häufigkeit des Wirtshausbesuches" gegeben ist. Als weiteres Diffizilum steckt in dieser Frage, daß die Forschungsintention in einer Berücksichtigung verschiedener wirtshausähnlicher Lokale bestehen kann. Eine Aufzählung identifizierter Wirtshäuser oder die Nennung möglicher Synonyme (z.B. Gasthaus, Stüberl, Tankstellenbuffet) ist bei einer lokalen Begrenzung möglich. Es kann ein zentraler Begriff und als Ergänzung eine definitionsähnliche Umschreibung (z.B. andere Lokale, die Sie zum bezahlten Konsum von Getränken betreten) verwendet werden, in der wesentliche Beschreibungs- und Abgrenzungskriterien enthalten sein sollen. Abgestufte Antworterweiterung der Häufigkeit von "nie" bis "immer" stehen zu der potentiell wahrnehmbaren Häufigkeit in einem unbestimmten Verhältnis, da keine gültige Norm existiert, die beispielsweise der Kategorie "häufig" eine bestimmte Anzahl von Wirtshausbesuchen zuordnet. Die Wendung des Antwortverhaltens auf eine bestimmte Zahl an Besuchen zeigt, daß ein bestimmter Zeitrahmen festzulegen ist. Die zeitlichen Optionen (z.b. gestern oder morgen, Samstag, tagsüber vs. abends, durchschnittlich über einen bestimmten Zeitrahmen oder genau in einem bestimmten Zeitrahmen) öffnen die Variationsbreite der Frage und die Aussagerichtung der Antwort beträchtlich, sodaß in Abwägen der Forschungsziele eine Formulierung gewählt wird. Die Frage nach Nennung einer Zahl könnte in etwa lauten: "Wie groß ist durchschnittlich die Anzahl Ihrer Besuche in Wirtshäusern und ähnlichen Lokalen, die Sie zum bezahlten Konsum von Getränken aufsuchen, in einer Woche?" Für eine Frage in einem Gesprächskontext könnte sprachlich lockerer formuliert werden: "Wie häufig sind Sie in der Woche in Gasthäusern und ähnlichen Lokalen, um etwas zu trinken?" Mit standardisierter Antwortmöglichkeit findet vielleicht folgende Kombination Verwendung, die neben der Frequenz der Wochentage ebenfalls die Möglichkeit der Summation über die Wochentage zuläßt: "An welchen Tagen der vergangenen Woche haben Sie ein Wirtshaus oder eine anderes Lokal aufgesucht und dort zumindest ein Getränk konsumiert?" Die Antwortalternativen sind: "a) Montag o ja o nein; b) Dienstag o ja o nein" usw.

2. Beispiel: "Gründe für ehrenamtliche Arbeit"

Die Literatur liefert zu dieser reflexiven Frage eine richtungsweisende Diskussion, von der ein Ausschnitt dargestellt wird und an die bei der Fragebildung anzuschließen ist: Verschiedene Beiträge lehnen die Beschränkungen auf einzelne Gründe für das Ehrenamt ab und führen zu einer komplexen Analyse von Gründen. Hetzel, Lemmen und Schorcht (1996) halten fest, daß der Begriff "Ehre" nur sehr bedingt ausreicht, um die Motivationen der "neuen Freiwilligen" angemessen zu erfassen. Ehrenamtliche Arbeit muß nicht aus altruistischen Motiven erfolgen, sondern es können sehr verschiedenartige Beweggründe einen Menschen veranlassen, ehrenamtliche Arbeit zu leisten (vgl. Badelt 1997). Auch Jakob (1993, S. 14) findet den Ansatz, Ehrenamt als "Ausdruck eines Empfindens von Verantwortung für die Gemeinschaft" zu verstehen, für eine verkürzte Sichtweise und sie fordert ein, ehrenamtliche Tätigkeiten als "reflexionsbedürftig" zu sehen und Motive im Hinblick auf die tätige Person zu interpretieren. Die Aussagen über die Strukturierbarkeit von

Gründen reichen von einer Anzahl von Dimensionen bis zu einer Individualisierung. "Selbstverständlich ist ehrenamtliche Arbeit in der Realität oft durch eine Mischung von mehreren Motiven oder "Nutzenelementen" zu erklären" spricht Badelt (1997, S. 370) einen eher geringen Komplexitätsgrad von Gründen an. Pachner (1995, S. 97) findet als Ergebnis von Interviews, daß "in der Regel bei ehrenamtlichen Mitarbeitern vielfältige Kombinationen (…) von Kontakt-, Interessensvertretungs-, Selbstbestätigungs- und Selbstentfaltungsbedürfnissen zu beobachten sind, so daß sich jeweils individuell verschiedene Motivbündel ermitteln lassen, die die Motiv- und auch die Persönlichkeitsstruktur von Personen charakterisieren." Typologien werden beispielsweise von Braun und Röhrig (1986), Jakob (1993) und Pöhr (1994) eingebracht. Wright (1996, S. 24) sieht bei den freiwilligen MitarbeiterInnen der AIDS-Hilfe, daß "die Motivationen zum freiwilligen Engagement (…) so einmalig und vielfältig wie die Ehrenamtler selbst sind".

Von den zahlreichen Zusammenstellungen von Gründen seien drei exemplarisch genannt, um die Unterschiedlichkeit der Zugänge und die Vielfalt von Gründen zu zeigen: Das Sound Volunteer Management (1997) listet 16 Gründe auf: "Um etwas für die Gemeinschaft zu tun; Um sich wie ein Teil der Lösung zu fühlen; Um eine "Schuld" auszugleichen, Um ein "Guthaben" aufzubauen; Um Spaß zu haben; Um mit Menschen zusammen zu sein, die meine Wertvorstellungen teilen; Um mehr Gleichgewicht in mein Leben zu bringen; Um Erfahrungen in einem möglichen Berufsfeld zu sammeln; Um meine Lebensbiografie zu bereichern; Um Pluspunkte für die Arbeit zu sammeln; Um auf Basis meiner Wertvorstellungen zu handeln; Um sich für eine bestimmte Sache einzusetzen; Um Fähigkeiten anzuwenden, die bei meiner Arbeit verkümmern; Um eine Tätigkeit gemeinsam mit meinem Partner/meiner Partnerin und/oder meiner Familie zu unternehmen; Um aus dem Haus zu kommen; Um sich nützlich und gebraucht zu fühlen." Burkhart (1995) bringt die Dimensionen Einfluß, Macht, Ansehen, Ehre, Kontakte, Wissen, Fähigkeiten, Anerkennung, Spaß, Freude, Gesellichkeit, Verantwortung, Mitgestaltung, Selbstbestätigung, Bühne, Abwechslung, Akzeptanz, Erfolg und Sinnfindung ein. Cooper (1997) bindet seine Aufzählung von Beweggründen an sechs Kategorien: (a) Karriere (an seinem Lebenslauf bauen; Fähigkeiten entwickeln oder neue Fähigkeiten lernen; berufliche Kontakte finden), (b) Wertschätzung (sich wohl fühlen; sich gebraucht fühlen; fühlen, daß man etwas beiträgt), (c) Sozialsein (sozial erwünscht handeln; den Unglücklichen helfen), (d) Wert (sich selbst erlauben, jemandem aufgrund tief empfundener Glaubensüberzeugungen zu helfen), (e) Schutz (sich selbst von unangenehmen Gefühlen wie Einsamkeit und Schuld wegbringen) und (f) Verstehen (um die Menschen und Organisationen besser zu verstehen, für die man arbeitet; um sich selbst besser zu verstehen).

Diese verschiedenen Dimensionen von Gründen sind fragetechnisch einzubinden, ohne die alltagsweltliche Realität und Sprache zu negieren. In einer europaweiten, empirischen Arbeit haben sich Gaskin et al. (1996, S. 209) in der deutschsprachigen Version für die folgende Frage mit vorgegebenen, mehrfach zu wählenden Antworten entschieden: "Aus welchem Grund haben Sie sich engagiert?" Die Antwortvorgaben lauten: "Persönliche Gründe – in Verbindung mit meinen eigenen Bedürfnissen oder den Bedürfnissen von Menschen, die ich kenne; In Verbindung mit meiner bezahlten Arbeit; Es bestand Bedarf in der Gemeinde/im Gemeinwesen; Aus eigenen sozialen oder politischen Grundsätzen; Ich wollte Menschen begegnen; Aus religiöser Überzeugung/moralischer Verpflichtung; Ich hatte Zeit übrig; Ich bin gut in der Tätigkeit; Ich wollte meinen Tag strukturieren; Gelegenheit zum Erlernen neuer Fähigkeiten oder Training für eine berufliche Anstellung; Sozialer oder politischer Druck; Sonstiges." Das Problem dieser Frage besteht in der Detailliertheit der Antwort, die sich aus der komplexen Aufgabe ergibt, die eigene Lebensführung und Denkweise fokussiert auf die Entscheidung "Ehrenamtlicher (geworden) zu sein" zu analysieren. Die Antwortvorgaben von Gaskin et al. (1996) besitzen Unklarheiten im Abstraktionsniveau, der Dimensionalität und in der Zuverlässigkeit der Mehrfachantwort.

Es zeigt sich, daß für Fragen mit vorgegebenen Antworten entweder aus einem Pool möglicher Gründe Faktoren zu extrahieren sind oder die Strategie "Alles-in-einer-Frage" zu ändern ist. Beispielsweise ist statt der Antwortmöglichkeit "Ich hatte Zeit übrig" mit zusätzlichen Fragen auf die zeitliche Kapazität und Tagesstruktur einzugehen. Der Kontaktbereich, der in der Frage "Ich wollte Menschen begegnen" enthalten ist, kann mit Fragen zu den Sozialkontakten im Zusammenhang mit dem Ehrenamt besprochen werden. Es ist beispielsweise zu ermitteln, inwieweit die Bezahlung der ehrenamtlichen Arbeit bzw. andere bezahlte Arbeit existiert oder gewünscht wird. Zusätzlich ist auf eine prozeßhafte Entwicklung – vor dem Ehrenamt und im Verlauf der ehrenamtlichen Tätigkeit – einzugehen. Für die individuelle Reflexion über alle möglichen Gründe kann eine Frage ohne Antwortvorgabe gestellt werden, die im Sinne einer "theoretischen Offenheit" (Schmidt 1997) den Befragten die Möglichkeit gibt, in alltagssprachlichen Formulierungen ihre persönliche, selektive Argumentation zu schildern: "Die Gründe, warum jemand beginnt, ehrenamtlich tätig zu werden, können sehr unterschiedlich sein. Was hat Sie persönlich dazu bewegt, ehrenamtlich zu arbeiten?"

6. Die Auswertung

Nicht standardisierte Antworten durchlaufen einen anderen Auswertungsweg als standardisierte Antworten. Die Bearbeitung nicht standardisierter Antworten beginnt mit der Transkription des gesprochenen Textes, der Abschrift des schriftlichen Materials oder dem Scan von Bildmaterial. Nach diesem Schritt liegen die Aussagen digitalisiert vor und können mit Software bearbeitet werden. Die Computerunterstützung bezieht sich auf das Handling des Materials und die Systematisierung des interpretativen Prozesses – und nicht auf die Interpretation selbst. Die Palette möglicher Softwarepakete zur Auswertung und Strukturierung von Textmaterial ist neben dem bevorzugten ATLAS/TI von Muhr (www.atlasti.de/) groß: NUDIST 4.0 von QSR in Melbourne www.qsr.com.au), WINMAX von Kuckartz in Berlin, CODE-A-TEXT von Cartwright der Universität von Kent (ourworld. compuserve.com/homepages/code_A_Text/), HyperRESEARCH von ResearchWare (members.aol.com/researchwr/index.htm), AQUAD des Huber Verlages (www.aquad.com), QED von Berg der Universität von Maastricht (www.trimm.nl/qed/) und andere mehr. Eine Übersicht und Demoversionen bieten CAQDAS Networking Project der Universität von Surrey (kennedy.soc.surrey.ac.uk/caqdas/packages.htm) oder die QUALPAGE von Norris der Universität von Alberta (www.ualberta.ca/~jrnorris/qda.html).

In einer hermeneutischen Einheit werden die einzelnen Texte bzw. Materialien gesammelt, die durch die Eigenschaften der befragten Personen (z.B. Alter, Geschlecht, Einrichtung, Art der Beteiligung) und des Forschungsplanes (z.B. vorher, begleitend, nachher) zu kategorisieren sind. In der Bestimmung der Analyseeinheit (Gesamttext, Frage für Frage, Sinneinheiten usw.) wird klargelegt, worüber Analysen getätigt werden.

Eine gesamttextliche Interpretation besitzt den größten Deutungsradius und die größte Anfälligkeit für unangebrachte subjektive Verallgemeinerungen. Sie kann beispielsweise in Form einer beschreibenden Zusammenfassung geschehen, in der wesentliche Strukturen und Inhalte zur Schaffung von Modellen und Mustern exemplarisch enthalten sind.

Ein möglicher Zwischenschritt ist die Paraphrasierung (vgl. Mayring 1995), bei der die alltagssprachlichen Sinneinheiten zuvor in eine allgemeine und abstrahierte Form gebracht werden. Bei der Analyse nach Sinneinheiten werden Textteile verschiedenen Themen zugeordnet. Diese Kategorisierung als interpretativer Vorgang kann auf einem vorbereiteten Themensystem basieren oder die Themen können im Sinne einer grounded theory anhand der vorgefundenen Textstellen aufgebaut werden. Definitorische Angaben zu jeder Kategorie unterstützen die Zuordnungen, die in gemeinsamer oder paralleler Zusammenarbeit von zwei oder mehreren Personen erfolgen können, um die Objektivität zu verbessern und die Übereinstimmungsrate prüfen zu können.

Im Rahmen der Evaluation der Volksschulen mit musikalischem Schwerpunkt in Österreich (Heimgartner und Iberer 1997) wurden beispielsweise zur Kategorie "Förderung des sozialen Miteinanders" unter anderem die folgenden Aussagen der Befragten geordnet: (a) "Durch gemeinsame Aktionen werden die Klassengemeinschaft und das soziale Miteinander stark gefördert" (b) "Gemeinsames Musizieren erhöht die positive Atmosphäre zwischen Lehrern und Schülern sehr" (c) "Die Zusammengehörigkeit von Schülern und Lehrern ist deutlich spürbar" (d) "Man spürt ein gegenseitiges Näherkommen und ein warmes Gefühl zwischen den Musizierenden" (e) "Musik fördert die Kommunikation und führt die Menschen näher zusammen" (f) "Die Gemeinschaft in einer Musikklasse ist etwas Besonderes".

Die gesammelten Textstellen einer Kategorie können – als Einzelzitate – belassen oder in einer weiteren Differenzierung nominal oder ordinal gehäuft werden. Die Kategorie "Konkurrenzdruck unter LehrerInnen" mit den Abstufungen "schwacher", "mittlerer" und "starker" Konkurrenzdruck kann als Beispiel für eine interpretative Reihung von Aussagen innerhalb einer Kategorie genommen werden. Die Aussage "gelegentliche Eifersüchteleien unter den Lehrern an der Schule" könnte als schwacher Konkurrenzdruck kategorisiert werden, während "werden als Lehrer 2. Klasse behandelt" als starker Konkurrenzdruck gewertet werden könnte.

Die übersichtliche Darstellung der Kategorien, die mit verschiedenen Relationen verbunden werden können, unterstützen eigene Softwaretools, die nach den Prinzipien von Netzwerken konzipiert sind. Die Suche nach Textstellen über verknüpfte Suchbedingungen im Textkorpus steht für einen eher analytischen Arbeitsansatz, während die Eingabe von sogenannten Memos eine eher assoziative Vorgangsweise begleitet. Ausgabedateien enthalten beispielsweise konkrete Textstellen, die systematisierende Darstellung der Kategorien, quantifizierte Übersichten, das gesamte Material in HTML-Format oder auch die Variablentransformation und Kodierung in einer SPSS-tauglichen Syntax.

Die Eingabe von standardisierten Antworten erfolgt durch die Definition von Variablen, deren Benennung sich auf die einzelnen Items bezieht, Transformation der Antwortausprägungen in Zahlen und textliche Beschreibung der einzelnen Antwortausprägungen. Die Eingabe der Zahlenfolge, die für die Antworten steht, kann mit einem von der eingebenden Person bestimmbaren Programm zur Textverarbeitung durchgeführt werden. Die Eingabegenauigkeit kann durch Vereinfachungen der Eingabe (z.b. pro Seite des Fragebogens eine Datenzeile, Zahlenkolonnen in einem Begleitschema) erhöht werden.

Die Bildung komplexer Variablen erweitert die Grundlage für die statistische Analyse. Berechnungen über Computerprogramme wie das SPSS (www.spss.com) bearbeiten, prüfen, reflektieren und modellieren gemäß den Forschungsaufgaben das Datenmaterial auf parametrischem und non-parametrischem Niveau. In kennzeichnenden, komprimierenden und produktiven Prozessen werden mittels statistischen Prozeduren Werte gebildet, die eine klärende Beschreibung der repräsentierten Inhalte erlauben. Zahlenmaterial und sprachliche Ausführungen können durch Grafiken und Diagramme veranschaulicht werden (vgl. Bortz und Döring 1995).

7. Publikationen und ihr Publikum

Die Darstellung der Forschungsergebnisse und das Eintreten für gewonnene Erkenntnisse kann als Kommunikationsaufgabe verstanden werden. Sprachliche und gestalterische Formen der Vermittlung variieren in Abhängigkeit von der gewählten Zielgruppe. Im Sinne einer Informationsarbeit richtet sich die individuelle, institutionelle und sozialpolitische Implementation Sozialer Forschung gleichzeitig an verschiedene Personengruppen (z.B. andere ForscherInnen, Betroffene, PolitikerInnen mit sozialpolitischen Funktionen). In Fachpublikationen und mittels Vorträgen und Postern bei Konferenzen wird die eigene Forschungsarbeit einem mit dem Forschungsvokabular und -geschehen vertrauten Fachpublikum vorstellt. Gruppengespräche, Broschüren, Bildtafeln, Workshops, Pressearbeit, Vorträge, multimediale Produkte eignen sich für die Präsenz und Agitation im öffentlichen Alltagsleben der Menschen, die ohne spezifischen forschungstheoretischen Hintergrund als zentrale HandlungsakteurInnen auftreten. Die Ergebnisse durchlaufen in den geänderten Darstellungen verschiedene Transformationsprozesse, in denen Entscheidungen – beispielsweise über die Menge an Aussagen, über die Genauigkeit, der Methodenexplikation, über die Angabe statistischer Maße oder über das Verwenden von Fachausdrücken – enthalten sind. Ergebnisse stehen stets in einem beweglichen Sozialfeld mit Autoritätsverhältnissen, Wertpräferenzen und Strukturbedingungen. Im Kontinuum des Alltags ergeben sich dann weitere Folgehandlungen, um Anfragen zu beantworten, Veränderungen im Sinne der Ergebnisse zu bewirken oder weitere Forschungsarbeiten aufzunehmen.

LITERATUR

Badelt, Ch.: Handbuch der Non-Profit-Organisationen. Stuttgart 1997.
Bortz, J., Döring, N.: Forschungsmethoden und Evaluation. Berlin 1995.
Braun, J., Röhrig, P.: Umfang und Unterstützung ehrenamtlicher Mitarbeit und Selbsthilfe im kommunalen Sozial- und Gesundheitsbereich. In: Bundesministerium für Bildung und Wissenschaft (Hg.): Freiwilliges soziales Engagement und Weiterbildung. Schriftreihe Studien zu Bildung und Wissenschaft 32, Teil 2, München 1985.
Burkhart, H.: Selbsthilfe und soziale Verpflichtung. In: Bund für die ältere Generation Europas (Hg.): Ältere Menschen und soziales Engagement – Selbsthilfe-Aktivitäten. Schriftenreihe der EURAG 85/86. Graz 1995, S. 44-53.
Cooper, R.: Why do people volunteer? Internet 1997: supernova.uwindsor.ca / cooper/file8.html.
Engelke, E.: Soziale Arbeit als Wissenschaft. Eine Orientierung. Freiburg im Breisgau 1993.
Gaskin, K., Smith, J.D., Paulwitz, I.: Ein bürgerschaftliches Europa – Eine Untersuchung zur Verbreitung und Rolle von Volunteering in zehn Ländern. Freiburg im Breisgau 1996.
Gehrmann, G.: Welche Forschung braucht die Profession? In: Wendt, Rainer Wolf (Hg.): Sozial und wissenschaftlich arbeiten – Status und Positionen der Sozialarbeitswissenschaft. Freiburg im Breisgau 1994.
Heimgartner, A., Iberer, G.: Evaluation der Volksschulen mit musikalischem Schwerpunkt in Österreich. Forschungsbericht. Graz 1997.
Heimgartner, A., Magg, B.: Fragebogen zur Frühförderung. Graz und Deutschlandsberg 1997.
Heinzel, F.: Wiederholte Gesprächsinteraktion und tiefenhermeneutische Analyse. In: Friebertshäuser, B., Prengel, A. (Hg.): Handbuch Qualitative Forschungsmethoden in der Erziehungswissenschaft 1997, S. 468-480.
Hetzel, D., Lemmen, K., Schorcht, H. (1996): "Abschied vom Ehrenamt?" Dokumentation der Fachtagung der Deutschen AIDS-Hilfe, Dieffenbachstraße 33, 10967 Berlin: 1996, S. 4.
Hopf, Ch.: Qualitative Interviews in der Sozialforschung. In: Flick, U., Kardorff, E., Keupp, H., Rosenstiel, L. v., Wolff, S. (Hg.): Handbuch qualitative Sozialforschung. Weinheim 1995, S. 177-181.

Jakob, G.: Das narrative Interview in der Biographieforschung. In: Friebertshäuser, B., Prengel, A. (Hg.): Handbuch Qualitative Forschungsmethoden in der Erziehungswissenschaft 1997, S. 445-458.

Jakob, G.: Zwischen Dienst und Selbstbezug. Eine biographieanalytische Untersuchung ehrenamtlichen Engagements. Opladen 1993.

Kraimer, K.: Die Rückgewinnung des Pädagogischen – Aufgaben und Methoden sozialpädagogischer Forschung. Weinheim 1994.

Mayring, P.: Qualitative Inhaltsanalyse – Grundlagen und Techniken. Weinheim 1995.

Meuser, M., Nagel, U.: Das ExpertInneninterview – Wissenssoziologische Voraussetzungen und methodische Durchführung. In: Friebertshäuser, B., Prengel, A. (Hg.): Handbuch Qualitative Forschungsmethoden in der Erziehungswissenschaft 1997, S. 481-491.

Mühlum, A.: Sozialarbeit und Sozialpädagogik. Ein Vergleich. Frankfurt am Main 1996.

Pachner, R.H.: Motivation und Ehrenamt. Diplomarbeit. Linz 1995.

Pöhr, F.: Ehrenamtlichkeit in der Erwachsenenbildung am Beispiel örtlicher LeiterInnen im Salzburger Bildungswerk. Dissertation. Graz 1994.

Rauschenbach, T., Ortmann, F., Karsten, M.-E. (Hg.): Der sozialpädagogische Blick. Weinheim 1993.

Rogge, K.-E. (Hg.): Methodenatlas für Sozialwissenschaftler. Berlin 1995.

Schmidt, Ch.: "Am Material": Auswertungstechniken für Leitfadeninterviews. In: Friebertshäuser, B., Prengel, A. (Hg.): Handbuch Qualitative Forschungsmethoden in der Erziehungswissenschaft 1997, S. 544-568.

Sound Volunteer Management (Hg.): Volunteer Ressources. Internet 1997: www.halcyon.com/penguin/vols.htm.

Wright, M.: Der neue Typus des ehrenamtlichen Helfers – Motivation und Interessen der neuen Freiwilligen aus der Sicht der sozialwissenschaftlichen Forschung. In: Deutsche AIDS-Hilfe (Hg.): "Abschied vom Ehrenamt?" Dokumentation der Fachtagung der Deutschen AIDS-Hilfe, Dieffenbachstraße 33, 10967 Berlin: 1996. S. 23-S. 27.

Josef Scheipl

Sozialpädagogik in der Ausbildung

Pädagogik und Sozialpädagogik in den Lehr- und Ausbildungsplänen sozialpädagogisch relevanter Ausbildungsgänge in Österreich

1. Einleitung

Der weite Bereich der Sozialpädagogik/Sozialarbeit befindet sich auch in Österreich seit einiger Zeit in Bewegung:

Die Berufsfelder werden durch moderne Gesetze (Jugendgerichtsgesetz 1988, Jugendwohlfahrtsgesetz des Bundes 1989), durch langfristige Reformen im stationären Betreuungsbereich (Heimreform) sowie durch neue Handlungsfelder, wie z.b. Schulsozialarbeit, Altenarbeit, Berufsorientierung, Freizeitarbeit u.a.m. neu strukturiert.

Lebensweltorientierung, Individualisierung und Familienbezogenheit bilden neben verstärkter Betonung der Präventionsarbeit, der Forcierung ambulanter und mobiler Angebote, organisatorischer Dezentralisierung und Managementorientierung neue Schwerpunkte bei Zielen und Methoden. Und zunehmend mehr ist Sozialpädagogik/Sozialarbeit neben der Unterstützung bei Integrations- und Bewältigungsproblemen (vgl. Böhnisch 1994, 213) auch als Begleitung in Angelegenheiten des alltäglichen Lebens gefordert (vgl. Thiersch 1992).

Der Ausbildungsbereich ist bemüht, den neuen beruflichen Herausforderungen zu entsprechen: Dafür steht die Aufwertung der Bildungsanstalten für Erzieherbildung und Kindergartenpädagogik zu maturaführenden Schulen (7. SCHOG-Novelle 1982), die Erweiterung der Sozialakademien auf sechs

Semester (9. SCHOG-Novelle 1987), die Einführung der Kollegs für Sozialpädagogik (möglich seit der 7. SCHOG-Novelle 1982), die allmähliche Etablierung sozialpädagogischer Lehrveranstaltungen an den Universitäten in den 80er Jahren und schließlich die Umbenennung der Bildungsanstalten für Erzieherbildung in solche für Sozialpädagogik (1993). Ebenfalls in diesem Zusammenhang sind aktuelle Bemühungen um die Einrichtung von Fachhochschulstudiengängen (Sozialmanagement, Jugendarbeit, Event-Marketing) zu nennen.

Vielerorts herrscht aber nun Unklarheit darüber, welche AbsolventInnen – v.a. mit höheren Bildungsabschlüssen – für welche Praxisfelder qualifiziert sind. M.a.W.: Welche Gruppe ist z.b. in der Lage, weil sie angeblich problemadäquater qualifiziert ist, andere weniger adäquat Qualifizierte im Konkurrenzkampf um Arbeitsplätze zu verdrängen?

Dahinter steht zunächst mehr oder weniger ausgesprochen die Auseinandersetzung darüber, welches Verhältnis Sozialpädagogik und Sozialarbeit zueinander finden. Dieser Konflikt, der von Thiersch und Rauschenbach (vgl. 1984) mit dem Begriffspaar "Sozialpädagogik/Sozialarbeit" zu lösen versucht wurde und wofür Mühlum (1982) als Lösung den sich gegenwärtig immer mehr durchsetzenden Begriff "Soziale Arbeit" angeboten hat (vgl. 1996, 2), ist in der BRD zwischen Fachhochschulen und Universitäten mit der Debatte über die Sozialarbeitswissenschaft wieder voll entbrannt (vgl. z.B. Merten u.a. 1996). (In dieser Arbeit wird der Begriff Sozialpädagogik verwendet, allerdings in einem umfassenden, beide Bereiche einschließenden Verständnis.)

Es steht dahinter aber auch die Spannung zwischen theoretischen und praktischen Anteilen an der Ausbildung im Fachbereich Sozialpädagogik und die Frage, ob neben der Professionsorientierung des Faches eine Diziplinorientierung (vgl. Lüders 1989) überhaupt möglich und wünschenswert ist.

Diese Fragen werden in der einschlägigen österreichischen Ausbildungslandschaft bislang kaum diskutiert. Die Aufarbeitung des Verständnisses von Sozialpädagogik, wie es in den Lehr- und Ausbildungsplänen der einzelnen sozialpädagogisch relevanten Ausbildungsgänge zum Ausdruck kommt, bietet die Gelegenheit, Materialien und Anregungen für eine fachliche Diskussion über den status quo der Sozialpädagogik in Österreich beizusteuern.

2. Methode

Um die für die Analyse benötigten Lehr- und Ausbildungspläne möglichst vollständig zu erfassen, wurde eine österreichweite Erhebung aller sozialpädagogisch relevanten Ausbildungsgänge durchgeführt.[1] Diese erbrachte zunächst den produktiven Nebeneffekt einer ziemlich vollständigen Übersicht: Derzeit bieten etwa 170 Einrichtungen Ausbildungsgänge für sozialpädagogische Berufsfelder an. Es sind dies sowohl Angebote von öffentlichen Schulen des Bundes bzw. der Länder – v.a. im Bereich der höheren Qualifikationen –, als auch von freien Trägern, wie etwa der Caritas – v.a. im Bereich der Fachschulen (abgek.: FSn) und von spezifischen Ausbildungsgängen. Und schließlich sind auch kleinere regionale Träger mit vorwiegend speziellen Angeboten für bestimmte Gruppen, z.b. Kurse für Tagesmütter, Ausbildungsgänge für außerschulische Jugendarbeiter oder Frühförderer, Lehrgänge für Familien- und Erziehungsberater etc. zahlreich vertreten (vgl. dazu Scheipl, Rinder, Skergeth-Lopic 1997).

Von der Quantität her gesehen besteht also ein beachtlich großes Angebot, das den InteressentInnen für die Erlernung von Berufen mit sozialpädagogischen Qualifikationen zur Verfügung steht. Wie es sich mit den Lehrinhalten verhält, welche diesen Qualifikationen zugrundeliegen, das bildet unser eigentliches Thema.

Nach der Erhebung waren somit nächste Arbeitsschritte die quantitative Erfassung der sozialpädagogischen Inhalte mittels der in den Ausbildungsplänen vorgesehenen Stundenverteilungen, deren Gewichtung im Gesamtkontext und eine vergleichende Analyse geplant[2]. Stellenwert und Qualität des sozialpädagogischen Anteils sollten solcherart näherungsweise erfaßt werden. Eine erste Durchsicht der vorliegenden Materialien ließ jedoch erkennen, daß eine ausschließliche Beschränkung auf Sozialpädagogik nicht sinnvoll war, da Inhalte dieses Faches in nicht wenigen Plänen zu selten und zu unsystematisch vertreten waren. Obwohl die Pädagogik nicht einfach als Grundlagendisziplin

---

1 Diese erfolgte im Jahr 1996 durch Mag. Bernd Rinder und Mag. Eva Skergeth-Lopic im Rahmen eines Projektes an der Abteilung für Sozialpädagogik des Instituts für Erziehungswissenschaften der Universität Graz.
2 Für die Unterstützung bei der Materialnbeschaffung danke ich MR Dr. K. Diemert und Rat Mag. G. Orth.

für den Fachbereich Sozialpädagogik/Sozialarbeit gelten kann, was auch von universitären Vertretern der Sozialpädagogik und Erziehungswissenschaft betont wird (vgl. Mollenhauer 1988 und 1996a), ist das aktuelle wie das historische Naheverhältnis beider Bereiche offenkundig (vgl. Mollenhauer 1996b). Deshalb wurden die vorgenannten Analyseschritte über die Sozialpädagogik hinaus auf das Fach Pädagogik ausgedehnt.

3. Übersicht in Zahlen

Die Gliederung von Tabelle 1 folgt zunächst jener des SCHOG, nennt anschließend die laufenden einschlägigen Universitäts- bzw. Hochschullehrgänge und listet schließlich weitere, für sozialpädagogische Praxisfelder bedeutsame Lehr- und Ausbildungsgänge auf. Zuerst werden jeweils die Gesamtstunden und anschließend diejenigen Stunden erfaßt, die für Pädagogik und Sozialpädagogik (abgek.: Päd/Sozialpäd) sowohl für den theoretischen Unterricht als auch für die Praxis vorgesehen sind. (Weitere sozial- und humanwissenschaftliche Fächer wie Psychologie, Soziologie, Philosophie, Psychiatrie, Politische Bildung, Gerontologie u.a scheinen in der Analyse und somit in der Gewichtung i.d.R. nicht auf!)

Die nächsten Spalten weisen die theoretischen und praktischen Anteile gesondert aus. Der Kategorie "Theorie" werden u.a. folgende Themen zugeordnet: Grundbegriffe/Grundprobleme der Pädagogik, Theorien abweichenden Verhaltens, Theorien der Jugendarbeit, Jugendforschung, Methoden der Sozialpädagogik/Sozialarbeit, Didaktik, Sozialberufskunde, Reflexion über Erziehungsprobleme, Heilpädagogik, Sexualerziehung, Spielpädagogik, kommunikative Aspekte etc. Als praxisbezogen gelten Inhalte wie Praktika, Animation, Projekt-, Methodenarbeit, Praxisberatung, Gruppendynamik u.a.m. Gesprächsführung, Kommunikation und Supervision, die in vielen Ausbildungsgängen als selbständige Fächer mit eigenem Stundenanteil ausgewiesen sind, werden in diese Auflistung nicht einbezogen.

Trotz des Bemühens um eine möglichst objektive, nachvollziehbare Zuordnung stehen die in den Zellen ausgewiesenen Häufigkeiten lediglich für Trends. Sie sind nicht das Ergebnis standardisierter Informationsgewinnung, weshalb beim Vergleich der relativen Anteile Zurückhaltung geboten ist. So wird beispielsweise an den FSn durch die Zurechnung der gesamten Praxis zum Bereich Päd/Sozialpäd dessen Umfang wahrscheinlich überschätzt, da

Schulform bzw. Lehr- und Ausbildungsgang	Gesamtanzahl d. Ausbildungseinheiten (abs.)	Anteile an Päd/Sozialpäd. inkl. Praxis		davon			
				theor. Unterr.		Praxis	
	Wst/UE	abs	%	abs.	%	abs.	%
A Berufsbildende Mittlere Schulen: Fachschulen für Sozialberufe							
1. 2-jährige FS für Sozialdienste	74 Wst	28	37	4	5	24	32
2. 3-jährige FS für Sozialberufe	112 Wst	35	31	11	10	24	21
3. FS für Familienhilfe	3.740 UE	2.120	57	300	8	1.820	49
4. FS für Altendienste und Pflegehilfe	2.680 UE	1.500	55	140	5	1.360	50
B Höhere Schulen							
1. Bildungsanstalten für Sozialpäd.	189 Wst	46	24	27	14	19	10
2. Bildungsanstalten für Kindergartenpädagogik	183 Wst	44	24	25	14	19	10
3. Kolleg für Sozialpädagogik	153 Wst	69	45	44	29	25	16
C Akademie für Sozialarbeit	ohne Praxis: 129 Wst						
Fächer: Pädagogik				4-10			
Methodik der Sozialarbeit				36-48	33		
Theorie der Sozialarbeit				8-10			
Handlungsfelder der Sozialarbeit				16-20			
Methoden der Sozialarbeit				10-14			
Organisation und Administration				2-4			

Tabelle 1: Päd/Sozialpäd in sozialpäd. relevanten Ausbildungsgängen – Versuch einer Qualifizierung

D Universitäten				
1. Linz: Fortbildungskurs "Sozialmanagement"	184 UE	0	0	
2. Wissenschaftl. LAK NÖ: "Interdisziplinärer Universitätslehrgang für Sozialwirtschaft, Management und Organisation sozialer Dienste"	78 SWS		7,5	10
3. Salzburg: Hochschullehrgang für Supervision	44 SWS			
4. Innsbruck: Universitärer Lehrgang für Suchtberatung (Schloß Hofen, Vorarlberg)	69 SWS		2	3
5. Graz: "Hochschullehrgang für Sozialpädagogische Arbeit und Soziokulturelle Animation in offenen Handlungsfeldern"	1.140 UE	540	47	195	17	345	30
E Weitere Lehr- und Ausbildungsgänge				
1. Ausbildungsgänge für außerschulische Jugendarbeit				
a BFI-OÖ: Lehrgang f. Jugendbetreuer	476 UE	356	75	36	8	320	67
b Seminar für kirchliche Berufe – Lehranstalt für pastorale Berufe, Wien	198 SWS + Praxis, ca. 350 SWS	58	28	58	29	130 von 350	37
c Verein f. kommunale Jugend- und Kulturarbeit: Ausbildung für Jugendarbeit, Graz	1.280 UE	604	55	384	30	320	25
d Verein Wiener Jugendkreis: Wiener Jugendleiterschule	(nur Theorie) 150 UE	49	33	49	33		
2. Ausbildungsgänge für Tagesmütter (TM) u. Heilpäd. Familienerziehung				
a NÖ-Hilfswerk - TM	81 UE	52	64				
b Aktion TM OÖ - Linz	92 UE	48	52				
c Verein TM - Wels	92 UE	48	52				

d Verein TM Graz-Steiermark	geschätzt 130 UE	65	50			
e Aktionvereinigung Sozialhilfe - Vereinigung Kärnten - Aktion TM	94 UE	8 bzw. 54	8 bzw. 57			
f Verein Tagesbetreuung Feldkirch	geschätzt 53 UE	12	23			
g Verein f. Pflege- und Adoptiveltern, Linz: Heilpäd. Familienerziehung	75 UE	50	67			
3. Lehrgänge f. Ehe-, Familien- u. Lebensberatung (Erzdiözese Wien, Diözesen Linz, Innsbruck, Klagenfurt)	737 UE	370	50	210	28	160	22
4. Interdisziplinäre Frühförderung u. Familienbegleitung, Graz	1.115 UE	295	27	220	20	75	7
5. Lehrgänge f. Leitungsfunktionen in der Sozialarbeit	468 bzw. 500 UE					
6. Inst. f. Sozial- u. Berufspäd. am BFI Graz – AMS: Ausbildung zum /zur Sozial- und Berufspädagogen/in	Dauer: 9 Monate					
7. Lehrgang f. Sozialhelfer	870 UE	530	60	380	43	150	17

beträchtliche Praxisanteile in der Pflege bzw. in der Haushaltsführung und nicht in sozialpädagogischen Arbeitsbereichen liegen dürften. Und letztlich bleibt die Frage offen, inwieweit quantitative Proportionen einen gültigen Indikator für Relevanz abgeben.

In der vorliegenden Übersicht und in der nachfolgenden Analyse finden überdies nur aktuelle Angebote Berücksichtigung, weshalb die in Planung befindlichen Fachhochschulstudiengänge ausgespart bleiben.

4. Analyse und Interpretation

4.1 Berufsbildende mittlere Schulen – Fachschulen für Sozialberufe

Die Fachschulen für Sozialberufe (vor der 5. SCHOG-Novelle 1975 trugen sie die Bezeichnung "… für Sozialarbeit") zählen gem SCHOG 1962 zu den berufsbildenden mittleren Schulen. Sie "umfassen einen ein- bis dreijährigen Bildungsgang und dienen unter praktischer Einführung in die Berufstätigkeit der Erwerbung der Fachkenntnisse für die Ausübung eines Berufes auf sozialen Gebieten" (SCHOG § 63, i.d.F. vom 1.1.1997).

Während etwa bei den FSn für wirtschaftliche Berufe die ein- und zweijährigen FSn spezifisch bezeichnet sind (einjährig: Haushaltungsschule, zweijährig: Hauswirtschaftsschule – vgl. SCHOG § 62), fehlt eine solche spezifische Benennung der ein- bzw. zweijährigen FSn für Sozialberufe.

Die Caritas behilft sich mit der Bezeichnung für die zweijährige berufsvorbereitende FS, die ab dem 14. Lebensjahr besucht werden kann, mit der Bezeichnung "Schule für Sozialdienste" (vgl. Sozialberufe 10/94). Erst die dreijährige "Fachschule für Sozialberufe", die eine "erfolgreiche Erfüllung der ersten acht Jahre der allgemeinen Schulpflicht" voraussetzt (SCHOG § 63 (2) i.d.F. BGBl. Nr. 766/1996), entspricht der sonst üblichen Begrifflichkeit.

Diese beiden FSn weisen berufsvorbereitenden Charakter auf. Das kommt zum Ausdruck durch die erwähnten Aufnahmevoraussetzungen und durch das allgemeine Bildungsziel. Danach dient die dreijährige FS als "Grundausbildung für spezialisierte Berufsausbildungen wie der Familienhilfe, der Altendienste, der Behindertenarbeit, Sozialarbeit und Krankenpflege" (Lehrplan, BGBl. Nr. 159/1995; 6557).

4.1.1 Berufsvorbereitende Fachschulen für Sozialberufe

Der Unterricht in der *zweijährigen Fachschule für Sozialdienste* ist nach einem für die Privatschulen der Caritas genehmigten Lehrplan organisiert. Das für Päd/Sozialpäd relevante Fach wird als "Lebenskunde und Erziehungslehre" bezeichnet. Obwohl das Fach im Titel die Erziehungslehre führt, verlangt die Bildungs- und Lehraufgabe, daß die SchülerInnen "über Grundbegriffe der Psychologie" Bescheid wissen. Das Kennenlernen verschiedener Berufe (Schwerpunkt: Sozialberufe) ist dem Bereich Lebenskunde zugeordnet.

Für die d*reijährige Fachschule für Sozialberufe* wurde erst im Jahr 1995 ein Lehrplan durch das BMUK erlassen (BGBl. Nr. 159/1995). Sie dient – wie erwähnt – zur Grundausbildung für spezialisierte Berufsausbildungen in sozialen Berufsfeldern (Familienhilfe, Altendienste, Sozialarbeit etc. – vgl. ebda, Allgemeines Bildungsziel).

Die Pädagogik deckt im Gegenstand "Psychologie und Pädagogik" in der ersten Klasse bei einer Wst mit dem Inhalt "Pädagogische Grundbegriffe" etwa ein Viertel, in der zweiten Klasse (Erziehungsprobleme, Erziehungsinstitutionen) etwa ein Fünftel der Lerninhalte ab und ist in der dritten Klasse als eigenständiger Stoffbereich nicht mehr präsent. Im Fach "Behindertenarbeit und Heilpädagogik" bilden den Lehrstoff im wesentlichen die Behinderungsarten. Der Gegenstand "Altenhilfe" beinhaltet zwar Psychologie und Soziologie, nicht aber pädagogisch relevante Themen. Im Gegenstand "Sozialberufskunde" bilden die Stoffgebiete neben Kommunikation und Konfliktbewältigung v.a. Probleme von Zielberufen (Helfen, Anforderungen etc.) und einschlägige Berufsfelder, wobei bei letzteren neben Familien- auch Alten-, Pflege- und Entwicklungshilfe, Krankenpflege, Sozialarbeit und Sozialpädagogik genannt werden.

4.1.2 Fachschulen für spezialisierte Berufsausbildungen

Die *Fachschule für Familienhilfe* dauert zweieinhalb Jahre und vermittelt eine "spezialisierte Berufsausbildung" mit inkludierter Pflegehelferinnenausbildung. Diese FS verfügt über die längste Lehrplantradition im Bereich der FSn für Sozialberufe (erster Lehrplan für die Familienhelferinnenschule: BGBl. Nr. 156/1963 – damals noch als ein- oder zweijähriger Ausbildungsgang möglich) und hat gemeinsam mit der FS für Altendienste mit Erl. vom 20. Juni 1997 (Zl. 21.635/1-III/4/97) die aktuellste Lehrplanänderung erfahren.

In der vorliegenden Analyse wird zu den Gegenständen Pädagogik mit 80 UE, Behindertenarbeit und Berufskunde noch die Sozialarbeit mit 20 UE geschlagen, die hier und in der Tradition der Lehrpläne mit der Soziologie verbunden ist. In das engere päd/sozialpäd Feld fallen also insgesamt 300 von 3740 UE (d.i. 8%).

Die wesentlichen Inhalte der Pädagogik beziehen sich auf den Sachverhalt Erziehung. Inhalte wie sozialpädagogische Institutionen, Verhaltensauffälligkeiten und Verwahrlosung werden der Heilpädagogik subsumiert; kritische Lebensereignisse und Grundlagen aus der Entwicklungspsychologie bilden ebenfalls Lehrstoffe der Pädagogik. Im Gegenstand "Sozialarbeit, Teamarbeit, Organisation und Soziologie" bleibt die Soziologie ziemlich ausgeklammert. Im Bereich Sozialarbeit stehen die traditionellen Methoden im Vordergrund, wobei merkwürdigerweise Einzelfallhilfe und Casework zwei verschiedene Lehrinhalte bilden. Im stundenmäßig umfangreichen Fach "Berufskunde und Berufsethik" kommen neben den ethischen Problemstellungen historische Aspekte der Sozial- und Pflegeberufe und deren aktuelle Probleme (Helferproblem, Freiwilligenarbeit etc.) recht gewichtig zur Geltung.

Die Lehrplaninhalte in den sozial- und humanwissenschaftlichen Fächern sind auf Familien- und Altenhilfe bezogen. Aus diesem Grund sind diese Fächer im wesentlichen sowohl für die FS für Familienhilfe als auch für die FS für Altendienste anwendbar. Die jeweiligen Bildungs- und Lehraufgaben nehmen darauf ganz deutlich Bezug – z.b. im Fach Pädagogik: "Der Schüler soll die für die Familien- und Altenhilfe wesentlichen Inhalte der Pädagogik kennen" oder im Gegenstand Sozialarbeit, Teamarbeit, Organisation und Soziologie: "Der Schüler soll (…) berufsrelevante Methoden (…) im Bereich der Familien-, Alten- und Pflegehilfe kennen lernen."

Die Inhalte der Gegenstände Psychologie, Psychiatrie und Gerontologie sind allerdings überwiegend auf den alten Menschen bezogen.

Für die *Fachschule für Altendienste und Pflegehilfe* der Caritas tritt – wie eben erwähnt – mit Beginn des Schuljahres 1997/98 ein neues Organisationsstatut inklusive eines neuen Lehrplanes in kraft. Beide Lehrpläne sind in den hier interessierenden Fächern in großen Teilen völlig identisch – bis auf selbstverständliche Umformulierungen, wie etwa von "Kindern" oder "Familie" zu "alte Menschen". Die päd/sozialpäd relevanten Inhalte entsprechen wiederum fast völlig denen des Lehrplanes für die FS für Familienhilfe – allerdings mit dem Unterschied, daß Pädagogik als eigenes Fach nicht vorkommt. Diejenigen sozialpädagogischen Aufgaben und Arbeitsfelder, die sich in den letzten Jahren in der Arbeit mit alten Menschen herausgebildet haben (vgl. z.B. Graber-Dünow 1997, Schweppe 1994), finden somit im vorliegenden Lehrplan keine adäquate Beachtung.

4.2 Anstalten der Lehrer- und Erzieherbildung

4.2.1 Bildungsanstalten für Sozialpädagogik
Im Jahr 1993 löste eine Änderung des SCHOG (vgl. BGBl. Nr. 512/1993, Abschn. II) die bisherige Bezeichnung "Bildungsanstalten für Erzieher" durch den Terminus "Bildungsanstalten für Sozialpädagogik" (abgek.: BASOPÄD) ab. Damit und aufgrund der geänderten Lehrplanbestimmungen (vgl. ebda, §§ 6 und 104) kam es zu einer Neufassung des Lehrplanes für diese Anstalten (vgl. 701. Verordnung im BGBl. Nr. 258/1993).

Von den nun insgesamt 189 Wst sind 46 (24%) für die Ausbildungen im Gesamtbereich der Pädagogik vorgesehen. Die Pädagogik selbst umfaßt 11 Wst und beinhaltet die Pädagogische Psychologie, die Pädagogische Soziologie sowie die Philosophie. Daneben sind die Heil- und Sonderpädagogik mit 3 Wst und die Didaktik (insbesondere Didaktik der Hort- und Heimerziehung) mit 13 Wst veranschlagt, sodaß insgesamt 27 Wst (14%) an theoretischen pädagogischen Fächern angeboten werden.

Der Unterricht in Pädagogik ist ab der zweiten Klasse vorgesehen und beginnt mit deutlicher Zentrierung auf sozialpädagogische Anliegen. Es erfolgt jedoch keine durchgängige bzw. weiterführende Bezugnahme auf spezifische sozialpädagogische Theorien und Handlungsfelder – ausgenommen einige Verweise auf die Hort- und Heimpraxis sowie eine Spezifizierung auf sozialpädagogische Einrichtungen im Rahmen des österreichischen Bildungswesens in der vierten Klasse. Allenfalls ist noch eine einschlägige Akzentuierung in bezug auf die Entwicklungspsychologie des Grundschulkindes (3. Klasse) sowie eine über die Hort- und Heimsituation hinausweisende Verallgemeinerung des Erzieherberufes (5. Klasse) zu erwähnen. Ansonsten sehen die Inhalte für die engere Pädagogik die übliche Einführung vor.

Die Heil- und Sonderpädagogik figuriert mit 3 Wst selbstverständlich als eigenständige Teildisziplin der Pädagogik. Sie spricht – gleich wie im Lehrplan 1985 – neben der allgemeinen Einführung im speziellen Teil u.a. auch die Verwahrlosung sowie die "Differentialdiagnosen von Fehlhaltungen wie Eigentumsvergehen, Aggressionen, Durchgehen und sexuelle Abartigkeiten", die Suchtgiftproblematik und die "Frage der strafrechtlichen Verantwortlichkeit jugendlicher Rechtsbrecher" an (vgl. ebda, 5886). Es scheint in diesem Zusammenhang die Frage angebracht, ob nicht eine Neuvermessung der Inhalte unter Heranziehung der Sozialpädagogik als eigenständiger angewandter Pädagogik sinnvoll wäre?

In der Didaktik ist eine deutliche Akzentuierung auf sozialpädagogisch relevante Handlungsfelder (Horte, Heime, Wohngemeinschaften, außerschulische Jugendarbeit, Jugendwohlfahrt) bereits ab der ersten Klasse festzustellen. Neben Einführungen in Spiel- und Gruppenpädagogik sind solche in soziokulturelle Animation und Freizeitpädagogik ebenso vorgesehen wie in Teamarbeit und Methoden der Förderung und Verhaltensmodifikation oder in wirtschaftliche und organisatorische Planungsfragen u.v.a.m.

Im Vergleich zum Lehrplan von 1985 sieht der derzeit gültige von 1993 zwar um 3 Wst weniger für die theoretischen pädagogischen Fächer vor, doch er zeichnet sich durch größere Differenziertheit und auch durch eine etwas stärkere Betonung sozialpädagogischer Inhalte und Handlungsfelder besonders in der allgemeinen Pädagogik (siehe oben) aber auch in der Didaktik aus. Umstellungen (v.a. stärkere Konzentration der Allgemeinen Pädagogik auf den vierten und fünften Jahrgang) dürften der Aufnahmekapazität der SchülerInnen entgegenkommen.

Im praktischen Bereich (Hort- und Heimpraxis) weist der neue Lehrplan eine Erweiterung um die verbindlichen Übungen "Lernhilfe bzw. Kommunikationstechniken und Gruppendynamik" mit je einer Stunde auf, sodaß sich insgesamt ein Anteil von 19 Wst (10%) ergibt (1985: 17 Wst, 9%). Nahezu wortident mit dem Lehrplan von 1985 sieht auch der gegenwärtig geltende unter Einbeziehung von 14 Wochen Praktikum bzw. Ferialpraktikum in Horten, Heimen und Tagesheimstätten einen gezielt stufenweisen Aufbau von hospitierender über mitgestaltender zu selbsttätiger und selbstverantwortlicher praktischer Tätigkeit unter Einbeziehung der entsprechenden Berichte und Analysen vor. Eine Erweiterung des Gesichtsfeldes auf "verschiedene ausgewählte, sozialpädagogische Einrichtungen und Arbeitsfelder" erfolgt über Besuche und Hospitationen.

4.2.2 Bildungsanstalten für Kindergartenpädagogik

Der Fachbereich Pädagogik ist im Lehrplan (1992) der *Bildungsanstalten für Kindergartenpädagogik* (abgek.: BAKIPÄD) im wesentlichen gleich organisiert wie an den BASOPÄD. Die Pädagogik (11 Wst) schließt die Pädagogische Psychologie, die Pädagogische Soziologie und die Philosophie mit ein; mit der Heil- und Sonderpädagogik (2 Wst) und der Didaktik (12 Wst) verfügt der engere Bereich des theoretischen pädagogischen Bildungskanons über knapp 14% des gesamten Stundenrahmens; die Praxis (Kindergartenpraxis – 17 Wst, Kommunikationstechniken und Gruppendynamik – 2 Wst) ist mit rd. 10% verankert.

Ähnlich bzw. zum Teil wortident – bis auf die Bezugnahme auf die Kleinkindererziehung – ist auch die inhaltliche Gestaltung des Faches Pädagogik im zweiten und dritten Jahrgang. Inhaltliche Umstellungen im Bereich der Allgemeinen Pädagogik, der Pädagogischen Psychologie und der Pädagogischen Soziologie, die im Lehrplan der BASOPÄD vom Jahr 1993 in die vierte Klasse verlegt wurden, sind allerdings in dem ein Jahr zuvor verordneten Lehrplan der BAKIPÄD (noch) nicht erfolgt. Den unterschiedlichen Ausbildungszielen entsprechend weisen die Inhalte im Rahmen der Allgemeinen Pädagogik im vierten und fünften Jahrgang bei zwar vielfachen Überschneidungen mit den BASOPÄD doch auch eigenständige Schwerpunkte auf. Hinsichtlich des Umfanges und wohl auch der Anforderungen im Fach Pädagogik vermitteln die Vorgaben im Lehrplan für die BASOPÄD ein doch merkbar anspruchsvolleres Niveau als jene für die BAKIPÄD.

Überdies fehlen Inhalte zum Rollenbild und Selbstverständnis der KindergartenpädagogInnen, wie sie für Berufserzieher im Lehrplan der BASOPÄD im fünften Jahrgang anzutreffen sind.

Im Zusammenhang mit der Elternarbeit wird speziell die Eltern- und Erwachsenenbildung herausgehoben. Ein Verweis auf die Sozialpädagogik findet sich lediglich im vierten Jahrgang, wo im Zusammenhang mit dem Aufbau des österreichischen Bildungswesens der Inhalt "Sozialpädagogische Einrichtungen" als Satzteil ohne weitere Ergänzungen vorkommt.

Die Heil- und Sonderpädagogik ist mit 2 Wst geringer dotiert als im Lehrplan der BASOPÄD. Die Inhalte sind jedoch über allgemeine Grundbegriffe und -probleme hinaus sehr nachdrücklich bezogen auf Auffälligkeiten in den Bereichen des Verhaltens und der Psychosomatik sowie auf Teilleistungsstörungen. Damit werden zweifellos gute Grundlagen für allfällige Frühfördertätigkeiten geboten.

Auch die Didaktik ist hinsichtlich ihrer Zielstellungen und Inhalte eigenständig und aufgabenorientiert in bezug auf Kindergarten- und Vorschulerziehung ausgelegt. Die nahezu völlige Aussparung weiterer sozialpädagogischer Inhalte – es findet sich lediglich für den zweiten Jahrgang die Formulierung:

"Allenfalls Information über weitere Erziehungsinstitutionen für Kleinkinder" (ebda, 2047) – gibt angesichts der Scheidungs- und Pflegekindersituation doch zu denken.

Ziele und Inhalte für die Kindergartenpraxis werden sehr sorgfältig aufbauend konstruiert, sind aber bemerkenswerterweise zum größten Teil wortident mit dem Lehrplan für die BASOPÄD aus dem Jahr 1985 abgefaßt.

4.2.3 Kolleg für Sozialpädagogik

Das allgemeine Bildungsziel des *Kollegs für Sozialpädagogik* (abgek.: KOLLEG) (i.d.F. von 1996) stellt sich umfassender dar als jenes der BASOPÄD (1993). Für die BASOPÄD wurde noch aufzählend und damit einengend formuliert: "... die Aufgabe, den Schülern jene Berufsgesinnung sowie jenes Berufswissen und Berufskönnen zu vermitteln, die geeignet sind, Erziehungs- und Bildungsaufgaben in Horten, Heimen und Tagesheimstätten für Kinder und Jugendliche sowie in der außerschulischen Jugendarbeit zu erfüllen ..." (BASOPÄD 1993, 5863).

Das KOLLEG hingegen hat "... in einem viersemestrigen Bildungsgang Absolvent/inn/en von höheren Schulen zu Sozialpädagog/inn/en auszubilden, die nach Berufsgesinnung, Berufswissen und Berufskönnen geeignet sind, Erziehungs-, Entwicklungs- und Integrationsaufgaben im sozialpädagogischen Berufsfeld zu erfüllen" (KOLLEG 1996, 2531).

Dazu stehen für den pädagogischen Fachbereich insgesamt 69 Wst von 153 (d.i. 45%), davon wieder 44 Wst (29%) für die theoretischen Fächer Pädagogik, Heil- und Sonderpädagogik und Didaktik zur Verfügung. Die Pädagogik schließt – wie in der BASOPÄD und in der BAKIPÄD auch – mit ihren 16 Wst die Pädagogische Psychologie, die Pädagogische Soziologie und die Philosophie mit ein – wobei die Philosophie mit 4 Wst zusätzlich für jene SchülerInnen veranschlagt wird, die in der höheren Schule keinen oder nur einen eingeschränkten Philosophieunterricht genossen haben.

Die Pädagogik selbst ist in den ersten beiden Semestern zunächst einführend ausgerichtet und an den klassischen erziehungswissenschaftlichen Themenbereichen orientiert. Ihre Subdisziplinen (Historische Pädagogik, Schulpädagogik, Freizeitpädagogik u.a.) sind "unter besonderer Berücksichtigung der Sozialpädagogik" (ebda, 2537) zu vermitteln. Diese Aufgabenstellung hätte nahegelegt, zunächst doch auch in das Aussagensystem bzw. in theoretische Modelle der Sozialpädagogik einzuführen. Im dritten und vierten Semester ist die Sozialpädagogik hinsichtlich ihres Entstehens, ihrer Aufgaben und der klassischen Methoden der Sozialarbeit selbst Gegenstand. Die beispielhafte Auswahl von Pionieren der Pädagogik (Rousseau, Pestalozzi, Fröbel, Aichhorn), mit denen sich die Studierenden des KOLLEGS auseinanderzusetzen haben, weist deutlich in die sozialpädagogische Richtung, ohne daß dies entsprechend benannt würde.

Die Auflistung "spezielle(r) Fragen der Gegenwartspädagogik (Scheidungsproblematik, Verwahrlosung, Mißbrauch, Gewalt, Aggression, Süchte, Drogen, Randgruppen der Gesellschaft u.a.)" (ebda, 2538) findet sich im Lehrplan der BASOPÄD dem Fach der Heil- und Sonderpädagogik zugeordnet. Dieser Sachverhalt unterstreicht den oben geäußerten Vorschlag einer Neustrukturierung der genannten Disziplinen unter Einbeziehung der Sozialpädagogik als angewandter Pädagogik.

Die Heil- und Sonderpädagogik ist mit 6 Wst doppelt so hoch veranschlagt wie an der BASOPÄD, obwohl die Inhalte beider Lehrpläne bis auf Kleinigkeiten wortident abgefaßt sind.

Die Didaktik verfügt mit 22 Wst über ein zahlenmäßig beachtliches Volumen. In ihr gelangen – wie im Lehrplan der BASOPÄD – sozialpädagogisch relevante Inhalte (sozialpädagogische Arbeitsfelder, Aufgaben- und Tätigkeitsbereiche, Einrichtungen etc.) zur Geltung. Die dort doch deutliche Eingrenzung auf Hort- und Heimerziehung sowie auf außerschulische Jugendarbeit wird hier wesentlich differenzierter dargestellt (z.b. ganztägige Schulformen, Jugendzentren, Clubs, Spielbus etc.). Die in der Allgemeinen Pädagogik erwähnten speziellen Fragen der Gegenwartspädagogik (Süchte, Drogen, Randgruppen etc.) finden allerdings keine Entsprechung mehr. Eine solche hätte die Bildungsaufgabe: "Wissen um die Möglichkeiten bzw. Grenzen und aktuelle Probleme der Sozialpädagogik" (ebda, 2541) zweifellos nahegelegt.

Die Vorgangsweise bei der Lehrplangestaltung, die Sozialpädagogik vorzugsweise im Bereich der Didaktik anzusiedeln, verrät eine verkürzende Sichtweise. Sozialpädagogik ist u.a. eine Form angewandter Pädagogik mit entsprechenden Handlungsfeldern, aber darüber dürfen die Theoriediskussionen und ihre begrifflichen Anstrengungen nicht aus dem Blick verloren werden.

Mit ihren 25 Wst (inklusive einer Wst Kommunikationstechniken/Gruppendynamik/Verkehrserziehung) umfaßt die Praxis 16% des gesamten Stundenvolumens mit 10 Praxiswochen. In die Komplexität der Praxis wird, wie im vergleichbaren Lehrplan der BASOPÄD, behutsam und stufenweise eingeführt. Die dort erkennbaren Eingrenzungen auf Hort, Heim bzw. Tagesheimstätte werden hier zurückgelassen: Es wird nicht mehr von "ähnlichen sozialpädagogischen Institutionen" (vgl. 1993, 5890) sondern nur mehr von "sozialpäda-gogischen Institutionen" (vgl. KOLLEG 1996, 2544) gesprochen. Die verwendete Bezeichnung "Hort- und Heimpraxis" zur Benennung des Ausbildungsbereiches der Praxis trifft solcherart jedoch nicht mehr die in den formulierten Inhalten und im allgemeinen Bildungsziel genannte Aufgabe, für das sozialpädagogische Berufsfeld auszubilden.

4.2.4 Höhere Bildungslehranstalten für wirtschaftliche Berufe mit dem Ausbildungsschwerpunkt: "Gesundheit und Soziales"

Zahlreiche höhere Bundeslehranstalten für wirtschaftliche Berufe führen in den Jahrgängen III bis V den genannten Ausbildungsschwerpunkt. In den einschlägigen Bildungs- und Lehraufgaben – es werden zwölf genannt – dominiert der Bereich Gesundheit mit neun Bildungsaufgaben den Bereich "Soziales", der durch eine einzige Lehraufgabe angesprochen wird; die restlichen zwei beziehen sich auf beide Bereiche. Zu den sozialrelevanten Stoffinhalten kann die Säuglings-, Kranken- und Altenpflege im dritten Jahrgang gerechnet werden. Im vierten Jahrgang finden sich im Rahmen der Angewandten Psychologie die Themen "Psychologie der helfenden Berufe (Supervision, burn out)" sowie "Beratung, Betreuung, Krisenintervention". Sozialrecht, Wohlfahrtspflege, psychosoziale Einrichtungen und ausgewählte Kapitel aus der Sozialpsychologie (Interaktion, Kommunikation, Sozialisationsprozeß und Sozialisationsinstanzen etc.) bilden die sozialbezogenen Inhalte des fünften Jahrganges. Abgesehen davon, daß das "Soziale" im vorliegenden Ausbildungsschwerpunkt nahezu auf Angewandte Psychologie und Sozialpsychologie begrenzt bleibt und die Zuordnung der genannten Inhalte zur Sozialpsychologie nur durch die Ausklammerung des Faches Pädagogik erklärbar wird, erscheint das Verhältnis der beiden Ausbildungsschwerpunkte zueinander alles andere als ausgewogen. Es empfiehlt sich daher entweder eine Aufwertung des Teilbereiches "Soziales", um annähernd eine inhaltliche Gleichwertigkeit mit dem Teilbereich "Gesundheit" herzustellen oder dessen Streichung, um keine falschen Assoziationen bezüglich der vermittelten Qualifikationen zu erwecken.

4.3 Akademie für Sozialarbeit

Die Akademie für Sozialarbeit (abgek: SOZAK) wurde im SCHOG 1962 zunächst als "Lehranstalt für gehobene Sozialberufe" eingerichtet und mit der 5. SCHOG-Novelle (BGBl. Nr. 323/1975) in "Akademie für Sozialarbeit" umbenannt. Sie verfügt – mit der Fürsorgerinnenschule als Vorläufereinrichtung (vgl. Steinhauser 1993, 66) – im Rahmen der in Rede stehenden Ausbildungseinrichtungen zweifellos über die längste Tradition und das am meisten ausgeprägte und eigenständige Profil. Das äußert sich u.a. darin, daß diese Lehranstalt im Rahmen des SCHOG als postsekundäre Einrichtung im Bereich der berufsbildenden Schulen zunächst "als eine den Akademien verwandte Lehranstalt" (vgl. SCHOG 1962, § 79) eingerichtet und nicht den Akademien, die für Lehrer- und Erzieherbildung vorgesehen waren, zugeordnet wurde. (Die "rangniedrigere" Organisation hat zweifellos aber auch zu tun mit der damals noch deutlich rückständigen Auffassung von Sozialarbeiterausbildung – vgl. Wilfing 1995, 40.)

Es zeigt sich das selbständige Profil aber auch in der Formulierung des allgemeinen Bildungsziels, wonach die SOZAK "in die Sozialarbeit als wissenschaftlich begründete Berufstätigkeit ..." (BGBl. Nr. 306/1994, 7209) einführt.

Die hier interessierenden päd/sozialpäd relevanten Gegenstände verteilen sich auf die Human- und Sozialwissenschaften "als Bezugswissenschaften der Sozialarbeit" und auf die "Methodik der Sozialarbeit". Die Pädagogik als ein Fach der Human- und Sozialwissenschaften ist mit einem Stundenrahmen von 4 – 10 Wst hinter dem Recht, der Psychologie, der Medizin und möglicherweise auch der Religion etwa mit der Soziologie (5 – 8 Wst) gleichauf gereiht. Eindeutig gefolgt wird sie nur mehr von der Politikwissenschaft und der Sozialforschung (2 – 4 bzw. 2 – 5 Wst), nicht mehr so deutlich ist der Abstand zur Wirtschafts- und Soziapolitik (3 – 7 Wst). Bei einem mittleren Wert von 7 Wst nimmt sie knapp mehr als 5% des gesamten, 129 Wst umfassenden Stundenkontingentes ein. Als Bildungsziel ist u.a. vorgesehen, "Ergebnisse der Erziehungswissenschaft hinsichtlich ihrer Praxisrelevanz und unter besonderer Berücksichtigung sozialpädagogischer Fragestellungen" analysieren und beurteilen zu können (vgl. ebda, 1994, 7211). An stofflichen Inhalten sind die üblichen Grundbegriffe (z.B. Sozialisationsprozesse, Instanzen wie Familie, Schule, Beruf, Verhalten, Autorität, Lernen, Normen, Ziele, Institutionen u.a.) – auch im gesellschaftlichen Kontext – genannt. Bemerkenswert ist die deutliche Verbindung der Sozial- mit der Freizeitpädagogik und ihr Verständnis "als 'intermediäres System' zwischen Schulpädagogik und Familienerziehung" (ebda, 7212), was Assoziationen mit dem Verständnis von Sozialpädagogik im Sinne Gertrud Bäumers weckt (vgl. Bäumer 1929, 3). Sichtweisen, wie sie Mollenhauer (1959, 1964) oder Thiersch (1992) entwickelt haben, bleiben solcherart mehr oder weniger ausgespart. Sie sind aber möglicherweise gefragt im engeren Verständnis des Faches "Theorie der Sozialarbeit", welches im Bereich "Methodik der Sozialarbeit" (Stundenrahmen: 36 – 48; Durchschnitt: 42 Wst, d.i. 33%) mit 8 – 10 Wst veranschlagt ist und wo es um Geschichte und unterschiedliche Ansätze der Theoriebildung, um Definitionen und um die Rolle der Forschung in der Sozalarbeit geht (vgl. ebda, 7215). Hier wäre wahrscheinlich auch der Platz, das Spannungsverhältnis von Sozialpädagogik und Sozialarbeitswissenschaft zu thematisieren. Im Rahmen der Methodik der Sozialarbeit verdeutlicht die stundenmäßige Gewichtung der Fächer "Handlungsfelder" und "Methoden" der Sozialarbeit (16 – 20 bzw. 10 – 14 Wst) die theoriebezogene Handlungs- und Praxisorientierung dieser Ausbildung, die mit 880 Stunden im Rahmen von Pflichtpraktika nachdrücklich unterstrichen wird. Im Rahmen der Handlungsfelder wird eine breite Palette, von Familie über Bildung, Beruf, Freizeit, Gesundheit und alte Menschen bis hin zu Randgruppen und Minderheiten angesprochen. Teilweise finden sich hier Inhalte wie Mißhandlung, Verwahrlosung, Schulverweigerung, Sucht, Drogen u.a., die – wie angemerkt – in anderen Lehrplänen (eher deplaziert) der Heil- und Sonderpädagogik zugeordnet sind. Teilweise sind Bereiche wie "Sozialpädagogische Arbeit in ganztägigen Schulformen, Internaten und Heimen" (ebda, 7216) genannt, die im Lehrplan der BASOPÄD als Aufgabenfelder der Sozialpädagogik (im engeren Verständnis) angeführt werden, ohne die Überschneidungsproblematik zu thematisieren.

Im Fach "Methoden der Sozialarbeit" findet sich eine ausführliche und differenzierte Befassung mit klassischen und aktuellen Methoden, die das Fach "Organisation und Administration" (2 – 4 Wst) ergänzt und abrundet.

4.4 Universitäten

An den österreichischen Universitäten wurde mit dem Bundesgesetz über geisteswissenschaftliche und naturwissenschaftliche Studienrichtungen (BGBl. Nr. 326/1971) das Fach Pädagogik als kombinationspflichtiges Diplomstudium eingeführt. Im zweiten Studienabschnitt waren Schwerpunktsetzungen in Form von "speziellen Pädagogiken" im Ausmaß von 10 SWS vorgesehen, die i.d.R. als Schulpädagogik, Erwachsenenbildung sowie Heil- und Sonderpädagogik angeboten wurden. Die Sozialpädagogik fand in den einzelnen Hochschulstandorten zu unterschiedlichen Zeitpunkten und in z.t. unterschiedlicher Weise Aufnahme in die Studienpläne: Graz-1978, Innsbruck-1984, Wien-1986 (1980), Klagenfurt-1994, Salzburg-1994. Eine zusätzliche organisatorische Gewichtung erfuhr die Sozialpädagogik an manchen Instituten dadurch, daß eigene Abteilungen eingerichtet wurden: Graz: 1982, Klagenfurt: 1997 (1986).

Die studienrechtliche Vorgabe, die spezielle Pädagogik auf 10 SWS zu begrenzen, hat den Bereich der Sozialpädagogik an den Universitäten zumindest quantitativ zunächst einmal festgeschrieben. Eine weitere Analyse der Angebotsinhalte erfolgt hier nicht. Der Blick auf die einschlägigen Hochschullehrgänge (vgl. Tab. 1) zeigt päd/sozialpäd Inhalte als Schwerpunkte in den Lehrgängen in Niederösterreich und Graz.

4.5 Weitere Lehr- und Ausbildungsgänge

Die Ausprägung der päd/sozialpäd Inhalte in den nicht in die öffentliche Schul- und Bildungsorganisation fallenden Einrichtungen können hier nur mehr angedeutet werden (vgl. Tab. 1). So haben die diversen Ausbildungsgänge für außerschulische Jugendarbeit päd/sozialpäd Anteile in der Mehrzahl recht gut verankert. Dabei sticht das "kirchliche Seminar" bei der Ausbildung zum Pastoralassistenten mit der Behandlung von spezifischen Themen und Problembereichen der Sozialpädagogik/Sozialarbeit besonders heraus.

Die i.d.R. zweiphasigen Ausbildungsgänge für Tagesmütter sehen für päd/sozialpäd relevante Themen einen beachtenswerten Stellenwert vor. Sie ordnen aber Inhalte mit päd/sozialpäd bedeutsamen Dimensionen wie Frau-Mutterschaft-Berufstätigkeit, Scheidung, Alleinerzieher etc. ausschließlich den Fächern Soziologie bzw. Psychologie zu.

Ähnliches ist auch in mehreren der anderen Lehrgänge der Fall. Auch dort finden sich immer wieder päd/sozialpäd Inhalte. Diese werden aber entweder im Sinne eines thematischen Verständnisses von Päd/Sozialpäd auf verschiedene Fächer verteilt oder in nicht seltenen Fällen wiederum ausschließlich entweder der Psychologie oder der Soziologie zugeschlagen.

Die Lehrgänge für Leitungsfunktionen in der Sozialarbeit führen keine päd/sozialpäd Inhalte in ihren Ausbildungsplänen.

5. Resümee

Die untersuchten Lehr- und Ausbildungsgänge weisen zwar in ihrer überwiegenden Mehrzahl sozialpädagogische, v.a. aber pädagogische Inhalte auf. Sie sind dort, wo Ausbildungspläne die Inhalte thematisch untergliedern, als sogenannte "Querschnittthemen" bzw. "Querschnittfächer" stärker vertreten als bei diziplinorientierter Gliederung. Bei einer solchen dominieren hinsichtlich des Stundenausmaßes nicht selten andere sozial- und humanwissenschaftliche Fächer die Päd/Sozialpäd, wobei das Fach Psychologie nach Stunden- und Inhaltsanteilen i.d.R. voranliegt. Die Sozialpädagogik im engeren Sinn wird in jenen Schulformen, die eine Didaktik anbieten, vor allem dieser eingegliedert, was wohl auf ein reduktionistisches Verständnis dieses Faches schließen läßt. Sozialpädagogik läßt sich demnach in den einschlägigen österreichischen Lehr- und Ausbildungsplänen zwar durchaus in einem thematischen, weniger deutlich hingegen in einem disziplinorientierten Verständnis festmachen.

Teilweise sind die Lehrpläne unterschiedlicher Schulformen (BASOPÄD – BAKIPÄD – KOLLEG) trotz verschiedener Zielstellungen nahezu wortident abgefaßt, z.T. werden beträchtliche Passagen von älteren Lehrplänen – auch anderer Bildungsanstalten – fast wörtlich übernommen.

Pädagogische und sozialpädagogische Inhalte – wie z.B. Verwahrlosung, aber auch klassische Inhalte der Sozialarbeit – werden häufig anderen Fächern wie der Soziologie, Psychologie aber auch der Heilpädagogik zugeordnet. Dabei variieren die Zuordnungen durchaus zwischen den Lehrplänen. Und schließlich zeigt die Lehrplanentwicklung der hier interessierenden Schul- und Ausbildungsformen, daß das BMUK mit den zuletzt erlassenen bzw. genehmigten Lehrplänen für die 3-jährige FS für Sozialberufe bzw. für die FSn für Familienhilfe und Altendienste auf diesem Sektor allmählich eine zentrale Koordinierungsfunktion wahrzunehmen beginnt. Überlegenswert wäre, ob das BMUK – analog zu den Sozialakademien – nicht für alle FSn und eventuell auch für weitere Ausbildungsgänge, wie für die zunehmend wichtiger werdenden Ausbildungen für außerschulische Jugendarbeit oder für Tagesmütter, Rahmenbestimmungen erlassen sollte. Eine zu enge Auffassung von Verländerung bzw. Landeshoheit oder Privathoheit führt zu einem letztlich unergiebigen "Sozialausbildungspuzzle", wo bei gleicher sozialer Problemlage etwa in Niederösterreich etwas anderes unterrichtet wird als in Wien, Kärnten oder in der Steiermark. Ein solches Verständnis von Eigenständigkeit dürfte sich in Zeiten der EU nur allzubald als kontraproduktiv erweisen.

LITERATUR

Bäumer, G.: Die historischen und sozialen Voraussetzungen der Sozialpädagogik und die Entwicklung ihrer Theorie. In:Nohl, H., Pallat, L. (Hg): Handbuch der Pädagogik. Bd 5. Langensalza 1929, S. 3–17.

Böhnisch, L.: Sozialpädagogisches Handeln als Grundlage sozialer Infrastruktur in den neuen Bundesländern. In: Technische Universität Dresden (Hg): Wege entstehen beim Gehen. Dresden 1994, S. 213–224.

Graber-Dünow, M.: Was bringt Sozialarbeit in der stationären Altenhilfe. In: Sozialmagazin 1997, Heft 6, S. 14–21.

Lüders, Ch.: Der wissenschaftliche ausgebildete Praktiker. Weinheim 1989.

Merten, R., Sommerfeld, P., Koditek, Th. (Hg): Sozialarbeitswissenschaft – Kontroversion und Perspektiven. Neuwied 1996.

Mollenhauer, K.: Die Ursprünge der Sozialpädagogik in der industriellen Gesellschaft. Weinheim 1959.

Mollenhauer, K.: Einführung in die Sozialpädagogik. Weinheim 1964.

Mollenhauer, K.: Erziehungswissenschaft und Sozialpädagogik/Sozialarbeit. In: Sozialwissenschaftliche Literaturrundschau 1988, Heft 17, S. 53–58.

Mollenhauer, K.: Über Mutmaßungen zum "Niedergang" der Allgemeinen Pädagogik. In: Zeitschrift für Pädagogik 1996, Heft 2, S. 277–285. (1996a)

Mollenhauer, K.: Kinder- und Jugendhilfe. Theorie der Sozialpädagogik – ein thematisch – kritischer Grundriß. In: Zeitschrift für Pädagogik 1996, Heft 6, S. 869–886. (1996b)

Mühlum, A.: Sozialarbeit und Sozialpädagogik. Frankfurt/M. 19962.

Scheipl, J., Rinder, B., Skergeth-Lopic: Sozialpädagogisch relevante Ausbildungsgänge in Österreich – eine erste Annäherung. In: Sozialarbeit in Österreich 1997, Heft 4, (im Druck).

Schulorganisationsgesetz 1962 in der geltenden Fassung.

Schweppe, C.: Soziale Arbeit mit alten Menschen: Eine Neuorientierung ist gefragt. In: Neue Praxis 1994, Heft 6, S. 502–508.

Steinhauser, W.: Die Geschichte der Ausbildung zur professionellen Sozialarbeit in Österreich. In: Sozialmagazin 1995, Heft 1, S. 27–44.

Thiersch, H.: Lebensweltorientierte Soziale Arbeit. Weinheim 1992.

Thiersch, H., Rauschenbach, Th.: Sozialpädagogik/Sozialarbeit: Theorie und Entwicklung. In: Eyferth, H., Otto, H., Thiersch, H. (Hg): Handbuch zur Sozialarbeit/Sozialpädagogik. Neuwied 1984, S. 984–1016.

Lehr- und Ausbildungspläne

Mittlere berufsbildende Schulen

Erlaß des BMUK: Zl. 21-635/1-III/4/97 vom 20. Juni 1997 (Fachschule f. -Familienhilfe u. f. Altendienste und Pflegehilfe); 85. Erlaß im Verordnungsblatt, 8. Stk. 1997 (1. Ausgust 1997).

Lehrplan der Fachschule für Sozialberufe: BGBl. Nr. 495/1995, S. 6555–6575.

Sozialberufe: Info der Caritas der Diözese Graz-Seckau 10/94.

Anstalten der Lehrer- und Erzieherbildung/Akademie f. Sozialarbeit

Lehrplan der Akademie für Sozialarbeit. 991. Verordnung, in: BGBl. Nr. 306/1994, S.

7207–7221; zit. als SOZAK.
Lehrplan des KOLLEGS für Sozialpädagogik. 328. Verordnung, in BGBl. Nr. 109/1996; S.
2528–2579; zit. als KOLLEG 1996
Lehrplan für die Bildungsanstalt für Kindergartenpädagogik. 514. Verordnung, in: BGBl. Nr.
176/1992.
Lehrpläne für die Bildungsanstalt für Erzieher. 105. Verordnung, in: BGBl. Nr. 355/1985.
Lehrpläne für die Bildungsanstalt für Sozialpädagogik. 701. Verordnung, in: BGBl. Nr.
258/1993; S. 5855–5956.
Lehrplan für die höhere Bundeslehranstalt für wirtschaftliche Berufe. Ausbildungsschwerpunkt: Gesundheit und Soziales. 534. Verordnung, in: BGBl. Nr. 171/1996, S.
3604–3605.

Außerschulische Jugendarbeit
Ausbildung für Jugendarbeit. Verein für Kommunale Jugend- und Kulturarbeit (JUK). Graz.
Graz 1994.
Außerschulische Jugendarbeit. Seminarplan "Grundkurs". Landesjugendreferat Steiermark.
Graz o.J. (Folder)
Lehrplan des Lehrganges für Jugendbetreuer. Abendschule für Sozialarbeit des BFI-OÖ.
Linz 1992 (BMUK Zl. 17.690/5-III/4/92).
Lehrplan für die Lehranstalt für pastorale Berufe des Seminars für Kirchliche Berufe. Wien
1982 (BMUK GZ. 21.787/2-4/82)
Wiener Jugendleiterschule- Grundkurs-Lehrplan. Verein Wiener Jugendkreis. Wien 1989.
Ausbildung zum/zur Sozial- und Berufspädagogen/in. Institut für Sozial- und Berufspädagogik. Graz 1995.

Tagesmütter
Ausbildung für Tagesmütter. Verein Tagesbetreuung. Feldkirch 1995.
Ausbildung zur Tagesmutter. Verein Aktion TM OÖ. Linz 1988.
Ausbildungskonzept für Tagesmütter. Arbeitsvereinigung der Sozialhilfeverbände Kärntens
– Klagenfurt 1995.
Bildungskonzept für TM des NÖ Hilfswerkes. Wien 1994.
Heilpädagogische Familienerziehung. Verein Pflege- und Adoptiveltern Linz. Linz 1991
Tagesmutter-Ausbildung in Wels. Verein Tagesmütter – Wels. Wels 1995.
Tagesmütterausbildung. Verein TM-Graz – Steiermark. Graz o.J.

Ehe-, Familien- Lebensberater
Lehrgang für die Ausbildung in Ehe-, Familien- und Lebensberatung. Lehranstalt der Erzdiözese Wien. Wien o.J.
Lehrplan für die Ausbildung in Familien- und Gruppenarbeit. Lehranstalt der Diözese Feldkirch. Bregenz 1991 und 1996.
Lehrplan für die Ausbildung zum Erziehungs- und Jugendberater. Lehranstalt Dr. J. Plankensteiner. Innsbruck. Innsbruck o.J.
WIFI-Lehrgang Lebensberatung. WIFI-NÖ St. Pölten 1994.
Lehrplan für Interdisziplinäre Frühförderung und Familienbegleitung. Privatakademie für
Interdisziplinäre Frühförderung und Familienbegleitung. Graz 1997.

Leitungsfunktionen
Diplomlehrgang Sozialmanagement Schloß Hofen (Vbg) o.J.
Lehrgang für Leitungsfunktionen in der Sozialarbeit – Sozialmanagement. Ausbildungszentrum Waiern. Feldkirchen o.J.
Speziallehrgang für Leitungsfunktionen in der Sozialarbeit. Lehranstalt für Sozialberufe der Caritas der Erzdiözese Wien. Wien o.J.

Hubert Stigler

Jugendlicher Alkohol- und Zigarettenkonsum

Zur Genese jugendlichen Sucht- und Risikoverhaltens

Im folgenden werden Ergebnisse einer Repräsentativerhebung berichtet, in deren Rahmen rund 5100 steirische Jugendliche zwischen dem 12. und 20. Lebensjahr aus einer Normalpopulation in Einzel- und Gruppeninterviews zu ihrem Umgang mit legalen und illegalen Drogen befragt wurden. Im Rahmen der Arbeiten zur dieser Studie wurde ein Erhebungsinstrument konstruiert, das neben epidemiologischen Angaben zum Suchtmittelkonsum auch eine Reihe von Fragen zur sozialen bzw. psychischen Befindlichkeit und Indikatoren zur Erfassung lebenswelt-spezifischer Aspekte der untersuchten Jugendlichen enthält.

1. Problemaufriß

Dem legalen Drogengebrauch von Jugendlichen, dem Genuß und Konsum von Alkohol und Tabak, wird in der Regel erst dann Aufmerksamkeit entgegengebracht, wenn gesellschaftlich tolerierte Formen des Konsums nach außen hin deutlich überschritten werden (z.B. wenn eine Alkoholabhängigkeit vorliegt). Gegenüber illegalen Drogen zählen Tabak- und Alkoholprodukte zu den kulturell integrierten Drogen, deren Gebrauch im Hinblick auf eine Problematisierung gegenwärtig noch weit weniger Beachtung findet als beispielsweise der Konsum von Haschisch, Ecstasy oder harten illegalen Substanzen.

Zigaretten- und Alkoholkonsum stellen vor allem für Erwachsene ein sozial weithin akzeptiertes und legitimiertes Handeln dar und sind fundamentaler Bestandteil des Ausschöpfens kultureller Verhaltensangebote und Selbstdarstellungsformen (Franzkowiak 1986). Die Konsumanreize und -angebote, die durch Werbung und Medien stets aufs neue wirksam unterstrichen werden, sind dabei im gesellschaftlichen Zusammenleben so fest verankert, daß insbesondere diejenigen, die keinen Alkohol trinken, unter einem ständigen Begründungszwang für ihre Abstinenz stehen. So fühlt sich ein Großteil von Jugendlichen unter einem erheblichen sozialen Druck, wenn sie in ihrer sozialen Umgebung dem Angebot des Alkoholtrinkens widersprechen wollen (Jacobsen/Stallmann et al. 1987). Es erscheint daher auch wenig verwunderlich, daß in einer Gesellschaft, in der Alkohol- und Zigarettenkonsum für einen Großteil der erwachsenen Mitglieder integraler Bestandteil vieler sozialer Situationen ist, auch die Nachfolgegeneration die kulturell adaptierten und nicht die minoritären Abstinenzregeln übernimmt (Fahrenkrug 1980).

Studien, die insbesondere eine entwicklungstheoretische oder soziologische Perspektive an den legalen Drogengebrauch herantragen, unterstreichen den alters- und lebensereignisbezogenen Verlauf des Gebrauchs von Tabak- und Alkoholprodukten (Silbereisen/Kastner 1987). Der Gebrauch von Alkohol und Tabak und insbesondere auch intensive und problematische Konsummuster erweisen sich als eng verknüpft mit den kontextuellen und sozial konturierten, lebenslaufbezogenen Übergängen und Einschnitten, die während des Lebens gemeistert werden müssen.

So konnten z.B. an Jugend- und auch Erwachsenenpopulationen die negativen Auswirkungen von kritischen Lebensereignissen auf den Alkohol- und Zigarettenkonsum nachgewiesen werden. Der älteste Beleg in dieser Hinsicht dürfte die bekannt gewordene Marienthal-Studie von Jahoda, Lazarsfeld und Zeisel sein. Neuere Studien belegen diesen Zusammenhang auch für Heranwachsende (Schmitt 1988).

Viele Studien unterstreichen auch deutlich den Stellenwert des Konsums legaler Drogen im Zusammenhang mit der Bewältigung von Anforderungen in neuen Rollen- und Lebenskonstellationen. Offensichtlich übernimmt der Konsum dieser Substanzen entscheidende Funktionen bei der Bewältigung lebenslagen-, phasen- sowie ereignisbezogener Anforderungen.

Als guter Prädiktor jugendlichen Rauchens und Trinkens erweist sich in vielen einschlägigen Studien die Gleichaltrigengruppe, die offenbar mit zunehmendem Alter der Jugendlichen auch Verhaltensstandards im Umgang mit legalen Drogen setzt (Silbereisen/Kastner 1987). Viele Befunde zeigen, daß Eltern zwar durch ihr eigenes Verhalten im Umgang mit Tabak und

Alkohol einen großen Einfluß auf Heranwachsende ausüben, daß sich jedoch dieser Einfluß in dem Maße verliert, wie Jugendliche sich mit Rauch- und Trinkgewohnheiten der insgesamt einflußreicheren peer group konfrontiert sehen.

Weitere Befunde weisen problematische und offenbar als belastend empfundene Lebensbedingungen als Auslöser für den Tabak- und Alkoholkonsum aus. Die Studie von Labouvie (1987) versucht nachzuweisen, daß der Alkoholkonsum deutlich mit einem überdurchschnittlichen Ausmaß an Streß korrespondiert. Jugendliche, die innerhalb dieser Studie über kritische Lebensereignisse (life-events) berichteten, sowie über ein geringes Selbstwertgefühl verfügten, griffen intensiv zu Alkohol, der offenbar zur Reduzierung und Bewältigung der begleitenden emotionalen Streßreaktionen dient.

Die Studien von Wills (1985) können in einer 12-15jährigen Population von Jugendlichen innerhalb einer Streß-Coping-Theorie Zusammenhänge zwischen (subjektiv empfundenen) Streßfaktoren und dem Tabak- und Alkoholkonsum berichten. Beispielsweise führten aggressive Coping-Strategien oder auch hilfesuchende Strategien in Form von Kontaktsuche und -intensivierung zu peers zu einer deutlichen Verstärkung des legalen Drogengebrauches, während Problemlösungstechniken eine inverse Beziehung zum Drogengebrauch zeigten.

2. Epidemiologische Befunde zum Alkohol- und Zigarettenkonsum

Die Ergebnisse der steirischen Studie zeigen deutlich, daß der Konsum von Alkohol und Zigaretten für eine große Gruppe der Jugendlichen zum fast alltäglichen Verhaltensrepertoire gehört: Mehr als ein Drittel aller Jugendlichen gibt an, mehrmals pro Monat Bier, Wein u.ä. zu trinken. Ein Viertel der befragten Jugendlichen konsumiert mit der selben Häufigkeit harte Alkoholika. Der Anteil der rauchenden Jugendlichen liegt mit 44% ähnlich hoch. Betrachtet man den regelmäßigen Konsum dieser Substanzen, so zeigt sich folgendes Bild: Rund 13% der Jugendlichen konsumieren regelmäßig weiche Alkoholika. Harte Alkoholika werden von 5% der Untersuchten regelmäßig getrunken. Ein Viertel der Jugendlichen greift täglich zur Zigarette.

Der jugendliche Konsum von Alkohol und Zigaretten kann als stark altersabhängiges Phänomen bezeichnet werden. Betrachtet man die eben angeführten Prozentanteile altersbezogen, zeigt sich ein kontinuierlicher Anstieg des Konsums weicher Alkoholika bis zur Altersgruppe der 16jährigen auf rund 60%. Jeder Fünfte 16-20jährige gibt sogar an, regelmäßig weiche Alkoholika zu konsumieren. Ein ähnlicher Verlauf zeigt sich auch beim Zigarettenkonsum: Ein deutliches Ansteigen der Prozentanteile ist jedoch schon in der Altersgruppe der 14-15jährigen Jugendlichen zu beobachten.

Tab 1: Konsum legaler Drogen und stimulierender Getränke nach Alter

	12-13 jährige %	14-15 jhg. %	16-17 jhg. %	18-20 jhg. %	Gesamt %
Alkoholaffintät	6,6	23,7	37,0	40,3	26,9
Gelegentlicher Konsum weicher Alkoholika	9,2	30,5	55,0	59,3	37,8
Gelegentlicher Konsum harter Alkoholika	5,6	24,1	43,5	31,7	25,4
Gelegentlicher Zigarettenkonsum	22,0	47,6	54,1	52,2	43,7
Regelmäßiger Konsum weicher Alkoholika	3,2	11,9	21,1	19,3	13,6
Regelmäßiger Konsum harter Alkoholika	2,0	5,7	9,0	3,7	5,0
Regelmäßiger Zigarettenkonsum	4,9	24,5	36,1	38,5	25,6
Regelmäßiger Konsum beflügelnder Getränke	8,3	13,7	9,4	8,9	10,5
Regelmäßiger Konsum koffeinhaltiger Limonaden	37,1	47,1	34,7	30,8	38,9
Regelmäßiger Kaffeekonsum	34,0	44,8	52,2	60,1	46,0
n =	1309	1370	1171	1278	5128

Betrachtet man den Ausbildungsstatus der befragten Jugendlichen, werden besondere Risikogruppen deutlich. Die Gruppe der Lehrlinge zeigt die höchsten Konsumraten: Rund ein Drittel der Lehrlinge konsumiert regelmäßig weiche Alkoholika; fast die Hälfte greift regelmäßig zur Zigarette. Mit deutlichem Abstand folgen AHS-Oberstufen- und Hauptschüler. AHS-Unterstufenschüler weisen die geringsten Risikoraten auf.

Hinsichtlich des Alkoholkonsums – vor allem des regelmäßigen – weisen weibliche Jugendliche deutlich moderatere Konsummuster auf als ihre männlichen Altersgenossen. Beim Zigarettenkonsum hingegen zeigen sich keine geschlechtsbezogenen Unterschiede hinsichtlich des Konsumverhaltens: 44% der weiblichen und männlichen Jugendlichen greifen zumindest mehrmals pro Woche zur Zigarette.

Im Kindes- und Jugendalter übernehmen sowohl die Eltern als auch die Gleichaltrigengruppe eine wesentliche Funktion bei der Ausformung von Verhaltens- und Handlungsweisen. Die Daten liefern eine Reihe von Befunden, die diese Bedeutung der Familie und des Freundeskreises hinsichtlich des Suchtmittelkonsumverhaltens von Jugendlichen belegen. Hinsichtlich einer Fremdbeurteilung befragt, geben rund 60% der über 16jährigen an, daß Alkohol im Freundeskreis selbstverständlich ist und meist dazu gehört.

Im Unterschied zum Alkoholkonsum werden die ersten Raucherfahrungen weniger durch den familialen Kontext initiiert, sondern als Probierkonsum gemeinsam mit Freunden erlebt. Als Einstiegsalter in das Rauchen kann die Phase um das 14. Lebensalter bezeichnet werden: Während nur rund ein Fünftel der 12-13jährigen Jugendlichen angibt zu rauchen, erhöht sich dieser Anteil in der Altersgruppe der 14-15jährigen (in allen weiteren Alterskohorten konstant) auf fast 50%. Dieses Einstiegsalter erweist sich als unabhängig von anderen Untersuchungsmerkmalen: Weder geschlechtsbezogen, noch hinsichtlich des Ausbildungsstatus der untersuchten Jugendlichen zeigen sich gegenläufige Trends.

Lehrlinge können auch in bezug auf den Zigarettenkonsum als besondere Risikogruppe bezeichnet werden: 65% sind als tabakaffin zu bezeichnen. Über ein Drittel der Lehrlinge greift sogar regelmäßig zur Zigarette. Auch bezüglich der Konsummengen liegen Lehrlinge deutlich über den altersgleichen Schülern: Während 40% der rauchenden Lehrlinge mehr als 10 Zigaretten täglich rauchen, reduziert sich dieser Anteil bei den rauchenden AHS-Oberstufenschülern fast um die Hälfte auf 23%.

3. Sozialwissenschaftliche Modelle und ihre Befunde

Im folgenden Abschnitt soll nun über eine rein epidemiologische Betrachtungsweise des vorliegenden Datenmaterials hinausgegangen und Befunde diskutiert werden, die als Beitrag zur Klärung der Genese von Suchtverhalten unter Jugendlichen verstanden werden können. Zunächst soll dazu ein theoretischer Bezugsrahmen hergestellt werden, der im daran anschließenden Abschnitt mittels multivariater logistischer Regressionsmodelle einer empirischen Überprüfung unterzogen wird.

Legaler Drogengebrauch während des Jugendalters ist nicht nur der Ausdruck einer Gefährdung, die sich allein durch das Alter erklären ließe. In verschiedensten Erklärungsmodellen zum legalen Drogenkonsum von Jugendlichen finden sich Hinweise, daß vor allem Prozesse, die mit der Ausgestaltung und Bewältigung von Entwicklungsaufgaben und -anforderungen korrespondieren, für den legalen Drogengebrauch im Jugendalter entscheidend zu sein scheinen. Wie viele Studien belegen, wirken schul- und familienbezogene Belastungsmomente konsumfördernd im Hinblick auf Suchtmittel: Schulleistungen, die nicht den elterlichen Erwartungen entsprechen, Rückschläge im schulischen oder beruflichen Wettbewerbsprozeß, Meinungsverschiedenheiten und Streit im Elternhaus. Diese zum Teil schwierigen Lebensbedingungen erfordern subjektiv von vielen Jugendlichen ein erhöhtes Maß an Bewältigungskapazität, was auch die Gefahr in sich birgt, daß in das Verhaltensrepertoire eine vorrangig am (unmittelbaren) subjektiven Nutzen orientierte Strategie der Bewältigung eingeschlagen wird. Franzkowiak (1987) hat diesen Aspekt unter dem Gesichtspunkt von gesundheitsrelevanten Verhaltensweisen Jugendlicher im Auge, wenn er von der subjektiven Vernunft risikoreichen Verhaltens – und dazu zählen auch Rauchen und Trinken – spricht.

Den von Jugendlichen im schulischen und familialen Bereich zu lösenden Entwicklungsaufgaben korrespondieren im Bereich der Beziehung zu Gleichaltrigen Anforderungen, die sich als Aufgabe des Aufbaues von stabilen (gegengeschlechtlichen) Beziehungen zu peers bei gleichzeitig verlaufender sozialer und vor allem emotionaler Loslösung von den Eltern beschreiben lassen (Hurrelmann 1988). Ein ganz entscheidendes Moment in Hinblick auf den Konsum legaler Drogen im Jugendalter bildet vor allem mit zunehmendem Alter eben diese Gleichaltrigengruppe. Im Gegensatz zum Elternhaus finden Jugendliche dort in ihrem subjektiven Befinden mehr Verständnis und Geborgenheit und größere Interessensübereinstimmung. Allerbeck, Hoag (1985) verweisen in ihrer Studie darauf, daß die Clique als Gesellungsform von Jugendlichen von einem Minderheitsmuster in der Vergangenheit heute zu einem Mehrheitsmuster geworden ist. Cliquen sind ein wichtiger Entwicklungsschauplatz, wo die Bedürfnisse nach der Erprobung von sozialen Bindungen und Kontakten, nach sozialer Anerkennung und nach Formen der Selbstdarstellung ebenso eine Rolle spielen wie die Demonstration von Attributen und die Gruppe tragenden Werte und Normen nach außen. Dem Jugendlichen gestattet sie dabei die Chance, erste noch unverbindliche Schritte des Erprobens und Aushandelns von Rollenmustern und Identitätsbildern. Sich in einem solchen Forum zu bewegen, mag deshalb auch einen günstigen Rahmen bieten, sich mit zukünftigen erwachsenenähnlichen Rollenanforderungen auseinanderzusetzen, wozu auch der experimentierende Umgang mit legalen – aber auch illegalen – Drogen gehört.

In einem kulturellen und sozialen Rahmen, in dem sich Jugendliche permanent mit der Frage des Tabak- Alkoholkonsums konfrontiert sehen, werden auch ihnen die durch ihre soziale Umwelt vorgelebten und signalisierten Funktionen und Nutzen des Gebrauchs legaler Drogen nicht unentdeckt bleiben. Wie vielfach ausgewiesen, spielen in diesem Zusammenhang, insbesondere Erwachsene (Eltern) als Vorbild eine wesentliche Rolle. Jugendliche finden in der Erwachsenenwelt ein unerschöpfliches Reservoir an Verhaltensvorbildern eines ungesunden Lebensstils. Rauchen und Trinken kann für Jugendliche in diesem Sinne geradezu zum Attribut des von ihnen angestrebten Erwachsenenstatus werden. Der Griff zur Zigarette oder das Trinken alkoholischer Getränke zählt bei vielen sozialen Anlässen zum Standardrepertoire kulturell definierten Verhaltens. Aufmerksamkeit erregt weniger zu trinken oder zu rauchen, sondern – im Gegenteil – darauf zu verzichten (Hurrelmann 1994). Dies erfordert von den Jugendlichen ein hohes Maß an Ich-Stärke, um sich diesen, von Familie oder Gleichaltrigengruppe vorgegebenen, Verhaltensmustern zu verweigern.

Der Konsum alkoholischer Getränke und Zigaretten spielt also in unserem Kulturkreis auch bei vielen Gelegenheiten eine Rolle, bei denen weniger Problembewältigung als vielmehr das soziale Ereignis per se den Konsumanlaß darstellt. Sei es die Familienfeier oder das Fest für die bestandene Prüfung, der abendliche Gang in die Diskothek oder das gesellige Beisammensein von FreundInnen. Nur selten wird dabei auf Alkohol verzichtet. Dies trifft auf die

Erwachsenenwelt und auf die Welt der Jugendlichen zu. Die Droge ist in solchen Situationen mehr als nur (vermeintlicher) Problemlöser oder Seelentröster. Jedenfalls kann dies nicht als generelles Motiv unterstellt werden. Welche Funktionalität oder Dysfunktionalität der Konsum von legalen Drogen in solchen Situationen letztlich auch haben mag, auf der Ebene des subjektiven Erlebens können dabei im Prinzip unterschiedlichste Gefühle zum Tragen kommen. Im Rahmen der im folgenden diskutierten Modelle wurde daher auch gefragt, inwieweit im Jugendalter der Konsum von Zigaretten und Alkoholika im Rahmen einer (umfassenderen) Lebenssituation erfolgt, in der positive oder negative Gefühle überwiegen.

Multivariate Zusammenhangsanalysen sollen im folgenden dazu dienen, über rein epidemiologische Befunde hinausgehende empirische Ergebnisse zur Klärung von jugendlichem Suchtverhalten zu liefern. In zwei primären logistischen Regressionsmodellen werden Angaben über den legalen Drogenkonsum zu den Lebenssituationen der Jugendlichen in Beziehung gesetzt: In einem Belastungsmodell und einem Vulnerabilitätsmodell wird versucht zu klären, in welchem Ausmaß sich die Konsummuster der Jugendlichen aus ihren Lebensverhältnissen (akute und chronische Belastungen), subjektiven Lebensgefühlen und ihrer individuellen Befindlichkeit statistisch erklären und lebensweltlich verstehen lassen. Diese beiden Modelle fassen die wichtigsten theoretischen Konzepte zusammen, innerhalb derer die Entwicklung jugendlichen Drogenkonsums gesehen werden kann (Engel, Hurrelmann 1989; Nordlohne 1992; Reuband 1994).

3.1 Belastungsmodell

Für das im folgenden diskutierte Belastungsmodell wurden solche Variablen als Prädiktoren für den legalen Drogenkonsum von Jugendlichen ausgewählt, die psychosoziale Belastungspotentiale der untersuchten Jugendlichen erfassen: Generationskonflikte, Probleme mit Gleichaltrigen, schulische Leistungsprobleme und der Erziehungsstil der Eltern. Daneben wurden aber auch Belastungsmomente bzw. Ereignisse (life events) erhoben, die in früheren Phasen der Biographie der Jugendlichen eingetreten sein können, und von denen anzunehmen ist, daß sie nachhaltige Auswirkung auf die aktuelle soziale Befindlichkeit der Jugendlichen haben könnten: Scheidung der Eltern, schwere Krankheiten in der Familie, der Tod eines Familienmitgliedes oder eine etwaige Arbeitslosigkeit der Eltern. Strukturelle Aspekte des sozialen

Kontextes der Jugendlichen (Familientypus und Wohnsituation: Kernfamilie, erweiterte Kernfamilie, Stief- bzw. Alleinerzieherfamilie) als indirekte Indikatoren für etwaige Belastungspotentiale wurden ebenso im Modell berücksichtigt, wie der in vielen Untersuchungen immer wieder hervorgehobene familiale Hintergrund hinsichtlich des Konsums legaler Drogen. Der elterliche Alkohol- und Zigarettenkonsum wurde dabei ebenso erhoben, wie der Umgang mit diesen Substanzen in der Gleichaltigengruppe und in der Schule bzw. am Arbeitsplatz.

Weiters fanden zusätzliche, theoretisch nicht unmittelbar begründete, aber doch für das Modell bestimmende Moderatorvariablen als Prädiktoren Verwendung: der Grad der sozialen Integration in Familie und Gleichaltrigengruppe, die für die Jugendlichen bestimmenden Problembewältigungsstrategien (Coping), der Berufsstatus von Vater bzw. Mutter und soziodemographische Angaben wie Geschlecht, Alter und Ausbildungsstatus der Jugendlichen.

Hinweise für die Bedeutung der Gleichaltrigengruppe für den legalen Drogenkonsum von Jugendlichen zeigen sich bei Betrachtung der Ergebnisse im Belastungsmodell mehrfach. Sowohl bezüglich des Alkohol- als auch des Zigarettenkonsums weisen eine Reihe von Prädiktorvariablen, die Aspekte der Gleichaltrigengruppe erfassen, auf einen Risikozuwachs des Konsums von legalen Drogen hin. Hoch signifikante Zusammenhänge zeigen sich etwa zwischen regelmäßigem Konsum von weichen und harten Alkoholika und dem Umgang mit Alkohol in der Gleichaltrigengruppe: Jugendliche, die angeben, daß in ihrem Freundeskreis Alkohol, aber auch illegale Drogen konsumiert werden, zeigen auch selber höhere Konsumwahrscheinlichkeiten.

Aber auch in der Herkunftsfamilie finden sich Belastungspotentiale für den Konsum legaler Drogen: Das Risiko für Jugendliche mit rauchenden Eltern, selbst regelmäßig zu rauchen, beträgt das 2,3fache jener Jugendlichen, deren Eltern nicht rauchen.

Wenn Jugendliche angaben, daß zumindest ein Elternteil regelmäßig raucht, wurde die Variable Familienhintergrund: Zigarettenkonsum entsprechend kodiert. Aber auch bezüglich des regelmäßigen Alkoholkonsums zeigt sich hinsichtlich der familialen Konsummuster ein hoch signifikanter Zusammenhang: Für Kinder deren Eltern regelmäßig Alkohol konsumieren, beträgt das Risiko, selbst regelmäßig Alkohol zu trinken, das 1,7fache der entsprechende Kontrastgruppe.

Ein Blick auf psychosoziale Belastungsindikatoren zeigt mehrere Potentiale hinsichtlich des Konsums von Alkohol und Zigaretten: Jugendliche, die angeben, durch Konflikte mit den Eltern stärker belastet zu sein, neigen insgesamt eher zum Konsum legaler Drogen als Jugendliche der entsprechenden Kontrastgruppe. Weitere Hinweise für den Stellwertkonsum des Alkohol- und Zigarettenkonsums und seiner Anwendung als subjektive Bewältigungsstrategie in Problemsituationen lassen sich in den Ergebnissen finden: Vor allem hinsichtlich des regelmäßigen Alkoholkonsums – aber auch des Zigarettenkonsums von Jugendlichen – zeigen vorhandene Belastungspotentiale, die durch Ereignisse in der Biographie der Jugendlichen aufgebaut wurden, signifikante Zusammenhänge mit dem Konsumverhalten:

Leistungsversagen in der Schule, Bruchlinien in der Biographie (Scheidung der Eltern, abgebrochenen Bildungswege, Krankheiten) u.ä.

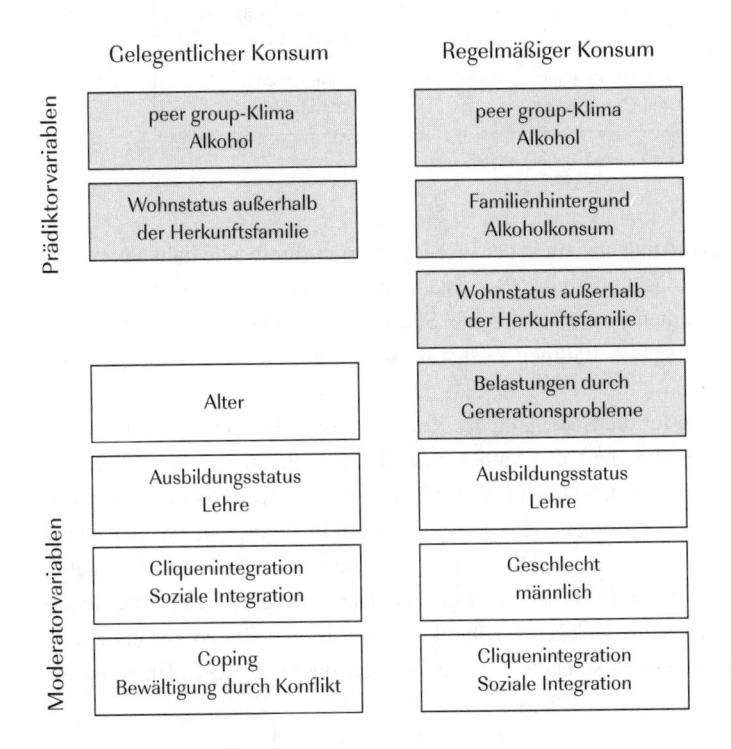

**Abb 1: Konsum weicher Alkoholika –
Signifikante Prädiktoren im Belastungsmodell**

	Gelegentlicher Konsum	Regelmäßiger Konsum
Prädiktorvariablen	peer group-Klima Alkohol	peer group-Klima Alkohol
	Wohnstatus außerhalb der Herkunftsfamilie	Familienhintergund Alkoholkonsum
		Wohnstatus außerhalb der Herkunftsfamilie
Moderatorvariablen	Alter	Belastungen durch Generationsprobleme
	Ausbildungsstatus Lehre	Ausbildungsstatus Lehre
	Cliquenintegration Soziale Integration	Geschlecht männlich
	Coping Bewältigung durch Konflikt	Cliquenintegration Soziale Integration

Abb 2: Konsum harter Alkoholika – Signifikante Prädiktoren im Belastungsmodell

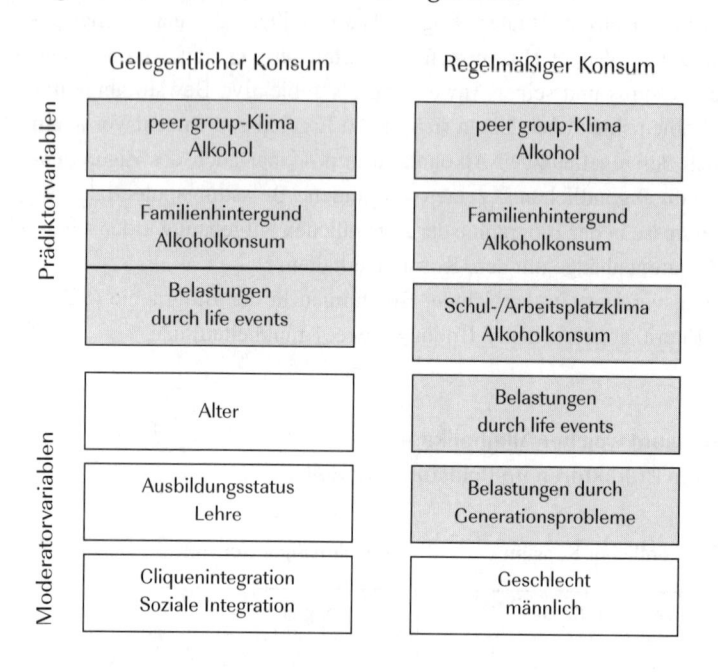

	Gelegentlicher Konsum	Regelmäßiger Konsum
Prädiktorvariablen	peer group-Klima Alkohol	peer group-Klima Alkohol
	Familienhintergund Alkoholkonsum	Familienhintergund Alkoholkonsum
	Belastungen durch life events	Schul-/Arbeitsplatzklima Alkoholkonsum
Moderatorvariablen	Alter	Belastungen durch life events
	Ausbildungsstatus Lehre	Belastungen durch Generationsprobleme
	Cliquenintegration Soziale Integration	Geschlecht männlich

Andere den sozialen Kontext der Jugendlichen beschreibende Indikatoren, wie der Berufsstatus der Familie (Berufstätigkeit bzw. Arbeitslosigkeit der Eltern) und der Familientypus (Kernfamilie, Stieffamilie, Alleinerzieher), zeigen hingegen keinen überzufälligen Zusammenhang mit den Konsummustern von Jugendlichen.

Hinweise für die Bedeutung des Konsums von Alkohol und Zigaretten als Strategie des Zugangs, der Aufnahme und Eingliederung in die Gleichaltrigengruppe zeigen sich bei näherer Betrachtung der Effektstärken einiger weiterer Moderatorvariablen. Der Grad der sozialen Integration in die Gleichaltrigengruppe stellt sich hierbei für alle Kriteriumsvariablen des legalen Drogenkonsums als bedeutsame Größe dar. Die Wahrscheinlichkeit des regelmäßigen Konsums weicher Alkoholika ist für in eine Clique gut integrierte Jugendliche doppelt so hoch als für Mitglieder der entsprechenden Kontrastgruppe.

Jene Gruppe, die angibt, zumindest mehrmals pro Monat weiche oder harte Alkoholika zu konsumieren, läßt sich über das Belastungsmodell nur bedingt charakterisieren. Nur die Art des Umganges mit Alkohol in der Gleichaltrigengruppe muß als bedeutsam genannt werden. Ein durchschnittlich 3fach erhöhtes Risiko zeigt sich für die Kriteriumsvariablen *Alkoholkonsum, Konsum weicher* bzw. *harter Alkoholika* dann, wenn in der peer group Alkoholtrinken zum Standardverhaltensrepertoire gezählt werden kann. In Verbindung mit einer guten sozialen Verankerung in der Gleichaltrigengruppe (erhöhte Risikoraten für soziale Integration und Cliquenintegration) erhöht sich das Konsumrisiko noch zusätzlich.

Ergebnisse zu einzelnen Kriteriumsvariablen
Der *Zigarettenkonsum* ist gut durch eine Vielzahl von Prädiktorvariablen im Belastungsmodell erklärbar. Häufige Konflikte mit den Eltern, das ein- bzw. mehrfache Auftreten leichter oder schwerer Belastungen durch Lebensereignisse, der Familienhintergrund hinsichtlich des Zigarettenkonsums erweisen sich als risikosteigernde Bedingungen für Zigarettenkonsum. Deutlich zeigt sich auch die Abhängigkeit von Alkohol- und Zigarettenkonsum: Ein 2,0fach erhöhtes Risiko ergibt sich, wenn Alkohokonsum in der Gleichaltrigengruppe *selbstverständlich* ist oder *meist dazugehört*.

Jene Gruppe, die angibt, zumindest mehrmals pro Monat weiche oder harte Alkoholika zu konsumieren, läßt sich über das Belastungsmodell nur bedingt charakterisieren. Nur die Art des Umganges mit Alkohol in der Gleichaltrigengruppe muß als bedeutsam genannt werden. Ein durchschnittlich 3fach erhöhtes Risiko zeigt sich für die Kriteriumsvariablen *Alkoholkonsum, Konsum weicher* bzw. *harter Alkoholika* dann, wenn in der peer group Alkoholtrinken zum Standardverhaltensrepertoire gezählt werden kann. In Verbindung mit einer guten sozialen Verankerung in der Gleichaltrigengruppe (erhöhte Risikoraten für soziale Integration und Cliquenintegration) erhöht sich das Konsumrisiko noch zusätzlich.

Regelmäßige Zigarettenkonsumenten zeigen deutlich ausgeprägte Belastungsprofile. Konflikte mit den Eltern (1,4fach erhöhtes Risiko), einfach bzw. mehrfach schwere Belastungen durch kritische Lebensereignisse, der Familienhintergrund hinsichtlich des Rauchens (2,3 fach erhöhtes Risiko) und der Drogenkonsum im Freundeskreis können diese Konsumentengruppe gut beschreiben. Bedeutsam wirken sich diese Belastungspotentiale vor allem ca. ab dem 14. Lebensjahr bei männlichen Jugendlichen aus. Auch für den regelmäßigen Tabakkonsum spielt – wie für den legalen Drogengebrauch insgesamt – der Grad der Integration in die Gleichaltrigengruppe eine bedeutsame Rolle. Die *regelmäßigen Konsumenten weicher Alkoholika* sind vor allem durch den Grad der Integration in die Gleichaltrigengruppe beschreibbar. Gute Cliquenintegration (2fach erhöhtes Risiko), ausgeprägte soziale Integration und das Vorhandensein einer heterosexuellen Freundin oder eines Freundes erweisen sich als bedeutsam. Daneben spielt der Umgang mit Drogen in der peer group eine Rolle: Ist Alkohol in der Gleichaltrigengruppe selbstverständlich oder gehört meistens dazu, erhöht sich die Risikorate um das 4,6fache.

Abb 3: Konsum weicher Alkoholika –
Signifikante Prädiktoren im Vulnerabilitätsmodell

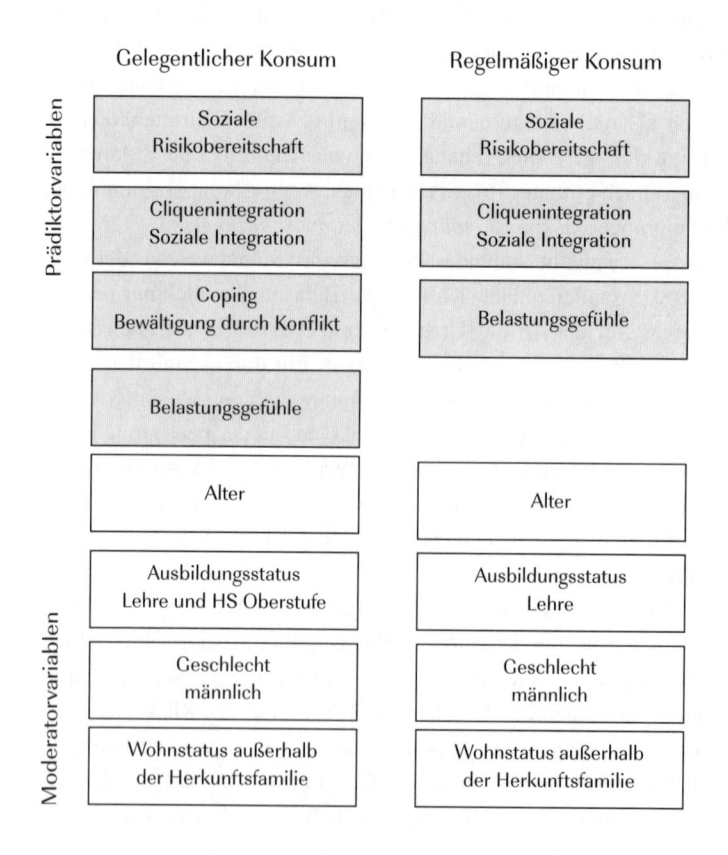

	Gelegentlicher Konsum	Regelmäßiger Konsum
Prädiktorvariablen	Soziale Risikobereitschaft	Soziale Risikobereitschaft
	Cliquenintegration Soziale Integration	Cliquenintegration Soziale Integration
	Coping Bewältigung durch Konflikt	Belastungsgefühle
	Belastungsgefühle	
Moderatorvariablen	Alter	Alter
	Ausbildungsstatus Lehre und HS Oberstufe	Ausbildungsstatus Lehre
	Geschlecht männlich	Geschlecht männlich
	Wohnstatus außerhalb der Herkunftsfamilie	Wohnstatus außerhalb der Herkunftsfamilie

Regelmäßiger Konsum harter Alkoholika läßt sich über das Belastungsmodell sehr gut erklären. Die Belastung durch kritische Lebensereignisse spielt bei dieser Konsumentengruppe eine besondere Rolle. Eine 2,5fach bzw. 1,7fach erhöhte Risikorate findet sich bei dieser Konsumentengruppe, wenn mehrfach leichte bzw. mehrfach schwere Belastungen durch Lebensereignisse aufgetreten sind, und wenn in der Herkunftsfamilie (RR 1,7) und der Gleichaltrigengruppe ein Klima vorherrscht, das den Konsum legaler (RR 4,3) und illegaler (RR 2,5) Drogen begünstigt. Diese Abhängigkeit zeigt sich vor allem bei männlichen Jugendlichen, ist aber weitgehend altersunabhängig zu sehen.

3.2 Vulnerabilitätsmodell

Während im Belastungsmodell ausschließlich situative – die Lebenswelt der Jugendlichen bestimmende Merkmale Berücksichtigung fanden, wurden in das Vulnerabilitätsmodell Prädiktoren aufgenommen, die spezifische Persönlichkeitsdimensionen erfassen. Wie die Untersuchung von Hurrelmann & Engel (1989) zeigt, finden sich als bestimmende Elemente der psychischen Befindlichkeit von Jugendlichen immer wieder (schul-)leistungsbezogene Probleme, gefolgt von Problemen, die sich auf Gleichaltrige beziehen. Als Risikofaktoren erweisen sich dabei überzogene elterliche Erwartung an die (schulische) Leistungsfähigkeit der Jugendlichen, starke Beanspruchung durch schulische oder berufliche Anforderungen, die Struktur des Freundeskreises oder Deprivationserfahrungen im Hinblick auf Gleichaltrige.

Persönliche Strategien des Umganges mit Leistungsanforderungen wurden im Fragebogen über mehrere Meßskalen erhoben. Fragebatterien zur Erfassung von Leistungsmotivation bzw. Anspruchsniveau finden sich ebenso wie solche, die kognitive Zukunftsbezüge der Jugendlichen in Hinblick auf die Erreichung bestimmter Lebensziele erfassen (Zukunftserwartungen liegen vor, wenn bestimmte Ereignisse als möglich wahrgenommen werden). Weiters wurden Skalen berücksichtigt, die verschiedenste Formen von Konflikt- und Problembewältigungsstrategien (Coping) Jugendlicher erheben. Unterschieden wurde hier zwischen passiven (*"Ich gehe ihnen aus dem Weg"*) bzw. sozialen (*"Ich suche Unterstützung bei Freunden oder Freundinnen"*) Bewältigungsformen, und solchen die sich durch Konfliktverhalten (*"Ich stehe zu meiner Meinung und streit' mich durch"*) auszeichnen. Ebenfalls erhoben wurden verschiedene Gefühle, die auf der Ebene des subjektiven Erlebens zum tragen kommen können (Einsamkeits-, Zufriedenheits-, Belastungs- und

Machtlosigkeitsgefühle), welche die Lebenssituation der Jugendlichen bestimmen bzw. von dieser bestimmt werden. Schließlich wurden noch Operationalisierungen von *sozialer Vorsicht versus Risikobereitschaft* in den Fragebogen aufgenommen und im Vulnerabilitätsmodell berücksichtigt.

Als primär risikosteigernde Prädiktoren im Vulnerabilitätsmodell erweisen sich vor allem die Bereitschaft soziale Risken einzugehen, deren Effekt sich bei allen Kriteriumsvariablen zeigt und die schon mehrfach angesprochene Cliquenintegration. Daneben zeigt sich, daß Jugendliche häufig Eßstörungen in Verbindung mit dem Konsum legaler Drogen angeben. Jene, die regelmäßig harte Alkoholika konsumieren, weisen hier ein 2fach erhöhtes Risiko auf. Auch hinsichtlich des Copingverhaltens zeigt sich ein schon mehrfach diskutierter Effekt: Jugendliche, die in Konfliktsituationen aktiv und expressiv reagieren, weisen deutlich höhere Risikoraten auf.

**Abb 4: Konsum harter Alkoholika –
Signifikante Prädiktoren im Vulnerabilitätsmodell**

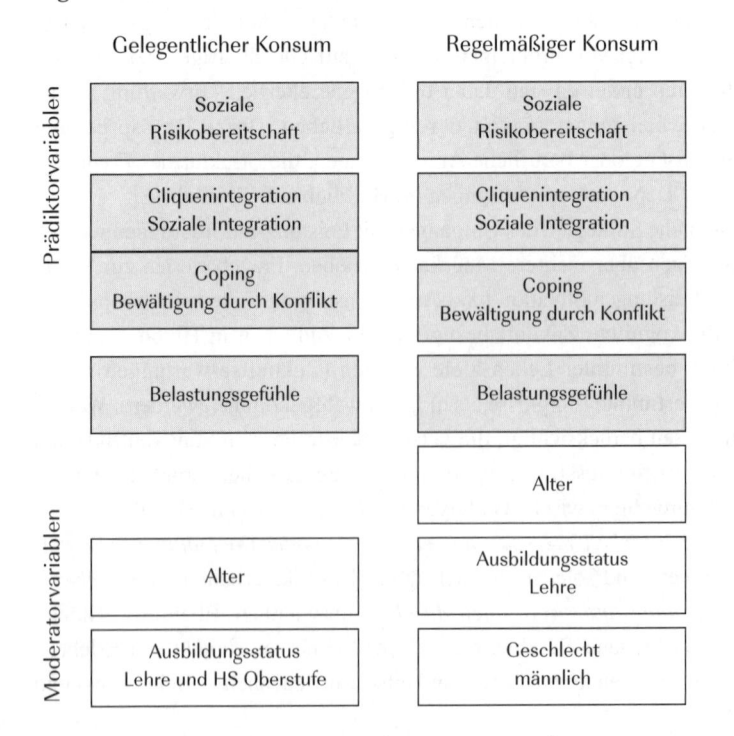

	Gelegentlicher Konsum	Regelmäßiger Konsum
Prädiktorvariablen	Soziale Risikobereitschaft	Soziale Risikobereitschaft
	Cliquenintegration Soziale Integration	Cliquenintegration Soziale Integration
	Coping Bewältigung durch Konflikt	Coping Bewältigung durch Konflikt
	Belastungsgefühle	Belastungsgefühle
Moderatorvariablen		Alter
	Alter	Ausbildungsstatus Lehre
	Ausbildungsstatus Lehre und HS Oberstufe	Geschlecht männlich

Unter den subjektiven Gefühlen, die Jugendliche empfinden, sind auch einige, die sich risikovermindernd auf die Konsumaffinität hinsichtlich legaler Drogen auswirken: Zufriedenheitsgefühle, das Gefühl, daß es im Leben auf Ausdauer und Fleiß ankommt, und eine generelle soziale Vorsichts- und Anpassungsbereitschaft.

Auch hinsichtlich der Moderatorvariablen ergeben sich zunächst nur Zusammenhänge, die schon mehrfach angesprochen wurden: die starke Altersabhängigkeit und moderatere Konsummuster bei den weiblichen Jugendlichen. Eine Ausnahme bildet hier lediglich der Prädiktor *Familientypus* hinsichtlich der beiden Kriteriumsvariablen *Konsum* bzw. *regelmäßiger Konsum weicher Alkoholika*: Jugendliche, die nicht in ihrer Herkunftsfamilie leben, weisen hier ein 2fach erhöhtes Konsumrisiko auf.

Zusammenfassend lassen sich Konsumenten legaler Drogen über das Vulnerabilitätsmodell folgendermaßen beschreiben: Jugendliche mit Bereitschaft soziale Risiken einzugehen, die in Konfliktsituation nicht mit Rückzug sondern aktiv und expressiv reagieren und die gut in die Gleichaltrigengruppe integriert sind. Ein Merkmal das im Vulnerabilitätsmodell riskovermindernd hervortritt, ist hohe Leistungsmotivation. Jugendliche die darauf vertrauen, ihre Lebensperspektiven realisieren zu können, und die Ich-Stärke in Konfliktsituationen einbringen können, weisen signifikant geringere Risikowahrscheinlichkeiten hinsichtlich des Konsums von Alkohol und Zigaretten auf als eine entsprechende Kontrastgruppe.

4. Zusammenfassung und Ausblick

Die Ergebnisse der vorliegenden Studie machen deutlich, daß der Konsum von Alkohol und Zigaretten für viele Jugendliche zum fast alltäglichen Verhaltensrepertoire gehört. Der Gebrauch von Alkohol und Tabakprodukten zeigt in bezug auf das Jugendalter einen stark altersbezogenen Verlauf. Spezifische Risikogruppen hinsichtlich des Alkoholkonsums stellen Lehrlinge und männliche Jugendliche dar; während weibliche Jugendliche deutlich moderatere Konsummuster aufweisen. Der Zigarettenkonsum ist etwa ab dem 14. Lebensjahr sowohl bei weiblichen und männlichen Jugendlichen als weit verbreitet zu bezeichnen.

In der Anwendung sozialwissenschaftlicher Modelle wurde zu zeigen versucht, daß gesundheitsriskante bzw. -gefährdende Verhaltensmuster von

Jugendlichen, zu denen auch der Suchtmittelkonsum zu zählen ist, als Resultat der Auseinandersetzung mit entwicklungsspezifischen Bedingungen in schulischen, familialen sowie gleichaltrigenbezogenen Bereichen zu verstehen sind. Unter dieser Perspcktive stellt sich der Konsum legaler Drogen entwicklungsbezogen als Entlastungs-, Kompensations- oder Ersatzhandlung bei psychischen und sozialen Entwicklungsproblemen sowie psychosozialen Belastungen dar.

Wie kann es nun gelingen, diese gesundheitsgefährdenden Verhaltensmuster im Jugendalter zu reduzieren? Bisher zeigen gängige Konzepte der Gesundheitserziehung, die an einer Methode der Aufklärung und Wissensvermittlung über gesundheitliche Folgerisiken des Alkohol- und Zigarettenkonsums orientiert waren, nur geringe Erfolge. Es scheint sich geradezu ein Dilemma abzuzeichnen, welches sich durch Widerstände Jugendlicher gegen aufklärerische Fingerzeige auszeichnet (Franzkowiak 1986).

Im Bereich der Drogenprävention wurden über Jahre hinweg Ansätze praktiziert, deren Programmatik und Konzeption heute zunehmend kritisch betrachtet wird. Diese auch heute noch in Schule und Jugendarbeit praktizierten Konzepte der Gesundheitserziehung sind auf die Verhütung fixiert, wobei Modelle der *Abschreckung*, heute jedoch mehr jene der *Aufklärung* im Vordergrund stehen. Das Konzept der Abschreckung basiert auf der Annahme, daß die Darstellung negativer Folgen gesundheitsriskanter Verhaltensweisen Furcht und Angst erzeugt, deren abschreckende Wirkung eben diese Verhaltensweisen Jugendlicher positiv beeinflußt. Während dieses Modell der Abschreckung heute weitgehendst der Vergangenheit angehört, dominiert vor allem im schulischen Bereich, das Konzept der Aufklärung, welches davon ausgeht, daß durch Maßnahmen der Informationsvermittlung und Aufklärung eine Wissenserweiterung und Sensibilisierung erreicht wird, die das tatsächliche Verhalten beeinflußt. Auch diese aufklärerischen Strategien sind in der Drogenprävention heute nicht mehr unumstritten. Das reine Wissen um eine u. U. gesundheitsgefährdende Wirkung eines Verhaltens spielt nicht unbedingt eine steuernde Rolle für das eigene Handeln und Verhalten von Jugendlichen, weil sie über ein gegenwartsbezogenes Gesundheitskonzept verfügen, das nicht dem zukunftsorientierten der Erwachsenen entspricht. Sie orientieren ihr Verhalten weniger an dem gesundheitlichen Risiko, als vielmehr an dem psychosozialen, momentanen, subjektiven Nutzen, den sie aus ihrem Verhalten ziehen können (Franzkowiak 1986).

Immer mehr praxisrelevante, Präventionskonzepte orientieren sich an einer Strategie einer umfassenden Gesundheitserziehung; lösen sich von einer rein aufklärerischen, verhaltensregulierenden und individuenzentrierten Perspektive bisheriger Ansätze und beziehen Überlegungen mit ein, die auf eine Erweiterung der Handlungs- und Problemlösungskompetenz der Jugendlichen abzielen. Neben verhaltensbezogener Prävention gilt es dabei auch situative Aspekte zu berücksichtigen und jugendlichen Drogenkonsum in seiner psychosozialen Funktion bzw. im Kontext kultureller und sozialer Bedingungen zu thematisieren.

Die enge Verflechtung gesundheitsgefährdender Verhaltensweisen mit sozio-kulturellen, ökonomischen und sozialen Lebensbedingungen macht hinsichtlich primär- aber auch sekundärpräventiver Überlegungen eine Forcierung jener Ausrichtung notwendig, die programmatisch mit dem Begriff der *Gesundheitsförderung* (vgl. Hurrelmann 1990) verknüpft ist. In dieser Diskussion wurde in bewußter Überschreitung und Abgrenzung zu traditionellen Konzepten der Gesundheitserziehung der Begriff der *Gesundheitsförderung* eingeführt, der umfassend für Bemühungen in allen Bereichen steht, die auf die Entwicklung gesunder Lebensbedingungen abzielen: "Maßnahmen der Gesundheitsförderung ... konzentrieren sich vor allem auf ... konkrete Maßnahmen für die Verbesserung der ökologischen und sozialen Lebensbedingungen in Familie, Wohnumwelt und natürlicher Umwelt, mit der positiven Beeinflussung des institutionellen Lebenskontextes von Kindern und Jugendlichen und der Stärkung ihrer sozialen Beziehungsstrukturen ... Sie konzentrieren sich damit eindeutig und bewußt auf den präventiven Sektor von Maßnahmen im Bereich der Kinder- und Jugendpolitik" (Hurrelmann 1990, S. 192). Sozial- und jugendpolitische Maßnahmen, die geeignet erscheinen, der Erweiterung der Handlungs- und Problemlösungskompetenz von Jugendlichen zu dienen, stellen sich unter dieser Perspektive als wichtiges Instrument von Präventionsarbeit dar. Diesen Zusammenhang von *Jugendpolitik, Jugendarbeit und Drogenprävention* gilt es verstärkt im öffentlichen Bewußtsein zu verankern.

LITERATUR
Eisenbach-Stangl, I.: Die neue Nüchternheit. Epidemiologie legalen und illegalen Drogengebrauchs von Kindern, Jugendlichen und jungen Erwachsenen in Österreich. In: Janig, H., Rathmayr, B. (Hg.): Wartezeit. Studien zu den Lebensverhältnissen Jugendlicher in Österreich. Wien 1994, S. 278–306.
Eisenbach-Stangl, I.: Legale und illegale Drogen in Österreich: Konsum und Probleme. In:

Brosch, R., Juhnke, G. (Hg.): Sucht in Österreich. Ein Leitfaden für Betroffene, Angehörige, Betreuer. Wien 1993, S. 51–59.

Engel, U., Hurrelmann, K.: Psychosoziale Belastungen im Jugendalter. Empirische Befunde zum Einfluß von Familie, Schule und Gleichaltrigengruppe. Berlin, New York 1989.

Engel, U., Hurrelmann, K.: Was Jugendliche wagen. Eine Längschnittstudie über Drogenkonsum, Streßreaktion und Delinquenz im Jugendalter. Weinheim, München 1994.

Fahrenkrug, H.: Soziologische Aspekte sozial integrierten Alkoholkonsums im Jugendalter. In: Berger, H., Legnaro, A. et al. (Hg.): Jugend und Alkohol. Stuttgart 1980, S. 11–21.

Franzkowiak, P.: Risikoverhalten als Entwicklungsaufgabe. Zur subjektiven Vernunft von Zigarettenrauchen und Alkoholkonsum in der Adoleszenz. In: Laaser, U., Sassen, G. et al. (Hg.): Prävention und Gesundheitserziehung. Berlin 1987, S. 63–84.

Franzkowiak, P.: Risikoverhalten und Gesundheitsbewußtsein bei Jugendlichen. Der Stellenwert von Rauchen und Alkoholkonsum im Alltag von 15- bis 20jährigen. Berlin – Heidelberg, New York-Tokyo 1986.

Hurrelmann, K.: Psychosoziale Belastungen im Jugendalter. Empirische Befunde zum Einfluß von Familie, Schule und Gleichaltrigengruppe. Berlin-New York 1989.

Hurrelmann, K.: Familienstreß, Schulstreß, Freizeitstreß: Gesundheitsförderung für Kinder und Jugendliche. Weinheim, Basel 1990.

Hurrelmann, K.: Lebensphase Jugend. Eine Einführung in die sozialwissenschaftliche Jugendforschung. Weinheim, München 1995.

Jakobson, G., Stallmann, M. et al.: Jugend und Alkohol. Ergebnisse einer Befragung Berliner Jugendlicher zum Alkoholkonsum. Berlin 1987.

Jessor, R, Jessor, J.: Adolescence to young adulthood: A twelve-year prospectrive study of people behavior and psychosocial development: In: Mechanic, S.A., Harway, M. et al. (Eds.): Handbook of logitudinal research. New York 1984, S. 34–61.

Labouvie, E.W.: The coping function of adolescent alcohol and drug use. In: Silbereisen, R.K., Eyferth, K. et al. (Eds.): Development of action in context integrative perspectives on youth development. Berlin 1987, S. 229–240.

Nordlohne, E.: Die Kosten jugendlicher Problembewältigung. Alkohol, Zigaretten- und Arzneimittelkonsum im Jugendalter. Weinheim, München 1992.

Reuband, K. H.: Soziale Determinanten des Drogengebrauchs. Eine sozialwissenschaftliche Analyse des Gebrauchs weicher Drogen in der Bundesrepublik Deutschland. Opladen 1994.

Schmitt, A.: Jugendliche und Alkoholmißbrauch. Regensburg 1988.

Silbereisen, R. K., Kastner, P.: Jugend und Problemverhalten. Entwicklungspsychologische Perspektiven. In: Oerter, R., Montada, L.: Entwicklungspsychologie. München 1987.

Uhl, A., Springer, A.: Studie über den Konsum von Alkohol und psychoaktiven Stoffen in Österreich unter Berücksichtigung problematischer Gebrauchsmuster. Repräsentativerhebung 1993/94. Hg. vom BM für Gesundheit und Konsumentenschutz. Wien 1996.

Wills, T.A.: Stress, coping, and tobacco and alcohol use in early adolescence. In: Shiffmann, S., Wills, T.A. (Eds.): Coping and substance use. New York 1985, S. 67–93.

Michael Wrentschur

Querstadtein

Beispiele zur Anwendung und Wirkung von experimentellen Theater-Lern-Formen im öffentlichen Raum

1. Einleitung

Ich möchte im folgenden Text zeigen, wie es mithilfe von theaterpädagogischen Methoden und Lernformen (=Theater-Lern-Formen) möglich ist, Erfahrungen von Gewalt, Ohnmacht und Unterdrückung im städtischen Alltag und öffentlichen Raum erlebbar, bewußt und veränderbar zu machen.

Unter Theater-Lern-Formen werden eine Vielzahl von Methoden verstanden, bei denen die Mittel und Möglichkeiten von Spiel, Bewegung und Theater für persönliche, soziale und politische Lernprozesse genutzt werden (vgl. Steinweg 1986, 388ff.) Neben verschiedenen Merkmalen zeichnen sich theaterpädagogische Methoden durch eine erfahrungsorientierte und experimentelle Grundhaltung aus: Im aktiven Tun und Reflektieren verbinden sich spielerische Neugier und Phantasie mit der Entwicklung von Handlungskompetenz. Im szenischen Spielen und Experimentieren erfahren wir, wie wir die uns umgebende soziale Wirklichkeit mitgestalten. Im dramatischen Probehandeln nehmen wir wahr, welche (Aus)Wirkungen veränderte Haltungen und Handlungsweisen auf unsere Beziehungen, unseren Alltag und unser (gesellschaftliches) Zusammenleben haben können.

Ich stütze mich in diesem Text in erster Linie auf Erfahrungen und Ergebnisse des Projektstudiums "Theater der Unterdrückten, Alltag in der Stadt und öffentlicher Raum", das sich über das Studienjahr 1996/97 erstreckte. Den Gesamtverlauf dieses Projekts werde ich in groben Zügen darstellen. Ich wurde zu diesem Projekt unter anderem durch theoretische Befunde zur

Gewalt der Stadt inspiriert, wie sie von Richard Sennett (1991), Paul Virilio (1978) und Helga Peskoller (1993) in sehr unterschiedlicher Betonung formuliert werden. Anhand dreier Beispiele aus dem Projektstudium beschreibe ich, wie theaterpädagogische Arbeitsweisen dazu beitragen, abstrakte Thesen zur Gewalt der Stadt mit konkreten, alltäglichen Erlebnissen zu verbinden und Schritte in städtisches Handeln jenseits von Gewalt, Ohnmacht und Unterdrückung zu setzen. Ausschnitte aus Interviews, Gruppenprotokollen, mündlichen und schriftlichen Rückmeldungen bzw. Schilderungen eigener Erfahrungen und Erlebnisse geben einen Eindruck davon, welch vielfältige (Nach)Wirkungen experimentelle Theater-Lern-Formen auf die Beteiligten und das gesellschaftliche Umfeld haben können.

2. Projektstudium "Theater der Unterdrückten, Alltag in der Stadt und öffentlicher Raum"

2.1 Fragestellungen

16 TeilnehmerInnen erforschten gemeinsam mit mir im Laufe des Studienjahres 1996/97 mithilfe des "Theaters der Unterdrückten" nach Augusto Boal und anderer theatraler Lernformen Auswirkungen struktureller und alltäglicher Gewalt in der Stadt. Dahinter stand die Absicht, daß universitäre Lehre nicht nur als Vermittlungsprozeß verstanden werden könne. Dieser Forschungs- und Bewußtwerdungsprozeß ging einher mit der Suche nach selbstbestimmten, lebendigen Aneignungs- und Handlungsmöglichkeiten im öffentlichen Raum und im städtischen Alltag. Das drückte sich in folgenden Fragestellungen aus:
- Welche Formen von Gewalt, Underdrückung und Macht im städtischen Alltag und im öffentlichen Raum werden mithilfe des "Theaters der Unterdrückten" erkannt und bewußtgemacht?
- Wie wirken sich städtische Gewaltstrukturen auf Körper, Bewegungen, Sinne, Wahrnehmungs- und Denkweisen in der Stadt aus?
- Auf welche Weise können mit theatralen Lernformen Zusammenhänge zwischen alltäglichen, oft subtilen Gewalterfahrungen und den ihnen zugrundeliegenden, gesellschaftlichen Konflikten und Strukturen

sichtbar gemacht werden?
- Wie können theatrale Lernformen im Zusammenspiel mit ähnlichen und darüberhinausgehenden Methoden dabei unterstützen, neue Sichtweisen und Handlungsmöglichkeiten der Teilhabe am städtischen Leben und öffentlichen Raum zu finden?

Ein wesentlicher Grund für dieses Projektstudium war, daß Publikationen über "Theater der Unterdrückten" und andere theatrale Lern- und Forschungsformen auf die Notwendigkeiten längerfristiger und kontinuierlicher Projekte mit bestimmten Zielgruppen hinwiesen, die über einmalige Seminar- oder Workshoperfahrungen hinausgehen. Erst so können die (Nach)Wirkungen und Möglichkeiten dieser methodischen Ansätze gründlich erforscht werden (Neuroth 1994, S. 114 u. 128f.). Voraussetzung dafür ist aber das gemeinsame Interesse einer Gruppe an einem bestimmten Thema oder einer Problematik. "Strukturelle und alltägliche Gewalt im städtischen Alltag/Öffentlichen Raum" betrifft all jene, die in einer Stadt leben und studieren auf unterschiedlichste Weise. Insofern erwartete ich mir, daß es nicht schwer sein würde, an vor-bewußte und ungelöste Probleme und Konflikte im städtischen Leben heranzukommen und mit ihnen zu arbeiten.

2.2 Einstieg in die "Gewalt der Stadt"

In der ersten Phase des Projektstudiums wurden experimentelle und sinnlich-körperliche Zugänge zur städtischen Wirklichkeit und zum eigenen Alltag hergestellt. Die Einheiten wurden so gestaltet, daß nach vorbereitenden Körper-, Ausdrucks-, Improvisations- und Gruppenübungen die jeweiligen Methoden themenbezogen angewendet wurden. Die theatralen Erfahrungen wurden gemeinsam reflektiert, z.T wurden Aufgaben bis zur nächsten Einheit gegeben. Der Hintergrund für diese Zugangsweise drückt sich in folgender These über die Stadt aus:
> "Die Stadt,... ist das Labor, in dem man üben kann, wie man am besten automatisch wird, d.h., wie es glücken kann, ohne Gefühl und Regung Tätigkeiten schnell zu verrichten oder rastlose Menschen zu kontaktieren." (Peskoller 1993, S. 108)

Unbewußte Automatismen, Gewohnheiten und Muster sollten dem Erleben, Empfinden und Denken wieder zugänglich gemacht werden. Außerdem sollten theaterpädagogische Methoden dazu anregen, den eigenen städtischen Alltag bewußter wahrzunehmen und darauf zu achten, wo Beschränkungen erlebt werden, wo es Momente von Gewalterfahrung, Ohnmacht und Unterdückung gibt, bzw. wo es Wünsche nach Veränderung gibt.

In der Projektgruppe wurde mit Gewalt der Stadt eine Vielzahl von Aspekten verbunden, die mit unmittelbaren Erfahrungen der Beteiligten im Zusammenhang standen:

- Geschwindigkeit/Streß als Merkmal städtischer Lebensweise, die Bewegung führt zu Schwindel, Kopfweh ...
- Abschalten der Sinne bzw. Überreizung der Sinne; hastig ... nichts mehr sehen und hören ... Verlust des eigenen Tempos ... Verlust des kritischen Denkvermögens;
- kaum Platz für Pflanzen, Tiere und Kinder;
- Verkehrsmittelhierarchie: je schneller und stärker, desto mächtiger;
- die Kreditkarte steht für die Stadt: Menschen werden zu Objekte und "Nummern", es kommt zum "Röhrenblick": einkasteln, veruteilen – zu Boden schauen;
- körperliche Steifheit;
- blindes Nachmachen von Regeln;
- das Nichtnehmen des öffentlichen Raumes;
- Akkumulation von Aggression in der Stadt durch Zusammenballung u.ä.m.

Als wichtiges Prinzip für diese erste Phase galt, daß mit dieser im geschützten Raum sensibilisierten Wahrnehmung immer wieder "Ausflüge" in die städtische Wirklichkeit unternommen wurden. Damit verdichtete sich nicht nur das Erleben, wie städtische Gewaltstrukturen auf Sinne, Gefühle, Körper und Denken wirken. Gleichzeitig wurden Schritte in ungewohnte Aneignungsformen städtischer Räume gesetzt, was durch das Zugehörigkeitsgefühl zur Projektgruppe erleichtert wurde. So wurde die Stadt etwa unter Zuhilfenahme eines bestimmten Sinnes "ertastet", "erhört", "erblickt" oder "errochen". Eine Studentin berichtet:

"Als wir versuchen sollten, die Stadt mit unseren Sinnen wahrzunehmen, meldeten Uschi und ich uns für den Gehörsinn. Wir waren total überwältigt, wie abgestumpft wir schon sind. Im normalen Alltag fällt uns fast überhaupt kein Einzelgeräusch mehr auf, irgendwie geht für uns beide alles in einer Klangwolke unter. Auf unserem Weg durch die Merangasse und die Leonhardstraße bis zum Stadtpark schaffen wir es fast nicht, alle Geräusche aufzuschreiben. Wenn ich jeden Tag so durch die Stadt gehen würde, würde ich wahrscheinlich überschnappen, es war kaum auszuhalten. Als wir dann im 'Cafe Promenade' einen Kaffee gönnten, ertappten wir uns dabei, daß wir gar nicht mehr abschalten konnten; auch hier klapperte, klirrte und klickte es. Erst jetzt verstehe ich Claudia, wenn sie sagt, sie fühlt sich vom Lärm in der Stadt erdrückt." (aus dem Bericht einer Studentin)

2.3 Beispiel 1: Mit dem Körper in der Stadt

"Es gilt jetzt, die Repression der Animalität des Menschen zu analysieren, den Gebrauch des Körpers in der Stadt zu untersuchen; entgegen der geläufigen Ansicht ist nämlich die Stadt nicht der Ort ungeheurer physischer, sondern der nervöser Aktivitäten. ... im Raum der Stadt (werden) die Aktivitäten des Körpers zunehmend abgebremst und durch die technischen Prothesen, Fahrstühle, Rollbänder, Rolltreppen, Automobile ersetzt ..." (Virilio 1978, S. 37)

Dieses Zitat von Virilio war der Anstoß für eine methodische Vorgangsweise, in der subtile Unterdrückungs- und Machtwirkungen der Stadt auf den Körper und die Bewegungen bewußtgemacht wurden. Peskoller weist darauf hin, daß strukturelle Gewalt in der Stadt "das vorläufige Ergebnis einer langen Kette von Enteignungs-, Unterdrückungs- und Disziplinierungsvorgängen" ist, mit der "eine schrittweise Entsinnlichung und Entkörperlichung der Menschen" einhergeht (Peskoller 1993, S. 100). Wie die Rolle des Körpers im städtischen Alltag von den TeilnehmerInnen der Projektgruppe erlebt wurde, sollte mittels einer Improvisationsübung herausgefunden werden, die alltägliche Körpererfahrungen in der Stadt verdichtet zum Ausdruck brachte.

2.3.1 Improvisationsübung zu städtischen Bewegungs- und Körpererfahrungen

Die Improvisation wurde von mir nach einer Reihe von Übungen zur Sensibilisierung der Körperwahrnehmung und der Beweglichkeit eingeleitet und folgendermaßen formuliert:

"Beginnt mit einer (Fort)Bewegung, die ihr aus eurem städtischem Alltag her kennt. Macht sie so lange, bis es einen Impuls für eine andere Stadt-Bewegung gibt usw. Wenn ich 'stop.denk!' rufe, bitte sofort in der Bewegung 'einfrieren' und alles in einem ununterbrochenen Monolog vor euch hersagen, was euch aus dieser Haltung heraus in den Sinn kommt. Die PartnerInnen versuchen, die Qualität eurer Bewegungen und eure verbalen Äußerungen wahrzunehmen!"

Ich selbst beteiligte mich als Spielleiter an der Improvisation. Ich schildere meinen Gedankenstrom, der dem Bewegungsstrom folgte:
"Ich beginne zielstrebig, schnell und eilig durch den Raum zu gehen, wie ich es kenne ... die anderen Menschen sind mir im Weg, ich ärgere mich darüber, wieso sie mir nicht ausweichen ... Wechsel!

Ich halte mir Mund und Nase zu, ich will den Gestank der Stadt nicht mehr riechen, mir fallen meine Radfahrtouren durch die Stadt ein und die Idee, eine Gasmaske dabei aufzusetzen. Mein Atem wird kürzer, ich kann den Ärger und die Ohnmacht nicht ausdrücken, ich nehme es hin ... Wechsel!

Ich berühre mit meinen Händen den Boden, stelle mir vor, er ist aus Erde, ich bin im Stadtpark, endlich Ruhe und loslassen ... Wechsel!

Ich setze mich auf, ich bin etwas ängstlich und genervt, es ist stickig und eng, ich sitze in einer U-Bahn, wo ich in grantige Gesichter blicke, je länger ich da sitze, desto mehr nehme ich diese grantige Stimmung an ... Wechsel!

Ich muß aussteigen, wenn ich nicht schnell genug bin, komme ich nicht aus der U-Bahn raus, weil eine bedrohliche große Menge schon darauf wartet, in die U-Bahn hereinzustürmen. Es ist Stoßzeit ... Wechsel!

Ich gehe langsam und schaue in Auslagen ... Wechsel!

Ich versuche den Zug zu erwischen, ich bin total gestreßt, zu Hause war es noch ganz ruhig, schon wieder ist es fast zu spät ... Wechsel!

Ich schlendere durch die Fußgängerzone, esse ein Eis und habe ein kleines Kind an der Hand, meine Geschwindigkeit orientiert sich an der des Kindes ..."

Im Austausch mit meiner Partnerin, die mich während der Improvisation beobachtete, wird mir klar, daß ich im plötzliche Wechseln von einer in die andere Bewegungserfahrung einen wesentlichen Aspekt städtischer Gewaltwirkung auf meinen Körper erlebe. Außerdem zeigte sich, daß in einer Reihe von Situationen Streß, Unruhe und unangenehme Gefühle bzw. Stimmungen aufgetaucht sind.

In der Gruppenreflexion im Anschluß an die Improvisation wurden von den TeilnehmerInnen eine Reihe persönlicher Geschichten von körperlichen Gewalterfahrungen erinnert und erzählt. Die Erfahrung der Spaltung in Geist und Körper war dabei ein zentrales Thema. So meinte ein Student, daß er geistig ganz woanders sei und den "U-Bahn-Blick" bekomme, wenn er in die Stadt gehe, und ein anderer stellte fest: "In der Stadt fühle ich mich körperlos."

2.3.2 Mit neuer Bewegung in die Stadt

Als Reaktion auf diese Körper-Gewalt-Erfahrungen entstand der Wunsch und die Idee, einmal "ungewöhnliche" Bewegungsarten in der Grazer Innenstadt auszuprobieren, die alltägliche Normen überschreiten. Die angeführten Zitate stammen von den beteiligten StudentInnen, die im Anschluß an die Aktion auf Band aufgenommen wurden. Sie sind einerseits Ausdruck des eigenen Erlebens der jeweiligen Person bei dieser neuen Körpererfahrung, andererseits geben sie einen Eindruck von Aus-Wirkungen dieser Bewegungs-Arten auf die Umwelt:

a) Mit dem/r PartnerIn wurden "ungewöhnliche Gangarten" jeweils paarweise und simultan ausgeführt, solange, bis es wieder eine Idee für eine neue Gangart gab:
"Es kamen vor allem positive Reaktionen."
"Die Leute, die uns sahen, waren erheitert, fröhlich."
"Der öffentliche Raum, der auch uns gehört ... das ist mir aufgefallen, wie ihr da über die Straßenbahnschienen gekrochen seid, wie ihr euch den Platz nehmt, das hat mir gefallen."
"Das ich die Kraft gehabt habe, daß ich mich traue, daß ich auf einmal so viel Platz habe."
"Dieses Spiel war vordergründig nutzlos, und ich habe mich gefragt, warum ich trotzdem Spaß hatte. Ich habe entdeckt, daß es schon urlang her ist, daß ich in der Stadt war, nur um einfach dort zu sein, nicht zum durchzuhetzen oder irgendetwas zu erledigen."
"Ich konnte einfach vieles ausprobieren. Für mich hatte dieses Spiel Auswirkungen auf die Realität mit dem Raum. Der Raum (die Stadt) ist mir vertrauter geworden."

b) Die Herrengasse wurde in sehr, sehr langsamen Tempo, beinahe in Zeitlupe durchquert:
"Langsam gehen. Sehr langsam gehen, ohne künstlich zu sein. Gelassen und atmend. Ich sehe die Gesichter – ich spüre etwas davon. Ich nehme kleine Szenen, Situationen wahr, Geschichten zwischen den Menschen. Haltungen und Gänge."

"Sind die alle eingeraucht? Sind die alle total narrisch?, hat ein Passant gefragt …"

"Den eine habe ich mutig gefunden, der ist ein Stück mitgegangen mit mir in Zeitlupe. Er hat gemeint, daß das wie im "Club der toten Dichter" sei, wo alle auf die Tische stiegen, um eine andere Perspektive zu haben"

"Aus einem bestimmten Sicherheitsabstand haben die Leute zurückgeschaut. Jemand hat gesagt: "Du, die haben Zeit!"

"Man ist ein Hindernis, wenn man langsam geht."

"Ja, ein Hindernis, und man wird angerempelt."

"Gründen wir doch die Bewegung für mehr Langsamkeit in der Stadt."

"Mobile LangsamkeitsberaterInnen, sozusagen."

c) Die TeilnehmerInnen bewegten sich frei nach den inneren und äußeren körperlichen Impulsen, die sie verspürten:

"Wenn eine Straßenbahn vorbeigefahren ist, ging immer ein Rumpeln durch meinen Körper, das hat mich total aus dem Konzept gebracht."

"Ich hatte auch den Impuls, voll los zu rennen, weil ich Lust hatte an körperlicher Bewegung und auch sehr viel Kraft da war."

"Für mich war es sehr befreiend, die PassantInnen haben sich sehr geschreckt."

"Ich mußte aufhören, es war mir zu arg, es wäre sonst vielleicht etwas passiert, weil ich so energiegeladen war."

"Ich hatte Lust, mit Material zu spielen, z.B beim Kriechen bestimmte Pflastersteine zu berühren."

"Ich habe nachher noch einen behinderten Mann gesehen und habe mir gedacht, daß wir auch so gegangen sind. Die Bewegung habe ich als schön, völlig normal empfunden."

d) Eine/r wurde von den anderen über der Hauptplatz getragen, möglichst alle kamen einmal dran:

"Am Brunnen sind Leute gesessen, die haben zugesehen und gesagt: 'Eigentlich könnten wir uns auch tragen'. Das war wie eine (positive) Kettenreaktion."

2.4 Praktische Fragen zu Gewalterfahrungen in der Stadt als Basis für Forumtheaterszenen

Als Essenz der ersten Projektphase, in der wir uns außerdem noch mit der Gewalt durch städtische Begegnungs- und Kommunikationsformen auseinandersetzten, wurden 6 thematische Bereiche von der Gruppe formuliert:
Wie kann dem Streß und der hohen Geschwindigkeit in der Stadt begegnet werden?
Was können Frauen tun, wenn sie von Männern im öffentlichen Raum ungut angesprochen und angemacht werden?
Gibt es eine Möglichkeit, auf Beschimpfungen und Diskriminierungen gegenüber BettlerInnen, Obdachlosen und Punks zu reagieren?
Können Konflikte mit Autoritäten wie PolizistInnen oder alten Menschen im öffentlichen Raum auf befriedigende Weise gelöst werden?
Wie ist es möglich, der Anonymität, Sprachlosigkeit und der Scham, jemanden in der Stadt anzusprechen, zu begegnen ohne aufdringlich zu sein?
"Wieso muß der gerade neben mir auf der Straße herfallen?" – Wie kann es trotz der Reizüberflutung und dem möglichst geradlinigen und schnellen Verfolgen eine Ziel-Ortes gelingen, anderen PassantInnen gegenüber präsent und gegebenfalls hilfsbereit zu sein?
Diese Fragestellungen wurden in erster Linie aus dem praktischen Interesse her entwickelt, neue Handlungsmöglichkeiten zu finden. Dies entspricht einem wichtigen Grundsatz theatraler Forschungsansätze: jedes Thema, jede Frage, jedes Problem soll an eigene, möglichst konkrete Erfahrungen und Situationen gebunden werden, die in weiterer Folge in dramatische Szenen übertragen werden können. Diese Fragen werden zunächst zwar aus einer persönlichen Perspektive her erarbeitet, in ihnen spiegeln sich aber gleichzeitig Erfahrungen und Anliegen der jeweiligen Forschungsgruppe und von darüberhinausgehenden Kollektiven und Gesellschaften wider.
Die Gruppe arbeitete in der Folge mehrere Wochen lang an drei dramatischen Szenen, die im Sinne des "Forumtheaters" aufbereitet und erarbeitet wurden (vgl. Boal 1996, S. 17ff, S. 224ff.). Die Szenen waren Ausdruck der oben gestellten Fragen:

"Fremde Nähe"

In einer Straßenbahn haben zwei der MitfahrerInnen jeweils einen guten Grund, andere Mitfahrerinnen anzusprechen. Beide tun es nicht, teils aus Scham, teils aus Angst, teils aus Gewohnheit. Welche Möglichkeiten gibt es, das Schweigen im öffentlichen Raum zu überwinden und in Kontakt zu kommen?

"(R)Ausflug"

Eine Studentin sieht sich in einem Zug mit einer Gruppe "betriebsausflugender" Männer konfrontiert, die sie unsanft aus dem Abteil "befördern", in dem sie schon Platz genommen hat. Wie kann sie ihren Platz behaupten? Wie kann der Konflikt in anderer Weise gelöst werden?

"Die letzten Männer"

Eine Studentin wird in der Straßenbahn von zwei jungen Männern belästigt. Die Fahrgäste in der vollen Straßenbahn bekommen zwar mit, was passiert, aber sie sehen weg und schweigen. Wie kann sich die Studentin zur Wehr setzen? Wie kann sie andere Fahrgäste zur Unterstützung bewegen?

Mit verschiedenen improvisatorischen, analytischen und introspektiven Methoden wurden die den Szenen zugrundeliegenden Gefühle, Normen und Machtstrukturen erforscht, es wurden Beziehungen hergestellt zu gesellschaftlichen Strukturen und Theorien, und die Motive und Handlungsräume der Beteiligten in den Szenen wurden erkundet. Die Szenen wurden außerdem für Aufführungen in und außerhalb der Projektgruppe vorbreitet, um im dramatischen Probehandeln herauszufinden, wo sich Ansatzpunkte für Veränderung finden lassen. Eine der Szenen ("Die letzten Männer") wurde am Ende des Semesters öffentlich aufgeführt.

2.5 Beispiel 2: "Die letzten Männer"

"Vermutlich haben wir es mittlerweile mit noch einmal anderen Formen der Gewalt zun tun. Etwas verkürzt gesagt, hängen diese mit einem Emfindungsloswerden zusammen, das dazu führt, daß man in der jeweiligen Situation kaum mehr reagieren kann, weil alles so schnell geht. Damit ist die Chance vertan, sich an dem rechten Ort zu wehren, zu handeln einerseits, und andererseits zieht man keine Konsequenz aus dem Erlebten, da das Erlebte zu keiner

Erfahrung gerinnt und somit unverarbeitet bleibt. Die Selbstbeschleunigung in den Städten läßt keine Zeit zum Verdauen, man wird zum Pulverfaß oder fällt in einen unbewußten Zustand, wo die Sinne dumpf werden ..." (Peskoller 1993, S. 97)

Eine Teilnehmerin der Projektgruppe erzählte von einem "unverdauten", "unbefriedigenden" Erlebnis in einer Straßenbahn: Zwei junge Männer, aller Wahrscheinlichkeit nach Lehrlinge, ließen zunächst ihrer Unzufriedenheit durch Beschimpfungen und Schmähungen anderer MitfahrerInnen freien Lauf. Die bemerkten die Aggressionen zwar, reagierten aber darauf nicht, sie schwiegen. Als die Lehrlinge die Studentin erblickten, änderte sich die Form ihrer Aggression: Sie kamen der Studentin immer näher, fingen an, über ihr Aussehen zu befinden, einer der beiden berührte sie absichtlich, worauf sie nach einem kurzen "Geht's noch blöder!?" ihren Platz verließ und sich auf einem hinteren Sitzplatz niederließ. Die beiden Lehrlinge ließen aber von ihr nicht ab, sondern folgten ihr. Sie setzten sich eine Reihe hinter sie und begannen triumphierend "Blondinenwitze" zu erzählen. Die Studentin stieg aus, mit einer Mischung aus Wut und Hilflosigkeit.

Die Szene stand stellvertretend für eine Reihe ähnlicher Erlebnisse und Erfahrungen, die die weiblichen TeilnehmerInnen der Projektgruppe im öffentlichen Raum teilten. Mit diesem "Anti-Modell" von sozialer Wirklichkeit war die Frage verbunden: Gibt es Möglichkeiten, sich gegen diese Form der Aggression und sexistischen Anmache im öffentlichen Raum zu wehren?

2.5.1 Die Einbeziehung des Publikums

Zwei mal wurden "Die letzten Männer" bislang auf universitärem Boden als Forumtheater gezeigt und zur Diskussion gestellt. Forumtheater stellt Wirklichkeit nicht nur dar, sondern zeigt ihre Veränderlichkeit durch die Kraft menschlicher Kommunikation. Das besondere an Forumtheater ist die Einbeziehung des Publikums in diesen Veränderungs- und Problemlösungsprozeß. Ziel ist es, den Zuschauer in den Protagonisten des theatralischen Handelns zu verwandeln und dadurch zu versuchen, die Gesellschaft zu verändern, anstatt sich mir ihrer Interpretation zu begnügen.

Bevor die Suche nach Veränderungen begann, wurden die verborgenen (schau)spielerischen Fähigkeiten der Beteiligten geweckt. Zu Beginn einer Aufführung wurde das Publikum eingeladen, den freien Bühnenraum zu "erobern". Unter Anleitung des Spielleiters wurden gemeinsam mit den SchauspielerInnen "Aufwärmübungen" durchgeführt. Damit sollte die Scheu

vor dem Bühnenraum genommen werden; die Spiele führten außerdem zu ersten "unkonventionellen" Kontakten und Begegnungen unter dem Publikum.
Anschließend wurde die Ausgangsszene, das "Anti-Modell" gespielt. Mit der Einladung des Spieleiters an das Publikum, die Rolle der Protagonistin zu ersetzen und eigene Ideen auszuprobieren, um der Szene einen anderen Verlauf zu geben, begann die eigentliche ...

2.5.2 Forumphase

"Je stimmiger das Bild einer repressiven Situation in der Szene gesetzt wird, umso größer wird bei der Aufführung dann auch der Widerstand des Publikums gegen die angebotene Lösung ausfallen. Und gerade dieser Widerspruch des Publikums, das den schlechten sozialen Alltag, wie er vorgeführt wird, nicht mehr hinnehmen möchte, wird zum Motor für das Mitspiel." (Richter, S. 76)

Die Szene wurde wiederholt gespielt, und die ZuschauerInnen hatten die Möglichkeit "Stop" zu rufen, wenn ihnen eine Idee für eine Handlungsmöglichkeit an einer bestimmten Stelle in den Sinn kam. In diesem Moment "erstarrte" die Szene und der/die "ZuschauerIn" stieg an Stelle der Protagonistin in das Spiel ein und versuchte, seinen/ihren Lösungsvorschlag zu spielen, während der Rest der SpielerInnen weiterhin aus ihrem ursprünglichen Rollenverständnis heraus agierte und versuchte, die Situation möglichst zum gleichen Abschluß zu bringen wie im "Anti-Modell". So mobilisierten Einstiege zunächst noch mehr Widerstand gegen eine Veränderung, was aber gleichzeitig zu immer neuen Ideen für Einstiege führte.

Hatte ein/e ZuschauerIn eine andere Idee, wurde auch diese in die Tat umgesetzt, bis im Laufe des Abends eine Vielzahl von Lösungsvarianten durchgespielt wurden. So konnten eigene Ideen kritisch überprüft und versuchsweise in die Praxis umgesetzt werden – zunächst einmal in der Theater-Praxis. Das Forum-Theater wurde zu einem geschützten, wenn auch alle Kräfte fordernden Raum sozialen Experimentierens mit der "unliebsamen" Wirklichkeit und der gemeinsamen Suche nach Veränderungsmöglichkeiten.

2.5.3 Veränderungsideen für "Die letzten Männer"

Anstelle der Protagonistin wurde mit Einstiegen versucht,
- möglichst am Platz zu bleiben und sich von den Männern nicht beeindrucken zu lassen,

- cool zu bleiben und die Männer zu ignorieren,
- sich einen neuen Platz in der Straßenbahn zu suchen, um der Anmache der Lehrlinge auszuweichen,
- auf die beiden Männer zu schimpfen: "Schleicht's Euch, könnt's wen anderen anmachen!",
- sich "anbzuiedern" und die Männer auf einen Kaffee einzuladen,
- sich zu jemanden anderen dazuzusetzen, um sich sicherer zu fühlen,
- andere Passagiere in der Straßenbahn anzusprechen, um sich Unterstützung zu holen,
- sich den Männern zu entziehen, in dem der ganze Raum in der Straßenbahn zur "Weg-bewegung" genutzt wird, gleichzeitg die anderen in Gespräche einbeziehen,
- den Männern gegenüber selbst aggressiv zu werden,
- die Männer selbst auf die "sexistische Tour" anzumachen,
- auf die Männer zuzugehen und Verständnis für ihre Unzufriedenheit und ihren Frust zu zeigen,
- ganz laut um Hilfe zu schreien.

Bewußt möchte ich diese Einstiege nicht weiter analysieren und kommentieren bzw. beschreiben, was durch Einstiege in der Ausgangssituation verändert wurde. Beim Forumtheater geht es nicht darum, die "beste" Lösung zu finden. Wichtiger ist, in der Art eines "kollektiven brainstorming", bei dem sich die Ideen und Erkenntnisse erst im Prozeß des gemeinsamen Probierens entwickeln, die Suche nach Lösungen aufrechtzuerhalten, zu reflektieren, was die einzelnen Einstiege bewirken und dafür zu sorgen, daß das "Probehandeln" in den eigenen Alltag übertragen werden kann:

"Für mich ist es interessant zu sehen, wie die verschiedenen Menschen mit der Geschichte umgehen, die ich selbst erlebt habe, wie sie daran Anteil nehmen, und auf welche Ideen sie gekommen sind. Ich habe anfangs überhaupt keine Möglichkeit der Veränderung gesehen, das ist jetzt anders. Jetzt würde ich selber gerne einiges ausprobieren. ... Vor kurzem ist mir etwas ähnliches wie in der Szene passiert, als mich ein Mann einfach so angestarrt hat. Zuerst ging es mir wieder komisch dabei, dann aber begann ich, einen bestimmten Punkt an seinen Knie zu fixieren, und das wurde ihm richtig peinlich." (C., die Protagonistin der Szene nach den Aufführungen)

Der Schritt vom Probehandeln in die "Realität" wurde beim Projektstudium aber noch in einer anderen Weise vollzogen:

2.6 Beispiel 3: Frühstück im öffentlichen Raum – permanent breakfast

2.6.1 Hintergrund

In dieser Gesellschaft auf dem Weg zur Intimität – ..., in der das Private das Öffentliche überlagerte, in der die Abwehr gegen das Durchschautwerden darin bestand, nicht mehr zu fühlen – machte das Verhalten der einzelnen in der Öffentlichkeit einen grundlegenden Wandel durch: *Schweigen war die einzige Form, in der man das öffentliche Leben, vor allem das Leben auf der Straße, erleben konnte, ohne sich überwältigt zu fühlen.* (Es) ... entstand ... ein Verhaltensmuster, das sich von allem unterschied, was man hundert Jahre zuvor in London oder Paris gekannt hatte oder heutzutage im größten Teil der nichtwestlichen Welt kennt: die Vorstellung, daß Fremde kein Recht hätten, miteinander zu sprechen, daß jedermann das öffentliche Recht auf einen unsichtbaren Schutzschirm besitze, das Recht, in Ruhe gelassen zu werden. *Das öffentliche Leben wurde zu einer Sache des Beobachtens, der passiven Teilnahme, zu einer Art Voyeurismus. ... Erfahrung ist nicht länger Produkt von gesellschaftlichem Austausch* (Sennett 1991, S. 45f., Hervorhebungen M.W.).

Dieses Zitat von Richard Sennett, einem Stadtsoziologen aus New York beschreibt treffend eine Thematik, die auch in der Projektgruppe eine große Rolle spielte. Als Folge der zunehmenden Funktionalisierung und Kommerzialisierung des öffentlichen Raumes treten Kommunikation und Begegnung von "Fremden/ Anderen" in den Hintergrund. In einer Zeit, in der das öffentliche Bild den öffentlichen Raum ersetzt, und in der die Interaktion Mensch-Zeichen die direkte Begegnung von Mensch zu Mensch verdrängt, nehmen Passivität und Gleichgültigkeit in der Öffentlichkeit zu. Eine "Kultur des Schweigens" ist die Folge (vgl. Sennet 1974 und 1991, Virilio 178 und 1986, Baudrillard ...)

Diese "Kultur des Schweigens", der Nicht-Beteiligung, spielte in der schon beschriebenen Forumtheaterszene "Die letzten Männer" eine große Rolle: Keine/r der mitfahrenden Passagiere wollte sich in den Konflikt einmischen bzw. die Protagonistin unterstützen. Und mit der von der Gruppe entwickelten Szene "Fremde Nähe" wurde thematisiert, wie schwer es ist, die Norm des "Nichtansprechen" im öffentlichen Raum zu durchbrechen. In der weiteren Auseinandersetzung mit der Thematik wurde es augenscheinlich, daß internalisierte Selbstkontrollmechanismen uns davor hindern bzw. schützen mit "Fremden" im öffentlichen Raum zu kommunizieren.

Als Schritt in die Wiedererlangung kommunikativer Kompetenz im öffentlichen Raum beteiligte sich die Projektgruppe – zusammen mit TeilnehmerInnen an einer anderen Lehrveranstaltung – an einer Initiative in Form eines Spiels, die ein Jahr zuvor von Friedemann Derschmitt in Wien entwickelt, gestartet und beschrieben wurde (vgl. Derschmitt 2/1996 und 4/1996):

2.6.2 Konzept und Spielregeln von permanent breakfast
"Der öffentliche Raum verändert sich, er wird befrühstückt, merklich nach den Bedürfnissen der Frühstückenden. Die Frühstückenden beginnen ohne viel Zutun, alleine durch ihre Anwesenheit, mit ihrem Umraum zu kommunizieren. Es werden die unwahrscheinlichsten Dinge plötzlich ganz einfach kommunizierbar – die Menschen beginnen ihr eigenes Medium zu sein. Es wird kundgetan – weitererzählt – wiedergefühstückt.

'Permanent breakfast' entgleitet gewollt sehr rasch der Spielleitung und wird Allgemeingut, eine Spielregel, die auffordert, selbst zu kommunzieren, Platz zu greifen, Raum zu nehmen, ihn buchstäblich zu besitzen, ihn durch sich selbst, aber auch mit einem Anliegen zu besetzen. Durch permanent breakfast entsteht eine Verbindung zwischen Menschen, die einander vielleicht nie zu Gesicht bekommen würden. Das Spiel wird weitergehen, solange jemand den Faden aufnimmt. Mahlzeit!" (Derschmitt, 2/1996, S. 3)

Das "Spiel", von dem hier die Rede ist, verläuft nach folgenden Spielregeln, die von jedermann/jederfrau anwendbar sind:

Spielregeln für das Frühstück im öffentlichen Raum © Friedemann Derschmidt, Michael Wrentschur und Team, 1997.

Spielregel no.1
Jeweils fünf Personen sitzen an einem öffentlichen Ort um einen Tisch und frühstücken. Eine(r) von ihnen hat zum Frühstück geladen.

Spielregel no.2
Jede(r) der 4 Geladenen organisiert für den nächsten Tag ein Frühstück und lädt wiederum 4 Personen zum Frühstücken an einem jeweils neuen öffentlichen Ort usw.

Spielregel no 3
Die Frühstückenden laden PassantInnen an ihren Tisch und machen sie mit den Spielregeln vertraut.

Spielregel no 4
Jede(r) wird also eingeladen und lädt einmal ein. Jede(r) Teilnehmende übernimmt die Kosten und Organisation eines Frühstücks. Kein(r) wird daran gehindert weitere Frühstücksketten zu starten. Möglichst viele Orte werden befrühstückt.

Spielregel no 5
Bei schlechtem Wetter einen Tag aussetzen. Besonders hartnäckige Personen sollen sich allerdings nicht gehindert fühlen, trotzdem zu frühstücken.

Spielregel no 6
Für eine eventuelle Anmeldung als Kundgebung trägt jede(r) individuell Sorge, spätestens 24 Stunden vorher bei der zuständigen Polizeidienstelle. Die TeilnehmerInnen frühstücken auf eigene Gewähr. Diverse eigenformulierte Begründungen werden zwecks Dokumentation geschickt in Wien an Friedeman Derschmidt, Witthauergasse 40, 1180 Wien und in Graz an Michael Wrentschur, Institut für Erziehungswissenschaften, Merangasse 70/II, 8010 Graz.

Spielregel no 7
Alle Teilnehmenden dokumentieren bestmöglich ihre jeweiligen Frühstücke (Fotos, Videos, Tonaufnahmen ...) für die große Frühstücksparty am Ende der Frühstückssaison (voraussichtlich Herbst) und schicken diese Dokumente in Wien an Friedeman Derschmidt, Witthauergasse 40, 1180 Wien und in Graz an Michael Wrentschur, Institut für Erziehungswissenschaften, Merangasse 70/II, 8010 Graz
Es ist geplant, einen großen Frühstückskatalog zu erzeugen, für den natürlich jede Menge Fotos benötigt werden!

Spielregel no 8
Es ist ausdrücklich erwünscht, eigenständig immer neue Frühstücksketten zu eröffnen.

2.6.3 Durchführung der Aktion
Seit Ende April gab es auf diese Weise schätzungsweise 100 Frühstücke im öffentlichen Raum von Graz. Parkplätze, Gehsteige, Brücken, Plätze, Parks, etc. wurden zu urbanen Frühstücksräumen, in denen sich unerwartete und

interessante Begegnungen mit "Fremden" entwickeln: Stellen Sie sich vor, werte Leserin, werter Leser, es fragt Sie jemand: "Darf ich sie zu einem Kaffee oder Kuchen einladen?" – Werden Sie Platz nehmen? Werden Sie sich erlauben, Zeit zu haben und es genießen, die Stadt aus der Frühstücksperspektive wahrzunehmen? Werden Sie Bekannte, Freunde, Verwandte einladen und so mitwirken, daß "permanent breakfast" zu einem Kulturgut werden kann?

Aber bis dahin ist es noch ein weiter Weg, gab es doch zu anfangs unter den StudentInnen neben der prinzipiellen Neugier auch Skepsis:
"Nach dem anfänglichen Gefühl der Experimentierfreude, der Lust am Spaß und an der Freude, etwas Außergewöhnliches zu tun, stellte sich bald das Gefühl der Unsicherheit, der Scheu vor Provokation und die Angst vor dem Ungewissen ein. Trotzdem ist es mir ein Anliegen, Tabus zu brechen, deshalb wollte ich an diesem Experiment unbedingt teilnehmen. da wir ohnehin in der Gruppe waren – und in der Gruppe ist man immer stärker – sah ich dem Frühstück mit spannender Erwartung entgegen" (aus dem Bericht einer Studentin).

"Es gab Angst: Wie werden die Leute reagieren? Werden wir Probleme mit der Polizei bekommen? Ich zweifelte, ob es gut geht, gleichzeitig gab es Lust und Freude, etwas Neues auszuprobieren ..." (aus dem Bericht einer Studentin).

"Ein etwas mulmiges Gefühl machte sich breit. Wie werden die Leute reagieren, ist das jetzt erlaubt oder nicht, was ist, wenn mich da meine Chefin sieht, wie ich da am Park 'herumlungere'?" (aus dem Bericht einer Studentin)

2.6.4 Reaktionen und Wirkungen

Entgegen der geäußerten Befürchtungen waren die überwiegend positiven Reaktionen der GrazerInnen auf "permanent breakfast" doch überraschend. Ablehnende Bemerkungen wie die folgende waren eher selten:

"Eine Frau kam vorbei und regte sich fürchterlich auf, daß hier welche frühstücken, während die anderen arbeiten müssen ... Sie beschwerte sich bei der Polizei" (aus dem Bericht eines Studenten).

Manchen PassantInnen waren Scheu und Ängstlichkeit anzusehen, es kostete sie Überwindung, sich dazuzusetzen. Dabei half auch vermehrtes Engagement nicht immer:

"Auch die Bauarbeiter konnten wir nicht einladen. Ines wollte ihnen einen Kaffee bringen, aber auch den nahmen sie nicht an. Sie erzählten, daß sie gekündigt werden könnten, wenn sie während der Arbeitszeit etwas zum Trinken und Essen annehmen.." (aus dem Bericht einer Studentin).

Mißtrauen von PassantInnen drückte sich auch in der Frage aus, welche Organisation dahinterstehen würde bzw. welchen anderen Grund es dafür gäbe, etwas gratis angeboten zu kommen. Zu hören bekamen die Einladenden auch Sätze wie: "Ich habe keine Zeit …", "Ich habe schon gefrühstückt", "Ich bin schon eingeladen worden".

Manchmal lag es an der Wahl des Ortes, daß die Frühstücksgruppe eher unter sich blieb. Wenn sie PassantInnen allerdings dazu entschieden sich dazuzusetzen, waren sie begeistert, wie deren schriftliche Rückmeldungen zeigten: "Hurra! Unsere ersten MitfrühstückerInnen, zuerst überredeten wir die Kinder, dann die Frau, sich zu uns zu setzen. Nach einer Informationsrunde wurden Orangensaft und Semmeln ausgeteilt."

"Tolle Idee! Die Rückeroberung des städtischen Raumes durch die Menschen. Wenn die Problemtatik des Transport der Tische/ Sessel nicht wäre, setzte ich die Idee gerne fort."

"Eine irrsinnig gute Idee, Menschen eine Freude zu machen (jemanden zu beschenken!). Wer macht das schon? Es werden sich sehr viele Menschen freuen!"

"Geniale Idee, an öffentlichen Plätzen ein Früstück zu veranstalten! Gehört unbedingt gefördert! Mit bestem Dank und so …!"

Zu erzählen gab es dann eine Menge (zitiert aus Berichten von Studierenden):

"Ein Obdachloser setzte sich zu uns und langte ordentlich zu. Als er erfuhr, daß ich Geburtstag hatte, ging er kurz fort und kam mit einem Packerl Gummibärli wieder zurück, das er mir schenkte."

"Die Opersänger, Musiker, sogar der Dirigent waren da und freuten sich über einen Kaffee mit uns."

"So kam Mahman, ein Geschäftsmann aus Persien, der mit Teppichen handelt, der für diese Region verantwortliche Straßenkehrer, aber auch die Küchenfrauen des angrenzenden katholischen Heimes kamen vorbei. Der Straßenmeister, welcher früher Konditor war, lobte vor allem Karin,.., welche am Vortag die Kuchen gebacken hatte."

"Durch das Verschiedensein der Leute, die sich 'mit uns einließen', gab es natürlich die unterschiedlichsten Gesprächsthemen, die ich jetzt nicht alle aufzählen möchte und auch nicht mehr kann, da ich nicht alles mitgekriegt habe, und schon gar nicht mehr alles in meiner Erienrung vorhanden ist. Jedenfalls gab es alles vom Ausländerproblem an über das Stottern und die Behindertenarbeit (mit dem netten Mann mit etwas hoher Stirn, der Englisch gesprochen hat, oder wahlweise auch Französisch, Ungarisch oder Russisch), über das Rezept von Semmelknödeln, das uns der Herr (Koch) genau darlegte ... weiter zum Ratespiel des Juristen, der uns mit Hilfe der Geschichte der Bibel mit dem tollen Engel, der Maria, die 'Frohbotschaft' überbrachte, seinen Namen raten ließ, und uns dann einige nette Schwänke aus seiner Studienzeit erzählte ... bis zum Vorschlag und Plan, diese 'Frühstücksaktion' bis nach Deutschland auszudehnen ..."

"Die frühstückende Gruppe wurde zusehends größer, wir tauschten uns aus, wir ratschten und schmiedeten Pläne für den Abend."

Und noch eine Passantin dazu:

"Es war nett, mal an der frischen Luft zu frühstücken, das ist nicht so abgeschlossen wie daheim. Die Aktion sollte, soweit das Wetter mitspielt fortgesetzt werden. Ich würde gerne auch mal Leute einladen. Mein Traum: in meiner Straße (Merangasse) frühstücken einmal alle Anrainer im Freien und lernen sich kennen. Der Verkehr wird für diesen Tag umgeleitet, der Straßenraum für das Leben zurückerobert."

Aber wohin würde das führen, wenn immer mehr Menschen auf diese Weise öffentlichen Raum beleben?

Diese Frage hat die Grazer Stadtverwaltung geplagt. Gleich nach Anlaufen der Aktion hat es große Ratlosigkeit gegeben, Polizei, Straßen- und Brückenbauamt und Vizebürgermeisterinnenamt haben sich gegenseitig den "Ball zugeschoben". Keine/r wollte sich für eine etwaige Genehmigung verantwortlich fühlen. "Das ist eigentlich keine Kundgebung", sagte mir der zuständige Herr von der Staatspolizei, ohne uns sagen zu können, was denn eine "wirkliche Kundgebung" sei. Am Straßen- und Brückenbauamt lauteten die Fragen: "Wie soll denn das gehen? Wo wird denn da überall gefrühstückt? Eigentlich bräuchten alle eine Genehmigung, Stempelmarken etc. und ich müßte einen eigenen Beamten abstellen, der sich nur mehr damit beschäftigt! Außerdem sind Gebühren zu zahlen, zwischen 158.- und 632.- ÖS pro Frühstück, je nach Ort ..."

Soweit reichte meine Vorstellungskraft damals noch nicht, daß ich für "nicht-kommerzielle" Begegnung im öffentlichen Raum etwas zu zahlen hatte, aber nach §82 der StVo ist jede widerrechtliche, d.h. nicht dem Verkehr zuzählende Benutzung des öffentlichen Gutes genehmigungspflichtig ist. Das verweist auf strenge Normierungen und Einschränkungen öffentlichen Gutes, die erst durch deren Überschreitung wieder bewußt werden:

"Mir ist durch die Aktion bewußt geworden, in welche unsichtbare Zwangsjacke von Regeln, Normen, Werten, Erwartungen aber auch Ängsten, die nicht immer begründbar und notwendig sind, wir Menschen uns tagtäglich stecken und stecken lassen. Diese Schwelle zur Kommunikation mit fremden Menschen zu überschreiten, bringt uns einen Schritt näher, das Unbekannte, Fremde kennenzulernen und zu akzeptieren." (aus dem Bericht einer Studentin)

Und das ist offensichtlich ein Wunsch von mehr Menschen:

"Das ist wirklich eine schöne Initiative von der Jugend, gerade auch für uns ältere Menschen. Ich wäre schon sehr traurig, wenn es das nicht mehr geben würde!" (schriftliche Rückmeldung einer Passantin)

3. Nachwort

Vielleicht kann dieser Text Anregung sein, der vertrauten Stadt mit fremdem, neugierigem Blick zu begegnen, alltägliche, gewohnte Muster des Lebens in der Stadt wahrzunehmen und probeweise zu verändern. Vorstellungen und Wünsche für eine andere Stadtkultur entwickelten sich in der Projektgruppe auf experimentellem Weg. Sie ermutigten dazu, im dramatischen Probehandeln als stimmig und gelungen erlebte Haltungen und Handlungen in den "realen" Alltag zu übertragen. Diese Form des experimentellen Lernens und Forschens steht in Verbindung zur eigenen gesellschaftlichen Praxis. Ich umrahme sie mit einem abschließenden Zitat von Michel Foucault:

"Das Programm muß leer sein. Man muß einen Hohlraum schaffen, zeigen, wie die Dinge historisch zufällig eingetreten sind, zwar aus diesem oder jenem verstehbaren Grund, aber nicht notwendig. Man muß das Verstehbare auf dem Hintergrund des Leeren erscheinen lassen, Notwendigkeiten verneinen und denken, daß das Vorhandene noch lange nicht alle möglichen Räume ausfüllt. *Das hieße eine wirklich unumgehbare Herausforderung aus der Frage machen: womit kann man spielen und wie ein Spiel erfinden?*" (Foucault o.J., S. 92f., Hervorhebung M.W.)

LITERATUR

Boal, A.: Games for Actors and Non-Actors. London, New York 1996 (1992).
Derschmitt F.: Stellen Sie sich vor ... In: Oikodrom-Stadtpläne 1996, Heft 2, S. 3f.
Derschmitt F.: Stellen Sie sich vor ... In: Oikodrom-Stadtpläne 1996, Heft 4, S. 3.
Foucault, M.: Von der Freundschaft als Lebensweise. Berlin o.J.
Neuroth, S.: Augusto Boals "Theater der Unterdrückten" in der pädagogischen Praxis. Weinheim 1994.
Peskoller, H. u.a.: rastlos, reibungslos, regungslos. Gewaltkomplexe in der Stadt Graz aus weiblicher Sicht. Ein Forschungsbericht, 1989-1993. Hall in Tirol 1993.
Richter, K.F.: Integrative Therapie; Gestaltarbeit mit Forumtheater. Ein Versuch, Gestaltarbeit mit den Methoden sozialkultureller Großgruppenarbeit zu verbinden. In: Gestalt und Integration. Zeitschrift für ganzheitliche und kreative Therapie 1989/1990, Heft 1-2; S.69–90.
Sennett, R.: Verfall und Ende des öffentlichen Lebens. Die Tyrannei der Intimität, Frankfurt/M 1991 (1974).
Steinweg, R., Heidefuß, W., Petsch, P.: Weil wir ohne Waffen sind. Ein theaterpädagogisches Forschungsprojekt zur Politischen Bildung. Nach einem Vorschlag von Bertolt Brecht. Frankfurt 1986.
Virilio, Paul: Fahren, fahren, fahren ... . Berlin 1978.

SYSTEMATISCHE PÄDAGOGIK

Ilse Brehmer

Jenseits der Geschlechtergrenzen
Utopie und pädagogische Möglichkeiten

Zweigeschlechtlichkeit ist eines der Ordnungskriterien, der Wahrnehmungsmuster in unserer Gesellschaft. Nicht zu wissen, ob eine Person Frau oder Mann ist, ruft Irritationen hervor, verursacht Identitätsprobleme. Jedoch was ist dieses Raster Zweigeschlechtlichkeit für die menschliche Existenz? Eine theologische, biologische Ontologie, ein nicht mehr zu hinterfragender Tatbestand oder eine Konstruktion der Gesellschaft, eine durch gesellschaftliche Interaktionen und Normen h ergestellte Wahrnehmung? In der feministischen Forschung existieren zwei gegenläufige Ansichten. Einige Theoretikerinnen gehen von einer genuinen Weiblichkeit und Männlichkeit aus, die allerdings patriarchal überformt, aber vorhanden ist und in ihrer wahren Existenz erst hergestellt werden muß. Andere lehnen eine Fixierung auf die biologische Unterschiedlichkeit, die nur einen geringen Teil der materiellen Existenz umfaßt, ab. Eine Transzendenz der Begrenztheit durch die Geschlechterfixierung wird im Begriff "Gender" als soziale Konstruktion gefaßt und vermeidet eine ontologische Festlegung auf eine Definition des Wesens von Frau und Mann.

Meine folgenden Ausführungen rekurrieren einerseits auf literarische Fiktionen, um Phantasien zu Geschlechterbeziehungen und deren Veränderungen zu analysieren und andererseits auf pädagogischen Möglichkeiten, Personalität jenseits der Eingrenzungen durch die Konstruktion des Geschlechts zu entwickeln.

Im Kontext der zweiten Frauenbewegung entstanden in den siebziger Jahren feministische Sozialutopien, die einerseits Kritik an der bestehenden patriarchalen Gesellschaft übten und andererseits Visionen entwarfen für nicht hierarchische, egalitäre Beziehungen. Als Erziehungswissenschaftlerin sich mit Utopien, Entwürfen von Zukunftsgesellschaften, mit Alternativen zu dem Bestehenden zu beschäftigen, erscheint nur vordergründig als abwegig. Zwar ist die Aufgabe der Wissenschaft die Analyse des Bestehenden auf Grund von empirischen Erhebungen und von soziohistorischen Analysen, um den gegenwärtigen Zustand als Entstandenen zu verstehen. Aber Mängel in der Gesellschaft zu diagnostizieren, fordert auch zu Veränderungsvorschlägen auf, um für eine bessere Zukunft zu planen. Literarische Fiktionen können so die Phantasie, die innovative Kreativität anregen. Sie bieten ein "So könnte es sein", der mühsame Weg dorthin zu entwickeln, ist nicht Aufgabe der literarischen Werke, sondern Gegenstand von Wissenschaft und Politik.

Ich möchte als erstes auf einige der Zukunftsvorstellungen eingehen und zeigen, daß sie sehr wohl Aspekte der gegenwärtigen Realität in ihren phantastischen Konstruktionen enthalten. Eine Utopie ist zwar ein Gegenentwurf aber immer bestimmt durch den je historischen Entstehungszeitraum.

Ich werde an fünf Beispielen unterschiedliche Modelle der Geschlechterbeziehungen aufzeigen.

1. Die verkehrte Welt

Im strikten Sinne keine Utopie, da sie gesellschaftliche Realität nur in der Umkehrung der Personen zeigt. In dem Buch "Töchter Egalias" (Brantenberg 1977) sind die Frauen an der Macht, sie "frauschen" im Matriarchat. Politische und ökonomische Macht, aber auch die Sprache sind weiblich besetzt, wie es schon seit "Wibschengedenken" üblich war. Frauen haben alle Verhaltensweisen und Eigenschaften, die heute an Männern zu beobachten sind oder ihnen zugeschrieben werden. Buben dagegen werden von klein an zur Schwäche, Koketterie und Gehorsam erzogen. Untypische Berufswünsche werden nicht akzeptiert, z. B. will in diesem Roman die Hauptfigur Petronius Seefrau werden, das findet seine Schwester höchst lächerlich, weil ja schon die Begrifflichkeit der Bezeichnung zeigt, daß dies kein Beruf für Männer ist. Die Rituale der Adoleszenz werden in ihre Peinlichkeit beschrieben, vom Anmessen der PH's (dem Penishalter) bis zum Einführungsball, mit all den Ängsten um Schönheit und erotischen Erfolg.

Begründet wird die Ungleichheit damit, daß es die Männer sind, die die Kinder bekommen, d.h. in dieser Gesellschaft sind die Väter für die Fürsorge zuständig, und sie entwickeln in der Schwangerschaft auch Übelkeit und leiden während der Geburt, während die Frauen, die Mütter, die Geburt kurz und als ein Fest erleben, das sie nicht in ihren Geschäften behindert. Die Frage der biologischen Reproduktion und ihrer sozialer Ausformung wird in den meisten der literarischen Fiktionen thematisiert.

In dieser Form des Geschlechtertausches wird manches, was wir als selbstverständliche Erwartung an Frau und Mann haben, in der literarischen Überspitzung sichtbar, so daß man zwischen Lachen und Weinen schwanken kann. Diese aufklärerische Tendenz beinhaltet aber noch eine andere Botschaft: Wenn die Frauen als Geschlechtsgruppe die gesellschaftliche Dominanz hätten, wären sie genauso wie Männer heute. Frauen sind also nicht qua Biologie das bessere Geschlecht, sondern ihre sogenannten positiven Eigenschaften (Fürsorglichkeit, Empathie) sind nur Ergebnisse ihrer Unterlegenheit. Der geschlechtspezifische Sozialcharakter wird durch die Machposition in der Gesellschaft bestimmt und durch die Erziehung hergestellt.

2. Individueller Geschlechtertausch

In den Geschichten von Kirsch/Morgner/Wolf (1985) wird eine Frau auf Grund ungewöhnlicher Umstände zu einem Mann sei es "wie ein Blitz aus heiterem Himmel" (Kirsch) oder bei Irmtraud Morgner durch den immer wiederholten Wunsch "man müßte ein Mann sein". Bei Christa Wolf gelingt es durch die Entwicklung eines Präparates, da es "unrentabel gewesen wäre, zuerst ein Präparat zur Verwandlung von Männern in Frauen zu entwickeln, weil sich für ein so abwegiges Experiment keine Versuchsperson gefunden hätt ..." (Wolf a.a. O. S. 70). Die Veränderungen, die sich zeigen, betreffen Wahrnehmungen, Haltungen, Neigungen, so rückt der Max, der einmal Katharina war, die Möbel rechtwinklig und kann endlich bei einer Fußballübertragung mit einer Bierdose in der Hand so richtig schön brüllen. Und Anders, der einmal eine Frau war, assoziiert, jetzt nicht mehr auf "Rot", "Liebe" sondern "Wut", auf "Frau" nicht mehr "Mann" sondern "schön".

Alle drei gewinnen durch Teilhabe an der Welt der Männer, kameradschaftlich wird nun die Hausarbeit geteilt (abwaschen, einkaufen, Kohle schleppen). Katharina, die zu Max geworden ist, denkt: "Jetzt, wo ich selber n Kerl bin, jetzt kriek ich die Ehmannzipatzjon"(Kirsch 1985, S. 21). Sie sind selbstverständlich in die Gespräche über Politik und Fußball integriert. Allerdings muß sich Valeska als Mann bei den Zoten über Frauen übergeben, und Anders entdeckt das Geheimnis der Männer "daß sie nicht lieben können und es wissen" (Wolf a.a.O. S. 99). Diese Heldin entschließt sich dann doch lieber eine Frau zu bleiben und will ein neues Experiment durchführen: den "Versuch zu lieben" (Wolf a.a.O. S. 100). Dieses Modell der Anpassung an die männlichen Normen und Verhaltensweisen ist sehr wohl in unserer Gesellschaft zu beobachten. Frauen, die es schaffen, als einzelne in den patriarchalen Strukturen zu reüssieren, werden oft mit dem ambivalenten Ehrentitel "Mann" belegt. So etwa wurde von Margret Thatcher gesagt, sie sei der einzige Mann in ihrer Regierung. Es wird also dabei nicht die Geschlechterordnung in Frage gestellt noch politische Strategien, sondern es erfolgt eine individuelle Anpassung. Daß nur wenigen Frauen dies möglich ist und nur wenigen es gestattet ist, zeigt, daß dieses Modell nicht generell erfolgreich ist, aber es dient zu Legitimation, der allzu oft gehörten Meinung, daß jede Frau doch alle Chancen hat.

3. Frauenwelten oder die Eingeschlechtlichkeit

Aggressivität, physische und psychische Gewalt, Umweltzerstörung und Kriege sind Handlungen, die überwiegend von Männern betrieben werden. So gewinnt die Vorstellung einer reinen Frauenwelt eine positive Konnotation. In einem der frühesten Bücher hierzu, in "Herland" von Perkins Gilman, 1915 geschrieben, sind die Männer ausgestorben und die Fortpflanzung geschieht durch Parthenogenese, persönliche Leidenschaften bestehen nicht, auch keine personelle Erotik, sie können nur in "Wir- Kategorien" (Perkins Gilman 1989, S. 169) denken und das Zentrum ihrer Gesellschaft ist die Mütterlichkeit, sie sind bewußte Mütter, die kompromißlos für das Wohlergehen der Kinder planen und arbeiten (ebda. S. 138). Die Mädchen werden in alle Arbeiten der Landwirtschaft und des Handwerks integriert, sie gehen in keine Schule, aber: "Alles war Erziehung, aber keine Schulung." (ebda... S. 143). Ein wenig zu harmonisch erscheint diese Welt. In den anderen Romanen gibt es durchaus Konflikte und Leidenschaften zwischen den Frauen, z. B. in dem "Geheimnis des Mandelplaneten" (d'Eubonne 1979), aber insgesamt ist es eine friedliche Welt nach dem großen Krieg gegen die "Befruchter" und der Entdeckung in den Geheimarchiven des Vatikans der Möglichkeiten der "Ektogenese", also der Jungfernzeugung. Dieses Thema spielt in diesen Frauenwelten eine gewichtige Rolle, und die kreativen Möglichkeiten zeigen eine große Bandbreite, so nehmen in der "Demeterblume" (Singer 1983) die Frauen, um schwanger zu werden, einen speziellen Trank ein, oder im "Wanderland" (Miller Gearhart 1982) vollziehen sie in einer Höhle eine geheimes Ritual. Die Mädchen werden stets gemeinsam und in Gruppen erzogen, so daß keine ausschließlichen Fixierungen entstehen können, und sie entwickeln ein große, nicht geschlechtseingegrenzte Bandbreite von Fähigkeiten.

Worauf rekurriert diese Utopie?

Immer wieder erscheinen in wissenschaftlichen und pseudowissenschaftlichen Publikationen Elaborate, die versichern, daß es nun eine endgültig empirisch abgesicherte Tatsache sei, daß Männer auf Grund ihrer biologischen Ausstattung aggressiver sind als Frauen, also ihre Zerstörungswut genetisch oder hormonell bedingt ist. So erhält patriarchale Gewalt eine nicht mehr zu hinterfragende Legitimation. Diese Untersuchungen sind in sich widersprüchlich und zeigen mehr das Interesse des Forschers als gesicherte Untersuchungen (siehe hierzu die Reanalysen der amerikanischen Biologin Fausto-Sterling 1988). Aber wer von einer grundlegenden Aggressivität des männlichen Geschlechts ausgeht, kann sehr wohl zu der berechtigten Forderung kommen, dies Geschlecht zu eliminieren oder es in Käfigen zu halten, um der endgültigen Vernichtung des Lebens auf diesem Planeten vorzubeugen.

Ein weiterer Aspekt an diesen Utopien ist, daß sie überwiegend von lesbischen Frauen ersonnen sind, deren Bedürfnis nach dem Umgang mit Männern reduziert ist, die aber auch z.T. gerne Kinder hätten und so nach Möglichkeiten suchen, sie ohne heterosexuellen Geschlechtsverkehr zu bekommen. Aus diesen Kreisen hörte ich, daß es in den USA Experimente gegeben hat oder auch noch gibt, bei denen zwei Eizellen verschmolzen werden, so daß eingeschlechtliche Fortpflanzung möglich wäre. Ob es diese Versuche gibt, weiß ich nicht, halte aber in der Befruchtungstechnologie so jedes Experiment für denkbar.

Ein weiteres Moment ist, daß hier gemeinsame Erziehung der Mädchen dargestellt wird. In unserer Gesellschaft wird die Erziehung, die Fürsorge für die nächste Generation zu über 80% von Frauen geleistet, und dies als einzelne, isoliert sind sie für alles verantwortlich. Der Wunsch, entlastet zu werden und Erziehung als gemeinsame kooperative Aufgabe zu sehen, spricht aus diesen Entwürfen.

4. Welten mit nur saisonaler Sexualität

Die radikalste Dekonstruktion der Zweigeschlechtlichkeit stellt LeGuin im "Winterplanet" (1980) vor. Die Personen haben kein erklärtes Geschlecht, sie sind die längste Zeit ihres monatlichen Zyklus sexuell inaktiv, latent. Wenn sie in die "Kemmerphase", den Beginn der Sexualphase kommen, sind sie zuerst androgyn, und wenn sie einen Partner finden, werden sie je nach der sich etablierenden Beziehung männlich oder weiblich. Jede Person kann so in seinem/ihrem Leben mal Mutter, mal Vater sein: "Man bedenke: Jeder kann alles machen. Das klingt sehr einfach, aber die psychologischen Auswirkungen sind unkalkulierbar. Die Tatsache, daß jedermann zwischen siebzehn und fünfunddreißig in die Lage geraten kann, 'ans Kindbett gefesselt' zu sein, bedeutet, daß hier kein Mensch so gründlich 'gefesselt' ist, wie es die Frauen anderswo sind – sowohl in psychologischer als auch in physischer Hinsicht. Lasten und Privilegien sind ziemlich gleichmäßig verteilt, jedermann hat das gleiche Risiko einzugehen und kann die gleiche Wahl treffen. Daher ist allerdings auch niemand ganz so frei, wie es die Männer anderswo gemeinhin sind. Man bedenke: eine Einteilung der Menschheit in stärkere und schwächere Hälften, in Beschützer und Beschützte, in Beherrschende und Beherrschte, in Eigentümer und Eigentum, in Aktive und Passive existiert nicht. Man kann sogar feststellen, daß die Tendenz zum Dualismus, die das Denken der Menschen so beherrscht, auf 'Winter' weniger stark ausgeprägt ist" (LeGuin a.a.O. S. 86). Der männliche Gesandte von einem anderen Planeten, der über "Winter" berichtet, gerät durch den Wegfall der Wahrnehmungskategorie Geschlecht immer wieder in die Schwierigkeit, Verhalten einzuordnen und die Motive der Personen zu beurteilen. Sein Gegenüber wechselt für ihn ständig zwischen den Definitionen von männlich und weiblich.

Die Kindererziehung findet in der Großgruppe, einer Art Großfamilie oder Sippe statt und ihre Liebe zu ihnen ist tief, zärtlich und beinahe ganz und gar selbstlos. "Möglicherweise ist es allein diese Selbstlosigkeit, in dem sie (die Liebe, I.B.) sich von dem unterscheidet, was wir als 'mütterlichen Instinkt' bezeichnen. Ich selbst vermute, daß der Unterschied zwischen dem mütterlichen und väterlichen Instinkt kaum erwähnenswert ist; der Elterninstinkt, der Wunsch, zu beschützen und zu fördern, ist ein Charakteristikum, das nicht an des Geschlecht gebunden ist" (ebda. S. 91).

Geschechtsspezifische Arbeitsteilung und Machtverteilung kann es in einer solchen Gesellschaft nicht geben. Es gibt zwar Konkurrenzkampf und individuelle Auseinandersetzungen bis zum Töten, aber keine Kriege, da diese für "eine reine maskuline Ersatzhandlung" angesehen werden und mit der Eliminierung von Maskulinität und Feminität nicht mehr notwendig sind.

Biologisch erscheint diese Modell wie die Jungfernzeugung bei der Gattung Mensch, die sich heterosexuell fortpflanzt, als unmöglich, jedoch was ist der soziale Hintergrund für eine solche Fiktion? Lassen Sie mich eine Rechnung aufstellen: in Österreich liegt die Geburtenrate bei ca. 1,3 Kind pro Paar. Das bedeutet, wenn ich auf zwei Kinder nach oben abrunde, daß im Durchschnitt eine Frau 2 Monate im vorgeburtlichen Mutterschutz ist und dann sehr großzügig gerechnet ihr Kind 10 Monate voll stillt. Dies bedeutet also zwei Jahre und das bei einer Lebenserwartung von 70 – 80 Jahren, also nur eine sehr kurze Zeit, die noch nicht einmal eine komplette Ausgliederung aus dem öffentlichen Leben und der Erwerbstätigkeit sein müßte. Alle weiteren Tätigkeiten der Erziehung, die heute von Frauen ausgeübt werden, sind nicht biologisch zu begründen sondern soziale Erwartungen, Forderungen. Es gilt also auch für die heterosexuelle Gattung, daß nur eine geringe Zeit biologisch bedingt Frauen auf Produktion der Gattung festgelegt sind.

5. Gleichheit nur durch Aufgabe der Gebärfunktion

In Piercys utopischer Welt "While away" sind " männlich und weiblich" keine sinnvollen Kategorien. "Wir teilen die Menschen eher danach ein, was sie gut können oder nicht gut können, nach ihren Stärken und Schwächen, Begabungen und Mängeln" (Piercy 1986, S. 261). Also es wird die Persönlichkeit der/des anderen anerkannt und nicht sein Geschlecht, so besteht auch Liebe zwischen Personen, ob sie nun zum gleichen oder zum anderen Geschlecht gehören. Um diesen Zustand der geschlechtsunabhängigen Personalität zu erreichen, mußten die Frauen etwas aufgeben: "Die einzige Macht, die wir jemals besaßen, um das Prinzip 'Macht für niemand' zu verwirklichen, nämlich die Macht Kinder zu gebären. Denn solange wir biologisch auf diese Weise festgelegt waren, konnte es nie Gleichheit zwischen uns geben. Die Männer würden sich nie so weit humanisieren lassen, daß sie liebevoll und zärtlich wurden. Also wurden wir alle Mütter. Jedes Kind hat drei. Um die Fixierung auf eine Person zu unterbinden." (ebda. S. 127). Die Aufgabe der

Gebärfunktion und der ausschließlichen Fixierung des Kindes auf eine Mutter ist in diesem Modell die Grundlage der Emanzipation. Immer wenn eine Person stirbt, wird im Brüter ein neuer Embryo angesetzt mit dem genetischen Material einer verstorbenen Person. Es findet sozusagen ein postmortales Klonen statt durchaus mit genetischer Auswahl und so auch ein Zuchtprogramm. Die Gemeinschaft befindet darüber, wer die drei Mütter sein dürfen, diese allerdings sollen keine Liebesbeziehungen untereinander haben, damit ihre Beziehungsprobleme nicht die emotionale Bindung zum Kinde beeinträchtigen. Alle drei Mütter stillen das Kind, Männer werden zu diesem Zweck hormonell behandelt, so daß auch sie die intime körperliche Nähe zum Säugling erfahren können. Durch die drei Bezugspersonen haben die Kinder eine größere Auswahl zur Identifikation. Diese Elternbeziehungen werden mit 12 Jahren beendet, das Kind sucht sich einen neuen Namen und sechs Monate besteht zwischen Müttern und Kind ein Kommunikationsverbot, so daß die Ablösung rituell abgesichert ist.

Die Trennung von erotischer Attraktion und der fürsorglichen Liebe zu einem Kind, das von mehreren Personen betreut wird, bedeutet sowohl für die einzelne Entlastung wie für das Kind eine größere Wahlmöglichkeit an Vorbildern und Erfahrung. Dies erscheint mir als eine progressive Idee. Heute bei schwankenden PartnerInnenbeziehungen verlieren die Kinder Bezugspersonen aus Gründen, die nicht ihren Bedürfnissen und ihren Beziehungen entsprechen.

In diesen Fiktionen werden höchst unterschiedliche Variationen der Geschlechterbeziehungen vorgestellt, eine generelle Umkehr würde nur die Dominanz der einen Gruppe gegen die Übermacht der anderen austauschen, also nicht zu einer Veränderung in Richtung Gleichheit führen, außerdem negiert diese Darstellung den Mythos von der wesensmäßig vorhandenen Güte der Frau. Ein individueller Geschlechtertausch dagegen produziert bei Frauen die gleichen Wesensmerkmale wie bei Männern, also eine Anpassung an die schlechte Realität.

Eine nur durch Frauen bestimmte Gesellschaft dagegen bietet den starken Eindruck einer "heilen", fürsorglichen Welt, alles Übel dieser Erde ist durch Männer produziert und die Deformiertheit des weiblichen Sozialcharakters wird ausgeblendet. Die Vorstellung, daß Sexualität nur einen zeitlich begrenzten Einfluß auf das Handeln von Menschen hat, entzieht der generellen Bestimmtheit des Menschen durch seine Geschlechtszugehörigkeit die Basis und ermöglicht eine generelle Personalität sich vorzustellen, die über den

Kategorien von Frau und Mann steht. An dem letzten vorgestellten Beispiel finde ich die positive Darstellung genetischer Experimente und in vitro Schwangerschaften als höchst bedenklich, da sie einerseits der Manipulation ein weites Feld bietet und andererseits bei der komplexen Materie der genetischen Informationen und ihrer noch lange nicht voll erforschten Vernetzung unübersehbare Folgen haben kann. Aber die Idee, soziale Elternschaft und die Liebesbeziehungen zwischen PartnerInnen zu trennen, ist für mich faszinierend. Die Zuneigung zum Kind ist dann eine selbständige und unabhängige Beziehung.

Trotz aller Unterschiede haben aber die vorgestellten Werke Gemeinsamkeiten: die geschlechtsspezifische Machtverteilung soll oder wird aufgehoben, die Begründung der geschlechtsspezifischen Arbeitsteilung auf Grund der Gebärfähigkeit der Frau wird in Frage gestellt. Die Erziehung der Kinder soll nicht in der isolierten und personfixierten Mutter – Kinddyade geschehen, sondern in einer pädagogischen Gruppe, in der unterschiedliche Personen sich gleich verantwortlich fühlen, und zudem sollen die Kinder integriert in die allgemeinen, gesellschaftlichen Tätigkeitsfelder sein, also nicht abgeschoben in ein Erziehungssonderfeld, wie es in unserer Gesellschaft üblich ist.

Diese literarischen Fiktionen bieten so in ihren Variationen eine Möglichkeit, die eigene pädagogische Phantasie fluid zu halten.

Um das Grundübel des bestehenden Geschlechterverhältnisses der geschlechtsspezifischen Machtverteilung und der Arbeitsteilung auszuräumen, bedarf es politisch und pädagogisch weitreichendere Maßnahmen. Das Argument, das immer wieder auftaucht, wenn es um die geringen Chancen von Frauen im Berufsleben geht, ist, daß durch die Fürsorge für die Kinder sie längerfristig ausfallen und es sich daher nicht lohnt, in ihre weiterqualifizierende Ausbildung zu investieren. Jede Frau ist eine potentielle Schwangere und Stillende, am Sandkasten Sitzende, eine Schulaufgaben Betreuende, eine am Krankenbett des Kindes Gefesselte, eine, die nicht bereit ist Überstunden zu machen, Dienstreisen zu unternehmen …

Alle bislang anvisierten Veränderungen haben wenig bewirkt. Karenzurlaub wird von Vätern nur genommen, wenn ihr Einkommen unter dem der Mutter liegt, und das ist so selten, daß die Zahl der Männer, die diese gesetzliche Möglichkeit in Anspruch nehmen, aus ökonomischen Gründen verständlicherweise höchst gering ist. Zudem habe ich mehrfach gehört, daß Arbeitgeber bereits bei der Einstellung junge Männer dringend vor der Idee eines Karenzurlaubs warnen, und mir ist immerhin ein Fall bekannt, daß ein junger

Arzt, der in der Probezeit seinen Anspruch auf Freistellung wegen der Geburt seines Kindes beantragte, keine feste Anstellung erhielt. Diese Alliance von finanziellen Gründen und betriebswirtschaftlichen Kalkül kann nur durch gesetzliche Maßnahmen zerschlagen werden. Wohlgemeinte Appelle wie die "Halbe Halbe Aktion" der letzten Frauenministerin Konrad erregen zwar das Land aber verändern nicht die Praxis. Ich möchte folgendes Gesetz vorschlagen: Mütter und Väter müssen verpflichtend alle Erziehungsaufgaben zu gleichen Teilen leisten. Männer und Frauen müssen je nach Alter des Kindes ihre Erwerbstätigkeit reduzieren. Hier darf es keine Wahlfreiheit für Männer geben. Dieses Gesetz hätte einige Konsequenzen: Männer würden für jeden Arbeitgeber zu einem größere Risiko, da sie bekanntlich bis ins hohe Alter zeugungsfähig bleiben, also jederzeit ausfallen können, während bei Frauen ab etwa Anfang 40 dieses Risiko nicht mehr besteht. Des weiteren würde es für die Individuen bedeuten, sich genau zu überlegen, in welchen personalen Beziehungen sie Kinder bekommen, Männer müßten genauso wie Frauen bei jedem Geschlechtsverkehr die möglichen Folgen bedenken. Kinder würden so bewußt in einer Partnerschaft geplant und langfristige Strategien für private und Erwerbsarbeit müßten entwickelt werden. Die Organisation der privaten Arbeit würde dann nicht mehr allein oder überwiegend bei den Frauen liegen. Eine solche juristische Fixierung wird nicht unbedingt auf Zustimmung stoßen, einerseits werden Männer die gleichberechtigte Teilnahme an der privaten Reproduktionsarbeit ablehnen, da sie ihnen unbequem erscheint und den eingeübten Vorstellungen widerspricht, andererseits werden auch Frauen ungern "die einzige Macht, die sie je hatten", wie Piercy es nennt, aufgeben, weil sie damit ein Handlungsfeld nicht mehr allein besetzen können und zum weiterem, glauben einige nicht, daß Männer überhaupt in der Lage sind, Kinder adäquat zu erziehen. Diese Einwendungen zeigen, daß kein Gesetz schon die entsprechend notwendigen Kompetenzen für die Individuen schafft.

Um diese zu erwerben, möchte ich nun einige inhaltliche und methodische Vorschläge machen.

Mädchen und Buben werden in unserer Gesellschaft zu defizitären – im Sinne von einseitiger – geschlechtsspezifischer Ausrichtung erzogen. Dies ist zu verändern.

Ich möchte hier nur ein einige der Defizite nennen:

Buben werden in der Zielrichtung allein auf das Erwerbsleben erzogen. Sie müssen leistungsstark und konkurrenzorientiert sein, der Alleskönner und

Allesmacher ist das Vorbild. Schwächen, zarte Gefühle sind hinderlich für diese Ziele. Jungen müssen sich in jeder Beziehung abhärten, Masken anlegen und Panzerungen erwerben. Sei es im Sport, wo sie körperliche Schmerzen negieren müssen, sei es im schulischen Konkurrenzdruck, wo sie jederzeit ihre individuelle Überlegenheit in allen Fächern vorführen sollen. Schmerzen, Trauer, Versagungsgefühle dürfen nicht gezeigt werden, der Konkurrent ist immer topfit.

All dies verhindert Empathie für andere und sich selbst, läßt keine soziale Kooperation zu oder nur im Rahmen der eigenen Kampftruppen. Diese Haltungen können dann den Eindruck hervorrufen, wie Christa Wolf es meint, daß Männer nicht lieben können.

Der Preis, den sie erreichen, ist hoch, gesellschaftliche Macht für wenige, aber das Gefühl zum dominanten Geschlecht zu gehören. Jedoch fordert er auch Lebenszeit und bewirkt höhere Anfälligkeit für diverse Formen abweichenden Verhaltens (Kriminalität, Drogen) und schlechtere Schulleistungen. Nur wenigen Männern ist bislang bewußt, wie sie sich von ihrem eigenen Geschlecht aber auch durch Frauen in diese Situation der ständigen Überforderung hineinmanipulieren lassen.

Bei den Mädchen besteht eine Doppelorientierung auf Erwerbs- und Hausarbeit, sie haben so mehr Optionen, gleichzeitig aber übernehmen sie wie selbstverständlich diese Doppelbelastung und orientieren sich in ihrer Berufsplanung stark an persönlichen Beziehungen und an zukünftigen Familienpflichten. Sie melden ihre Bedürfnisse nicht klar und offen an, sondern hoffen nach wie vor, daß der Prinz sie erlöst, ihnen Chancen einräumt. Was gleichzeitig oft mit Äußerungen einhergeht: Ich hab – oder wir Frauen haben ja sowieso keine Chancen. Damit vermeiden sie eine Auseinandersetzung im gesellschaftliche Rahmen, entwickeln keine Alternativen, sondern ziehen sich auf ihre unterschwellige Macht in den Privatbeziehungen zurück. Der Preis, den sie dafür erhalten, ist: ohnmächtig aber geliebt zu sein, kleine Kräche aber keine politischen Kämpfe und bessere Schulleistungen, weniger Kriminalität und ein längeres Leben.

Pädagogische Modelle müssen auf diese Voraussetzungen eingehen und geschlechtsunterschiedliche Trainingsprogramme entwickeln, sowohl für Erwachsenen wie für Kinder und Jugendliche.

1. Hausarbeit in allen Facetten muß in den Allgemeinbildungsauftrag der Schule aufgenommen werden. Als wichtiger Lehrgegenstand wird die Bedeu-

tung der privaten Produktionsarbeit gesellschaftlich anerkannt und sichtbar. Wenn Buben und Mädchen alle Tätigkeiten lernen, kann ein Mädchen seinen Schwächecharme bei einer Fahrradreparatur nicht mehr ausspielen und der Bub seine Hilflosigkeit vor der Waschmaschine. Geschlechtsspezifische Kompetenzen wären nicht mehr akzeptabel, individuelle Inkompetenzen bleiben davon selbstverständlich unberührt. Die eigenen Räume z. B. die Klassenzimmer sollten selbst gestaltet und in Ordnung gehalten werden, um der leichtfertigen Zerstörung, dem Vandalismus entgegen zu wirken und um die materielle und ästhetische Organisation der Umwelt einzuüben.

Neben den ganz praktischen Tätigkeiten sollte in dieses Curriculum auch die Fürsorge für Kinder und alte Menschen miteingehen als konkrete soziale Erfahrung für beide Geschlechter.

2. Sensibilisierung für die eigene Befindlichkeit und die der anderen muß geübt werden. Körpererfahrung über Atemübungen, Konzentrationsübungen, über Tanz und Massage ermöglichen sinnliche Selbst- und Fremderfahrung, Abbau von Bewegungsstaus, der durch die überwiegend körperpassiven Lernprozesse in der Schule aber auch durch die Freizeitaktivitäten (Fernsehen, Computerspiele) aufgebaut wird. Die Mädchen können durch selbstbewußte Körpererfahrung sich als selbstbestimmendes Subjekt erleben, die physisch und psychisch aggressiven Akte klar zurückweisen und die Buben gewinnen die Möglichkeit zu Körperkontakten, die nicht verletzend sind.

Sich mit sich selbst zu beschäftigen, die eigenen Erfahrungen wahrzunehmen, gelingt Mädchen leichter z.B. bei der Darstellung des eigenen Lebens in Form von Biographiearbeit, aber sie verbleiben oft im nur Subjektiven, Individuellprivaten. Sie müssen lernen, unterschiedliche Erfahrungen zu erkennen, zu akzeptieren, und Strategien für gemeinsames Handeln zu entwickeln. Für die Buben ist die Akzeptanz des Persönlichen höchst schwierig, sie müssen lernen, sich selbst in ihrer Befindlichkeit wahrzunehmen und auch widerstreitende, problematische Gefühle zuzulassen.

3. In gleichgeschlechtlichen Gruppen sollten Erfahrungen ausgetauscht, aus Gemeinsamen und Unterschiedlichem soziale Strategien entwickelt und neue Verhaltensweisen ausprobiert werden z. B. durch Rollenspiele. Die Mädchen können in einer gleichgeschlechtlichen Gruppe Durchsetzungsstrategien entwickeln, die Buben ihre emotionale Einsamkeit überwinden. Eine Gemeinsamkeit als langfristiges Ziel kann sich wohl erst entwickeln, wenn

beide Gruppen intensiv an ihren jeweiligen Defiziten gearbeitet haben. Dies bedeutet nicht eine ständige Separierung der Geschlechter sondern ein Austauschprozeß, bei dem beide Gruppen etwas gewinnen können. In diesem Prozeß müssen auch die Erwachsenen (Eltern, LehrerInnen, SozialpädagogInnen) ihre Kompetenzen erweitern. Im Austausch zwischen den Generationen und Geschlechtern können dann neue Verhaltensweisen entstehen.

Eine Gesellschaft, die nicht mehr durch geschlechtsspezifische Kompetenzen, nicht mehr durch Gewalt gekennzeichnet ist, bedarf der Bemühung aller Personen, damit alle ihre individuellen Potentiale entwickeln können (siehe hierzu Brehmer et al. 1996 und Brehmer 1996).

LITERATUR
Brantenberg, G.: Die Töchter Egalias. München 1987.
Brehmer, I. et al: Was Sandkastenrocker von Heulsusen lernen können. Düsseldorf 1996.
Brehmer, I.: Starke Mädchen, sanfte Jungen. In: Hempel, M. (Hg.): Grundschulreform und Koedukation. Weinheim, München 1996.
D'Eaubonne, F.: Das Geheimnis des Mandelplaneten. Reinbek bei Hamburg 1979.
Fausto-Sterling, A.: Gefangene des Geschlechts? Was biologische Theorien über Mann und Frau sagen. München, Zürich 1988.
Kirsch, S., Morgner, I., Wolf, Ch.: Geschlechtertausch. Darmstadt 1985.
LeGuin, U.: Winterplanet. München 1980.
Miller Gearhart, S.: Das Wanderland. München 1982.
Perkins Gilman, Ch.: Herland. Reinbek bei Hamburg 1989.
Piercy, M.: Die Frau am Abgrund der Zeit. München 1986.
Singer, R.: Die Demeterblume. Frankfurt a. M. 1983.

Gertrud Simon

Erziehungswissenschaft zwischen Tradition und Neubestimmung

Überlegungen zum integrativen und interdisziplinären Charakter des Faches

Der 65. Geburtstag von Helmut Seel fällt in eine für die österreichischen Universitäten aufgrund von massiven Sparmaßnahmen und einschneidenden Gesetzesnovellen ausgesprochen unruhige Zeit. Durch die schrittweise Einführung des neuen Universitätsorganisationsgesetzes (UOG 93) wird die Verwaltung der Universitäten völlig verändert, stehen die Strukturen der Fakultäten und Institute zur Debatte (vgl. Ermacora u. a. 1986-1997). Mit dem Inkrafttreten des Universitätsstudiengesetzes (UniStG) müssen Studienpläne nach neuen Richtlinien entworfen und auch von außer-universitären Einrichtungen begutachtet werden (vgl. Faulhammer 1997). Daneben erschweren, wie bereits in den vergangenen Jahren, massive Sparmaßnahmen die Planung und Durchführung des Lehrbetriebs. Eine grundlegende Novelle des Dienstrechtes wird demnächst zusätzliche Veränderungen im Bereich der Lehre bringen.

Auch das Institut für Erziehungswissenschaft der Karl-Franzens-Universität Graz und damit die Studienrichtung Pädagogik blieben von diesen Veränderungen nicht verschont, die Verunsicherungen, Unklarheiten, administrative Probleme und zusätzliche Belastungen der MitarbeiterInnen bewirkten und bewirken. Die Fülle der Fragen, wie es weitergehen soll/wird mit dem eigenen Fach, mit der Studienrichtung, mit dem Institut, mit der "offenen Universität" als Bildungseinrichtung ist noch lange nicht beantwortet. Sie betrifft individuelle Lebensläufe und die gesamte Gesellschaft: noch nie war das Medieninteresse so groß, wurde so häufig wie in den vergangenen zwei Jahren über die Krise der österreichischen Universität berichtet.

Zeiten des Umbruchs können und sollen im allgemeinen aber auch als Chance genutzt werden. So gibt das UOG 93 Impulse für Diskussionen um die Bezeichnung und Gliederung von Instituten, die Zusammensetzung von Fakultäten, das UniStG für die Neufassung der Studienplänen. Dies kann einen breiteren Diskurs um den Standort der Erziehungswissenschaft im historischen Kontext und über das Diplomstudiums Pädagogik initiieren, für den im alltäglichen Institutsbetrieb kaum Zeit und Energie vorhanden ist.

Meine folgende Überlegungen zur Integrativität und Interdisziplinarität der Erziehungswissenschaft(en) sollen einen kleinen Beitrag zur Auseiandersetzung leisten.

Zunächst ein kurzer *Rückblick auf die Entwicklung* der einzelwissenschaftlichen Spezialisierung:

Die Auffächerung der Wissenschaften, die heute an den Universitäten vorherrscht, ist ein Ergebnis von Entwicklungen im 19. Jahrhundert. Anders als an den Rechts- und Theologieschulen des Mittelalters hatte man zwar an den neuzeitlichen Universitäten begonnen, Tradition mit Innovation zu verbinden. Die Einteilung der mittelalterlichen Disziplinen (Theologie, Jurisprudenz und Medizin) aber blieb noch lange Zeit dominierend. Erst im 19. Jahrhundert entstanden mit dem gesellschaftlichen Bedarf an empirisch gesichertem Wissen im Bereich der Technik, der Ökonomie, der Medizin und anderen Bereichen neue Schwerpunkte und Teildisziplinen in Forschung und Lehre. Die jeweils vorhandene Menge an Information sollte weitergegeben und wissenschaftlicher Nachwuchs ausgebildet werden, der wiederum neue Fragen erforschen konnte. Für die zunehmende Differenzierung und Spezialisierung, die schon allein durch die anwachsende Menge des Wissens notwendig wurde, reichte die mittelalterliche Einteilung der Disziplinen nicht mehr aus. Die Wissenschaften wurden zunehmend differenzierter, neue Fächer wurden aufgebaut, die ihrerseits zur Selbstdefinition und Abgrenzung ihren eigenen Bereich, ihr Territorium, systematisierten. Der Diskurs um das eigene Fach, um seine Systematik und die Forschungsmethoden, die zum Erkenntnisgewinn innerhalb dieses Faches angewendet werden sollten, um eine eigene, fachspezifische Wissenschaftssprache (Fachterminologie) mit Definitionen von zentralen Begriffen entwickelten sich. Zugleich erschien eine Abgrenzung von Experten und Nicht-Experten durch die fachliche Professionalisierung notwendig; die Entwicklung eines eigenen Studienganges an der Universität mit einem bestimmten Curriculum und bestimmten Anforderungen für den akademischen Studienabschluß (das Doktorat) und eine fachspezifische Professionalisierung (vgl. Heid 1983, S. 180).

Mit der Spezialisierung der Wissenschaften wurde gleichzeitig eine immer stärkere Differenzierung von Methoden notwendig. Helmut Heid (1983, S. 181) sieht diese Entwicklung kritisch und kommt zum Ergebnis, daß die einzelwissenschaftliche Spezialisierung zwar den Zweck verfolge, wissenschaftliche Kompetenz und Effektivität zu steigern, wissenschaftliche Kontinuität und die Entfaltung einer "Forschungstradition" zu gewährleisten und die wissenschaftliche Zuständigkeit für bestimmte Bereiche gesellschaftlichen Handelns zu sichern. Damit würden aber auch institutionell definierte oder informelle gesellschaftliche Machtpositionen gewonnen und verteidigt, außerhalb des Zuständigkeitsbereiches der einzelwissenschaftlichen Experten Inkompetenz erzeugt.

Auch die Pädagogik befand sich in dieser Situation. Sie entwickelte sich erst im späten 19. Jahrhundert aus der Philosophie heraus als ein an den Universitäten eigenständig gelehrtes und wissenschaftlich begründetes Fach. Die oben beschriebene Problematik – die wachsende Spezialisierung und Abgrenzung eines Fachs – zeigt sich sehr bald allerdings in einer besonderen Variante. Dem neuen Autonomieanspruch der Pädagogik stand bald ein mehr oder weniger deutlicher Selbstzweifel gegenüber:

"Obwohl das Nachdenken über pädagogische Fragen zu den frühesten Betätigungen einer volkstümlichen Weisheit gehört und auf eine entsprechend ehrwürdige Vergangenheit zurückblickt, hat doch bis zum heutigen Tage die Pädagogik es noch nicht zu einer solchen wissenschaftlichen Begründung und Durchbildung gebracht, die es gestattet, hier eine Übersicht über einen gewissen 'Bestand' gesicherter Ergebnisse vorzulegen. (…) Wie unsicher die Lage auf dem Gebiet der Theorie ist, lehrt nicht zum wenigsten die Tatsache, daß von manchen Seiten nicht etwa nur das Vorhandensein, sondern geradezu die Möglichkeit einer pädagogischen Wissenschaft bestritten wird" (Litt: 1921, S. 276 zit. in Oelkers/Adl-Amine, S. 149).

Ähnlich sieht es Herman Nohl (1933, S. 105), der sich im ersten Kapitel seines Handbuchs der Pädagogik mit der Frage auseinandersetzt: "Gibt es überhaupt Pädagogik als Wissenschaft, und in welchem Sinne gibt es sie?" Er geht ausführlich auf die historische und weltanschauliche Bedingtheit des Bildungszieles ein und stellt fest, daß von daher eine allgemeine Theorie der Erziehung fragwürdig sei. Auch Begründungsversuche, die von einem formalen "Zweckindividuum" ausgehen wie der von Dilthey (vgl. Dilthey o. J.), seien historisch zu verankern. Um diesen Schwierigkeiten zu entgehen, hätte beispielsweise die psychologische Pädagogik versucht, nicht nach allgemeingültigen Erziehungszielen, sondern nach den rationalen Möglichkeiten, gegebene Erziehungsziele zu erreichen, zu suchen, indem sie die seelischen Prozesse beim Kind analysierte. Nohl meint zum Versuch, die Frage nach der Wissenschaftlichkeit und Autonomie der Pädagogik als wissenschaftliches Fach von der (experimentellen) Psychologie her zu lösen, das Problem der historischen und kulturellen Bedingtheit von Zielen und Inhalten bleibe trotzdem weiter bestehen. Er selbst löste die Frage nach der Wissenschaftlichkeit und Systematisierbarkeit der Pädagogik, indem er die Erziehungswirklichkeit (als objektive Wirklichkeit) zum Ausgangspunkt für eine allgemeingültige Theorie der Bildung deklarierte (vgl. Nohl 1933, S. 121). (Zugleich hielt Nohl einen Bezug auf die pädagogische Praxis für absolut notwendig für die wissenschaftliche Theorie, die Forderung nach Theorie-Praxis-Verbindung wird auch von späteren Pädagogen bis in die Gegenwart übereinstimmend gefordert).

Bereits zu Beginn des 20. Jahrhunderts versuchten einzelne WissenschafterInnen, die sozusagen im Grenzbereich zwischen Pädagogik und Psychologie forschten, mit ihren Arbeiten der geisteswissenschaftlich (oder theologisch-normativ) orientierten Pädagogik empirisch gewonnene Untersuchungsergebnisse gegenüberzustellen. Ingesamt blieben in der Pädagogik – im Gegensatz zur Psychologie – die eher geisteswissenschaftlich arbeitenden VertreterInnen dominierend. Dies trug in einer Zeit, in der die Naturwissenschaften immer mehr an Einfluß und Ansehen gewannen, nicht unbedingt zum Ansehen des Faches bei. Nach dem Zweiten Weltkrieg wurde im Zusammenhang mit dem sogenannten Positivismusstreit der 1960er Jahre und der in den 1970er Jahren folgenden "Realistischen Wende" der Richtungsstreit von neuem entfacht, versuchte sich die "Erziehungswissenschaft" als Wissenschaft eindeutiger über die Zuordnung zum kritischen Rationalismus und seinen methodischen Forderungen (Überprüfbarkeit und Falsifizierbarkeit) zu definieren, während Vertreter der Kritischen Theorie die Zielsetzung und Abhängigkeit sozialwissenschaftlicher Methoden und Ergebnisse von gesellschaftlichen Rahmenbedingungen und Interessenlagen betonten. Aus dem wissenschaftstheoretischen Streit um Konzepte und Positionen schien es keinen Ausweg zu geben (vgl. u. a. Scheuerl 1975, S. 26). Im Diskurs um eine geisteswissenschaftliche, naturwissenschaftlich-empirische oder sozialwissenschaftliche Orientierung haben sich inzwischen die Fronten aufgelockert, die Methoden der unterschiedlichen Paradigmen weiterentwickelt und differenzierter begründet, wird häufig versucht, verschiedene Richtungen und damit methodische Zugänge zu integrieren, sich pragmatischer an Fragestellungen und Zielsetzungen einer Forschungsarbeit zu orientieren oder durch theoretische Differenzierungen nach Verständigungsmöglichkeiten im Richtungsstreit zu suchen (vgl. Brezinka 1993). In der wissenschaftlichen "Umgangssprache", d.h., wenn die Unterscheidung nicht ganz bewußt getroffen wird, um ein bestimmtes Selbstverständnis zu deklarieren, fällt der meist synonyme Gebrauch von "Pädagogik", "Erziehungswissenschaft" und "Erziehungswissenschaften" auf.

Der Plural-Begriff, wie er seit 1977 (vgl. Bachmann, R., Mikula, R. 1996, S. 43 f.) in Graz verwendet wird, sollte die relative Eigenständigkeit der verschiedenen Teilgebiete wie Sozialpädagogik, Heilpädagogik, Schulpädagogik oder Erwachsenenbildung betonen, ohne den fachlichen Zusammenhang zu ignorieren. (Für das Studium behielt man die Bezeichnung "Pädagogik" bei.)

Die starke fachliche Gliederung in Teilbereiche und die Verbindung zu anderen Fächern wird z. T. auch negativ als Aufsplitterung oder als Mangel an Eigenständigkeit interpretiert. Vielfach haben PädagogInnen selbst auch diesen Mangel und ihre Abhängigkeit von ihren "Hilfswissenschaften" beklagt.

Ich meine, daß die Tatsache des engen Zusammenhangs mit anderen Fächern auch anders gesehen werden kann. So setzt sich H. Heid (1983) bewußt mit der Kehrseite der Tatsache auseinander, daß pädagogische Fragestellungen oft in andere Disziplinen "hineinragen" (oder umgekehrt). Die Aufhebung der Isolation und Separierung einzelner Disziplinen von anderen wird heute von einem veränderten Wissenschaftsverständnis her allgemein häufiger gefordert. Die moderne Kybernetik hat die Vernetzung, den systemischen Charakter unserer Umwelt aufgezeigt. Die Beantwortung wesentlicher ökologischer, biologischer, sozialer und anthropologischer Fragestellungen können nicht mehr nur von einer Disziplin aus beantwortet werden. Interdisziplinarität wird heute vielfach als Vorteil gesehen.

Mit der Vernetzung von Fachgebieten geht meistens auch eine Ausweitung der *Methoden* einher, die in der jeweiligen Disziplin angewendet werden. Die Methodenvielfalt, wie sie oben schon angesprochen wurde, ergibt sich also auch aus dem interdisziplinären Charakter des Faches. ErziehungswissenschafterInnen bedienen sich heute je nach Fragestellung und Zielsetzung einer Untersuchung der ganzen Bandbreite qualitativer und quantitativer Methoden, was dazu beiträgt, nicht nur die objektiven Daten und Fakten der Entwicklung, Sozialisation, Erziehung und Bildung von Menschen verschiedener Altersgruppen, Berufe, Schichten, Volksgruppen und beider Geschlechter, sondern auch ihr subjektives Erleben dieser Wirklichkeit besser zu verstehen.

"Die Pädagogik hat nicht nur 'ihren Gegenstand', nämlich den Menschen und seine Entwicklung, sondern auch wesentliche Teile ihrer wissenschaftstheoretischen Orientierung, ihrer Forschungslogik, -methodik und -technik mit zahlreichen anderen (Human-)Wissenschaften gemeinsam. Insofern leistet sie stets auch ihren Beitrag zur Entfaltung und Konsolidierung einer überfachlichen human-, sozial- und allgemeinwissenschaftlichen Forschungstradition. (...) Für die Pädagogik ist festzuhalten, daß kein Phänomen der Realität darin aufgeht, pädagogisch oder Pädagogik oder Erziehung zu sein; daß es aber andererseits auch kein Phänomen der den Menschen betreffenden Wirklichkeit gibt, das nicht pädagogisch bedeutsam wäre" (Heid 1983, S. 183 f.). Andere Disziplinen wie Psychologie, Soziologie, Biologie, Ökonomie, Rechts- und Politikwissenschaften, befassen sich mit Fragen, die Voraussetzungen oder Konsequenzen pädagogischer Fragestellungen betreffen. Beispiele dafür sind Themen, die sich mit der Ungleichheit von Sozialisation und Bildungschancen (Disparitäten zwischen Schichten und Geschlechtern), Lernschwierigkeiten, Aggressionen im Klassenzimmer, den Problemen von Scheidungskindern, Fragen der vorschulischen Betreuung und Erziehung, dem wachsenden Rechtsradikalismus unter Jugendlichen, notwendigen Arbeitsmarktförderungsmaßnahmen für ältere WiedereinsteigerInnen und der Effektivität von Alternativschulen befassen. Die wissenschaftliche Erforschung von Fragestellungen und Problemen aus den Bereichen Erziehung, Bildung, Beratung und Weiterbildung, die ihre Ergebnisse als Beitrag zur gesellschaftlichen Praxis, eingebunden in die soziale und politische Wirklichkeit sieht, kann ohne den interdisziplinären Blick nicht zu relevanten Ergebnissen kommen. Alle humanwissenschaftlichen Fragen drehen sich um den Menschen, der sowohl als Einzelwesen mit seiner biologischen und psychologischen Existenz und seiner persönlichen Lebensgeschichte wie auch als soziales Wesen mit Bezügen und Kontakten (Beruf und sozialer Status, Geschlechts- und Schichtzugehörigkeit, ethnische und nationale Zugehörigkeit), in einer bestimmte Kultur mit ihrer Geschichte und in einem bestimmten politischen System lebend gesehen werden muß.

Die Einsicht in die Notwendigkeit, komplexere humanwissenschaftliche Fragestellungen durch bewußte Interdisziplinarität zu lösen, bedeutet aber nicht, daß das eigene Fach mit seiner spezifischen Systematik und seinen besonderen Fragestellungen an Bedeutung verliert. Vielmehr sollte dabei das Spezifische pädagogischer Sichtweisen noch deutlicher werden. Ob Interdisziplinarität in der Realität auch angestrebt wird oder gar gelingt, mag fragwürdig sein, bedenkt man die berufliche Sozialisation von WissenschafterInnen und den universitären "Habitus", zu dem Gewöhnung an Einzelarbeit, oftmals gesteigertes Selbstbewußtsein der jeweiligen FachvertreterInnen oder auch Unsicherheit in einer um Anerkennung besorgten Disziplinen gehören. Zusammenarbeit über Fächergrenzen hinweg hat vielleicht einen guten Ruf und wird häufig gefordert oder verkündet, im wissenschaftlichen Alltag scheinen sich aber die Schwierigkeiten zu zeigen (Vgl. Heid 1983, S. 178 f.).

Die Implementierung des UOG 93 stellt eine Gelegenheit dar, die Zusammensetzung und Benennung von Instituten (Studienrichtungen) und von Fakultäten zu diskutieren und eventuell zu verändern. Voraussichtlich werden sich aus Tradition, Beharrungsvermögen und/oder Berührungsängsten, aber auch wegen systematischer Probleme (z. B.: Welche Disziplinen gehören zu den "Sozialwissenschaften"?) keine neuen Fakultäten bilden.

Aber zumindest im Studium bietet sich, wenn die Lehrpläne neu definiert wernden müssen, die Gelegenheit, den interdisziplinären Ansatz neu zu überlegen und bewußt zu erweitern. Nach dem UniStG 97 sind 40% der im geistes-/kulturwissenschaftlichen Diplomstudium notwendigen 100-120 Stunden als Wahlfächer aus anderen Studienrichtungen anzurechnen, und die Studienkommissionen sollen dazu auch Vorschläge machen. Dies könnte als Chance zu einer selbst-bewußten Verbindung von geistes- und kulturwissenschaftlichen Studien mit benachbarten Disziplinen auch anderer Fakultäten (wie etwa der Soziologie) genutzt werden: nicht, um das eigene Fach in Frage zu stellen, sondern um durch zeitgemäße Wahlfächer zukünftigen Anforderungen einer Gesellschaft an der Jahrtausendwende gerecht zu werden.

LITERATUR

Dilthey, W.: Über die Unmöglichkeit einer allgemeingültigen Pädagogischen Wissenschaft. Weinheim, o. J.

Bachmann, G., Mikula, R.: Ein Jahrhundert Pädagogik in Graz. München, Wien 1996 (mit einem Vorwort von H. Seel).

Brezinka, W.: Empirische Erziehungswissenschaft und andere Erziehungstheorien.: Differenzen und Verständigungsmöglichkeiten. In: Deutsche Gegenwartspädagogik. Hrsg. v. Michele Borrelli. Hohengehren 1993, S. 69–83.

Ermacora, F., Strasser; R., Langneder; E.: Österreichisches Hochschulrecht. Wien 1986.

Faulhammer, F. (Bearb.): Universitätsstudiengesetz. Wien 1997 (= Österreichisches Hochschulrecht Heft 2).

Heid, H.: Die Interdisziplinarität pädagogischer Fragestellungen. In: Lenzen, D. unter Mitarbeit von Schründer, A. (Hrsg.): Enzyklopädie Erziehungswissenschaft. Handbuch und Lexikon der Erziehung in 11 Bänden u. Reg. Bd.. Stuttgart 1983, S. 177–192.

Habermas, J.: Vom sozialen Wandel akademischer Bildung. In: Pleines, J.E. (Hrsg.): Bildungstheorien. Probleme und Positionen. Freiburg. i. Breisgau 1978, S. 100–112.

Nohl, H.: Die Theorie der Bildung. In: Nohl, H., Pallat, L. (Hrsg.): Handbuch der Pädagogik. Bd. 1: Die Theorie und die Entwicklung des Bildungswesens. Langensalza, Berlin, Leipzig 1993. S.

Oelkers, J., Adl-Amine, B. (Hrsg.): Pädagogik, Bildung und Wissenschaft. Zur Grundlegung der geisteswissenschaftlichen Pädagogik. Bern, Stuttgart 1981.

Scheuerl; H.: Probleme einer systematischen Pädagogik. In: Ellwein, T. u. a. (Hrsg.): Erziehungswissenschaftliches Handbuch. Berlin 1975, S. 13–88.

WEITERBILDUNG

Rudolf Egger

Bildung à Dieu?

Über die Bedeutungsveränderungen der Allgemeinbildung im Lebensprozeß

> *In unserer Seele ist etwas, daß wir Interesse nehmen*
> *1.) an unserem Selbst,*
> *2.) an anderen, mit denen wir aufgewachsen sind, und dann muß*
> *3.) noch ein Interesse am Weltbesten Statt finden.*
> *(Kant 1964, S. 691)*

Der Versuch, das Selbst und die Anderen, Gegenwart und Zukunft, Humanität und Erziehung zu verbinden, ist spätestens seit der Aufklärung ein wesentliches Element von Bildung. Die Möglichkeit der Über-Sicht, die Wahrnehmung des geschichtlichen und strukturellen Zusammenhanges vom Einzelnen und dem Ganzen, waren dabei unumstößliche Elemente allgemeiner Kulturfähigkeit. Dabei ging es auch stets um jene allgemeinen Prinzipien, die zu einem *glücklicheren Menschengeschlecht* führen sollten. *Kant, Goethe, Schiller, Fichte, Schleiermacher* oder auch *Hegel* haben immer an eine Erziehung der Gattung Mensch gedacht. Ihre Maximen der Humanität, der Vernunft, der Freiheit, der Gerechtigkeit, und einer breitest möglichen gesellschaftlichen Teilhabe daran, haben ihre Gültigkeit zwar bis heute nicht verloren, jedoch bedürfen sie der Neubestimmung in einer Zeit der Individualisierungsphänomene, in der soziale Beziehungen nicht mehr einem von oben nach unten gesteuerten System gehorchen, sondern einem Bündel von Trends und Tendenzen unterliegen, deren gemeinsamer Nenner die *Ambivalenz* zu sein scheint (vgl. Giddens 1995). Kants Feststellung, daß in unserer Seele, also in unserem ursprünglichsten Sein, etwas ist, das uns an die Welt bindet, war stets bezogen auf den Fortschritt des mündigen Menschen in seiner kulturellen und geschichtsphilosophischen Prägung, getragen von seinen philosophischen Grundfragen: *"Was kann ich wissen? – Was soll ich tun? – Was darf ich hoffen? – Was ist der Mensch?"* Kant definiert dieses Etwas nicht, sondern scheint darauf hinzuweisen, daß innerhalb der Spannungen zwischen Wissen und Handeln, Gewißheit und Hoffnung, zwischen Selbstwohl und Moral für ihn jenes Etwas, das uns verbindende Allgemeine, verborgen liegt, um das wir uns redlich zu bemühen haben. Diese Bemühungen um Verständlichkeit über das Wesen des mündigen Subjekts nennen wir seitdem Aufklärung: Eine Bewegung, die sich in Bildung ausdrückt, niedererschlägt, fortführt. Unter Bildung will ich an dieser Stelle verstehen: "... eine Stärkung der Person durch Klärung und Aneignung von 'Welt'" (Hentig 1996). Damit wird etwas Allgemeines postuliert. Über die funktionale Vorbereitungsfunktion der Erziehung hinaus, wird hierbei vor allem das Verständlich-machen, ein sich-in-Beziehung-setzen zu den dominierenden Werten und Gütern einer Gesellschaft angesprochen. "Wir müssen die Verständlichkeit der Welt zu einem großen Teil uns selber abringen: das Zutrauen herstellen, daß solche Verständlichkeit möglich und tauglich ist, die Bereitschaft zum Wandel der Verständlichkeit (…) aufbringen, ein Bewußtsein von den Grenzen solcher Verständlichkeit entwickeln" (Hentig 1985, S. 10). So gemeinte Verständlichkeit ist dabei kein einmal erreichter Zustand, sondern ein Prozeß, der Auskunft über die ordnenden Kräfte unseres Lebens zu geben vermag. Was in einer Gesellschaft als vernünftig und als gemeinsam, allgemein und dauerhaft akzeptierbar verstanden werden kann, ist demnach immer wieder neu zu verhandeln. So ist zu fragen, worin denn nun für uns, den Menschen des ausgehenden 20. Jahrhunderts, die Basis unseres Allgemeinen liegt? Wie kann heute diese Frage nach dem uns verbindenden Etwas beantwortet werden? Stammt die hier geforderte Ordnung der Dinge, für die in einer Wissenschaftsziviliation aufgewachsenen Menschen, aus dem wissenschaftlich generierten Universellen, dem abstrakt Systematischen, das sich nur noch dem methodenangemessenen Prinzip der Erkenntnis unterordnet? Ist das wissenschaftlich ausgewiesene Verallgemeinerungswissen jenes Fundament, das unser Selbst- und Weltverhältnis begründet? Oder entsteht der allgemeine Sinn in der Ordnung nicht eher aus jener metaphysischen Sehnsucht, sich am Unvergänglichen, am gültigen Gesicht der Welt, zu orientieren, um an einer Form der darüberliegenden Wahrheit teilnehmen zu können? Ist die hier allgemein festgeschriebene Geschichtlichkeit nun Funktionsziel, moralische Verpflichtung oder einfach eine notwendige Reduktion von Komplexität? Und immer wieder taucht die gleiche Frage auf: Wie steht das Allgemeine in Zusammenhang mit dem Besonderen? Durch welche Methoden, welche Urteile und Taten wird es gebildet? Etwa durch Denken, durch Logik oder gar durch Intuition? Was wird bei der Suche nach dem *Darüberliegenden* dabei an Kontinuität unterstellt, welche Hilfskonstruktionen sind notwendig, um eine prinzipielle Nachprüfbarkeit, Sinnhaftigkeit, Gewißheit eines solchen Allgemeinen zu erreichen? Und schließlich: Welche Wertvorstellungen werden hier als objektive Grundlagen vorausgesetzt, um überhaupt etwas als *allgemein* etikettieren zu können?

Auf all diese Fragen eine befriedigende Antwort zu finden, wäre heute wohl vermessen. Und doch müssen wir alle, die wir täglich in der Bildungsarbeit tätig sind, mit diesem Fragenkomplex irgendwie zurechtkommen. Die Aufgabe ist dabei immer zu groß für einen einzelnen, abgelehnt kann sie deshalb aber nicht werden. Ich versuche in meinen Ausführungen eine Reihe von einfachen Deutungen zu geben, wohlwissend, daß es gerade das Einfache ist, das zu weitreichenden Implikationen und Widersprüchen führt. Vier Wege will ich dabei nachzuzeichnen versuchen:

Eine *Einstellung*, die sich in einer bestimmten historischen Epoche entfaltet hat.

Eine *Denkungsart*, die Kulturgeschichte gemacht hat.

Eine *Selbstvergewisserung*, die auf Versöhnung ausgelegt ist, wo Widerspruch herrscht.

Und schließlich, eine *diskursive Handlungshilfe*, die sich am Wandel orientiert.

Alle diese Versatzstücke des *Allgemein-Gültigen*, deren *Ideen* und *Verständigungswahrheiten*, unterliegen ebenfalls dem gesellschaftlichen Wandel, müssen interpretierbar bleiben. Was von tradierten Vorstellungen geblieben ist, was sich geändert hat, soll hier einer pragmatischen Sichtung unterzogen werden.

1. Eine Einstellung – Die Wurzeln des Humanismus

In der Frage nach dem Allgemeinen geht es also, kurz gesagt, um nichts Geringeres, *als um die umfassende Deutung der Welt nach einem Prinzip*, das uns über die bloße Meinung, die Spekulation, die isolierten Teile hinaushebt, das allumfassend und gemeingültig für möglichst viele Menschen ist, und das auf eine bestimmbare Basis von Ganzheitlichkeit bezogen werden kann. Ein solches Deutungsmuster bietet der sogenannte Humanismus, die hochgepriesene, vielgescholtene Philosophie der Menschlichkeit, an. In Zusammenhang mit Bildung zielt dieses Bestreben wohl am stärksten auf die berühmte Formulierung von W. v. Humboldt, daß der Mensch sich dabei auf die Idee der "... höchsten proportionierlichsten Bildung seiner Kräfte zu einem Ganzen" (Humboldt 1964, S. 164) beziehen soll und muß. Dieser Bildungsbegriff, ein Leitmotiv der Emanzipation des Bürgertums von Klerus und Aristokratie, ließ aber schon in seinen Ursprüngen die Frage nach den fundamentalen sozialen Bedingungen *freimachender* Bildungsbeteiligung außer Acht. Die hier propagierte Ganzheit, die als Triebfeder, quasi als Generalprinzip emanzipatorischer Weltsicht fungieren sollte, entpuppte sich sehr bald als konservierendes Element in der Sicherung von Herrschaftsinteressen. Ganzheit war dabei *kein Relationsbegriff*, der sich auf die spezifischen Beziehungen der Teile untereinander und deren prozeßhafte Verflechtung bezog, sondern im Gegenteil, ein Ideal, ein zu erstrebendes Ziel, das in seiner Substanz hierarchisch erreicht werden sollte. Diese Form der humanistischen Bildungsidee hat mit ihrer Substanz ein allumfassendes Bildungsziel funktionalisiert. Humanistische Bildung in diesem Sinne weist deshalb auch stets auf ihre eigenen Grenzen hin. Unter Weglassung der praktisch-gesellschaftlichen Elemente wurde das *tätige Subjekt in seiner sittlichen Autonomie*, in seiner geistigen Potenz, zum Zentrum des Konzeptes Bildung. Nicht mehr gesellschaftliche Wohlfahrt und Nützlichkeit waren dessen vorrangiges Zentrum, sondern das Ganze, hergestellt in der geglückten Begegnung des Individuellen mit dem Allgemeinen. Damit trug diese Idee der Bildung, von W. von Humbodt praktisch umgesetzt, einerseits dazu bei, die Stabilität staatlicher Institutionen zu stützen, denn was im Namen des Allgemeinen, der Menschheit u.dgl. mehr gefordert war, konnte schlecht durch einen unmittelbaren Verwertungsdruck außer Kraft gesetzt werden. Dahinter aber blieb die Interessensgebundenheit dieser wertfreien

Ziele natürlich bestehen. Andererseits aber ließ diese Form der *zweckfrei* betriebenen Bildung Freiräume für selbständige Orientierung entstehen, die wiederum zu Ideen und Utopien menschlicher Selbstbestimmung führten (vgl. dazu Bollenbeck 1994). Genau an dieser widersprüchlichen Stelle der Verbindung des Allgemeinen mit den konkreten, praktischen Elementen, wird aber der Begriff der Allgemeinbildung höchst fragwürdig. Bezogen auf die humanistischen Vorstellungen von Humboldt zeigt sich, daß es hier das Bestreben von Allgemeinbildung (bezogen auf die Schule) war, den Geist an klar definierten, aus den Gesellschaftshierarchien abgeleiteten Gegenständen, möglichst vielseitig zu entfalten. Diese Form der Bildung sollte als Verständigungsmittel in eine weitreichende Traditionalisierung von Leben eingebunden sein, und erst dort ihre volle Bedeutung erlangen. Nicht das Wissen alles Wißbaren stand hier im Vordergrund, sondern (wie vorne schon angedeudet) eine Haltung den Dingen und Phänomenen gegenüber, die den Elementen, den Informationen und Situationen erst Bedeutung (d.h. hier), ihren Platz im Gesamtgefüge gibt. Grundsätzlich setzte dies aber eine Akzeptanz der vorgefundenen Strukturen voraus, die sich in einer Geistesverfassung ausdrückte, die Ergebnis eines nachdenklichen Umgangs mit den bejahten Prinzipien und Phänomenen der Kultur waren. In einer offenen Definition ließe sich darüber also sagen, daß nur dann vom Allgemeinen, von Allgemeinbildung gesprochen werden kann, wenn diese der Verständigung der Menschen untereinander über das *Allgemein-Gültige* dient. Hier ist also ein systematischer und umfassender Versuch gemeint, Verständigung über die jeweilige Welt und deren Traditionen herzustellen, und diese gemeinverständlich zu machen. Dies beinhaltet auch den Willen, gemeinsame Erkenntnis aufrechtzuerhalten, Ideen und Zustände miteinander als wertvoll und tradierfähig zu erachten. Genau auf diese Idee einer weitestgehend unhinterfragten gesellschaftlichen Wirklichkeit zielt auch der nächste Punkt meiner Bestandaufnahme, die Philosophie der Hermeneutik.

2. Eine Denkungsart – Die Verfallsgeschichte der Geisteswissenschaften

Am Anfang war bekanntlich das Wort. Doch spätestens seit der babylonischen Sprachverwirrung wissen wir, daß das schönste Wort uns nichts nützt, wenn uns keiner versteht. Also brauchen wir ein Mittel, eine Möglichkeit, um die

Bedeutung des Gesagten möglichst einwandfrei zu identifizieren, um das, worum es sich zwischen den Menschen dreht, das Lebendige, das Bedeutungsvolle, nachvollziehbar zu machen. Im großen, historischen Kontext nennen wir dies Kultur, im konkreten Unterscheidungsmodus Hermeneutik. Mit Hermeneutik wird die Auslegung oder Interpretation der Lebenswirklichkeit in der Zeit (im Vergangenen, Gegenwärtigen, Zukünftigen) bezeichnet. Der Zugang zur Lebenswirklichkeit wird über das Erleben, über den Ausdruck und das Verstehen definiert. Sprache ist dabei unser wesentlichstes Medium. Basierend auf den Arbeiten von Schleiermacher, der von einer Kunstlehre des Verstehens gesprochen hat, hat Wilhelm Dilthey im letzten Drittel des vorigen Jahrhunderts jene philosophische Begründung der seit damals sogenannten Geisteswissenschaften geliefert, die heute noch Gültigkeit in Anspruch nimmt. Der Vorgang des Verstehens wird dabei zum Angelpunkt aller Bemühungen um Einsicht in die Welt, wobei verstehen jenen Vorgang bezeichnet, "... in welchem wir aus Zeichen, die von außen sinnlich gegeben sind, ein Inneres erkennen" (Dilthey 1964, S. 317). Dieses Verstehen ist als Gegenpol zum Erklären der Naturwissenschaften zu fassen, und bezieht sich auf die Menschen, auf ihre Verhältnisse zueinander und auf ihr Verhältnis zur äußeren Natur. Anhand der Erfassung, d.h. der Interpretation von (meist schriftlich fixierten) Lebensäußerungen, wird den Empfindungen, den Erlebnissen nachgegangen, um so den übermittelten Sinn herauszufiltern. Sinn wird hierbei aber meist als eine kulturelle und personale Entität vorausgesetzt, ohne daß dessen Zustandekommen, dessen gesellschaftliche Legititimierung und Durchsetzung explizit in Frage gestellt werden würde. Der von Dilthey verwendete Verstehensbegriff wurde deshalb bald recht heftig von mehreren Seiten als a-historisch, affirmativ, als *eine Fortsetzung der Theologie mit anderen Mitteln* (Albert 1969, S. 43) angegriffen. Neben dem Vorwurf der Unwissenschaftlichkeit dieses Vorgehens wurde allem die kritiklose Übernahme bestehender Traditionen kritisiert, die sich darin ausdrückte, daß es eben in diesem schwammigen Vorgang des Verstehens beinahe unmöglich ist, die zugrundeliegenden Wert- und Geisteshaltungen fundamental, historisch und sozial zu kritisieren, daß in diesem fragwürdigen Prozeß keine eigene Position mehr bezogen werden kann. Was hier als fehlend angesehen wird, ist die kritische Reflexion, die sich eben auch gegen die vorherrschenden Traditionen wenden könnte. Daraus wird geschlossen, daß diese Art des Verstehens notwendigerweise konservativ, ja sogar kolonialisierend sei, weil sie sich der eigenen Abhängigkeiten von Gesellschaftsformen und Herrschaftsmechanismen nicht bewußt ist. Gerade aber aus diesem geisteswissenschaftlichen, sich humanistisch verortenden Konstrukt, hat sich das universalistische Bildungskonzept immer reichlich bedient. Beide setzen ein gemeinsames Wert- und Bezugssystem voraus, das letztlich aber eine sehr unhistorische Vorstellung von Sinn, Sinnhaftigkeit und Bedeutungsrelevanz zu propagieren scheint. Auch aus diesem Grund wird das Programm der Geisteswissenschaften heute oft zugunsten einer relativierenden Kulturwissenschaft aufgegeben, um die Abhängigkeit vorherrschender Sichtweisen von kulturellen Paradigmen nicht zu übersehen. Zu schnell werden sonst die tradierten Menschenbilder zu Bildungsobjekten, ohne daß deren gesellschaftliche Relevanz noch genauer unter die Lupe genommen werden kann.

3. Eine Selbstvergewisserung – Die Suche nach Identität

Bildung, die kein Wert an sich ist, sondern eine Bezugnahme auf das, was wir in unserem Leben vorfinden, zeichnet sich durch eine Ermöglichungsstruktur aus, die weit über die Beherrschung von reinen Lerntechniken hinausgeht. Bildung in ihrer Allgemeinheit ist also zugleich eine umfassende wie auch alltagspraktische Antwort auf die vorgefundene Lebensform. Diese Art von Bildung kann nicht im klassischen Sinne didaktisch gelehrt werden, sondern ist konkrete Bezugnahme auf konkrete Verhältnisse. Das holt das Allgemeine immer wieder ins Besondere, in die je spezifische Situation, zurück. Gerade darin scheint ein entscheidendes Merkmal heutiger Bildungsvorstellungen zu liegen: Bildung kann nicht mehr einfach von tradierten, von vornherein allgemein akzeptierten Ideen, Vorstellungen, Werten, Idealen, Menschenbildern oder Aufträgen ausgehen, sondern ist genötigt, den Weg im Gelände, im alltäglichen Lebensprozeß zu suchen. Ungewißheit im Umgang mit der eigenen und der großen Geschichte ist dabei ein wesentliches Element geworden. Das heutige Ich scheint mehr denn je in einem unabschließbaren Kreis von Fragen und immer gegensätzlicheren Antworten gefangen zu sein. Das Konstruktionsprinzip Bildung als Sinnproduzent, als Bezugspunkt zu einem erlebbaren Ganzen, verliert dabei zusehends seine normative Funktion. Dort, wo alles abgleitet in eine nicht mehr zu überschauende Anzahl von Zufällen, Möglichkeiten und Kleinstgeschichten, bleibt der Bezug auf eine konkrete Welt absichtsvoll inhaltlos. Die allgemeinen, meist abstrakten Bestimmungsstücke des heutigen Ich-Gefühls scheinen darauf hinzuweisen, daß niemand mehr so recht weiß, was dieses Ich überhaupt ist. Der Zusammenhang der Welt zerbröckelt, das Allgemeine wird zum Selbstzweck oder zur Leerformel, zum Klischee. Wenn das Wort Identität heute in aller Munde ist, so ist das nur ein Zeichen dafür, daß wir die Angst vor den uns entschwindenden Strukturen mit einem Wort in Schach zu halten versuchen. Robert Musil hat dies exemplarisch zu Anfang unseres Jahrhunderts schon im Titel eines seiner Romane ausgedrückt. *Der Mann ohne Eigenschaften* ist ein Mann vieler möglicher Sinn-Konstitutierungen, doch er bleibt letztlich zwischen allen Welten. Es gibt keine letzt-gültige, allgemein verbindliche Instanz mehr, die ihn der Sorge entbindet, sich selbst zu einem Ich zu gestalten. Der *Möglichkeitssinn* findet keine wesentlichen Bezugspunkte mehr. Beispielhaft beschreibt Musil seines Romanhelden Versuch, ein ererbtes Haus seinen eigenen Ansprüchen gemäß zu renovieren.

"Er hatte sich in die angenehme Lage versetzt, sein verwahrlostes kleines Besitztum nach Belieben vom Ei an neu herrichten zu müssen. Von der stilreinen Rekonstruktion bis zur vollkommenen Rücksichtslosigkeit standen ihm dafür alle Grundsätze zur Verfügung, und ebenso boten sich seinem Geist alle Stile, von den Assyrern bis zum Kubismus an. Was sollte er wählen? (…) Es war das in einer Angelegenheit, die ihm im Ernst nicht besonders nahe ging – die bekannte Zusammenhanglosigkeit der Einfälle und ihrer Ausbreitung ohne Mittelpunkt, die für die Gegenwart kennzeichnend ist und deren merkwürdige Arithmetik ausmacht, die vom Hundertsten ins Tausende kommt, ohne eine Heimat zu haben" (Musil 1981, S. 19 f).

Der verbindende Gestus, die gegliederte, aber dennoch offene, bewegliche Geschichte ist brüchig geworden, der Möglichkeitssinn ist der neue Wirklichkeitsrahmen, ohne daß Unterschiede hier aber bedeutsam werden. Das Ich aber muß sich erst explizit seine Geschichte aneignen, sonst bleibt es unverbindlich, beliebig. Dies ist ein Bildungsprozeß, der den gesamten Lebensverlauf betrifft und ständiger Arbeit bedarf. Die Dynamiken einer Verbindung von Gesellschaft und Subjekt bringen auch den Prozeßcharakter des Allgemeinen zum Ausdruck. Die Dialektik von Vorläufigkeit und Dauer im Umgang mit allgemeinen Prinzipien, die Sehnsucht nach der ordnenden Kraft und die Abwehr der verordneten Universalien, weist die Gebundenheit dieses Begriffes auf die je konkreten Lebensformen aus. Dabei spielt die Angewiesenheit von Menschen auf andere Menschen (wie es z.B. der Soziologe Norbert Elias herausgearbeitet hat) eine wesentliche Rolle. Elias zeigt dabei deutlich, daß wir Menschen ständig in Bewegung sind, daß wir nicht einen Prozeß durchlaufen, sondern *selber dieser Prozeß sind* (vgl. Elias 1995), daß wir schon immer mitten in einer allgemeinen und konkreten Geschichte sind, wenn wir anfangen, unsere Geschichte(n) zu reflektieren. In einer solchen Betrachtungsweise hat Bildung als Orientierungs- und Bedeutungsgenerator zur Befragung der individuellen Daseinsmuster und der Tradition, eine handlungstragende Rolle zugewiesen gekommen. Wurde der neuzeitliche, von der Aufklärung geprägte Bildungsbegriff, in seiner *welterweiternden* und emanzipatorischen Dimension gesehen, so wird mit der Betonung des identitätssichernden Agens von Bildung eine umfassende, lebengeschichtlich bedeutsame Hinwendung zum Bildungssubjekt vollzogen. Neben dem Gerüst aus Qualifikation, Wissen und Kulturation ist hierbei noch eine *Überschußqualität* (vgl. Tietgens 1975) von Bildung auszumachen, die zur Schaffung von Identität beiträgt. Dabei ist es vor allem der Begriff der Identität, der das Allgemeine in einer stabilen individuellen Dimension sicherstellen soll. Aber genau dieser Begriff ist heute zu überfrachtet, zu unscharf und umstritten, als daß er sich vorbehaltlos als Orientierungsmarke, verwenden ließe. Nichts gegen Landkarten, aber sie können keine Prozesse abbilden. Genau deshalb muß der Begriff der Identität als deskriptives und normatives Element kritisiert werden. Von geglückter Identitätsfindung wird heute dann gesprochen, wenn das Außen (die gesellschaftlichen Organisationsbedingungen) und das Innen (das Selbstkonzept der einzelnen Individuen) in einer deutenden Weise miteinander verknüpft werden. Identität soll solcherart mittels Bildung, die ja jene deutende Sichtweise aktualisieren könne, hergestellt werden. Identitätsarbeit wird somit zum Mode- und Schlüsselbegriff bildbarer Sinnsuche. Die Labilität des Selbstbildes wird als Tatbestand gesehen, die mit Hilfe von Bildung stabilisiert werden könnte. Dabei wird Identität eben oft als normatives Konstrukt definiert, das mittels der Reparaturanstalt Bildung wieder funktionstüchtig gemacht werden kann. Die darauf basierende Hinwendung zum Teilnehmer z. B. in der Erwachsenenbildung sollte dementsprechend eine theoretische und praktische Erschließung der lebensweltlichen Strukturen von BildungsteilnehmerInnen herbeiführen. "Über den Identitätsbegriff wird insofern der Teilnehmer als Voraussetzung der Erwachsenenbildung in seiner lebensweltlich und gesellschaftlich bestimmten Situation zum Thema gemacht" (Kade 1989, S. 20). Dieser Identitätsbegriff wird für die Erwachsenenbildung als neuer Pfad der Hinwendung zum Teilnehmer, im Sinne der Lösung von Identitätsproblemen von BildungsteilnehmerInnen, propagiert. Die Aufgabenzuwächse und Bedeutungssteigerungen, die die Weiterbildung durch das Konzept der Allgemeinbildung im Sinne auch von Identitätsbildung erhalten hat, scheint aber vor nur um den Preis eines geplanten Friedens erkämpft worden zu sein. Der Erwachsenenbildner E. Meueler bringt dieses trügerische Bild der Balance auf den Punkt, indem er schreibt (1993, S. 74): "Das Dilemma besteht darin, daß alle Identitätsarbeit auf Versöhnung des Unversöhnlichen, eine wenigstens gedankliche und gefühlsmäßige Humanisierung von Widersprüchen zielt. Die ideale Gegenwelt, in der die mühsame Arbeit an Orientierung und beruhigender Selbstvergewisserung nicht mehr von Nöten ist, existiert leider nicht." Die Autoren Cohen und Taylor zitierend, verweist er auf ein Subjekt, das sich den Brüchen und Diskontinuitäten stellt und den Zielbegriff der Identität verwirft. "Wir sind eben nicht in einem freischwebenden Ballon der Identität geboren, sondern in einer bestimmten Zeit und an einem bestimmten Ort. Der Versuch, den Widerstand gegen das Alltagsleben auf die Unverletzlichkeit des individuellen Selbst zu gründen, muß scheitern, weil dieses Selbst in Zeit und Geschichte lokalisiert und in spezifischen sozialen Zusammenhängen verwurzelt ist" (Cohen/Taylor, in: Meueler 1993, S. 74). Der Entwurf meines Selbst bleibt dabei immer Entwurf: problematisierbar, unabgeschlossen, fragmentarisch. Mein Verhältnis zu diesem Selbstbild ist, im Sinne einer möglichen Allgemeinbildung, in die Zukunft hinein offen. Es gestaltet sich innerhalb der wechselseitigen und stets erneuerungsbedürftigen Maßgaben von Sozialität und Individualität. Damit wird ein wesentlicher Aspekt der Geschichtlichkeit menschlichen Lebens generell neu gewichtet. Das, was wir oft als menschliche Natur bezeichnen, die folgerichtige Entwicklung (sowohl für das Individuum als auch für Gesellschaft), wird hier nicht an den Kriterien der Vervollkommnung gemessen, sondern als Prozeß des Werdens innerhalb zeitlicher und sozialer Räume definiert. Dies ist ein bis ins 17. Jahrhundert zurückgehender Gedanke, der innerhalb der Geschichtsbetrachtung gegen absolute Werte aufbegehrt. Giambattista Vico ist einer der ersten, der gegen diese Festlegung protestiert. Für ihn gibt es keinen klar erkennbaren Fortschritt aus der Unvollkommenheit zur Vollkommenheit, "… denn der Begriff der Vollkommenheit enthält ein absolutes Wertkriterium. Es gibt nur verstehbaren Wandel" (Berlin 1994, S. 183). Was hier als ideengeschichtlicher Rahmen postuliert wird, gilt meines Erachtens nach auch in bezug auf Allgemeinbildung. Begriffe wie Bildung und Entwicklung erhalten erst dadurch ihre dynamische

Funktion, indem sie Prozesse des sich wandelnden Bewußtseins beschreiben und verstehbar machen helfen. Diese Reduzierung auf die Verständlichmachung, die Verständigung über das, was diesen Wandel ausmacht, wohin er uns führt, ist ein wesentliches Element individuellen Werdens und subjektiver Selbstbestimmung. Auf eine groß angelegte Teleologie (im Sinne einer fertig gebildeten Identität) wird hierbei verzichtet. Die Bezugspunkte des Wandels gilt es zu beschreiben und zu reflektieren, ohne diese aber zu einem statischen Abfolgespiel werden zu lassen, denn "... der Winter ist kein rudimentärer Frühling, und der Sommer nicht ein noch unterentwickelter Herbst" (Berlin 1994, S. 191). Damit ist gesagt, daß Entwicklung sich letztlich nicht auf eine Einheit, auf eine geschlossene Ordnungskraft bezieht, sondern eher kontingent und kontextuell markiert verläuft. Die Konsequenzen für Lern- und Bildungsprozesse bestehen nun darin, daß der Bezug dieser Entwicklungspunkte zu Phänomenen der Wandlung reflexiv erschlossen werden muß. Dies kann in seiner Komplexität nur dadurch geschehen, indem wir begreifen lernen, was wir Menschen aus unserem Leben, das wir innerhalb spezifischer Setzungen vorfinden, gemacht haben. Diese Form der Biographisierung von Leben läßt sich dabei aber nicht allgemeingültig herbeiführen und festschreiben, sondern ist immer der Interpretation bedürftig. Dabei wird das Allgemeine nicht als Objektstruktur gesehen, sondern als Referenzrahmen, innerhalb dessen Möglichkeiten aktualisiert werden. Bildung als dynamische Orientierungsfolie baut darauf, daß wir uns eine bedeutungs- und sinntragende Welt schaffen können. Hier ist das Allgemeine, Horizont und nicht Endpunkt, da sich der Horizont mit jedem unserer Schritte verändert und dennoch eine Blickrichtung, einen Bezug herstellt. Der Horizont gehört uns nicht, er muß immer wieder neu erarbeitet werden, deshalb erscheint mir diese Metapher auch für das Allgemeine in der Diskussion um Bildung zutreffend (vgl. Egger 1992). Bildung gehört mir nicht, sie muß als *die tätige Seite der Vernunft*, wie es der Pädagoge H. J. Gamm ausdrückt (1984, S. 183), gesehen werden, um der Dynamik der Risikogesellschaft (vgl. Beck 1986) angemessen zu sein.

4. Eine diskursive Handlungshilfe – Lebensweltbezug

Wenn die oben entworfene Bestimmung unserer heutigen Gesellschaft auch nur annähernd zutrifft, wie ist dann überhaupt noch die Diskussion über Allgemeinbildung zu führen, ohne allzuschnell in große Belanglosigkeiten abzudriften? Wenn sich die Voraussetzungen für Allgemeinbildung so drastisch verändert haben, wo kann dann eine Ebene der Verständigung im Diskurs eingezogen werden, die über das Modell von Wissenserwerb hinausführt? Das Ideal einer allseits akzeptierten Allgemeinbildung greift heute nicht mehr, da wir erkennen müssen, daß Wertvorstellungen wie diese nicht in einem überpersönlichen, quasi objektiven Bereich vorgefertigt werden können. Im Gegenteil. Sie werden von Menschen immer aus neue geschaffen werden müssen, werden sich verändern, aber gleichzeitig für diejenigen, die sich daran orientieren, Verbindlichkeit herstellen. Allgemeine Bildung bewahrt uns nicht vor Ängsten, vor dem Absturz in die Barbarei (wie uns die Nazizeit vor Augen geführt hat), dazu ist sie meist zu sehr Funktionsziel, Wert an sich. Erst in der Verknüpfung von realer Lebenswelt und dahinterliegenden Strukturen wird Bildung aus ihrer Und-Summe in einen konkreten Aktionsverlauf von Leben überführt und dadurch allgemein in dem Sinne, daß neben die historische Konstanz noch die Situation, das spezielle So-Sein in den Mittelpunkt rückt. Dabei zeigt sich wiederum deutlich, daß durch Bildung die gesellschaftlichen Beschleunigungsprozesse (z.B. Arbeitslosigkeit) nicht außer Kraft gesetzt werden können. Grundlegend zeigt aber die Analyse heutiger Bildungsverläufe, auch im Bereich der sogenannten Allgemeinbildung, daß Bildungsprozesse vor allem lebensgeschichtlich wahrgenommen werden. Menschen sehen nicht mehr mit den Augen der klassischen Bildungsideale auf die Lebenswelt hinaus, sondern sie blicken mit den Augen der Lebenswelt auf kontingente Bildungsprozesse (vgl. Egger 1995). Das bedeutet, daß der Rückgriff auf gemachte Erfahrungen, auf spezielle individuelle Zusammenhänge wesentlich ist. Individuell sinnvolles Handeln wird im Bildungsbereich innerhalb seiner sozialen und biographischen Rahmung immer wichtiger. Die Erwachsenenbildung hat darauf mit einer Fokussierung auf das Subjekt zu antworten versucht, die sich auf eine verstärkte Bezugnahme adoleszenter Lernprozesse auf lebensweltliche Orientierungen und biographische Strukturen bezog. Dieser Umstand wurde bald mit dem Begriff der subjektiven oder reflexiven Wende bezeichnet. Der Lebensweltbegriff wurde hierbei bald zur gängigen Metapher für das lebensgeschichtlich in den Bildungsprozeß eingebundene Teilnehmersubjekt. Nach dem phänomenologischen Ansatz von Husserl wird mit Lebenswelt die nicht weiter hinterfragbare Evidenz für den Menschen in der Welt bezeichnet. Diese Welt des Wirklichen ist der Archetyp unserer Erfahrungen, legt uns den universalen Boden und auch den Horizont aller sozialen und geschichtlichen Lebenspraxis. Innerhalb dieser sinnvollen Lebenswelt wird eine Verbindung zwischen individueller Erfahrung und aktueller Gesellschaftslage hergestellt und durch Kommunikation aktualisiert. Ein solcher Verständigungsakt kann aber nur gelingen, wenn hier das Prinzip der diskursiven Verhandlung erfolgreich ist. Dazu wurde auch in der Erwachsenenbildung stark auf die Kommunikationstheorie von J. Habermas zurückgegriffen (vgl. Habermas 1981), indem wir eben in Bildungsprozessen darauf vertrauen müssen, daß es hier eine gemeinsame Schnittmenge (in bezug auf Sinn, Situationsdeutungen, Lebenswelt u. dgl.) gibt, und daß jeder Bildungsprozeß grundsätzlich auf ein Wiedererkennen setzt. Diese Strukturgleichheit zwischen lebensweltlichem und bildungstheoretischem Wissen, das Wiedererkennen, das Anschließen an Teile der Biographie verbindet die subjektiven Sinnperspektiven mit den Zielen und Normen der Gesellschaft. Gerade aber diese Betonung eines suchenden Sichtverhaltens (auch und vor allem in geschichtlichen Phasen der Ersion traditioneller Identitätsgehäuse) stellt die institutionalisierte Bildung vor ein großes Problem. Das Mängelwesen Mensch soll(te) mittels Bildung allgemein und speziell mit den lebenswichtigen Aufgaben und Umständen vertraut gemacht werden. Was dieses Allgemeine und das Spezielle heute aber sein könnte, darüber gehen die Vorstellungen weit auseinander, und treiben den kritischen Beobachter bald in die Arme Augustinus', der, auf die Frage, was denn die Zeit sei, geantwortet hat: "Fragt mich Niemand darum, so weiß ich's; will ich es aber dem Fragenden erklären, dann weiß ich's nicht" (Augustinus 1850, S. 269). Was aber bleibt dann noch von der Idee der Allgemeinbildung heute?

5. Wenn das Besondere zum Allgemeinen wird – Oder umgekehrt?

Die oben stichwortartig skizzierten Entwicklungen legen den Fokus, was Allgemeinbildung heute sein kann, auf eine neue Ebene. Anders als die Bildung des Menschengeschlechts der ersten Aufklärer, ist das heutige Bildungsprogramm vornehmlich ein Projekt personaler Lebensführung. Wir alle haften für die Form des Wissens, das für uns verbindlichen Charakter hat, wobei vorgestanzte Stereotype zusehends an Gravitation verlieren, sich in Trends und Stilen verflüchtigen. Der ambivalente Charakter individueller und sozialer Entwicklungen läßt allgemeingültige moralische Termini oft in völlig neuartige Interpretationen münden. Der Soziologe U. Beck gibt dafür viele Beispiele: So kann z.B. die immer beschworene hohe Scheidungsrate in den westlichen Industriestaaten nicht einzig als Verlust bilanziert werden. Je nach Fokus und Kontext werden hier unterschiedliche Gewichtungen dieses Phänomens vorzunehmen sein. "Scheidung vervielfältigt Verwandtschaftsbeziehungen – deine, meine, unsere Kinder – und kann daher auch die (unter Schmerzen geborene) nachfamiliale Großfamilie und neue Solidarität begründen" (Beck 1996, S. 10). Auch das ist eine Lesart, die Sinn machen kann. Dabei zeigen eben solche Bewertungsspielräume deutlich, welche Unsicherheiten diese Veränderungen in den subjektiven Erwartungen der Personen an ihr eigenes Leben, an die Wandlungsprozesse von Lebensorientierungen in Familie, Arbeit und Gesellschaft, produzieren. Die Zwänge, den eigenen Lebenslauf selbst zu gestalten, nehmen aber generell zu. Dieser Vorgang der Enttraditionalisierung und Individualisierung bedeutet, "... daß die Biographie der Menschen aus vorgegebenen Fixierungen herausgelöst, offen, entscheidungsabhängig und als Aufgabe in das Handeln jedes einzelnen gelegt wird. Die Anteile der prinzipiellen entscheidungsverschlossenen Lebensmöglichkeiten nehmen ab und die Anteile der entscheidungsoffenen, selbst herzustellenden Biographie nehmen zu" (Beck 1986, S. 216 f.). Die Frage ist, wie kann das dabei geforderte Maß an Autonomie, in Zusammenhang mit sozialer Bindung, dem Wunsch nach einem eigenen Leben und der notwendigen Verantwortung in dieser gefährdeten Situation entstehen, und welche Rolle kommt dabei der Bildung zu? Wie vorne schon beschrieben zeigt sich, daß Bildungsprozesse heute eben vor allem lebensgeschichtlich wahrgenommen werden, daß Menschen die Brille der klassischen Bildungsideale zugunsten der je spezifischen Lebenswelt abnehmen. Das heißt eben, daß der Rückgriff auf schon gemachte Erfahrungen immer wesentlicher wird. Individuell sinnvolles Handeln wird deshalb auch im Bildungsbereich immer stärker in seiner sozialen und biographischen Gewichtung gesehen werden müssen. Ein Bildungsbegriff, der dieser Sichtweise angemessen ist, muß daher sensibel sein, für die unterschiedlichen Lebenslagen und -konstellationen. Der Erziehungswissenschafter Ch. Menze kommt diesem Umstand sehr nahe, wenn er schreibt: "Alle pädagogischen Maßnahmen erhalten erst ihre Begründung von einer Auffassung der Bildung, die als letzter Bezugspunkt pädagogischen Tuns diese Maßnahmen als sinnvoll für das Leben des Menschen auszuweisen hat. Es gibt daher keine Definition, mit der festgelegt werden könnte, was Bildung ein für allemal inhaltlich bedeutet, so daß jedermann einer solchen Bestimmung beipflichten müßte. Lediglich eine formale Kennzeichnung ist möglich, der zufolge sich Bildung als ein komplexer Prozeß begreifen läßt, in dem eine als wünschenswert ausgebende Persönlichkeitsstruktur hervorgebracht werden soll" (Menze 1984, S. 350).

Der Versuch zu bestimmen, was Allgemeinbildung heute sein könnte, führt also stets auf einen allgemeinen Bildungsbegriff hinaus, der letztlich offen sein muß. Bildung à Dieu, im Angesicht eines einzig wahren Gottes, gesegnet von den Erzengeln Klasse und Stand, gespeist aus den Taufbecken der Tradition, verliert seine Gravitationskraft, geht über in die schmuddelige Realität moderner Existenzen, die wir so gut aus den Filmen von Woody Allen kennen. Das Allgemeine ist im konkreten Fall, an der konkreten Situation, mit der konkreten Person, also im Verständigungsprozeß, zu erproben. Diese Suchbewegung, allein und mit anderen, diese Heuristik des Ich, stellt jenes Beziehungsverhältnis her, das reflexive Kritik an den bestehenden Situationen ist, und das damit erst zu einem möglichen Gemeinsamen, Allgemeinen gelangt. Fast trotzig stellt sich dieser sperrige Satz an den Schluß dieser Überlegungen, das Knäuel des Allgemeinen wurde nicht aufgelöst in handhabbare Bindfäden, die den Weg aus dem Labyrinth weisen. Wie wäre denn ein solcher Weg im Allgemeinen auszustecken? Wenn ich die Bereitschaft für weiteres Nachdenken und -lesen dazu geschaffen habe, kann ich zufrieden sein.

LITERATUR

Albert, H.: Traktat über kritische Vernunft. Tübingen 1969.
Augustinus.: Bekenntnisse. Wien 1850.
Beck, U.: Risikogesellschaft. Auf dem Weg in eine andere Moderne. Frankfurt a. M. 1986.
Beck, U.: Ohne Ich kein Wir. Die Demokratie braucht Querköpfe. Plädoyer für eine Sozialmoral des "eigenen Lebens". Die Zeit1996, Nr. 35, S. 10.
Berlin, I.: Herzen und seine Erinnerungen. In: ders: Wider das Geläufige. Aufsätze zur Ideengeschichte. Frankfurt a.M. 1994.
Bollenbeck, G.: Bildung und Kultur. Glanz und Elend eines deutschen Deutungsmusters. Frankfurt a. M. 1994.
Dilthey, W.: Gesammelte Schriften. Bd. 5. Göttingen 1964.
Egger, R.: Horizonte der Pädagogik. Über das Denkbare und das Lebbare. Wien, München 1992.
Egger, R.: Biographie und Bildungsrelevanz. Eine empirische Studie über Prozeßstrukturen moderner Bildungsbiographien. Wien, München 1995.
Elias, N.: Menschen in Figurationen. Eine Norbert Elias-Lesebuch, hg. von H.P. Bartels. Opladen 1995.
Gamm, H. J.: Die materialistische Pädagogik. In: Westermanns Pädagogische Beiträge 1984, Heft4, S. 182–188.
Giddens, A.: Konsequenzen der Moderne. Frankfurt a. M. 1995.
Habermas, H.: Theorie des kommunikativen Handelns. Frankfurt a. M. 1981.
Hentig, H.v.: Die Menschen stärken, die Sachen klären. Ein Plädoyer für die Wiederherstellung der Aufklärung. Stuttgart 1985.
Hentig, H.v.: Bildung. München, Wien 1996.
Humboldt, W.v.: Ideen zu einem Versuch, die Grenzen der Wirksamkeit des Staates zu bestimmen. In: Flitner, A., Giel, K. (Hg.): Werke in fünf Bänden, Bd. I. Darmstadt 1964.
Humboldt, W.v.: Über die mit dem Königsbergischen Schulwesen vorzunehmenden Reformen. In: Flitner, A., Giel, K. (Hg.): Werke in fünf Bänden, Bd. IV. Darmstadt 1964a.
Kade, J.: Erwachsenenbildung und Identität. Eine empirische Studie zur Aneignung von Bildungsangeboten. Weinheim. 1989.
Kant, I.: Über Pädagogik. In: Weischedel, W. (Hg.): Werke VI. Göttingen 1964.
Meueler, E.: Die Türen des Käfigs. Wege zum Subjekt in der Erwachsenenbildung. Stuttgart 1993.
Menze, Ch.: Bildung. In: Lenzen, D., Mollenhauer, K. (Hg.): Enzyklopädie Erziehungswissenschaft. Bd.1. Stuttgart 1984.
Musil, R.: Der Mann ohne Eigenschaften. Frankfurt a. M. 1981.

Elke Gruber

Fortbildung und Bildungsfürsorge

Berufliche Weiterbildung in Österreich von 1918 bis 1938

1. Einleitung

In dem hier untersuchten Zeitraum hat sich in Österreich ein umfangreiches Angebot an beruflichen Fort-, Weiterbildungs- und Umschulungsangeboten entwickelt. Schon ein flüchtiger Blick in die Quellen dieser Zeit zeigt uns eine erstaunliche Anzahl an öffentlichen und halb-öffentlichen Einrichtungen sowie privaten Organisationen, die ein differenziertes Spektrum an beruflichen und berufsorientierenden Kursen, Veranstaltungen und Maßnahmen anboten. Hinzu kommt eine umfangreiche Fachpresse, die eine individuelle und selbstorganisierte Aneignung von Wissensinhalten aus Handel, Industrie, Gewerbe, Technik, Finanzwirtschaft und Sozialpolitik ermöglichte (vgl. Die wirtschaftliche und technische Fachpresse Österreichs. 1927). Leider wurde das vorhandene Material bisher keiner umfassenden Analyse unterzogen, dieser Artikel soll einen ersten Impuls dafür setzen.

Neben den schon länger bestehenden "klassischen" Anbietern beruflicher Weiterbildung – den Gewerbeförderungsinstituten und den berufsbildenden Schulen – kommen in der Zwischenkriegszeit neue Anbieter hinzu. Dazu gehören unter anderem die neu gegründeten Kammern (für Arbeiter und Angestellte und für die Landwirtschaft) und die Landesarbeitsämter; Anfang der dreißiger Jahre treten mit dem dem Gewerkschaftsbund verbundenen Nachschulungswerkstätten des Arbeitslosenhilfswerkes "Jugend in Not", den Einrichtungen des Freiwilligen Arbeitsdienstes und dem unter der Führung des

Landesarbeitsamtes von Wien stehenden Verein "Jugend in Arbeit" weitere Anbieter auf den Plan.

Bei aller Vielfältigkeit der Angebote und Organisationen sind es zwei große Zielgruppen, die für die berufliche Fortbildung in den Blick kommen: Das sind zum einen die Berufstätigen, die sich in ihrem Beruf weiterbilden wollen und das sind – vor allem später – die Arbeitslosen, deren prekäre Lage man über eine Kombination von Fortbildungs-, Umschulungs- und sozialfürsorgerischen Maßnahmen zu verbessern sucht. Ähnlich der heutigen Situation gab es schon damals Einrichtungen, die sich eher der Arbeitslosenbildung annahmen (wie beispielsweise die von den Landesarbeitsämtern veranstalteten Kurse) oder die eher reguläre berufliche Fortbildungskurse veranstalteten (wie beispielsweise die Gewerbeförderungsinstitute, in denen die Arbeitslosen einen verhältnismäßig geringen Prozentsatz ausmachten) (vgl. Kimml 1937, 11f.).

Mit der Verschärfung des Arbeitslosenproblems Ende der zwanziger Jahre wurden dann nicht nur eigene Vereine und Organisationen zur Arbeitslosenbildung gegründet, auch Bildungseinrichtungen mit bisher anderer Zielsetzung (wie beispielsweise die Volkshochschulen und die Fortbildungsschulen) boten nun Kurse für Beschäftigungslose an. In diesem Zusammenhang sei auf zwei wichtige Einrichtungen hingewiesen: Schon 1918 wurden durch das Staatsamt für Soziale Fürsorge eine paritätisch besetzte Industrielle Zentralkommission und 11 industrielle Bezirkskommissionen geschaffen, die neben einer wirksamen Arbeitsvermittlung (vgl. Hautmann, Kropf 1974, 131) die Förderung von Weiterbildungskursen übernahm.[1] Bei der zweiten Einrichtung handelt es sich um die sogenannte Nachschulungskommission in Wien. Dieser beim Gewerbeförderungsinstitut der Handelskammer angesiedelten Arbeitsgemeinschaft gehörten das Gewerbeförderungsinstitut, die Arbeiterkammer, das Landesarbeitsamt und der Wiener Fortbildungsschulrat an. Die in der Nachschulungskommission vereinigten Körperschaften veranstalteten Kurse, die sowohl der Nach- und Umschulung von Arbeitslosen als auch der Fortbildung von im Beruf stehenden Abeitern und Angestellten dienten.[2] Durch das Wirken der Nachschulungskommission gelang es, die in Wien veranstalteten

---

1 So wurde zum Beispiel in den Jahren 1927-28 der "Verein Volksheim Ottakring" mit 3000 öS subventioniert (vgl. Stifter 1997, 2).
2 Im Kursjahr 1935/36 erreichte die Kurstätigkeit ein Volumen von rund 60 000 Schilling (vgl. Anton Kimml 1937, S.11f.).

Nachschulungskurse zu vereinheitlichen sowie Werkstätten und Mittel rationeller einzusetzen (vgl. Kimml 1937, 11f.).

Da die TeilnehmerInnen mancher Institutionen sowohl Arbeitslose als auch Berufstätige waren, folgt die Systematik des vorliegenden Artikels nicht diesen zwei großen Zielgruppen, sondern es werden im Hauptteil der gegenständlichen Untersuchung einige exemplarische Einrichtungen und Institution mit ihrem Angebot an beruflicher Weiterbildung und Umschulung vorgestellt. Zuvor werden jedoch die Bedingungen zusammengefaßt, die zu einer veränderten Situation in der Erwachsenenbildung/Weiterbildung in der Ersten Österreichischen Republik geführt haben.

2. Bedingungen für eine veränderte Situation in der Erwachsenenbildung/Weiterbildung

Der Ausbau beruflicher Schulungs- und Fortbildungmaßnahmen ist auf dem Hintergrund der Veränderungsprozesse in Ökonomie und Politik, der Lebensweise und des Bildungssystems in der Ersten Republik zu sehen. Welche Auswirkungen diese auf den Bereich der Erwachsenenbildung/Weiterbildung hatten, soll hier zusammengefaßt werden:

1. Die fortschrittliche Sozialgesetzgebung – insbesondere die Einführung des Acht-Stunden-Tages – brachte den Menschen mehr Freizeit, die es ihnen ermöglichte, in größerem Ausmaß und weniger ermüdet Fortbildungsmaßnahmen zu besuchen. Außerdem wurde durch die (neuen) Interessenvertretungen (Arbeiterkammer, Landwirtschaftskammer; Ausbau der Handelskammern) das Spektrum des Zugangs sowie das Angebot von Fortbildungsmöglichkeiten erweitert. (Besonders die Landwirtschaftskammern setzten von Anfang an einen Schwerpunkt ihrer Tätigkeit in der Bildungsarbeit ihres bäuerlichen Klientels und auch die Handelskammern stellten mit der Angliederung der Gewerbeförderungsinstitute Bildungsmaßnahmen in den Mittelpunkt ihrer Arbeit.)

2. Im Rahmen der bildungspolitischen Reformbestrebungen von Otto Glöckel wurde 1919 erstmals in der Geschichte Österreichs versucht, Volksbildung – wie die Erwachsenenbildung damals genannt wurde – unter staatliche Obhut zu stellen und diese mit öffentlichen Geldern zu fördern. Das erlassene "Regulativ für die Organisation des Volksbildungswesens in

Deutschösterreich"[3] – kurz "Glöckel-Regulativ" genannt – sah ein abgestuftes System[4] von Stellen zur Förderung der Erwachsenenbildung vor, das in seiner Grundstruktur bis heute besteht. Auch wenn aus dem Regulativ eine Förderung der beruflichen Fortbildung nicht explizit abgeleitet werden kann, liegt doch der Schluß nahe, daß Volksbildung nicht automatisch mit "Allgemeinbildung" im Sinne einer weniger "brauchbaren" Bildung gleichgesetzt werden kann, sondern dort auch für den Beruf verwertbare Weiterbildungsangebote mit eingeschlossen waren. Für die Bestätigung dieser Annahme könnte die Aussage Glöckels, daß er vor allem dem Proletariat "durch Schaffung einer systematischen Volksbildungsmöglichkeit Gelegenheit zur *Ausbildung*"[5] (Glöckel 1919/1985, 138f.) geben wollte, herangezogen werden. Allerdings dürfte sich die Förderpraxis eher in Richtung allgemeinbildender Angebote entwickelt haben – was eine interessante Forschungsaufgabe wäre!

Im Zusammenhang mit dem politischen und staatlichen Einfluß auf die Volksbildung ist zu erwähnen, daß sich nach 1934 – besonders aber nach 1936 mit Einführung eines neuen Volksbildungsgesetzes – die ständestaatliche Einflußnahme auf die Volksbildung erhöhte. Inwieweit dadurch auch die berufliche Weiterbildung, die ja hauptsächlich außerhalb der sogenannten freien Volksbildung stattfand, beeinflußt wurde, kann hier aufgrund der mangelhaften Forschungslage nicht gesagt werden.

3. Während in der Frühphase institutionalisierter Erwachsenenbildung keine eindeutigen Grenzen zwischen beruflicher und allgemeiner Weiterbildung auszumachen sind (vgl. Gruber 1996, 1), beginnt sich in der Zwischenkriegszeit eine stärkere Trennung von utilitaristischer und nichtbrauchbarer Bildung durchzusetzen. Die Ursachen für diese Entwicklung sind vielfältig. Zum einen entstanden neue Angebote, wie beispielsweise die Fachkurse an den Gewerbeförderungsinstituten oder verschiedene Kurse für Arbeitslose, deren Ziele eindeutiger als bisher beruflicher beziehungsweise sozialpädagogischer Natur waren und die einer eigenen Förderungspraxis unterlagen.

---

3 Abgedruckt in der "Wiener Zeitung", Nr. 175 vom 2.8.1919.
4 "Deutschösterreichisches Volksbildungsamt" auf Bundesebene sowie "Landesreferenten für das Volksbildungswesen" und "Ortsbildungsräte" auf Landesniveau.
5 Kursive Hervorhebungen von E.G.

Zum anderen fanden in dieser Zeit die aus Deutschland stammenden Ideen der sogenannten "Neuen Richtung" in der Erwachsenenbildung auch in Österreich Verbreitung. Entgegen der "alten", auf Popularisierung von Wissenschaft und Breitenwirkung setzenden Volksbildung wollte man eine "neue", vor allem "intensive" Bildung des "ganzen Menschen" betreiben. Es sollten nicht mehr nur Inhalte systematisch ans Volk weitergegeben werden, sondern ein Lernprozeß initiiert werden, der von den TeilnehmerInnen selbst getragen wurde (vgl. Arnold 1991, 15). Eine Spaltung der Erwachsenenbildung in fachlich-beruflich orientierte Aus- und Weiterbildungsangebote einerseits und in individualisierende, ganzheitliche und nichtwissenschaftlich orientierte Angebote andererseits war die Folge (vgl. Engelbrecht 1988, 249). In Österreich wurde die "Neue Richtung" teilweise von den katholisch-ländlichen Bildungseinrichtungen aufgenommen.

4. Im Zuge der wachsenden Arbeitslosigkeit trat Ende der zwanziger/Anfang der dreißiger Jahre eine neue, bedeutende Zielgruppe der Erwachsenenbildung auf den Plan: die Arbeitslosen. Innerhalb kürzester Zeit wurden von verschiedenen Stellen Arbeitslosenkurse angeboten, die über die Vermittlung beruflicher und allgemeinbildender Inhalte versuchten, den Arbeitslosen über die Zeit ihrer Arbeitslosigkeit hinwegzuhelfen und die Chancen auf einen Wiedereinstieg zu erhöhen. Weiterbildung wurde als Instrument der Sozial- und Arbeitsmarktpolitik "entdeckt". Welche Bedeutung das Thema Arbeitslosigkeit für die Erwachsenenbildung in dieser Zeit bekam, läßt sich auch an der Behandlung dieser Problematik in verschiedenen zeitgenössischen Veröffentlichungen ablesen. So finden wir in der "Volksbildung", dem damaligen Organ der freien Erwachsenenbildung, ab 1932 diverse Artikel zum Thema (vgl. u.a. Mokre 1932, Bruck 1932, Einspinner 1933, Plutzar 1933 und 1934).

Aus heutiger Sicht hat die Erwachsenenbildung von dieser Entwicklung profitiert: sowohl die Zahl der Kurse und die Angebotspalette konnten erhöht als auch eine neue, große Zielgruppe gewonnen werden. Gleichzeitig sollte nicht vergessen werden, daß diese Entwicklung die Erwachsenenbildung bis heute vor eine paradoxe Situation stellt: Während sie einerseits über Weiterbildungsmaßnahmen versucht, den einzelnen wieder in den Arbeitsmarkt einzugliedern, sich als Bildungsinstitution also "überflüssig" zu machen, "lebt" sie andererseits von den Opfern der Modernisierungskrisen, indem sie aus

Arbeitslosenkursen einen Großteil ihrer Legitimation und ihres kommerziellen Erfolgs zieht.[6]

5. Was im besonderen für die Arbeitslosenkurse gilt, gilt offenbar für die berufliche Weiterbildung im allgemeinen: deren Bedeutung nimmt in Krisenzeiten zu. Zu Beginn der dreißiger Jahre konnte die Wirtschaft infolge der Krise, die die Beschäftigungsmöglichkeiten verminderte, die Lehrplätze verringerte und die berufliche Praxis einschränkte, ihrer beruflichen Aus- und Weiterbildungsaufgabe nicht mehr voll gerecht werden. In der Folge übernahmen öffentliche Einrichtungen und private Organisationen Teile dieser Aufgabe und boten sogenannte Nachschulungskurse an.[7] Diese zielten zum einen auf eine Nachschulung im erlernten Beruf, die infolge der technischen Entwicklung notwendig wurde, zum anderen waren sie eng mit der Arbeitslosenschulung verbunden, indem sie die Erneuerung beruflicher Kenntnisse sowie eventuelle Umschulungen der von Arbeitslosigkeit betroffenen Menschen anstrebten. Wie sich die Krise auf die inhaltliche Gestaltung der regulären, nicht direkt für Arbeitslose bestimmten beruflichen Weiterbildungsangebote auswirkte, ob beispielsweise verstärkt Kurse zur wirtschaftlichen Krisenbewältigung angeboten wurden,[8] könnte nur eine tiefergehende Programmanalyse klären. Fest steht, daß in der Zeit der Wirtschaftskrise an den Gewerbeförderungsinstituten das Interesse an fachlichen gegenüber den sogenannten "Kammerkursen", die eher allgemeinbildend orientiert waren,

---

6 Ein Blick auf die neuesten Zahlen zeigt, daß die Ausweitung der berufsorientierten Weiterbildungsangebote in den Einrichtungen der beruflichen Weiterbildung (insbesondere dem Berufsförderungsinstitut) in den letzten Jahren in Österreich zu einem erheblichen Prozentsatz auf die Kurse für Arbeitslose bzw. von Arbeitslosigkeit bedrohte Menschen zurückgeht.

7 Hier finden wir Parallelen zur heutigen Zeit. Seit etwa eineinhalb Jahren bieten österreichische Unternehmen (aus verschiedenen Gründen) immer weniger Lehrplätze für SchulabgängerInnen an. Dieser Lehrstellenmangel hat den Ruf nach öffentlichen Geldern für die Lehrlingsausbildung lauter werden lassen. Das teilweise Versagen der Unternehmen soll nun durch Förder- und Kursmaßnahmen des Arbeitsmarktservices ausgeglichen werden.

8 Ein Hinweis auf die Richtigkeit dieser These findet sich im Kursprogramm des Gewerbeförderungsinstitutes in Wien, nachdem im Jahr 1929 fünf Kurse über kaufmännische Betriebsführung mit 173 Teilnehmern angeboten wurden, erhöhte sich die Zahl der Kurse 1930 auf elf mit 277 Teilnehmern. (Die Zahlen wurden entnommen aus: Sztankovits 1987, 49.)

zunahm (Wien 1929: 61 Fachkurse mit 1 601 Teilnehmern, 23 Kammerkurse mit 1 290 Teilnehmern; 1930: 103 Fachkurse mit 2 103 Teilnehmern, 16 Kammerkurse mit 659 Teilnehmern) (Vgl. Sztankovits 1987, 49).

3. Hauptströmungen und ausgewählte Angebote beruflicher Weiterbildung

3.1 Weiterbildungstätigkeit der Kammern

Gewerbeförderungsinstitute der Handelskammer[9]
Österreich weist eine lange Tradition von beruflichen Fortbildungsmaßnahmen im Rahmen der Gewerbeförderung auf (vgl. dazu u.a. Gruber 1996, 9-13). Die direkten Vorgänger unserer heutigen Wirtschaftsförderungsinstitute – derzeit größter Anbieter beruflicher Weiterbildung in Österreich – entstanden 1900 als Gewerbeförderungsinstitute österreichweit in verschiedener Trägerschaft. 1920 wurden diese von den Handelskammern übernommen, die in der Folge ihr gewerbliches Kurswesen ausbauten. 1929 fand eine Neuorganisation der gesamten Gewerbeförderung statt, in dessen Zuge die beufliche Weiterbildung nicht nur mehr Gewicht erhält, sie wird auch einem größeren Adressatenkreis zugänglich gemacht. (Die gewerbliche Berufsunterweisung und Fortbildung bildet jedoch weiterhin nur einen Teil eines ganzen Maßnahmenpaketes an Gewerbeförderung.) Im Gewerbeförderungsinstitut entstand eine eigene Abteilung für das gewerbliche Bildungswesen, die das bisherige Bildungswesen der Kammer miteinbindet. Die nunmehr gefundene Grundstruktur der Gewerbeförderung blieb im großen und ganzen bis 1938 bestehen.

In den nächsten Jahren wurde ein differenziertes System der Fortbildung entwickelt, das neben diversen Kursen und Vorträgen auch Ausstellungen, Beratungsstellen, Büchereien sowie die Vergabe von Stipendien umfaßte. (Eine wahre Fundgrube für detailinteressierte LeserInnen sind die ab Mitte der zwanziger Jahre jährlich herausgegebenen Tätigkeitsberichte der einzelnen Gewerbeförderungsinstitute.) Dieses sollte in seiner Gesamtheit ein vollständiges berufliches Weiterbildungsangebot bieten. Wichtige Grundelemente dieses Systems waren zum einen die Fachkurse und zum anderen die

---

9 Die nachfolgenden Ausführungen basieren auf: Elisabeth Sztankovits 1987, S.34-67.

Kammerkurse, die mehr als bisher voneinander geschieden wurden. Bei den Fachkursen handelte es sich um ausgesprochen fachlich orientierte Bildungsangebote, die der Vermittlung von Spezialkenntnissen dienen sollten. Sie waren nur Meistern und Gesellen des Gewerbes zugänglich und mußten über einen Kursbeitrag bezahlt werden. Beispiele dafür sind der im Bericht über die Tätigkeit des Gewerbeförderungsinstitutes der Kammer in Wien für 1930 ausgewiesene Fachkurs über die Spritztechnik am Leder und am fertigen Schuh sowie der Fachkurs für Intarsienschneiden (vgl. Sztankovitsch 1987, 49).

Im Jahre 1935/36 umfaßte die Kurspalette dann fast alle wichtigen Gewerbe (vgl. Kimml 1937, 11f.). Didaktisch folgten die Kurse der Verbindung von theroretischem Unterricht und praktischer Unterweisung. Die Kursdauer war unterschiedlich, sie reichte von einigen Stunden bis zu einigen Monaten. Dazu wurden Kurse in Arbeitstechniken für Handwerksmeister und Gehilfen angeboten, die zumeist verbunden mit einem Werkstattunterricht, Kenntnisse und Fertigkeiten in neuen Verfahren und Techniken vermitteln sollten. Voraussetzung war hier der Nachweis der beendeten Lehrzeit. Außerdem fanden Kurse für "kaufmännische Betriebsführung in Gewerbe und Handel" statt.

Die Kammerkurse – die schon 1917 entwickelt wurden – waren hingegen jedermann/-frau zugänglich und vermittelten, zumeist auf theoretischem Niveau, allgemein interessierende juristische, volks- und betriebswirtschaftliche, sprachliche und sonstige Kenntnisse. Als Kammerkurse wurden unter anderem angeboten: allgemeine Vorbereitungskurse für die Meisterprüfung, Sprach- und Stenokurse, Verkaufstechnik, Reklame und Schaufensterdekoration sowie allgemein wirtschaftlich bildende Kurse. Ziel war es, "Rat und Aufschlüsse auch über Vorgänge außerhalb des Betriebes" zu geben. Die Kurse "sollen allen in der Wirtschaft Tätigen, ob Chef, Angestellten oder Arbeitern, die Gelegenheit geben, sich über alle wirtschaftlichen Entwicklungsfragen, die außerhalb ihres Berufes liegen oder über diesen Rahmen hinausgehen, gründlich und systematisch zu informieren." (Zit. in Sztankovits 1987, 43) Interessant in diesem Zusammenhang ist, daß schon damals eine allgemeinere, branchenübergreifendere Bildung (wir verwenden dafür heute gern den Begriff der Schlüsselqualifikationen) als Schlüssel für den wirtschaftlichen Erfolg angepriesen wurde. Folgender Auszug aus dem bereits erwähnten Bericht von 1930 weist in seiner Grundaussage durchaus aktuelle Bezüge auf. "Im Gewerbestand ... fehlen ... häufig die Kenntnisse der Gepflogenheiten des Exportverkehrs. Aber auch die Vertrautheit mit den wirtschaftspolitischen Verhältnissen des Inlandes mangelt oft und verleitet zu Handlungen, die den geschäftlichen Interessen des Gewerbetreibenden entgegengesetzt sind. Letzten Endes bedingt die sich immer häufiger ergebende Notwendigkeit, seinen Verdienst im Ausland zu suchen, sei es im Wege des Fremdenverkehrs hier, sei es durch unmittelbares Aufsuchen von Arbeit dort, Sprachkenntnisse und die Kenntnis von den Gewohnheiten des Auslandes. Allen diesen Ausbildungsnotwendigkeiten suchen die Kammerkurse gerecht zu werden." (Ebenda, 50) Allerdings scheint der Appell zur Aneignung von Allgemeinbildung auf wenig fruchtbaren Boden gefallen zu sein. Denn immer wieder wird seitens der Anbieter festgestellt, daß für die Kammerkurse noch immer zu wenig Interesse bestünde. Wie schon erwähnt, ging der Besuch der Kammerkurse in den Jahren der Wirtschaftskrise zugunsten der Fachkurse zurück.

Kammer für Arbeiter und Angestellte

1920 erfolgte die bundesweite Gründung von Kammern für Arbeiter und Angestellte, die den bereits bestehenden Handels-, Ärzte-, Apothekerkammern etc. gleichgestellt wurden. Als Interessenvertretung der Arbeitnehmerschaft besteht ihre Aufgabe darin, die wirtschaftliche und soziale Lage dieser Gruppe zu verbessern, wobei auch Fragen des Zugangs von Bildung und Kultur sowie arbeitsmarktpolitische Aufgaben miteingeschlossen sind. Die Grundlage dafür bot das Arbeiterkammer-Gesetz, das 1920 verabschiedet wurde. Im § 2, Punkt h) des Arbeiterkammer-Gesetzes heißt es: "Die Kammer für Arbeiter und Angestellte (Arbeiterkammern) sind insbesondere berufen: ... h) zur Hebung der wirtschaftlichen und sozialen Lage der Arbeiter und Angestellten, insbesonders zum Zwecke des Abschlusses von kollektiven Arbeitsverträgen, der Arbeitsvermittlung und der Bekämpfung der Arbeitslosigkeit, der Wohnungsfürsorge, der Fürsorge für die Verfolgung von Gesundheit der Arbeiter und Angestellten und ihrer Familien, *zur Förderung der fachlichen, der allgemeinen geistigen und körperlichen Ausbildung der Arbeiter und Angestellten und zur Heranbildung des Nachwuchses der Arbeiterschaft Einrichtungen und Anstalten ins Leben zu rufen und zu verwalten oder an der Einrichtung und Verwaltung solcher Institutionen mitzuwirken."*[10] (Gewerkschaftskommission Österreichs 1926, 11f.)

---

10 Kursive Hervorhebungen von E.G.

Was die Bildung betrifft, richtete die Arbeiterkammer ihr Augenmerk von Anfang an vor allem auf die Schulung und Ausbildung von Betriebsräten, die ihr vom Gesetz übertragen wurde. In Zusammenarbeit mit der Gewerkschaftskommission wurde schon 1921 in Wien ein Bildungsprogramm für Betriebsräte erarbeitet, aufgrund dessen in den einzelnen Volksheimen Bildungskurse, unter anderem zu arbeitsrechtlichen Themen, abgehalten wurden. Die Zusammenarbeit von Arbeiterkammer, Gewerkschaften und Volkshochschulen sollte in der Folge – auch österreichweit und nicht nur im Bereich der Betriebsräteausbildung – weiter ausgebaut werden. Ein Beispiel dafür bieten die sogenannten Stiftungskurse, die ab 1922 an Wiener Vokshochschulen angeboten und bis 1934 sukzessive ausgebaut wurden. Sie vermittelten sowohl allgemeinbildende als auch berufsbildende Inhalte, wie Buchhaltung, Arbeitsrecht, Sprachen (vgl. Stifter 1997, 2f.). Einen weiteren Schwerpunkt in ihrer Bildungsarbeit setzten die Arbeiterkammern mit der Errichtung von sozialwissenschaftlichen Studienbibliotheken, die sich bis heute großer Beliebtheit erfreuen.

Auch wenn die Arbeiterkammer in der Zwischenkriegszeit über keine dem Gewerbeförderungsinstitut der Handelskammer vergleichbare große Fortbildungseinrichtung verfügte, gingen von ihr doch wesentliche Initiativen auf dem Gebiet der beruflichen Weiterbildung aus. Diese bestanden in erster Linie nicht in der direkten Ausrichtung von Kursen, obwohl auch hierfür österreichweit Beispiele bekannt sind (so weist das Bildungsprogramm der Arbeiterkammer Vorarlberg für das Jahr 1928 neben einer regen Vortragstätigkeit unter anderem auch Kurse in Stenographie und Buchhaltung aus) (vgl. Kammer für Arbeiter und Angestellte für Vorarlberg o.J., 56), als vielmehr in der Subvention und Unterstützung anderer Unternehmungen. Als Beispiele sollen genannt werden: Die Veranstaltung von Fachkursen am Technologischen Gewerbemuseum (Werkmeister, Betriebslehre, autogenes Schweißen, elektrische Metallverarbeitung ...) sowie die Errichtung einer Eisenbahnfachschule 1925 im Wiener Arsenal, die das Personal der unteren Verwendungsklassen in Spezialkursen für den administrativen und kommerziellen Verkehrs- und technischen Eisenbahndienst ausbildete. Beide Unternehmungen wurden von der Arbeiterkammer subventioniert (vgl. Gewerkschaftskommission Österreichs 1926, 34). Des weiteren erhielten die Wiener Volkshochschulen laufend finanzielle Zuwendungen. Der aus dem Kammergesetz abzuleitenden arbeitsmarktpolitischen Aufgabe kam die Arbeiterkammer nach, indem sie die Nach- und Umschulung für Arbeitslose unterstützte, die seit dem Jahre 1923 von der

Industriellen Bezirkskommission betrieben wurde. Die Schulung verband theoretischen Unterricht, der im Gewerbeförderungsamt oder in Staatsgewerbeschulen abgehalten wurde mit praktischen Übungen, die in einzelnen Großbetrieben stattfanden. Die Kosten wurden auf Betreiben der Arbeiterkammer aus dem Arbeitslosenversicherungskredit bezahlt. 1924 kam es auf Beschluß der Industriellen Bezirkskommission zur Errichtung einer eigenen Lehrwerkstätte für die Nach- und Umschulung von Arbeitslosen im Metallbereich, an der die Arbeiterkammer mit 10 Millionen Kronen beteiligt war (vgl. ebenda, 36).

Landwirtschaftskammer

Als dritte große Kammer, neben diversen kleineren, wurden in der Zeit zwischen 1922 und 1934 bundesweit (mit Ausnahme von Wien) Landwirtschaftskammern errichtet. Die Kammergründung wurde hauptsächlich vom Christlich-Sozialen Lager unter Federführung des späteren Bundeskanzlers im Ständestaat Dr. Engelbert Dollfuß betrieben, der als niederösterreichischer Agrarpolitiker ein politisches Gewicht der Bauern herstellen wollte (vgl. Erker 1992, 27). Um die Bedeutung dieser Kammergründung abschätzen zu können, muß man wissen, daß noch in der Zwischenkriegszeit der Anteil der Beschäftigten in der Land- und Forstwirtschaft in Österreich etwa 45% betrug (vgl. Engelbrecht 1988, 206). Allerdings war und ist die Mitgliedschaft in der Landwirtschaftskammer nur für die Landwirte, die über ein gewisses Ausmaß an landwirtschaftlich genutzten Boden verfügen, verpflichtend.

Der Gedanke, sich zwecks gemeinsamer Interessen zusammenzuschließen, hat in der bäuerlichen Gesellschaft eine lange Tradition. Ackerbaugesellschaften, landwirtschaftliche Kasinos, Landwirtschaftsgesellschaften und später Berufsgenossenschaften waren Vorläufer dieser Interessenvertretung – wenn auch die frühen Einrichtungen nicht immer primär für die Bauern bestimmt waren (vgl. Holzer 1972, 27-34). Ihre Tätigkeit umfaßte neben Aktionen zur Förderung der landwirtschaftlichen Produktion und einer standespolitischen Vertretung immer auch Aus- und Fortbildungsfragen. An diese Tradition knüpften die jungen Landwirtschaftskammern – allen voran die älteste und schlagkräftigste, die Niederösterreichische – an und entwickelten vielfältige Aktivitäten auf diesem Gebiet. Die ländliche Schulungs- und Beratungstätigkeit wurde von der Kammer und ihren Bezirksorganisationen übernommen, ebenso wurden diverse Fortbildungsschulen und -kurse von der Kammer geführt. Im Unterschied zu den Gewerblichen Fortbildungsschulen, die hauptsächlich von SchulabgängerInnen besucht wurden, waren die TeilnehmerInnen der Ländlichen Fortbildungskurse junge Erwachsene[11] – großteils schon in der Landwirtschaft und im Haushalt tätige Personen, die eine berufsbegleitende Fortbildung erhielten. Dementsprechend wurde die Organisation gestaltet: die Kurse dauerten zumeist mehrere Monate und fanden im Winter (meist von Mitte November bis Mitte März) statt. Im Bereich des Fortbildungsschulwesens gingen die Länder unterschiedliche Wege. Während in Vorarlberg, Tirol, Kärnten und Salzburg die Erweiterung elementarer Bildung im Vordergrund stand, setzten Oberösterreich, Niederösterreich und die Steiermark auf eine mehr fachlich orientierte Fortbildung (vgl. Engelbrecht 1988, 195f.). Bei der Organisationsform der Fortbildungskurse unterschied sich Niederösterreich von allen anderen Bundesländern, die den Ländlichen Fortbildungsunterricht in die Hände der örtlichen Lehrer legten, indem es sich entschloß, ein Wandersystem einzuführen (vgl. Stampfl 1974, 688). Dazu ein Beispiel (vgl. Lugmayer 1932, 183-187):

Ab 1925 hielt die niederösterreichische Landwirtschaftskammer Haushaltungskurse für junge Frauen ab, die von Wanderlehrerinnen durchgeführt wurden. Die Kurse dauerten zuerst 6 später 8 Wochen und sollten "den Bauerntöchtern in einem kurzen, geschlossenen Unterricht die wichtigsten Grundbegriffe auf dem Gebiet der Haus- und Landwirtschaft bei(…)bringen." (Ebenda, 183) Der Kurs, der eine Kombination aus Allgemeinbildung und beruflicher Fortbildung bot, umfaßte neben einem theoretischen Unterricht in Bürgerkunde, Ernährungslehre, Haushaltungskunde, Kranken- und Kinderpflege sowie diversen landwirtschaftlichen Fachgebieten auch praktische Übungen. Außerdem wurde großer Wert auf Brauchtumspflege gelegt. Das Mindestalter für den Kursbesuch betrug 18 Jahre, am Kurs nahmen 12 bis 16 junge Frauen teil. Der Kurs wurde mit einer Prüfung abgeschlossen. Karl Lugmayer, der diese Kurse in einem Beitrag in der "Volksbildung" von 1932 vorstellte, meinte: "Wir haben es hier mit einem schönen Stück freier Erwachsenenbildung zu tun." (Ebenda, 184) Das dürfte zutreffen, war doch der Besuch der Kurse freiwillig und es kamen auch nur dort Kurse zustande, wo von der Bevölkerung Bedarf geäußert wurde. Nach Kursende wurde versucht, mit den Teilnehmerinnen in Kontakt zu bleiben. Ähnlich den schon bestehenden Fortbildungsvereinen für Burschen, enstanden Mädchenfortbildungsgemein-

---

11 Das Durchschnittsalter in solchen Kursen betrug beispielsweise 1930 in Oberösterreich 25 bis 26 Jahre (vgl. dazu Stampfl 1974, 688f.).

schaften, die eine Art berufständische Vertretung der Bauernschaft bildeten. Weitere berufsorientierte Fortbildungsmöglichkeiten boten die Kammern im Rahmen von kürzeren Spezialkursen, Exkursionen, Ausstellungen und Einzelvorträgen; (Fach-)Zeitschriften und Mitteilungsblätter sowie Beratung ergänzten das Angebot. Auf ein besonderes Angebot soll hier noch kurz hingewiesen werden: die ländliche Fortbildung und Beratung über den Rundfunk (vgl. Stampfl 1974, 701f.). Ab 1926 strahlte der österreichische Rundfunk ständig landwirtschaftliche Sendungen in Form von Beratungsvorträgen aus. Neben Fachleuten der Hochschule für Bodenkultur kamen später vermehrt Fachleute der Landwirtschaftskammern (Niederösterreich) zu Wort. Ab 1929 wurde ein interessanter Versuch durch den Sender Linz gemacht. Er strahlte einen landwirtschaftlichen Fachunterricht aus, der über die in Schulen und öffentlichen Gebäuden aufgestellten Empfänger an zwei Wochentagen von 14 bis 15 Uhr empfangen werden konnte.

1938 wurden die Landwirtschaftskammern aufgelöst, als deren Nachfolger wurde der Reichsnährstand bestimmt.

3.2 Berufliche Weiterbildungsmöglichkeiten an den berufsbildenden Schulen

Die Hauptaufgabe des berufsbildenden Schulwesens besteht in der beruflichen Erstausbildung, nicht in der beruflichen Weiterbildung. Trotzdem haben die berufsbildenden Schulen in Österreich in ihrer Geschichte immer wieder Weiterbildungsaufgaben wahrgenommen. Eine Untersuchung darüber steht m.A. noch aus. Die nachfolgenden Ausführungen können deshalb nur einen ersten Einblick in mögliche Forschungsfelder geben.

Seit einer Gewerbeordnungs-Novelle von 1897 ist jeder Lehrling in Österreich zum Besuch der *Fortbildungsschule* verpflichtet. Laut der in der Folge von den einzelnen Bundesländern erlassenen Forbildungsschulgesetze mußte der Unterricht an einem Wochentag und nicht mehr wie bisher abends oder an Sonntagen abgehalten werden. Die Fortbildungsschule, aus der später unsere Berufsschule hervorging, wurde damit hauptsächlich als eine Stätte der berufsbegleitenden Ausbildung und weniger der Fortbildung – wie der Name eigentlich indiziert – definiert. Trotzdem dürften einzelne Fortbildungsschulen auch weiterhin für im Beruf stehende Gehilfen und Gesellen Fortbildungsmöglichkeiten angeboten haben. So weist beispielsweise der "Jahresbericht der allgemein-gewerblichen und fachlichen Fortbildungsschulen des Fortbildungsschulrates für Wien über das Schuljahr 1931/32" (1932, 55ff.) eine Teilnehmerzahl von 449 für sogenannte Nachschulungskurse in verschiedenen Gewerben aus. Diese Nachschulungskurse wurden in den folgenden Jahren fortgesetzt.

Ein wichtiger Schritt in Richtung eines Ausbaus des Fortbildungsschulwesens bestand in der Errichtung entsprechend ausgestatteter Gebäude, wie dies unter anderem in Wien 1909 (Mollardgasse), 1927 in Linz und 1933 in Salzburg (Weiserstraße) geschah (vgl. Engelbrecht 1986, 204). Dies wurde möglich, da dem Fortbildungsschulwesen erstmals gesetzlich gesicherte Einnahmen zustanden, mit denen schrittweise neue Schulgebäude und Lehrwerkstätten errichtet und eine bessere Ausstattung mit Lehr- und Lernmitteln erreicht werden konnte (vgl. Engelbrecht 1988, 191).

Im Zuge dessen entstand 1932 in Wien-Kagran mit der Errichtung eines Lehrbauhofes die erste Lehrwerkstätte für das Baugewerbe auf dem europäischen Kontinent. Dieser Lehrbauhof ist für uns von Interesse, da er neben der Erstausbildung die Möglichkeit einer qualifizierten Umschulung für Erwachsene bot. Daß es sich dabei um ein neuartiges Bildungsangebot gehandelt haben dürfte, unterstreicht der Direktor in einem Gespräch anläßlich der Eröffnung des Lehrbauhofes: "... die Maurerlehrlinge von heute (sind) nicht mehr die einheitliche Schicht, die sie einmal waren. Heute finden Sie unter ihnen ehemalige Bankbeamte, Angestellte aller Art, Mittelschüler und Arbeiter aller Berufe, die umsatteln. Dieser Umstand hat auch zur Folge, daß unter den Schülern des Schulbauhofes vierzig- und fünfzigjährige Lehrlinge sind, die schon Familie und manchmal auch schon Kinder haben, die selbst in die Lehre gehen." (Arbeiterzeitung vom 22.3.1932). Für den Unterricht folgert er daraus: "Daß er anders sein muß, daß die ganze Schulverwaltung anders sein muß, als sie sonst in Fortbildungsschulen sein kann, ist da selbstverständlich." (Ebd.) Der Lehrbauhof kann demnach nicht nur aufgrund der Teilnehmerpopulation sondern auch wegen seiner didaktischen Überlegungen als eine Erwachsenenbildungsstätte angesehen werden.

Einen weiteren Beitrag zur Nachschulung von Arbeitslosen leisteten die Fortbildungsschulen, indem sie Berufsausbildungskurse für beschäftigungslose jugendliche Gehilfen und später auch Umschulungskurse anboten. In den bereits erwähnten Berichten des Fortbildungsschulrates finden wir solche Kurse in Wien ab dem Schuljahr 1929/30. Sie dauerten ein Jahr, umfaßten eine wöchentliche Stundenzahl von 16 bis 24 Stunden und wurden unter anderem in den Bereichen Mechanik, Automechanik, Elektromechanik, Gürtlerei,

Gießerei, Modellmacherei, Schnittmacherei und Werkzeugschlosserei durchgeführt. Die Anzahl der Teilnehmer lag je nach Kurs zwischen 77 und 94 Teilnehmern. Besonders interessant ist, daß diese Kurse einen laufenden Aus- und Einstieg ermöglichten (vgl. Jahresbericht der allgemein-gewerblichen und fachlichen Fortbildungsschulen des Fortbildungsschulrates für Wien über das Schuljahr 1931/32. 1932, 56.) (Diese Praxis wurde in Österreich vor einigen Jahren im Bereich der Arbeitslosenkurse eingeführt und als große "Neuigkeit" propagiert!)

Während die Fortbildungsschulen dezitiert Arbeislosenkurse anboten, richteten sich die Weiterbildungsangebote der *höheren beruflichen Lehranstalten* eher an im Beruf stehende Gehilfen und Meister. Als exemplarische Beispiele dafür sollen angeführt werden: die Spezial- und Abendfachkurse zur Weiterbildung von Meistern und Gehilfen an der Fachlehranstalt für Bekleidungsgewerbe in Wien (vgl. Festschrift Fachlehranstalt für Bekleidungsgewerbe 1908-1933) und die Abhaltung von Kursen und Vorträgen (beispielsweise über das neue Medium Radio) am Technologischen Gewerbemuseum in Wien (vgl. Das Technologische Gewerbemuseum in Wien. Wien 1929). Gerade das letzte Beispiel zeigt, daß die höheren Bundeslehranstalten mit ihren gut ausgestatteten Labors und Lehrwerkstätten gern von verschiedenen Veranstaltern, wie dem Gewerbeförderungsinstitut oder der Arbeiterkammer für die Abhaltung von Kursen genutzt wurden.

3.3 Möglichkeiten der beruflichen Weiterbildung im Rahmen der neutralen Volksbildung

An dieser Stelle soll die These, wonach die sogenannte "neutrale Volksbildung" schon zu ihrem Beginn an der Wende zum 20. Jahrhundert "eine gewisse Bedeutung im Rahmen der beruflichen Weiterbildung hatte, ohne freilich primär als berufsbildend zu gelten" (Gruber 1996, 19) aufgegriffen werden. Danach gibt es auch für die Zwischenkriegszeit Hinweise, wonach berufliche Weiterbildungsaspekte eine gewisse Rolle im Rahmen der neutralen, allgemeinbildend orientierten Volksbildung gespielt haben, ohne daß freilich die Volksbildung als primär berufsbildend zu bezeichnen wäre. Auf dieses eher unbeabsichtigte Verwertungsmotiv weist Emil Reich in einem Artikel zum dreißigjährigen Bestehen des Volksheimes Ottakring hin: "Haben die erworbenen Kenntnisse vielen im Beruf zu besonderer Stellung verholfen, so war dies ein Nebenprodukt unserer nicht aufs Praktische zunächst eingestellten Volkshochschule, für die ebensowenig wie für die Universität Erwerbsmöglichkeiten das Hauptziel sein dürfen." (Reich 1931, 2)

Ein Blick in die Jahresberichte des Volksheims und in die Kursprogramme des Wiener Volksbildungsvereins zeigt eine breite Palette an Vorträgen, Kursen und Führungen, bei deren Besuch für die TeilnehmerInnen durchaus berufliche Verwertungsmotive eine Rolle gespielt haben könnten. Als Beispiele sollen hier angeführt werden:

- die vom Volksheim durchgeführten "Technischen Führungen", die die TeilnehmerInnen vor Ort mit den verschiedensten Betrieben bekannt gemacht haben;[12]
- diverse Kurse: von lebenden Fremdsprachen, über naturwissenschaftlich-technische Inhalte bis zur deutschen Kurzschrift (im Volksheim)[13] sowie
- Sprachen, kaufmännische Fächer, Wirtschaftsschulung und Maschinenschreiben (im Wiener Volksbildungsverein) (vgl. u.a. Die Volkshochschulen des Wiener Volksbildungsvereines im Sprachen, kaufmännische Jubeljahr 1936/37. Programmheft.)

In diesem Zusammenhang soll auch die Berufsberatungsstelle im Volksheim Erwähnung finden, die im Tätigkeitsbericht von 1926/27 aufscheint und in der sich zwar vorwiegend Kinder und Jugendliche, gelegentlich aber auch Erwachsene einer Berufseignungsprüfung unterzogen (vgl. Bericht der Volkshochschule Wien Volksheim über ihre Tätigkeit vom 1. Oktober 1926 bis zum 30. September 1927, 89).

Die Frage nach dem beruflichen Verwertungsmotiv bekam mit der Dauerarbeitslosigkeit Anfang der dreißiger Jahre eine neue Dimension. Die Volksbildungseinrichtungen sahen sich vor eine völlig neue Aufgabe gestellt: der Bildungsfürsorge an Arbeitslosen. Die Bezeichnung "Bildungsfürsorge" (Plutzar 1934, 35ff.), die auf den Titel eines Artikels im Jahrbuch des Wiener Volksbildungsvereins von 1934 Bezug nimmt, kennzeichnet in präziser Weise,

---

12 Siehe unter anderem: Bericht der Volkshochschule Wien Volksheim über ihre Tätigkeit vom 1. Oktober 1926 bis zum 30. September 1927. Wien 1928, S. 87, Bericht der Volkshochschule Wien Volksheim über ihre Tätigkeit vom 1. Oktober 1927 bis zum 30. September 1928. Wien 1929, S. 98, Bericht der Volkshochschule Wien Volksheim über ihre Tätigkeit vom 1. Oktober 1928 bis zum 30. September 1929. Wien 1930, S. 71f.
13 Siehe die eben angeführten Tätigkeitsberichte.

die Art und Weise des volksbildnerischen Bemühens um die Arbeitslosen: Über eine Vermittlung von allgemeinbildenden und berufsorientierten Kenntnissen und Fertigkeiten kombiniert mit sozialfürsorgerischen Maßnahmen sollten die Menschen von der Straße weggeholt, einer sinnvollen Beschäftigung zugeführt und im besten Fall in den Arbeitsprozeß wieder eingegliedert werden. (Folgen wir Göhring, dann sollten die Beschäftigungslosen durch den Kursbesuch auch aus dem sozialdemokratischen Gedankengut herausgelöst werden.) (Vgl. Göhring 1987, 52) Damit mußte man von der alten Grundauffassung, wonach "'Berufsbildung' nicht in die Volkshochschule gehört" (Plutzar 1933, 12), Abstriche machen.

Die Volksbildungseinrichtungen kamen der Bildungsfürsorge für Arbeitslose ab dem Jahre 1932 mit verschiedenen Angeboten nach. Schon in den vorangegangenen Jahren hatte man sich bemüht, die bestehenden Einrichtungen und Angebote über stark herabgesetzte Gebühren den Arbeitslosen leichter erreichbar zu machen. Dabei fiel auf, daß die beschäftigungslosen TeilnehmerInnen jene Kurse und Themen bevorzugten, welche einen direkten Nutzen für den bereits ausgeübten oder den neu anzustrebenden Beruf versprachen. Die Zahl der arbeitslosen HörerInnen und LeserInnen nahm in der Folge ständig zu: 1925/26 waren nur 5-6% der HörerInnen Arbeitslose, 1930/31 bereits 15-18% und im Winter 1932/33 waren schließlich ein Drittel der HörerInnen, die Abendkurse an den Volkshochschulen des Wiener Volksbildungsvereins besuchten, arbeitslos. Als erstes reagierte die Urania auf diese Situation. Ab März 1932 bot sie eigene Vormittagskurse für Arbeitslose an. Bald folgte der Wiener Volksbildungsverein in seinem Margaretener Volksbildungshaus und im Herbst das Ottakringer Volksheim. Die vorwiegend am Vormittag abgehaltenen Kurse waren großteils berufsorientiert, das Spektrum reichte von Schönschreiben und Rechnen über Handelskorrespondenz, Kurzschrift und Buchhaltung bis hin zu Sprachkursen in Englisch, Französisch und Russisch.[14] Wie das Beispiel der Arbeitslosenkurse an der Urania zeigt, erreichte die TeilnehmerInnenzahl eine beachtliche Größe (vgl. Göhring 1987, 52).

Ein Blick auf die Zielgruppen der Arbeitslosenkurse ergibt folgendes Bild (vgl. Plutzar 1934, 37):
- Die TeilnehmerInnen weisen die unterschiedlichsten Berufe auf; am häufigsten finden sich die Angstellten, was nicht verwundert, da ihnen

---

14 Die Ausführungen beziehen sich auf zwei, über weite Bereiche inhaltlich idente Artikel von Plutzar 1933 und 1934.

die meisten berufsnahen Kurse geboten wurden.
- Es dominiert die Altersgruppe zwischen 18 und 35 Jahren, nur wenige TeilnehmerInnen sind älter als 35.
- Die Vormittagskurse wurden vorwiegend von Männern besucht, am Abend hingegen war das Verhältnis zwischen Männern und Frauen relativ ausgeglichen.

Ein großes Problem stellte die Finanzierung dieser Kurse dar. Während in den ersten Jahren für die Abendkurse freier Eintritt für Arbeitslose bestand, mußten später geringe Kursgebühren erhoben werden. Unterstützt wurden die Volkshochschulen in ihrer Bildungsarbeit für Arbeitslose unter anderem von einer Reihe von Gewerkschaften, die ihren arbeitslosen Mitgliedern die Kurskosten rückerstatteten und der Industriellen Bezirkskommission, die die Fahrscheine für den Kursbesuch zur Verfügung stellte (vgl. Plutzar 1933, 13).

Abschließend ist zu bemerken: Erstaunlich ist, wie realistisch und geradezu aktuell die Einschätzung des damaligen Generalsekretärs des Wiener Volksbildungsvereins über die Funktion der Arbeitslosenfortbildung ausfiel: "Alle diese Kurse und Veranstaltungen sind natürlich keine tauglichen Mittel zur Lösung der Arbeitslosenfrage. Wenn man von einer Mitarbeit daran sprechen will, so liegt sie in den Zielen der Erwachsenenbildung überhaupt, welche die Menschen aufgeschlossener, kenntnisreicher, anpassungsfähiger und einsichtiger machen will. Diese Kurse und Veranstaltungen bedeuten auch nicht Versuche, den Arbeitslosen mit seinem Schicksal auszusöhnen. Auch der beste Kurse kann die Arbeit nicht ersetzen." (Ebenda, 14)

3.4 Weitere Möglichkeiten der Nach- und Umschulung: Arbeitsämter, Gewerkschaften, Freiwilliger Arbeitsdienst

Am Schluß möchte ich noch einige, zum Teil weniger bekannte Einrichtungen erwähnen, die im Rahmen der Nach- und Umschulung insbesondere von Arbeitslosen eine Rolle gespielt haben. Da wären zum einen die Landesarbeitsämter, sie sind heute der größte Förderer von Bildungsmaßnahmen für Arbeitslose. Das Wiener Landesarbeitsamt veranstaltete schon seit 1924 Nachschulungskurse, deren Inhalte aufgrund von Beobachtungen des Arbeitsmarktes festgelegt wurden. Einen großen Erfolg erzielte das Landesarbeitsamt beispielsweise mit der Vermittlung österreichischer Hausgehilfinnen nach England. Gemeinsam mit der Nachschulungskommission wurde eine Haushaltungsschule eingerichtet, die englisch geführt wurde und die die Mädchen – bevorzugt wurden solche mit Angestelltenvorbildung – auf ihren Einsatz in England vorbereiten sollte. Wie das Beispiel Wien zeigt, war die Nach- und Umschulungstätigkeit der Landesarbeitsämter nicht unbedeutend: zwischen 1924 und 1935/36 wurden in Wien immerhin 2800 Kurse mit 68 000 TeilnehmerInnen abgehalten (vgl. Kimml 1937, 11f.). Daß es schon damals stark um eine Vermittlung der Arbeitslosen ging, zeigt folgende Notiz in der Neuen Freien Presse vom 26.3.1937: "Im Schuljahr 1935/36 fanden 134 Kurse mit 2040 Kursbesuchern statt, von denen 1210 vermittelt werden konnten. Das ergibt ein durchschnittliches Vermittlungsergebnis von 60 Prozent und rechtfertigt damit die Durchführung der Kurse vollauf." (Ebenda)

Weiters ist die Bildungstätigkeit der *Gewerkschaften* zu erwähnen, die neben ihrer Funktionärsschulung auch in einzelnen Fachgewerkschaften eine rege berufliche Weiterbildungstätigkeit für ihre Mitglieder entfaltete. Außerdem trat sie als Förderer von Weiterbildung auf (Beispiel Volksheim Ottakring) (vgl. Bericht der Volkshochschule Wien Volksheim über ihre Tätigkeit vom 1. Oktober 1926 bis zum 30. September 1927, 12). Als Besonderheit soll hier die Gewerkschaft der Angestellten des Handels erwähnt werden, sie errichtete in den dreißiger Jahren in Wien eine sogenannte "Scheinfirma" – heute Übungsfirma genannt. In ihr erhielten Jugendliche in Sonderkursen und als ausbildungsbegleitende Maßnahme die Möglichkeit, das Gelernte anhand von praxisnahen Geschäftsfällen im Rahmen eines Modellbetriebes anzuwenden (vgl. Kimml 1937, 11f.).

Erwähnung soll letztendlich der *Freiwillige Arbeitsdienst* finden, der per Gesetz vom 18. August 1932 in Österreich nach dem Vorbild Deutschlands eingeführt wurde. Als Mittel zur Bekämpfung der Jugendarbeitslosigkeit sah er vor, daß Jugendliche für die Gemeinschaft nützliche Arbeit leisten, um sich damit ihren Lebensunterhalt verdienen zu können. Mitte der dreißiger Jahre gehörten zu den Institutionen des Freiwilligen Arbeitsdienstes auch Einrichtungen – wie der Verein "Jugend in Arbeit" –, die unter der Führung des Landesarbeitsamtes Nachschulungskurse für Jugendliche veranstalteten (vgl. ebenda). Neben den arbeitsmarkt- und sozialpolitischen Zielsetzungen wurden mit dem Arbeitsdienst auch volksbildnerische Aufgaben verbunden. In einem Artikel mit dem bezeichnenden Titel "Der Freiwillige Arbeitsdienst als Volksbildungsaufgabe" ist nachzulesen, wie eng damals die Grenzen zwischen Arbeitsmarktförderung und Sozialpolitik einerseits sowie Volkstümelei und Indoktrination andererseits waren. "Der junge Mensch, der sich aus der sinnvollen Gemeinschaft der Arbeitenden, von der er nur gehört hatte, ausgestoßen fühlt, der junge Mensch, der die Hoffnungslosigkeit seines Lebens kaum mehr ertragen konnte, bekam wieder den Glauben an sich selbst, an seine Zukunft und die Gewißheit, daß es auch sinnvolles Leben gibt. Neben dieser Grundtatsache für sein Ich tritt aber noch das große Erlebnis der Gemeinschaft, die ihn formte und durch den freiwilligen Dienst veredelte. Diese Aufgabe kann nur der Freiwillige Arbeitsdienst lösen. Die Arbeitsdienstpflicht wird es im heutigen Staate deswegen nicht so gut können, weil die Gliederung der jungen Menschen eine andere ist und weil dann die Auslese durch Minuskomponenten, wie Faulenzer, Verbrecher und ähnliche Existenzen, erschwert wird. Auslese bedeutet immer eine Steigerung des Volkslebens und eine gewaltige Belebung des jetzt beinahe stillstehenden Volksorganismus. Diese Auslese ohne hartes Zurückstoßen, ohne Verbote und Gesetze, eben durch die Freiwilligkeit des Dienstgedankens, durchzuführen und damit auch unserer Volksbildung neue Aufgaben zu weisen, ist wohl des Schweißes der Edelsten wert!" (Einspinner 1933, 10)

LITERATUR
Arnold, R.: Erwachsenenbildung. Eine Einführung in Grundlagen, Probleme und Perspektiven. Hohengehren 1991, 2. verb. Aufl.
Bei den künftigen Erbauern der Wiener Gemeindehäuser. In: Arbeiterzeitung vom 22.3.1932.
Bericht der Volkshochschule Wien Volksheim über ihre Tätigkeit vom 1. Oktober 1926 bis zum 30. September 1927. Wien 1928.
Bericht der Volkshochschule Wien Volksheim über ihre Tätigkeit vom 1. Oktober 1927 bis zum 30. September 1928. Wien 1929.
Bericht der Volkshochschule Wien Volksheim über ihre Tätigkeit vom 1. Oktober 1928 bis zum 30. September 1929. Wien 1930.
Bruck, A.: Die Lektüre der Arbeitslosen. Zur Frage der Bildungsarbeit an Erwerbslosen. In: Volksbildung. Zeitschrift für die Förderung des Volksbildungswesens in Österreich 1932, XII. Jg., Heft 9/10, S. 241–251.
Bruckmüller, E.: Sozialgeschichte Österreichs. Wien München 1985.
Das Technologische Gewerbemuseum in Wien. Fünfzig Jahre Technischer Unterrichts- und Versuchstätigkeit 1879 bis 1929. Wien 1929.
Die Volkshochschulen des Wiener Volksbildungsvereines im Jubeljahr 1936/37. Winter-Halbjahr 1936/37 (Programmheft).
Die wirtschaftliche und technische Fachpresse Österreichs. Ein systematisch geordnetes Verzeichnis der in Österreich erscheinenden Zeitschriften für Handel, Industrie und Gewerbe, Export, Finanz- und Bankwesen, Sozialpolitik sowie der technisch-gewerblichen Fächer, zusammengestellt nach dem Stande vom 1. März 1927 von der Biblio-

theksverwaltung der Kammer für Handel, Gewerbe und Industrie in Wien. Wien 1927.
Einspinner, H.: Der Freiwillige Arbeitsdienst als Volksbildungsaufgabe. In: Volksbildung.
Zeitschrift für die Förderung des Volksbildungswesens in Österreich 1933, XIII. Jg.,
Heft 1/2, S. 7–10.
Engelbrecht, H.: Geschichte des österreichischen Bildungswesens. Band 4: Von 1848 bis
zum Ende der Monarchie. Wien 1986.
Engelbrecht, H.: Geschichte des österreichischen Bildungswesens. Band 5: Von 1918 bis
zur Gegenwart. Wien 1988.
Erker. K.: Die Idee ist zeitlos geblieben! Ein Rückblick zum 60-Jahr-Jubiläum der Landwirtschaftskammer. In: Mehr als 200 Jahre öffentliche Landwirtschaftsförderung in Kärnten. Sonderdruck aus "Der Kärntner Bauer", Jg. 149, Nr. 43a vom 24. Oktober 1992, S. 5–36.
Festschrift Fachlehranstalt für Bekleidungsgewerbe 1908-1933. Wien o.J.
Gewerkschaftskommission Österreichs: Die Arbeiterkammern in Österreich 1921/1926. Wien 1926.
Glöckel, O.: Schulreform und Volksbildung. Wien 1919. Wiederabdruck bei Oskar Achs (Hg.): Otto Glöckel. Ausgewählte Schriften und Reden. Wien 1985.
Göhring, W.: "Volksbildung im Faschismus". Die Wiener Volksbildung im Ständestaat und unter nationalsozialistischer Herrschaft 1934-1945. In: Knittler-Lux, U. (Hg.): Bildung bewegt. 100 Jahr Wiener Volksbildung. Wien 1987, S. 49–60.
Gruber, E.: Berufliche Weiterbildung in Österreich. In: Schratz, M., Lenz, W. (Hg.): Erwachsenenbildung in Österreich. Beiträge aus Theorie und Praxis. Internationale Erwachsenenbildung. Bd.5. Hohengehren 1995, S. 97–109.
Gruber, E.: Zur Geschichte beruflicher Weiterbildung in Österreich. In: Filla, W., Gruber, E., Jug, J. (Hg.): Erwachsenenbildung in der Aufklärung. Wien 1996, S. 66–78.
Gruber, E.: Zur Geschichte beruflicher Weiterbildung in Österreich – Zwischen 1848 und der Jahrhundertwende. (Unveröffentl. Manuskript) 1996.
Gruber, E.: Bildung zur Brauchbarkeit. Berufliche Bildung zwischen Anpassung und Emanzipation. Eine sozialhistorische Studie. München, Wien 1997, 2. veränd. Aufl.
Gruber, E., Ribolits, E.: Das Duale System der Berufsausbildung in Österreich – ein historischer Überblick. Wien 1997, (Schulheft Nr. 85/1997), S. 18-37.
Hautmann, H., Kropf, R.: Die österreichische Arbeiterbewegung vom Vormärz bis 1945. Linz 1975.
Holzer, G.: Entwicklung der bäuerlichen Standesvertretung. In: 50 Jahre Niederösterreichische Landwirtschaftskammer. Eine Festschrift. Wien 1972, S. 27-34.
Jahresbericht der allgemein-gewerblichen und fachlichen Fortbildungsschulen des Fortbildungsschulrates für Wien über das Schuljahr 1929/30. Wien o.J.
Jahresbericht der allgemein-gewerblichen und fachlichen Fortbildungsschulen des Fortbildungsschulrates für Wien über das Schuljahr 1931/32. Wien 1932, S. 55ff.
Kammer für Arbeiter und Angestellte für Vorarlberg (Hg.): Die Geschichte der Vorarlberger Kammer für Arbeiter und Angestellte 1921–1938. Feldkirch o.J
Kimml, A.: Drohender Facharbeitermangel erfordert Nachschulung. In: Neue Freie Presse vom 26.3.1937, S. 11f.
Kropf, R. (Hg.): Arbeit/Mensch/Maschine. Der Weg in die Industriegesellschaft. Beiträge und Katalog zur Oberösterreichischen Landesausstellung 1987 in Steyr-Wehrgraben. Linz 1987, Band Katalog.

Lugmayer, K.: Volksbildungsarbeit in den landwirtschaftlichen Haushaltungskursen der niederösterreichischen Landes-Landwirtschaftskammer. In: Volksbildung. Zeitschrift für die Förderung des Volksbildungswesens in Österreich 1932, XII. Jg., Heft 7/8, S. 183–187.

Mende, J., Staritz, E., Tomschitz, I.: Schule und Gesellschaft – Entwicklung und Probleme des Österreichischen Bildungssystems. Wien 1980.

Mokre, H.: Bildungsarbeit mit jugendlichen Erwerbslosen. In: Volksbildung. Zeitschrift für die Förderung des Volksbildungswesens in Österreich 1932, XII. Jg., Heft 9/10, S. 229–241.

Plutzar, F.: Kurse und Veranstaltungen für Arbeitslose in Wiener Voksbildungseinrichtungen. In: Volksbildung. Zeitschrift für die Förderung des Volksbildungswesens in Österreich 1933, XIII. Jg., Heft 1/2, S. 10–15.

Plutzar, F.: Bildungsfürsorge an Arbeitslosen. In: Kalenderjahrbuch 1934 des Wiener Volksbildungsvereines. Herausgegeben von Gerneralsekretär Dr. Friedrich Plutzar. Wien 1934, S. 35–38.

Reich, E.: Dreißig Jahre Volkshochschule Wien Volksheim. In: Mitteilungen der Volkshochschule Wien Volksheim 1931, 3. Jg., Nummer 10, 16. Feber, S. 1–2.

Scheipl, J., Seel, H.: Die Entwicklung des österreichischen Schulwesens von 1750–1938. Graz 1987.

Schöpfer, G.: Neuere Wirtschafts- und Sozialgeschichte. Skriptum zur Vorlesung. Graz o.J.

Stampfl, V.: Beratung und Fortbildung. In: Bauernland Oberösterreich. Entwicklungsgeschichte seiner Land- und Forstwirtschaft. Herausgegeben von der Landwirtschaftskammer für Oberösterreich unter der Leitung von Alfred Hoffmann. Linz 1974, S. 680–703.

Stifter, C.: AK-Stiftungskurse im Rahmen der Wiener Volkshochschulen. Ein kurzer historischer Überblick. Österreichisches Volkshochschularchiv. (Unveröffentl. Manuskript) März 1997.

Sztankovits, E.: Geschichte der beruflichen Erwachsenenbildung in Österreich. Wien (Schriftenreihe der Bundeskammer der gewerblichen Wirtschaft Wien) 1987.

Wiener Zeitung, Nr. 175 vom 2.8.1919.

Georg Hahn

Und sie bewegt sich doch!

Gewerkschaftliche Erwachsenenbildung am Prüfstand

Auf einem Hügel angelangt,
lohnt es sich, nicht nur nach den Gipfeln zu schauen,
sondern auch zurückzublicken auf die Mühen der Ebene.

1. "Die Nachtigall strebe nicht danach, als Adler im Reich der Lüfte zu herrschen..."

Seit Anbeginn verklärt ein Bildungsmythos das gewerkschaftliche Werden. "Wissen ist Macht – Macht ist Wissen" ist *das* bildungspolitische Bekenntnis referierender FunktionärInnen. Die Warnung, die W. Liebknecht 1882 hinzufügte, daß dies auch der Gegner behaupte, um von der Aktion abzulenken, haben die Gewerkschaften nie sonderlich ernst genommen. Die Verklärung von Bildung rechtfertigt deren praktische "Verzweckung". Pragmatische Politik erzwingt bildungspolitischen Pragmatismus. Das praktische Verhältnis der Gewerkschaften zu Politik und Bildung ist in ihrer "staatstragenden" Epoche ein sehr nüchternes geworden. Wert hat Bildung nur als "unabtrennbarer Bestandteil der Organisationsarbeit" (Prokop, Hofstetter, 1978). Diese Denkungsart bedarf schon einiger Irritation, um Defizite gesellschaftspolitischer Grundbildung bei Herrn und Frau Österreicher als Folge der eigenen bildungspolitischen Abstinenz in Erwägung zu ziehen. Bildung im ÖGB geht es wie der weiblichen Hausarbeit. Auch diese fällt nur auf, wenn sie nicht gemacht wird. Aber im Unterschied zu ihr ist Gewerkschaftliche Erwachsenenbildung (GEB) männlich. Sie wird von Männern für Männer in Gang gesetzt. Allfällige Abweichungen werden eher von außen bewirkt (wachsende Frauenbeschäftigung, Feminisierung von Berufsfelder etc.) denn durch einen Wandel der Organisationslogik im "Bund harter Männer". In der Gesamtbevölkerung haben Frauen einen leichten Überhang (1995: 1000/937)[1]. Als unselbständig Erwerbstätige kommt ihnen ein 42.5%-Anteil (1993) (BAK 1994, S. 105) zu. Im ÖGB hingegen erreichen sie nur 30%. Aufgrund des geschlechtspezifischen Arbeitsmarktes ist der Frauenanteil von Gewerkschaft zu Gewerkschaft äußerst unterschiedlich.[2] In der Gewerkschaft der Privatangestellten (GPA) sind über 43% der Mitglieder Frauen. Gemessen an der Grundgesamtheit sind sie aber auch hier nicht entsprechend repräsentiert, denn etwa die Hälfte aller Angestellten sind Frauen.

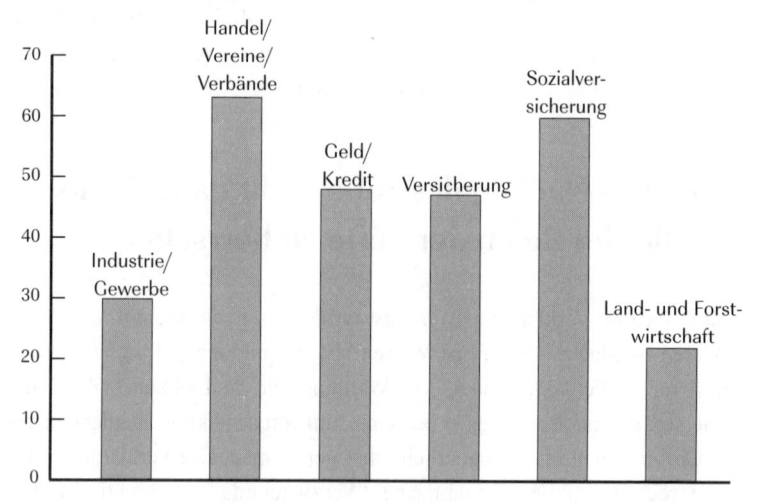

Frauenanteil der GPA-Sektionen in %

Im Betriebsrätesystem erfährt die Geschlechterproblematik eine Verschärfung. Mit der GPA kooperieren im gesamten Bundesgebiet 13733 Betriebsratsmitglieder. Davon sind 9581 (70%) männlichen und 4152 (30%) weiblichen Geschlechts. Die zwischen den Geschlechtern waltende Ungleichheit setzt sich in der Gewerkschaftlichen Erwachsenenbildung (GEB) fort. Das zeigen zwei Untersuchungen:

---

1 ÖSTAT 1993.
2 Spitzenreiter mit 73% ist die Gewerkschaft Hotel, Gastgewerbe, Persönliche Dienste. Die Gewerkschaft Bau-Holz hat den geringsten Frauenanteil (4%).

1. *"MIDAS"* ist eine Gesamtuntersuchung des Bildungsjahres 1991/92. Hier beträgt das Geschlechterverhältnis 67:33 (abs.: 2511 Männer; 1262 Frauen).
2. *"Betriebsrat und Bildung"* (1993) ist eine Befragung von Betriebsratsmitgliedern im Angestellten-Bildungszentrum Velm (ABZ-Velm). Von insgesamt 504 Befragten waren 132 Frauen. Das entspricht einem Prozentverhältnis von 74:26.

Die MIDAS-Studie übermittelt eine gute und eine schlechte Nachricht. Verglichen mit den Mitgliedern (43%) weist sie einen signifikant geringeren, gegenüber den gewerkschaftlich organisierten Angestellten-Betriebsräten (30%) einen signifikant höheren Frauenanteil (33%) aus. Das hängt damit zusammen, daß sie alle Teilnehmer der GEB (Mitglieder[3] *und* Betriebsräte) im angegebenen Zeitraum erfaßte, die Ergebnisse durch eine überproportionale Jugendarbeit (vor allem mit Schülern und Studenten) "verzerrt" werden und der Anteil von kurzfristigen Bildungsmaßnahmen (Abend-, Eintagesveranstaltungen etc.) nicht unbeträchtlich war. Das Mann-Frau-Verhältnis ist in der MIDAS-Studie (Männer: 69%, Frauen: 31%) etwas ausgewogener. Die Untersuchung "Betriebsrat und Bildung" (BR+B) erfaßte hingegen TeilnehmerInnen an einwöchigen Internatskursen. Diese Organisationsform macht es Frauen nicht gerade leicht, ihre Mehrfachbelastungen zu koordinieren.[4] Tatsächlich ist hier der Frauenanteil signifikant niedriger als bei der MIDAS-Studie, nämlich 26%.Beide Untersuchungen bieten einen detaillierten Einblick in das geschlechtsspezifische Gefüge des gewerkschaftlichen Betriebsbräte- und Ausbildungssystems. Hier können nur einige signifikante Effekte patriarchaler Organisationspraxis aufgelistet werden:

- Der Vorsitz in den Betriebsratskörperschaften ist fest in männlicher Hand. Frauen gelingt es unzureichend Betriebsratsvorsitzende (22%) zu stellen. Gleiches trifft für die Freistellung von Betriebsratsmitgliedern zu. Hingegen dominieren Frauen bei den stellvertretenden Betriebsratsvorsitzenden und Ersatzmitgliedern.[5] Derzeit ist die zahlenmäßige Entwicklung von Betriebsratskörperschaften rückläufig. Ursachen sind die massiven

---

3 Der Anteil der "Nur-Mitglieder" an der GEB betrug 23.7% (abs. 910).
4 Das gilt vor allem auch dann, wenn keine unterstützende Infrastruktur wie Kinderbetreuung und dergleichen angeboten wird.
5 Im Spiegel der vorliegenden Bildungsdaten scheint bei der Jugend unter geschlechts-

Umstrukturierungsprozesse in der österreichischen Wirtschaft. Der Anteil der weiblichen Betriebsratsmitglieder (1991: 19,64%; 1994: 21,77%) steigt.[6]

- Die interne Aufgabenverteilung ist von der traditionellen Auffassung geprägt, die Schriftführung im Betriebsrat sei primär den Frauen abzufordern. Das ist ein starkes Motiv, Frauen auf die Betriebsratsliste zu setzen. Es läßt sich mit dem strategischen Vorteil einer "Alibifrau" in einer von Männern dominierten Betriebsratskörperschaft bestens vereinen. Diese Vorgangsweise ist vor allem in Großbetrieben gang und gäbe.
- Diese Nutzung des weiblichen Arbeitsvermögens in den Betriebsratskörperschaften steht in Einklang mit den beruflichen Karrieren. Ein Indikator ist die Zuweisung von neuen Einsatzfeldern im Unternehmen. Die beruflichen Tätigkeiten sind bei Frauen bedeutend stabiler. Insgesamt kann die Frequenz wenig beeindrucken (insgesamt: 1.21; Männer 1.34; Frauen: 0.86)[7]. Die Gründe für den Wechsel der beruflichen Tätigkeit im Betrieb werfen ein typisches Schlaglicht auf den weiblichen Lebens- und Arbeitszusammenhang.
- Das Engagement im Betriebsrat stellt eine zusätzliche Arbeitsbelastung dar. Frauen greifen signifikant häufiger auf Gleit- und Teilzeit zurück als ihre Kollegen. Sie leisten im geringeren Ausmaß Überstunden (vor allem regelmäßige Überstunden) und unternehmen weniger Dienstreisen, die sie von ihren Haushalts- und Betreuungspflichten fernhalten. Daß bei Frauen betrieblichen Vorgesetztenfunktionen zurückstehen[8], ist ein weiterer Ausdruck ungleicher Behandlung. Sie haben weniger teil an innerbetrieblichen Bildungsmaßnahmen, Gewerkschaftsveranstaltungen und am sonstigen Vereins- und Parteienleben.
- Die typische Nutzung des weiblichen Arbeitsvermögens im Betrieb und

---

spezifischem Aspekt ein entgegengesetzter Trend zu wirken, der die Betriebsräteverhältnisse in keinem besseren Lichte erscheinen läßt. Offenkundig verhindern die spätere Lebens- und Organisationspraxis eine entsprechende Wahrnehmung von Funktionen in der betrieblichen Interessenvertretung.

6   Die Angaben beruhen auf Mitteilungen der GPA-Frauenabteilung: Statistik der Betriebsratsvorsitzenden bundesweit nach Sektionen. Stand 22. 8. 1994.
7   Für die Prüfung der These, der Betriebsratsjob behindere den beruflichen Aufstieg, fehlen uns Vergleichsdaten.
8   Nur 13% der befragten weiblichen Betriebsratsmitglieder (BR+B) hatten eine Vorgesetztenfunktion (Männer: 45%).

Betriebsrat führt zur Wahrnehmung spezifischer Arbeitsbelastungen: Bildschirmarbeit, einseitige Körperhaltung, schlechte Lichtverhältnisse, sexuelle Belästigung und störende Klimaanlagen.

- Bei den weiblichen Arbeitsansprüchen stehen "hohe Arbeitsplatzsicherheit" und "hohes Einkommen" im Vordergrund, hingegen bei den Männern – deren Zufriedenheit mit dem derzeitigen Einkommen signifikant größer ist – "individuelle Weiterbildungschancen" und "positive Leistungsbewertung".
- Die bestimmenden lebensweltlichen Visionen, ein "harmonisches Familienleben" zu führen, im "sozialen Umfeld" anerkannt zu sein und "ausreichend Freizeit" zu haben, gelten für beide Geschlechter. Ungeteilt ist ihre Sehnsucht nach einer "interessanten Tätigkeit". Markant ist der Unterschied bezüglich der Austragung von Konflikten. Konflikte auch auszutragen, wird besonders von Frauen betont. Den Gewerkschaften sollte dies eine Lehre und den Männern eine Warnung sein!

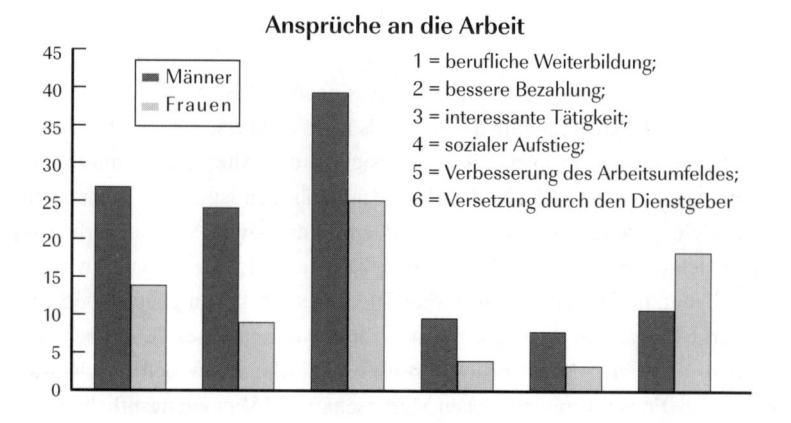

Ansprüche an die Arbeit

1 = berufliche Weiterbildung;
2 = bessere Bezahlung;
3 = interessante Tätigkeit;
4 = sozialer Aufstieg;
5 = Verbesserung des Arbeitsumfeldes;
6 = Versetzung durch den Dienstgeber

2. "Wir sind das Bauvolk der kommenden Welt ... "

Der Stolz der Arbeiterbewegung ist die Jugend. So will es zumindest die gewerkschaftliche Traditionspflege. Es ist eine Binsenweisheit jedweder Vereinstätigkeit, wer die Jugend zu organisieren versteht, der hat eine Option auf

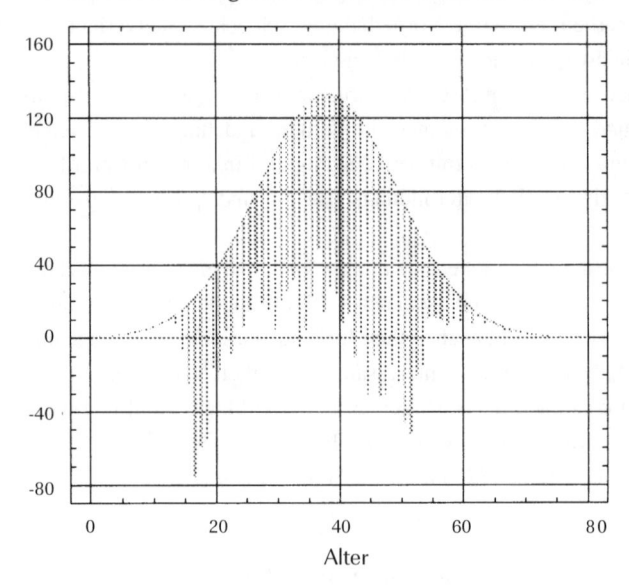

Altersverteilung der TeilnehmerInnen aus der GEB

die Zukunft. Die GPA-Mitgliederstatistik signalisiert Betrübliches.[9] Auch in der GEB ist die Überalterung des Klientels nicht zu übersehen (MIDAS: 38 J.; BR+B: 42 J.). Die Problematik drückt sich in den Altersdurchschnitten nur unzureichend aus.[10] Der Überhang der 15-20jährigen ist auf die seminaristische Mehrleistung der gewerkschaftlichen Schüler- und Studentenarbeit im Untersuchungszeitraum zurückzuführen. Die große Lücke tut sich zwischen 21-42 J. auf. Im fortgeschrittenen Alter finden Betriebsratsmitglieder wiederum verstärkt Eingang in die GEB. Es ist nicht schwierig, dieses "Ozonloch" der GEB zu begründen. Männer suchen zunächst berufliche bzw. betriebliche Karrieren. Bei Frauen verunmöglichen Mutterschaft und Versorgungspflichten von Kleinkindern eine Funktionswahrnehmung[11]. In Großbetrieben, wo die

---

9 Der Anteil der gewerkschaftlich organisierten jugendlichen Angestellten, zusätzlich der organisierten lernenden und studierenden Jugend, das sind Jugendliche bis zur Vollendung ihres neunzehnten Lebensjahres, betrug Ende 1994 lediglich 2,5% (abs.: 8238).
10 Die Repräsentanz in der betrieblichen Interessenvertretung ist an Alterslimits gebunden.
11 Dafür spricht auch eine adäquate altersgemäße Verlagerung dieser Problematik bei Frauen.

Betriebsratsrolle noch immer mit erheblicher Machtbefugnis einher geht, spielt auch die Absolvierung der sprichwörtlichen "Ochsentour", also das Sich-Hochdienen in der Warteschleife, eine den Altersdurchschnitt hinauftreibende Rolle. Zudem stellt die krisenhafte Entwicklung des Arbeitsmarktes nicht gerade eine Ermutigung dar, ein zusätzliches Karriererisiko, das der Betriebsratsrolle grundsätzlich anhaftet, einzugehen. Nach mehreren Funktionsperioden, schon geübt im Umgang mit der Geschäftsführung, wenn sich die oppositionelle Wahrnehmung der Sozialpartner bereits über die Jahre hinweg abgeschliffen hat, kann freilich aus der Betriebsratsrolle – nicht nur wegen ihres Kündigungsschutzes – ein gewisses Maß an Arbeitsplatzsicherheit gezogen werden.

Im "Ausgedinge" wird GEB attraktiv. Die vorliegenden Daten stellen dies nicht in Abrede. Die bisweilen von Gewerkschaftssekretären reklamierte "Flucht aus dem Betrieb" weist auf einen weiteren Interpretationsaspekt der eigenwilligen Altersstruktur hin. Zu dessen Prüfung stehen allerdings keine verläßlichen Daten zur Verfügung. Hingegen verstärken Interviews die Richtigkeit der Annahme, daß die Verschärfung der sozialen Gangart in den Betrieben die Teilnahme an der GEB behindert (Götz, Hahn 1988, S. 297–314).

Altersverteilung der befragten Betriebsrats-Mitglieder

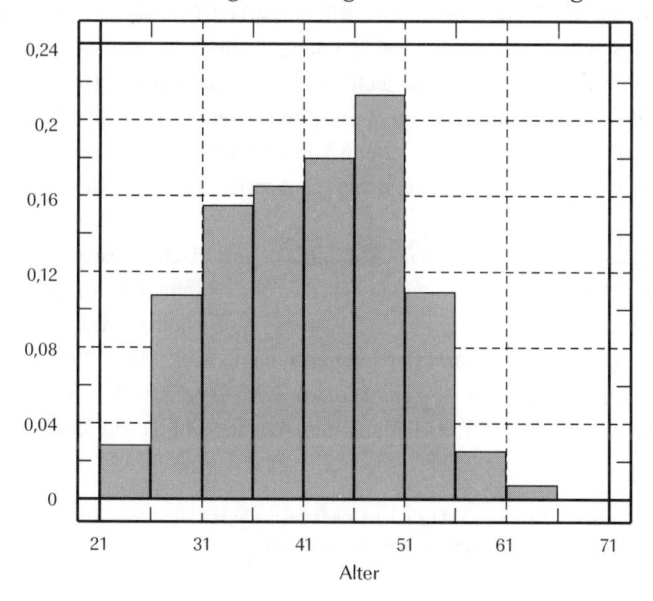

Das Defizit an jungen Angestellten bestätigt sich auch in der zweiten Untersuchung, bei der vorrangig Betriebsratsmitglieder befragt wurden.

Nur 9% der Betriebsratsmitglieder sind nicht älter als 30 Jahre, 26% nicht älter als 35 Jahre und nur ein Drittel ist jünger als 38 Jahre. Bemerkenswert sind die geschlechtsspezifischen Unterschiede. Die Frauen sind durchschnittlich um 2 Jahre jünger (40,6 J.) als die Männer (42,7 J.). 10% der Betriebsrätinnen sind gleich oder jünger als 28 Jahre. Bei den Männern sind dies nur 4%.[12] Insgesamt weist die Altersstruktur auf eine massive Überalterung hin: die Hälfte ist älter als 43 Jahre, ein Viertel älter als 50 Jahre. Wie die Erfahrung lehrt, ist Alter nicht nur eine Angelegenheit von Jahren. Von der Jugend kann nur dann eine Belebung der Organisationskultur erwartet werden, wenn ihr Selbstverständnis noch erfrischend unangepaßt ist. Die Kritik an dem Normierungszwang zentralistischer Funktionsausübung ist nicht neu. Seit jeher gelten die Gewerkschaftsjugendlichen als angepaßt. Herauf bis in unsere Gegenwart wird dies mit ihrem realistischen Blick für das Machbare und mit der "Andersartigkeit" (Carl Legien) der Gewerkschaften begründet (zur Geschichte dieser Kontroverse vgl. Hahn 1990, S. 68 ff). Daß die Selbsteinschätzungen von jungen (30 Jahre und darunter) und der alten Betriebsratsmitgliedern (50 Jahre und darüber) nur geringe Unterschiede aufweisen, sollte zu denken geben. Der Stolz der hauptamtlichen Jugendsekretäre durch ihre Bildungsarbeit Bewußtsein für gesellschaftspolitisch brisante Themen wecken und dauerhaft aufrechtzuerhalten zu können, ist im Lichte unserer Untersuchungen nicht unbegründet. Im Laufe der Betriebsratsjahre scheint es jedoch von "praktischen" Fragen überlagert zu werden, obgleich die höhere Bewertung von Themen wie "Antisemitismus", "Nationalismus" und "Rechtsextremismus" auf manifeste Restbestände deutet.

Jedenfalls aber zeigt das genaue Studium der empirischen Daten ein differenzierteres Bild zwischen alt und jung als dies der vorschnellen Vorurteilsbildung genehm ist. Auch die These[13] von der auf Sicherheit bedachten älteren Generation ("Klammerer) und der jungen dynamischen Mitte ("Lavierer") erstarrt zur Platitüde, wenn sie den "Wind des Wandels" (B. Dylan), der das Rad der gesellschaftlichen Entwicklung immerzu antreibt, geringschätzt.

---

12 Auch unter den "einfachen" Mitgliedern, die Eingang in die GEB der GPA finden, sind die Teilnehmerinnen signifikant jünger als die Männer.
13 Handels Zeitung 1992, S. 13.

Themen der GEB: Zustimmung (%)

1 = Antisemitismus
2 = Ausländerbeschäftigung
3 = bewußte Lebensführung
4 = Drogenmißbrauch
5 = Energiefragen
6 = Entwicklungsfragen
7 = Europäische Integration
8 = Freizeitverhalten
9 = Fremdsprachen
10 = innerbetriebliche Aus- und Weiterbildung
11 = kollektive Kampfmaßnahmen
12 = Massenmedien
13 = multinationale Konzerne
14 = Nationalismus
15 = Rechtsextremismus
16 = Sicherheitspolitik
17 = Unternehmenskultur
18 = Verkehrspolitik
19 = Wanderbewegungen
20 = Wertewandel

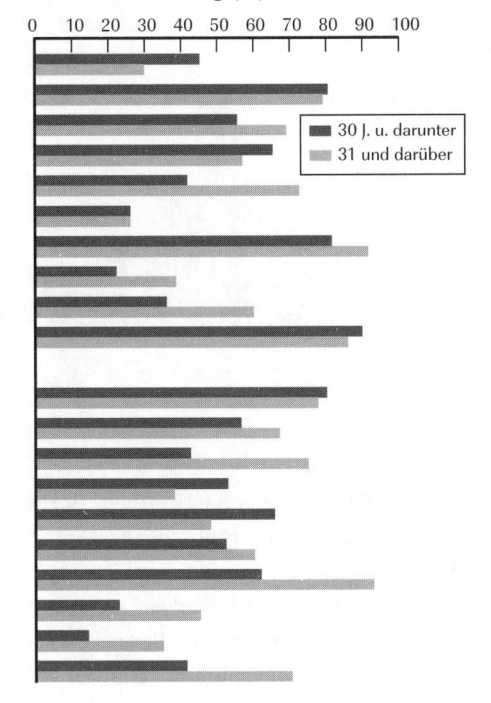

■ 30 J. u. darunter
▨ 31 und darüber

3. Bildung ohne Basis

"Bildung ohne Basis" (vgl. Hahn 1981) markierte ein zweifaches bildungspolitisches Problem: eine GEB, die auf FunktionärInnen gerichtet auf keine Integration von "Nur"-Mitgliedern abzielt und die als bloße "Funktionäreschulung" ohne gesellschaftliche Grundbildung auszukommen vermeint. Beides trifft noch auf die gegenwärtige GEB zu. Zwar ermittelte MIDAS für das "einfache" Mitglied eine Beteiligungsquote von 24%, doch die Besonderheiten der Verteilung dürfen nicht aus dem Blick geraten.

Zunächst ist der Überhang der Jugend augenfällig. Das Durchschnittsalter der "echten" Mitglieder beträgt 31 Jahre. Er liegt deutlich unter jenem der FunktionärInnen. Dafür zeichnet vor allem die gewerkschaftliche Schüler-

Altersverteilung der "einfachen" Mitglieder

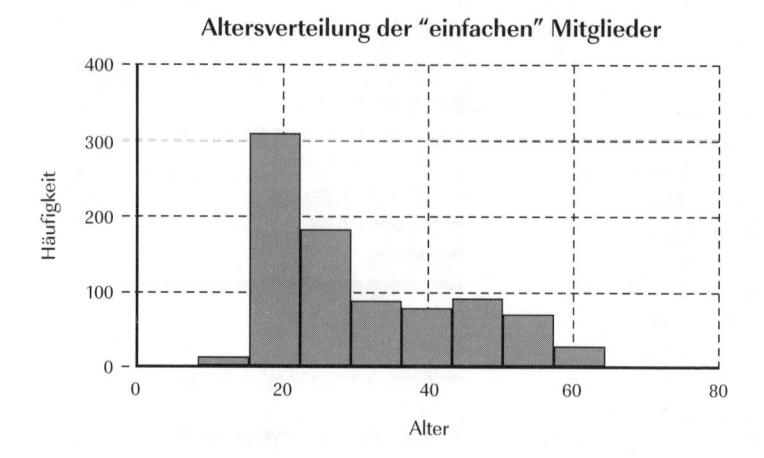

und Studentenarbeit verantwortlich. Bei ihrem Klientel handelt es sich um Personen, die sich in schulischer bzw. universitärer Ausbildung befinden. Das Verhältnis zur Gewerkschaft wird im Großteil der Fälle erst angebahnt. Diese Form der GEB ist auch Werbearbeit. Am Beginn der gemeinsamen Kontaktnahme auf Bildungsebene ist die überwiegende Mehrheit (ca. 70%) noch nicht gewerkschaftlich organisiert[14]. Darüber hinaus wurde vor etlichen Jahren mit den Wochenendseminaren für "interessierte Mitglieder" eine Entwicklung in der GEB der GPA eingeleitet, deren positive Effekte sich in der Bildungsstatistik niederschlagen. Allerdings haben sich diese Seminare noch nicht allgemein durchgesetzt. Sie sind aber jetzt schon mehr als nur der berühmte "Tropfen auf den heißen Stein". Die Freude, dem "einfachen" Mitglied den Weg in die GEB geöffnet zu haben, darf den Blick auf die Tatsachen nicht trüben. Nimmt man die SchülerInnen und StudentInnen aus der Statistik, sinkt der Anteil der Mitglieder an der GEB erheblich ab. Zudem ist mit der Erleichterung des Zuganges das Problem der mangelnden gesellschaftspolitischen Grundbildung der Mitglieder nicht wirklich gelöst, solange die "Seminare für interessierte Mitglieder" vereinfachte Kopien der auf Recht zentrierten Funktionsschulung sind. Arbeits- und Sozialrecht sind für die arbeitsweltlichen Verhältnisse, in die diese ArbeitnehmerInnen gestellt sind, keinesfalls unwesentlich.

---

14 Angaben lt. Auskunft v. P. Florianschütz, GPA-Jugendabteilung (11. 4. 1995).

Mitgliederanzahl je Veranstaltung

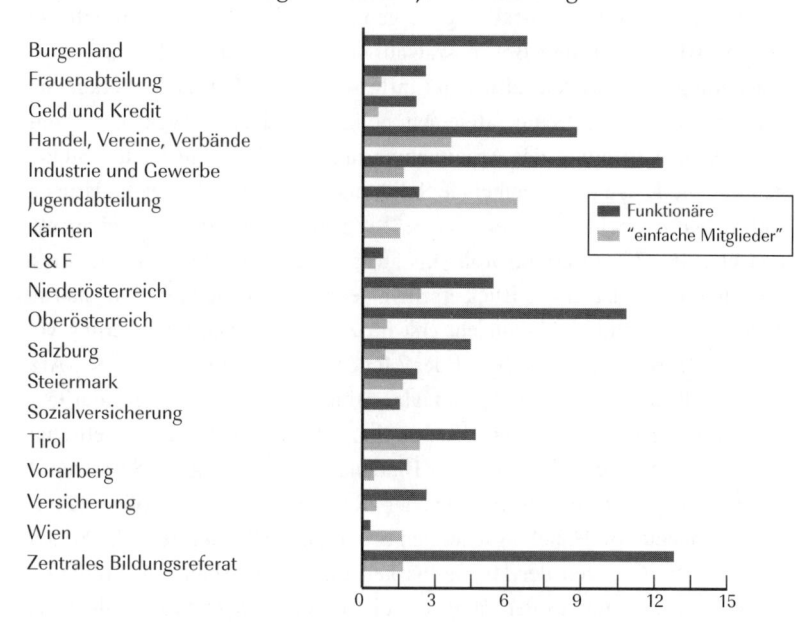

Burgenland, Frauenabteilung, Geld und Kredit, Handel, Vereine, Verbände, Industrie und Gewerbe, Jugendabteilung, Kärnten, L & F, Niederösterreich, Oberösterreich, Salzburg, Steiermark, Sozialversicherung, Tirol, Vorarlberg, Versicherung, Wien, Zentrales Bildungsreferat

■ Funktionäre
■ "einfache Mitglieder"

Die soziale Qualität ihrer Nutzanwendung bleibt jedoch eine ungewisse, wenn das gesellschaftspolitische Fundament, auf das die Wissenszuwächse aufbauen sollen, in den Sand gesetzt ist. Das gilt nicht minder für die Funktionär-Innenschulung. Die "Krise der Arbeitsgesellschaft" hat deutlich gemacht, daß die "Verarbeitungsmechanismen der Krise" in den Betriebsratskörperschaften nicht bedingungslos der herkömmlichen Solidarlogik folgen.[15] Für die Abspaltung von gewerkschaftlichen Traditionen und das Aufkommen neuer

---

15 "Segregation und Aggregation finden als sich wechselseitig bedingende Prozesse statt. Wo Spaltungstendenzen erkennbar wurden, waren auch neue Kräftekonzentrationen feststellbar. Von dieser Entwicklung scheint auch die gewerkschaftliche Interessenorganisation nicht ausgenommen. Viele Indizien aus den durchgeführten Interviews und Expertengesprächen deuten nämlich darauf hin, daß neben den starken Abkoppelungen von der Gewerkschaft, die an den Betriebsratskörperschaften heute sichtbar werden, Bündnisse entstehen, die von neuen Eliten innerhalb der Angestelltenschaft dominiert werden. Damit werden im Bereich der Angestelltengewerkschaft selbst krisenbedingte Veränderungen sichtbar, die eine grundlegende Umstrukturierung bewirken und die Organisation von ihrem traditionellen Anspruch auf eine ungeteilte, solidarische Interessenvertretung ablösen könnte." Vgl. F. Götz, G. Hahn, S. 314.

Bündnisse unter den "Krisengewinnern" stehen jüngste Untersuchungsergebnisse. Sie zeigen die Zurückdrängung gewerkschaftspolitischer Grundfragen an. In "BR+B" wurden Betriebsratsaufgaben (insgesamt.: 15 Items) wie "Sicherung des gewerkschaftlichen Einflusses auf den Betrieb", "Verkürzung der Arbeitszeit", "Vertretung allgemein politischer Zielsetzungen" und "kompromißlose Vertretung der Arbeitnehmerinteressen" an die letzten Stellen gereiht. Die Klage über mangelnde Solidarität ist bekannt. Wiewohl darin ein wahrer Kern steckt, verkennt sie die Tatsachen, wenn das als universelle Ursache des Rekrutierungsproblems ausgegeben wird. So plausibel diese Behauptung auf den ersten Blick erscheint, einer eingehenden Prüfung hält sie nicht stand. "Solidarität" entsteht erst im Zuge der Ausdifferenzierung von sozialen Beziehungen als "Kind der Moderne" (vgl. Hondrich, Koch-Arzberger 1992). Die Auflösung sozialer Bindekräfte ist kein Solidaritätsschwund. Sie ist deren innere Verwandlung. In der modernen Gesellschaft wird durch den Zerfall traditioneller Bindungen der "Zwang zur Selbstzuordnung" gesteigert. Dabei eröffnet sich der "Raum mannigfacher Solidaritäten". Die Knappheit von Handlungsenergien bewirkt eine "Konkurrenz der Solidaritäten". Die Grenzen der Herstellbarkeit und Nutzbarkeit von Solidarität bestimmen sich nun aus der Fähigkeit, die im Spannungsfeld von Gleichheit und Ungleichheit entstehenden Widersprüche nicht zu vernichten, sondern auszuhalten. "Solidarität ... bindet die Menschen nicht auf Gedeih und Verderb aneinander und an ein bestimmtes Phänomen. Sie läßt sie auch wieder los. Sie verausgabt sich nicht an eine Sache. Sie entzieht sich amtlichen und anderen Versuchen, sie ganz und für immer in Dienst zu nehmen. Unter den verbindenden Beziehungen ist sie die unverbindlichste, unter den starken sozialen Kräften die schwächste."(Ebd.). Diese Transformation von Solidarität kündigt sowohl das Ende der Zentralverwaltung von Interessen an als auch das Ende der bedingungslosen Normierung von Interessen. Gewerkschaften müssen Organisatoren differenzierter Interessen werden. Sie müssen die Organisierung von Mitgliedern vor die Verwaltung von Mitgliedern stellen. Der GEB kommen dabei wichtige Aufgaben zu. Durch die verstärkte Einbeziehung "interessierter" Mitglieder und die Ausweitung des thematischen Spektrums in der FunktionärInnenschulung erhält sie eine neue Gestalt. Die Suche nach Möglichkeiten einer umfassenden Mitgliederbildung lenkt den Blick wiederum auf das gewerkschaftliche Langzeitprojekt "bezahlte Bildungsfreistellung für alle ArbeitnehmerInnen", dem es am "Ende des Taylorismus" nicht an Begründungen (vgl. Hahn 1994, S. 117–123) mangelt. Was die gegenwärtige Funtionäreschulung anbelangt, wird die Zukunft zeigen, ob sich innerhalb der GPA das Projekt einer Verschränkung von gesellschaftspolitischer Grundbildung und fachspezifischer Ausbildung als Regelsystem wird durchsetzen können. Im gegenwärtigen Stufensystem (Grund- und Aufbau-, Spezialseminare) harmoniert die Aufbaulogik der Anbieter nicht mit der Nutzungslogik der Nachfragenden. Es gibt keine Zugangsregelung. Dem (wohlwollenden) Gutdünken der Veranstalter sind keine Grenze gesetzt. Die weitgehende Autonomie in der GEB ist wichtig und sympathisch. Sie kann aber kontraproduktiv werden, wenn aufbauenden Bildungsprojekten die Basis abhanden kommt. Wer die Praxis kennt, weiß, daß Sektionen, Abteilungen und Landesleitungen ihre Hegemonie über die GEB auch als Ausweis politischer Macht gegenüber der Zentrale interpretieren. Man sollte sich fragen, ob nicht der Zusammenarbeit mehr Gestaltungskraft erwächst als dem sektiererischen Eigensinn.

4. "Hierzulande mußt du so schnell rennen, wie du kannst, wenn du am gleichen Fleck bleiben willst."

Wer prüfen und bewerten will, braucht den Vergleich. Im vorliegenden Fall bietet sich eine Bestandsaufnahme an, die 1981 anläßlich der Eröffnung des IBE (Institut für berufsbezogene Erwachsenenbildung) in Linz referiert wurde (vgl. IBE, Nr. 1/1981). Dabei handelt es sich um eine frühe (wenn nicht überhaupt die erste) empirischen Analyse der GEB. Die einleitenden "Vorbemerkungen" thematisieren Vertrautes: "Gewerkschaftliche Bildungsarbeit hat in Österreich zwei Gesichter. Als Tatsache tritt sie mächtig hervor. Als Gegenstand theoretischer Überlegungen ist sie ein 'unentdeckter Kontinent'. Ihre Bibliographie umfaßt demnach wenige Zeilen. Als historisch gewachsenes Produkt ist gewerkschaftliche Bildungsarbeit der verdichtete Niederschlag des gewerkschaftlichen Entwicklungsverlaufes im bürgerlichen Staat. Sie ist Zeugnis von 'Start und Aufstieg' und so gibt sie sich denn auch. Sie ist Kurzzeitpädagogik für Interessenvertreter' und 'Zufallspädagogik für Mitglieder'. Wird für die FunktionärInnen Gesetzeswissen als wichtig erachtet, so sollen die Mitglieder über die gewerkschaftliche Tagespolitik in Kenntnis gesetzt werden ... Das ehrliche Wollen der Berufsgewerkschafter ihre Bildungsarbeit zu verbessern, endet notgedrungen in Materialfülle. Skripten und Begleitmaterial finden Eingang in die Seminare. Dabei handelt es sich um methodisch-didaktisch aufbereitete Stoffansammlungen, deren didaktische Idee der bürgerlichen Belehrungspädagogik entnommen ist. In ihnen konzentriert sich eine dreifache Gefahr: die 'totale Verrechtlichung der sozialen Beziehungen', die 'Imitation bürgerlicher Halbbildung' und die 'Verschulung der gewerkschaftlichen Bildungsarbeit' ... " Die Kritik wurde damals an folgenden Entwicklungen festgemacht:

- die Bevorzugung der FunktionärInnenschulung unter Verzicht auf "Basisbildung";
- den Schwund an gewerkschaftlichen Grundsatzfragen im aufsteigenden System der FunktionärInnenqualifizierung;
- die Dominanz von betriebsrätlichen Spitzenfunktionären und Spitzenfunktionärinnen (BR-Vorsitzende und BR-Stellvertreter);
- die Ausrichtung der Seminarpläne nach organisationstechnischen und personellen Zwängen;
- die Unterrepräsentation von Frauen.

Auf den ersten Blick verführt der Vergleich zur Annahme, daß in der GEB kein Fortschritt erreicht wurde. Nach wie vor ist GEB "Kurzzeitpädagogik für Interessenvertreter", "Zufallspädagogik für Mitglieder", pragmatische "Funktionsschulung" und sie ist immer noch "Männersache". Erst der "zweite Blick" zeigt den Fortschritt. Die "Seminare für interessierte Mitglieder" haben die starre Trennung von Mitgliederbildung und Funktionsschulung unterwandert. Damit wurde die Integration der Mitglieder in die GEB ein Stück weit vorangetrieben. Die Freude darüber ist freilich nicht ungetrübt. Der Transfer von Arbeits- und Sozialrecht in die Mitgliederbildung trifft den am Beginn der achtziger Jahre formulierten Anspruch auf gesellschaftspolitische Basisbildung unzureichend. Daß die Fortschritte der GEB im letzten Jahrzehnt mit einem "weinenden" und einem "lachenden" Auge betrachtet werden können, bedingt auch der Schwund grundsätzlichen Fragen. Hingegen konnten die Grenzen der pragmatischen Verengung des Themenkataloges auseinander gezwängt werden. Das umfassende Seminarangebot des Zentralen Bildungsreferates und die sektionale Erschließung der "Rhetorischen Kommunikation" waren daran maßgeblich beteiligt. Die nüchterne Auffassung, die Funktionsschulung habe zuallererst dem Funktionieren der Funktionäre und Funktionäre als "Funktionäre", deren Qualifizierung einzig die Erfordernisse kooperativer

Kompromißpolitik bestimmt, zu dienen, hat innerhalb der GPA einen deutlichen Machtverlust erlitten. Der Praxisdruck der gegenwärtigen "Krise der Arbeitsgesellschaft" lastet freilich auf der GEB. Zusehends behindert er die gesellschaftspolitische Grundbildung in der Erstausbildung der Betriebsratsmitglieder. Immer häufiger interpretieren Betriebsratsmitglieder diese als "politische Überfrachtung". Der Anteil von Betriebsratsvorsitzenden und deren Stellvertretern, die den Teilnehmerkreis an der GEB der frühen achtziger Jahre in einem außerordentlich hohen Maße dominiert hatten, ist heute ausgeglichener. In der MIDAS-Verteilung machen diese beiden Zielgruppen zwar immer noch mehr als die Hälfte aller Teilnehmer aus, doch scheint die Teilnahme an der GEB durchlässiger geworden zu sein. Die Bewerbung von "einfachen" Betriebsratsmitglieder zeigt Wirkung.

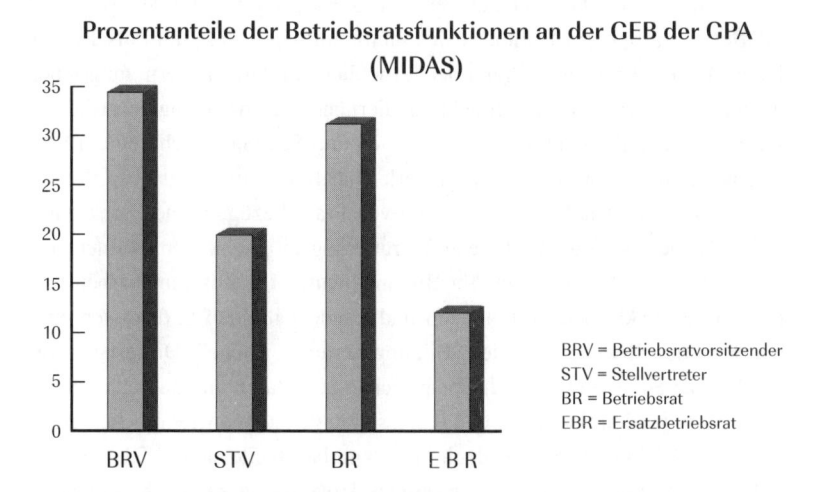

Prozentanteile der Betriebsratsfunktionen an der GEB der GPA (MIDAS)

BRV = Betriebsratvorsitzender
STV = Stellvertreter
BR = Betriebsrat
EBR = Ersatzbetriebsrat

Meines Erachtens wurde der größte Professionalisierungsschub bei der Aus- und Weiterbildung der Referentinnen und Referenten sowie bei der Standardisierung der Grundausbildung erzielt. Gewerkschaftsnahen Experten und Expertinnen, die sich die Türschnallen der Lehrsäle in die Hand gaben, die Gestaltung der Seminare anzuvertrauen, ist mit Gründung des ABZ-Velm (1978) überwunden. Die Integration der hauptamtlichen SekretärInnen in die GEB und der gemeinsame Entschluß zu Teamteaching, erfahrungsbezogenem Lernen, Verstärkung der Kleingruppenarbeit etc. waren von nachhaltiger Wirkung für eine systematische Bildungsentwicklung. Die Vereinheitlichung der Grundkursprojekte, der Referenten- und Kursunterlagen und sowie der Referentenausbildung stehen für die Professionalisierung der GEB, die der Ära der "Star-Referenten" und der pädagogischen "Zehnkämpfer" ein Ende setzte. Wer die gewerkschaftliche Bildungsarbeit der sechziger und siebziger Jahre noch kannte, wird sich ihres exklusiven Charakters noch erinnern. Sie war individuelle Profilierungs- und Selbstdarstellungsplattform einiger weniger (meist monologisierender) Sekretäre. Mit der Systematisierung und thematischen Ausweitung der GEB wurde der Belohnungscharakter von GEB, dem auch parteipolitische Motive anhafteten, überwunden. Die personellen Konflikte in dieser Phase der Neuorientierung der GEB sind dem "insider" bekannt. In nur wenigen Fällen führten sie zu Verzichten, sich weiter in der GEB zu betätigen. Zudem bildeten die finanziellen Abgeltungsregelungen einen produktiven Anreiz, sich auf die GEB einzulassen. Die Zusammenführung der Bildungs- und Betriebsarbeit im Rollenset des hauptamtlichen Sekretärs als Lehrer (Trainer) in der GEB *und* Berater der betrieblichen Interessenvertretung schuf eine taugliche Grundlage für eine kontinuierliche Verschränkung von Bildung und Politik. Die Erstkontakte in den Kursen und Seminaren schufen ein Vertrauensverhältnis zwischen den gewerkschaftlichen und betriebsrätlichen AkteurInnen, das einerseits in kooperativen Praxisbezügen eine Fortsetzung fand und andererseits der GEB neue Rekrutierungsmöglichkeiten eröffnete. Im neu geschaffenen "Arbeitskreis für Bildung" wurde die Zusammenarbeit forciert. In den Sektionen, Abteilungen und Landesleitungen bildete sich eine neue Funktion heraus: der (die) "Bildungsverantwortliche". Diese bewirkte zwar nur bei einigen wenigen hauptamtlichen Sekretären und Sekretärinnen – vorrangig in großen Sektionen und Landesleitungen – eine wesentliche Veränderung ihres Tätigkeitsprofils, doch insgesamt beflügelte sie die Trendwende der GEB in der GPA. Fassen wir zusammen: Trotz mancher Fortschritte fördert die vergleichende Analyse zentrale Schwachpunkte der heutigen GEB, zutage. Wie ihnen begegnet werden könnte, ist seit langem bekannt: Ausweitung der Schüler- und Studentenarbeit, bezahlte Bildungsfreistellung für alle Arbeitnehmer und Arbeitnehmerinnen, weitere Öffnung der GEB für "einfache" Mitglieder, spezielle Förderungsprogramme für weibliche Betriebsratsmitglieder, Stärkung des Wissenschaftsbündnisses und Schaffung entsprechender Forschungseinrichtungen ... GEB selbst kann zur Problemlösung beitragen, wenn sie von einer Politik getragen wird, der diese Probleme wichtig sind. Die Pädagogik kann nicht leisten, was die Politik verwehrt!

LITERATUR

BAK, Wirtschafts- und sozialstatistisches Taschenbuch 1994.

Götz, F., Hahn, G.: Krisenerfahrung und Krisenbewußtsein bei Betriebsräten im Angestelltenbereich. In: R. Burger et al., Verarbeitungsmechanismen der Krise, hrsg. v. BM f. Wissenschaft und Forschung. Verlag Braumüller, Wien 1988.

Hahn, G.: Bildung ohne Basis? Überlegungen zu einer Theorie gewerkschaftlicher Bildungsarbeit. Europaverlag, Wien 1981.

Hahn, G.: Die Krise der Erwachsenenbildung zwischen Taylorismus und Lean Production. ÖGB-Verlag, Wien 1994.

Hahn, G.: Gewerkschaftliche Bildungsarbeit heute – Analyse und Kritik. In: IBE, Nr. 1981, Heft 1.

Hahn, G.: Spurensicherung. Über die Notwendigkeit gewerkschaftlicher Theoriebildung. Verlag des ÖGB, Wien 1990.

Prokop, K., Hofstetter, E.: Ziele der gewerkschaftlichen Bildungsarbeit. In: ÖGB (Hrsg.): Bildungsinformation 1978. Wien 1978.

Klammerer gegen Lavierer. Der ideale Arbeitnehmer der 90er Jahre ist stromlinienförmig. In: Handels Zeitung, Nr. 15 v. 9. April 1992.

Hondrich, K.O., Koch-Arzberger, C.: Solidarität in der modernen Gesellschaft. Fischer1992.

ÖSTAT: "Statistische Nachrichten", Heft 9/1993.

Sylvia Hojnik

Bilden sich Frauen – etwas ein?

Lehren und Lernen von Frauen in der Hochschule

In meinem Beitrag behandle ich die Entwicklungen frauenspezifischer/feministischer Forschung und Lehre am Institut für Erziehungswissenschaften aus meiner subjektiven Sicht als Studentin, wissenschaftliche Mitarbeiterin und Lehrbeauftragte am Institut.

In den 80er Jahren begann auch in Österreich die Diskussion über Frauenforschung – Feministische Forschung an den Hochschulen. Frauenspezifische/feministische Lehrveranstaltungen wurden durch die damalige Wissenschaftsministerin Herta Firnberg besonders gefördert und 1982 durch die Einrichtung eines Sonderkontingents möglich gemacht. Aus diesem Sonderkontingent – dem sogenannten Frauentopf – schöpfte auch das Institut. Schwankungen in der Verteilung führten dazu, daß von Studentinnen eine stärkere Institutionalisierung angestrebt wurde, und zur Etablierung des Schwerpunktes "Frauenbildung/Frauenforschung" im Fachbereich Erziehungswissenschaft führte (vgl. Schacherl, Tropper 1990).

Als Studentin besuchte ich 1985 die erste frauenspezifische Lehrveranstaltung am Institut für Erziehungswissenschaften von Susanne Dermutz "Frauenstudium: Bildungs- und Weiterbildungsmöglichkeiten für Frauen". Damit war mein Interesse an frauenspezifischen Themen geweckt. Es folgten weitere Lehrveranstaltungen, interdisziplinäre Ringvorlesungen und Frauensommeruniversitäten. So wurde ich mit den Erkenntnissen und Ergebnissen feministischer Forschung und Theorieproduktion vertraut. Einer Theoriebildung, die als Frauenforschung von unten begann, "die den Schritt über die Selbsterfahrung und Kollektivierung von Selbsterfahrung bis Theoriekritik androzentrischer Wissenschaftsprodukte und der Entwicklung eigenständiger Fragestellungen und den Anfängen einer feministischen Theoriebildung vollzogen hat." (Wildt 1987, S. 145)

Um diese Theorieentwicklung im Fachbereich Erziehungswissenschaften zu implementieren, gründeten Studentinnen und Assistentinnen 1989 das Forum Grazer Pädagoginnen. Wir organisierten Workshops, eine Vortragsreihe, deren Publikation "Lebenszeilen. Frauenforschung und Erziehungswissenschaften" und engagierten uns für die Berufung von Gastprofessorinnen. Heute ist die Situation für frauenspezifische Lehre und Forschung am Institut für Erziehungswissenschaften für vergleichbare andere österreichische Institute bemerkenswert. Neben Dr. Ilse Brehmer als Gastprofessorin und Dr. Gertrud Simon als Dozentin tragen Assistentinnen und externe Lehrbeauftragte zu einem kontinuierlichen frauenspezifischen Lehrangebot bei. Somit haben Studentinnen weibliche Identifikationsmöglichkeiten und die Möglichkeit der Betreuung frauenspezifischer Diplomarbeiten und Dissertationen.

Ich selbst arbeite seit 1991 zum Schwerpunkt "Frauen in der Erwachsenenbildung" und biete seit dem Wintersemester 1993/94 eine Lehrveranstaltung unter dem Titel "Frauenbildung – Feministische Erwachsenenbildung" an, deren theoretische und didaktische Grundlagen im Mittelpunkt meiner weiteren Überlegungen stehen.

1. Frauen lernen anders!?

Diese Aussage wird sowohl als Behauptung aufgestellt, als auch als Frage formuliert. Damit sind zwei Richtungen innerhalb der Frauenforschung/Frauenbewegung angesprochen, die historisch und aktuell verschiedene Erklärungsansätze bieten. Die von Karen Offen analysierten historischen Feminismuskonzepte haben einen aktuellen Gegenwartsbezug. Sie bezeichnet sie als Individualfeminismus und Beziehungsfeminismus. Hinter diesen Konzepten stecken verschiedene Argumentations- und Denkweisen. "Beide Argumentationsweisen, die analytisch unterschiedliche Denkweisen über Frauen und Männer und ihren jeweiligen Platz in der Gesellschaft repräsentieren, müssen in jeder Feminismusdefinition enthalten sein, die historisch Sinn machen soll." (Offen 1993, S. 107)

Vertreterinnen des individualfeministischen Ansatzes sehen das vom Geschlecht unabhängige Individuum als Grundlage der Gesellschaft und Ausgangspunkt für ein abstraktes Konzept von individuellen Menschenrechten.

Gesellschaftliche, auf das Geschlecht bezogene Rollen werden zurückgewiesen, sie sind sozialisiert. Geschlechtsspezifische Qualitäten und Unterschiede werden kaum erwähnt. Im Streben nach persönlicher Unabhängigkeit und Autonomie liegt die Selbstverwirklichung, der Individualismus ist das Ideal.

Politische Priorität haben
- das Inkraftsetzen des Gleichberechtigungsgesetzes,
- die Abschaffung des nach Geschlecht privilegierenden Erziehungssystems
- der Kampf gegen ein Frauen benachteiligendes Wirtschaftssystem.

Konsequenzen für das Handeln sind
- Systemkritik
- gleiche Teilhabe an allen Belangen (Wiederzurückgewinnung)

Diesem Ansatz wurde oft "Egoismus" und "Orientierung am männlichen Modell des Individuums" und "Unweiblichkeit" vorgeworfen.

Vertreterinnen des beziehungsfeministischen Ansatzes sehen die partnerschaftliche, nichthierarchische Beziehung zwischen Frauen und Männern als Grundlage einer egalitären Gesellschaft.

Es gibt physiologische und kulturelle Unterschiede zwischen Frauen und Männern. Diese führen zu einer Vorstellung einer weiblichen und männlichen "Natur" und zu bestimmten Arbeits- und Rollenverteilungen innerhalb der Familie und innerhalb der Gesellschaft. Die Gleichheit in der Verschiedenheit ist wichtig.

Politische Priorität haben
- Forderung nach Recht außer Haus zu arbeiten
- Vertretung in allen Berufen
- Gleichberechtigung im Zivilrecht
- Forderung nach gleichem Zugang zu formaler Ausbildung
- Forderung der Aufwertung der Fortpflanzungsfunktion der Frau
- Veränderung der Ungerechtigkeit der Situation der Frauen
- Staatliche Unterstützung für Arbeiterinnen und Mütter
- Entlohnung von Hausarbeit
- Abschaffung der Kontrolle über den Körper der Frauen
- Kampf gegen männliche Gewalt

Konsequenz im Handeln ist die "Suche" nach den Wurzeln, nach der Differenz, dem Anderen.

Karen Offen zeigt bei diesen beiden Theorieansätze, daß die Geschichte des Feminismus von den jeweils zeitbedingten Interessen der Geschichtsschreibung ebenso beeinflußt ist, wie von der Politik und den Machtverhältnissen. Diese Analyse ist für das Verständnis der Entwicklung seit den 70er Jahren sehr hilfreich. Vieles ist in Bewegung geraten. Die Auseinandersetzung unter den beteiligten und engagierten Frauen findet auch heute unter den gegebenen Politik- und Machtverhältnissen statt.

Was heute nach wie vor aussteht, ist ein systematischer, umfassender Ansatz, eine Arbeitsdefinition von Feminismus, die historisch Sinn machen und eine neue Form gemeinsamen politischen Handelns möglich machen. Daraus können und sollen für die Bildungsarbeit und für das politische Handeln neue Perspektiven entwickelt werden.

Das Verständnis unterschiedlichster Weiblichkeitstheorien ist für die Entwicklung eines feministischen Bildungsbegriffs wesentlich. Den Wirkungsbereich – den Raum – von Frauenbildung beschreibt Brigitte Cramon-Daiber: "Bildung muß zur Wirklichkeit in einem anderen Verhältnis stehen, als dies traditionell der Fall ist. Bildung ist nicht eine einmalige Veranstaltung, die abstrakte Inhalte in abstrakt systematisierten Formen für wohlkonditionierte Menschen darbietet. Bildung ist Reflexionsraum für das Wissen, das im Alltag gewonnen wird, ist Raum für die Aneignung von neuen Wissensbereichen und ist auch Raum in dem neue Handlungsmöglichkeiten erprobt werden." (Cramen-Daiber 1992, S. 148).

Frauen erwerben im Laufe des Sozialisationsprozesses spezifische Eigenschaften, die noch immer gerne als "natürliche" weibliche Eigenschaften hingestellt werden. Viele Frauen sind sozial integrativ, sind erfahrungsorientiert und emotional im Zugang zu Aufgaben und Handlungen, stellen eigene Bedürfnisse zurück und konzentrieren sich auf die Bedürfnisse anderer. Sie lassen sich auf Zeitstrukturen ein, die sich durch die Phasen im Familienleben ergeben und erwerben pädagogische und psychologische Kompetenzen durch die Betreuung, Pflege und Versorgung der Familienmitglieder. Die reproduktiven Tätigkeiten verlangen disponierende, administrative, gestaltende und kreative Fähigkeiten.

Diese "typisch weiblichen" Eigenschaften weisen darauf hin, daß Frauen nicht "anders", sondern vor allem "anderes" lernen. Eine feministische Kritik macht deutlich, daß die Wahrnehmung des weiblichen Lebenszusammenhangs, die Auswirkungen der Geschlechterhierarchie, die geschlechtsspezifische Arbeits- und Reproduktionsteilung, die Realität des Lebens mit Kindern, die Kontrolle der weiblichen Sexualität, alternative Weiblichkeitsentwürfe bei Fragen zu Erziehung und Bildung sehr oft fehlen. Heute gibt es eine Pluralisierung und Individualisierung von Lebensstilen und Lebensformen, der weibliche Lebenszusammenhang ist von Widersprüchen und Ambivalenzen gekennzeichnet.

Die Ziele einer feministischen Bildung müssen die unterschiedlichsten Lebensformen und Lebensinteressen von Frauen und die "brauchbaren" Aspekte beider oben genannter Feminismustraditionen miteinbeziehen. Die Einschätzung des Geschlechterverhältnisses bestimmt die Suchbewegung einer feministischen Erwachsenenbildung und Lehre an der Hochschule.

2. Frauen lernen an der Universität

Frauenspezifische, feministische Lehre bewegt sich nicht im luftleeren Raum, sie wird von der politischen Situation in unserer Gesellschaft ebenso beeinflußt wie von Finanzierungsbedingungen von Frauenforschung und sie sollte die aktuelle Diskussion in der Frauenforschung und der Frauenpolitik aufnehmen.

In frauenspezifischen Lehrveranstaltungen geht es m. M. nach darum, drei wesentliche Ebenen zu vermitteln und zu verbinden:
1. die theoretische, reflexive Ebene (z.B. das Wissen über das System der Zweigeschlechtlichkeit);
2. Wissen über die Strukturierung, Organisation und Konzeption von Bildungs- und Lernprozessen von Frauen (Welche Ziele verfolge ich mit Bildung? Wie setze ich sie um? Welche gesellschaftlichen Rahmenbedingungen beeinflussen die Frauenbildungsarbeit? Welche Funktion hat Bildung?);
3. die Anwendung dieses Wissens auf den je individuellen Lebenszusammenhang.

Dabei gibt es so etwas wie Konjunkturen von Themenstellungen und Konjunkturen von Angebotstypen. Für die didaktische Gestaltung meiner Lehrveranstaltung "Frauenbildung – Feministische Erwachsenenbildung" sind Ansätze aus der Frauenbildungsarbeit und Modelle selbstorganisierten Lehrens und Lernens ausschlaggebend.

3. Ansätze aus der Frauenbildungsarbeit

In der Frauenbildungsarbeit gibt es verschiedene theoretische Ansätze, die ich nachfolgend kurz zusammenfasse:

Das Konzept der *Handlungsorientierung* postuliert, daß personenbezogene, soziokulturelle, insbesondere aber politische Bildung die Teilnehmerinnen zum Handeln anzuregen, zu motivieren und zu befähigen hat. Im Interesse handlungsorientierter Veranstaltungen stehen der öffentliche und der eigenen Lebensraum und die eigenen Lebensverhältnisse sowie die Befreiung von Zwängen, Grenzen, aber auch die Erweiterung von Handlungsspielräumen von Frauen. Es werden dabei Kräfte freigelegt, die auf Veränderung abzielen. Frauen werden als Expertinnen ihrer eigenen Geschichte und Erfahrungen gesehen. Identitätsfindung und die Erschließung spezifischer Wissensgebiete – auch wenn dies noch sehr beliebig erscheint – sind in diesem Bildungsansatz lose miteinander verbunden.

Emanzipatorische Bildung zielt in erster Linie darauf ab, die Teilnehmerinnen zu befähigen, sich gegen die vielfältigen geschlechtsspezifischen Benachteiligungen, denen sie in der Familie, wie im Beruf und in anderen gesellschaftlichen Bereichen ausgesetzt sind, zu engagieren. Das Aufheben der Isolation von Frauen und das Einbeziehen des eigenen Geschlechts (als biologisches und vor allem soziales Geschlecht) führt immer von einem gemeinsamen Ausgangspunkt der persönlichen Betroffenheit zu einer gesellschaftlichen Sichtweise. Ziel emanzipatorischer Bildungsarbeit ist es, gemeinsam und solidarisch nach einem neuen Verständnis als Frau zu suchen, um die traditionelle Rolle als Hausfrau, Mutter und Gattin oder als mehrfach belastete berufstätige Frau zu überwinden.

Der *Erfahrungsansatz* nimmt die alltäglichen Erfahrungen und die Lebenspraxis der Teilnehmerinnen zum Ausgangs- und Zielpunkt der Bildungsarbeit, die es zu reflektieren und zu verändern gilt. Selbstbewußtsein entsteht unter anderem durch ein historisches Bewußtsein, ein politisches Bewußtsein und ein globales und internationales Bewußtseins (vgl. Thürmer-Rohr 1993, S. 111). Durch die Wiederaneignung der eigenen wie der gesellschaftlichen Entwicklung kann eine gewisse Ohnmacht und Spachlosigkeit überwunden werden. Die Unterdrückung und Ausgrenzung von Frauen wird artikuliert und persönliche Probleme können als Produkt gesellschaftlicher Rollenzuschreibungen erfahrbar gemacht und damit verändert werden.

4. Frauen lernen selbstorganisiert

Selbstorganisiertes, selbstgesteuertes Lernen bezeichnet eine Lehr- und Lernform in der Bildungsarbeit, deren Grundsätze nicht neu sind, sondern sich an reformpädagogischen und emanzipatorischen Grundsätzen orientieren. Lernen wird als ganzheitlicher Prozeß verstanden, in dem der/die Lernende eine handelnde, aktive Rolle einnimmt und in einen Reflexionsprozeß zwischen sich und der Umwelt tritt.

Offenheit für die Bildungsarbeit wird gesehen als
- Zugänglichkeit und Verfügbarkeit von Lernmöglichkeit (Lernen für alle);
- Möglichkeit der aktiven Selbstgestaltung von Lernen durch die Betroffenen (aus Teilnehmerinnen werden Veranstalterinnen des eigenen Lernens);
- Persönliche Lern- und Weiterlernbereitschaft (die Lernenden haben die Fähigkeit, das eigene Lernen – ohne Hilfe anderer Instanzen – zu steuern und zu kontrollieren und Entscheidungen über den eigenen Lernprozeß zu treffen).

Die "Offenheit" darf nicht mit "Nichtplanung und Beliebigkeit" gleichgesetzt werden. Viele Elemente finden sich in allgemeinen Grundsätzen erwachsenenpädagogischen Handelns wieder.

Den Lernenden wird die Eigenständigkeit zugesprochen, Arbeitsform und -möglichkeiten, soziale Beziehungen, Kooperationsformen, Unterrichtsinhalte, -durchführung und -verlauf selbst zu bestimmen, auszuwählen, zu planen und durchzuführen.

Lehrende haben die Aufgabe, Strukturen und den Rahmen für Lernprozesse zur Verfügung zu stellen, um Handlungsspielräumen und spontane Aktivitäten der Lernenden zu fördern. Sie machen das Planungsmonopol transparent und orientieren sich an den Interessen, Ansprüchen, Wünschen und Fähigkeiten der Lernenden.

Der Lernprozeß soll entdeckendes, problemlösendes, handlungsorientiertes und selbstverantwortetes Lernen ermöglichen.

Die Arbeit in der Lehrveranstaltung läßt sich in drei Phasen einteilen: Der konzipierte Verlauf der Lehrveranstaltung ist zwar didaktisch nicht neu, aber eine Adaption von selbstorganisierten Lernformen für hochschuldidaktisches Lehren und Lernen.

Seminarverlauf

Seminar- phasen	• Kennenlernen – Input	• Bearbeiten	• Umsetzen	• Reflektieren
Seminar- ziele	• Kennenlernen Bezug zum Thema herstellen • Einstieg ins Thema	• Einführung i. d. Arbeitsform selbstorganisierten, projektorientierten Lernens • Themenauswahl Projektplan erstellen	• Projektplan ausführen • Präsentationsformen überlegen	• Präsentation und Reflexion
Seminar- ziele	• Vorstellen und Kennenlernen der Teilnehmerinnen • Entwicklung der Frauenbildungsbewegung	• Auswahl des Themas (Moderationsmethode) • Arbeit an individuellen Themen	• Themen bearbeiten • Präsentationsform vorbereiten	• schriftliche Reflexion und Zusammenfassung der Ergebnisse

Folgende Themen wurden im Laufe der Jahre immer wieder aufgegriffen:
- Aspekte feministischer Wissenschaftskritik (z.B. Gleichheit – Differenz – Gleichheit in der Differenz) und früherer Frauenbildungsbewegungen.
- (Weiter)Entwicklung eines feministischen Bildungsbegriffs; bildungstheoretische und bildungspolitische Fragen; Entwicklungen der Frauenbildung in Österreich.
- Didaktische und methodische Anforderungen in der Frauenbildungsarbeit (Rolle der Institutionen, der Trainerinnen, der Teilnehmerinnen, Methoden).
- Rahmenbedingungen unter denen Frauenbildungsarbeit stattfindet (finanzielle und personelle Ausstattung; Kontinuität der Bildungsarbeit; Abhängigkeiten und Vorgaben der Geldgeber).
- Kommunikation und Sprache; Werbung; geschlechtsspezifische Sozialisation; Medien; Frauen und Kunst etc...

Wichtige Ziele sind die Befähigung zur Selbsterkenntnis, Selbstbestimmung und Selbstveränderung. In der Auseinandersetzung mit dem Persönlichen und dem Politischen liegt die Aufforderung zum politischen Handeln. Bildung als Anregung zur Eigeninitiative, zur Selbstorganisation und zur Autonomie als emanzipatorische Praxis.

Die Ziele werden durch die projektorientierten Gruppenarbeiten in einem hohen Ausmaß erreicht. Ich bin selbst immer wieder erstaunt über die hohe Qualität der Arbeit der Studentinnen. Die Beiträge sind inhaltlich sehr kompakt und gut ausgearbeitet und überzeugen durch eine kreative Gestaltung der Präsentationen.

5. Ausblick

Um von den Studentinnen eine Rückmeldung und eine Einschätzung der eigenen Arbeit in der Lehrveranstaltung zu bekommen, gebe ich seit dem Wintersemester 1994/95 einen Rückmeldebogen aus, dessen Fragen offen zu beantworten sind. Die Auswahl einiger Antworten zu zwei der gestellten Fragen soll einen Eindruck über die Erfahrungen in der Lehrveranstaltung geben und zeigen, daß selbstbestimmtes Lernen in Frauenzusammenhängen auch in wissenschaftlichen Lehr- und Lernzusammenhängen möglich ist.

Was haben Sie gelernt? Was wissen Sie jetzt besser?
"Ich habe gelernt, daß Kleingruppenarbeit viel Konsequenz, viel Organisation erfordert, daß ich ein Tempo mitmachen muß, das mir nicht immer liegt, aber daß Kleingruppenarbeit vielfältigere Lernschritte und Erkenntnisse zuläßt." (Bibiana, WS 1994/95)
"Der größte Lernprozeß resultiert für mich aus der Arbeit in der Gruppe. Das gemeinsame Er-arbeiten eines Themas besitzt eine besondere Qualität: die Auseinandersetzung und Konfrontation mit den Meinungen, Gedanken und gedanklichen Zugängen der anderen Frauen zum Thema." (Gerrit, WS 1994/95)
"Viel über Frauen- bzw. feministische Bildungsarbeit! Sogar superviel!" (Solveig, SS 1994)
"Ich habe sehr viel über mich gelernt." (Surur, SS 1994)
"Ich habe gelernt, die Sprache genauer zu betrachten und sexistische Äußerungen zu erkennen." (Petra, SS 1995)

"Sehr positiv für mich die Erfahrung einer reinen Frauengruppe, obwohl ich anfangs skeptisch war. Durch die offene und persönliche Atmosphäre hatte man die Möglichkeit Fragen zu stellen, die in einer gemischten Gruppe nicht möglich wären. Weiters habe ich gelernt, daß auch auf der Uni Platz sein kann für kreatives Arbeiten." (Martina, SS 1997)

Was gibt es noch zu sagen?
"Die gesamte Gestaltung der Lehrveranstaltung, die Gestaltung des "Lern- bzw. Arbeitsraumes" (d.h. die begleitende, strukturierende Haltung der Veranstalterin) haben mir sehr gut gefallen." (Gerrit, WS 1994/95)
"Ich war wieder einmal von der Kreativität der einzelnen Frauen überwältigt. Es war faszinierend zu sehen, wie jede einzelne oder jede Gruppe an ihr Thema herangegangen ist, und was daraus wurde. Ich kann sagen, daß ich von solchen Seminaren, in denen die Teilnehmerinnen aufgefordert sind, aktiv mitzuarbeiten und das 'Programm' (Inhalte, Ablauf etc.) zu bestimmen, weitaus mehr profitiere, als von allen anderen Lehrveranstaltungen." (Petra, SS 1995)
"Diese Lehrveranstaltung war etwas ganz 'Eigenes' und Besonderes in diesem Semester: es eröffnet viele neue Horizonte!" (Friederike, SS 1997)

LITERATUR
Becker-Schmidt, R., Knapp, G.: Geschlechtertrennung – Geschlechterdifferenz. Suchbewegung sozialen Lernens. Bonn 1987.
Cramon-Daiber, B.: Bausteine für eine feministische Kritik der Bildung. In: Cremer, Ch. u.a. (Hg.): Frauen in sozialer Arbeit. Zur Theorie und Praxis feministischer Bildungs- und Sozialarbeit. Weinheim, München 1992, S. 138–155.
Derichs-Kunstmann, K.: "Ich glaube, ich habe selber am meisten gelernt." Versuch einer Einordnung der eigenen Erfahrungen. In: Derichs-Kunstmann, K. (Hrsg.): Frauenbildungsarbeit. Lernen und Arbeiten im Schatten. Bielefeld 1984, S. 160–179.
Derichs-Kunstmann, K.: Frauenbildungsarbeit am Ende des Schattendaseins. Zur Weiterentwicklung der neuen Frauenbildungsarbeit in den letzten zehn Jahren. In: Zeitschrift für Frauenforschung 1993, 1+2, S. 111–132.
Fischer, L.: Frauenemanzipatorische Kurse. Innovative Didaktik eines feministischen Selbstverständnisses. In: Zeitschrift für Hochschuldidaktik 1988/1989, Jg. 12/13, S. 65–69.
Forum Grazer Pädagoginnen (Hg.): Lebenszeilen. Frauenforschung und Erziehungswissenschaften. München. Wien 1993.
Gieseke, W.: Feministische Bildungsforschung zur Analyse von Selbstaufklärungsprozessen und selbstdestruktiven Lernwiderständen. In: Literatur- und Forschungsreport Weiterbildung 1990, Nr. 28, S. 19–33.

Krechel, U.: Selbsterfahrung. In: Menschik, J. (Hg.): Grundlagentexte zur Emanzipation der Frau. Köln 1997, S. 340–347.

Lerner, G.: Die Entsehung des Patriarchats. Frankfurt a. M. 1991 (Original 1986 Oxford).

Offen, K.: Feminismus in den Vereinigten Staaten und in Europa. Ein historischer Vergleich. In: Schissler, H. (Hg.): Geschlechterverhältnis im historischen Wandel. Frankfurt, New York 1993, S. 97–138.

Rendtorff, B.: Weibliches Prinzip – weibliche Praxis. Grundlagen für eine feministische Bildungsarbeit. Giessen 1985.

Schacherl, I.; Tropper, E.: Über die (Un)Möglichkeiten von Frauen in der Wissenschaft am Beispiel der Frauenforschung. Diplomarbeit. Graz 1990.

Simon, G.: Hintertreppen zum Elfenbeinturm. Höhere Mädchenbildung in Österreich. Anfänge und Entwicklungen. Wien 1993.

Steinwender, P.: Frauenbildung und Volkshochschule. Eine Untersuchung aus feministischer Sicht. Wien 1992.

Tapken, J.: Elemente einer Theorie weiblicher Subjektivität. Giessen 1983.

Thürmer-Rohr, Ch.: Feminismus und Erziehungswissenschaften. In: Forum Grazer Pädagoginnen (Hrsg.): Lebenszeilen. Frauenforschung und Erziehungswissenschaften. München, Wien 1993, S. 105-121.

Tornieporth, G.: Studien zur Frauenbildung. Weinheim, Basel 1979.

Wildt, C.: Frauenforschung und feministische Forschung. In: Bell, A. u.a. (Hg.): Furien in UNI-Form. Innsbruck 1987, S. 141–157.

Werner Lenz

Lebensbegleitendes Lernen statt Erwachsenenbildung?

1. Weiterbildung in Bewegung

Ein Blick auf die Zahl der Teilnehmenden bestätigt es: Weiterbildung ist zum größten Bildungssektor angewachsen. In Österreich spricht die Statistik von etwa 5 Millionen Teilnahmen pro Jahr (vgl. Knaller, Filla, 1997), wobei hier Mehrfachbesuche nicht ausgewiesen sind und deshalb keine Angaben über die Zahl der Personen gegeben werden. Für Deutschland konstatiert das "Berichtssystem Weiterbildung VI" (Bundesministerium für Bildung, Wissenschaft, Forschung und Technologie 1996) im Jahr 1994 knapp 20 Millionen Personen, die an Fortbildungsveranstaltungen teilgenommen haben. Umgerechnet auf die Bevölkerung im Alter von 19 – 64 Jahren beträgt dies einen Anteil von etwa 42%. In Österreich liegen die entsprechenden Schätzungen bei 15 – 20%, wobei allerdings noch zwischen der Besuchsfrequenz bei berufsorientierten und allgemeinbildenden Angeboten zu unterscheiden ist. Damit wird zugleich ein Desiderat angesprochen. Es fehlt in Österreich eine Teilnahmeforschung, die sich auf der Basis gesicherter statistischer Daten quantitativ und qualitativ mit den Motiven, Interessen und Erwartungen von tatsächlich und potentiell Teilnehmenden beschäftigt. Es fehlt aber auch ein regelmäßiger Überblick, der – analog zum "Hochschulbericht" – über Stand und Entwicklung des Weiterbildungsbereichs Auskunft gibt.

Eindeutig ergeben internationale Erhebungen, daß die Teilnahmezahlen in den letzten Jahren kontinuierlich zugenommen haben. Doch wer bildet sich weiter? Das läßt sich ziemlich klar beantworten. Menschen mit höherem Bildungsniveau und guter beruflicher Qualifikation nehmen eher an Weiterbildung teil als andere. Weiterbildung ist somit nicht nur als Hilfe zu sehen, die Lebenschancen zu verbessern. Sie wirkt polarisierend und nicht ausgleichend.

Sie fördert die sozialen und bildungsmäßigen Differenzen anstatt sie zu kompensieren (vgl. zuletzt Schräder-Naef, 1997). Immerhin: Erwachsenenbildung ist nicht nur in Empfehlungen und Festreden bedeutsam geworden, sondern auch im Bildungsverhalten. Nun lassen die gegenwärtigen Veränderungen in der Gesellschaft einerseits die Erwartungen an Weiterbildung steigen andererseits sind die zur Verfügung stehenden finanziellen und personellen Mittel begrenzt. In einer Zeit, in der die Verantwortung des Staates für bislang öffentliche Aufgaben zurückgenommen wird, ist die Aufforderung zum "lebenslangen Lernen" immer deutlicher zu vernehmen. Die Situation der Erwachsenenbildung, die bildungspolitischen Entwicklungen, die Konsequenzen für die Bildungsarbeit und die Chance, ein System für "lebenslanges Lernen" zu etablieren, stehen im Zentrum der folgenden Betrachtungen.

2. Modernisierungsprozesse

In den letzten Jahren hat sich aufgrund des gesellschaftlichen Wandels der Bedingungsrahmen nicht nur für die Erwachsenenbildung sondern für das gesamte Bildungswesen verändert. "Modernisierung" wird als Ursache für die weltweit spürbaren Umbrüche und für die Neuorientierungen von Individuen, Regierungen, Institutionen und Unternehmen genannt. Modernisierungsprozesse sind historisch gesehen nichts Neues. Hier soll kurz auf Auswirkungen der "ersten Modernisierung", die im 19. Jahrhundert durch die Industrialisierung veranlaßt wurde, eingegangen werden.

Kennzeichen waren: der Rückgang des landwirtschaftlichen Sektors, die Zunahme von Technik, Industrie und Dienstleistungen, die höhere soziale Mobilität, die geringere Bedeutung der Herkunft und Abstammung für den sozialen Status, der zunehmende Stellenwert von persönlicher Leistung und Bildungsweg, ein stärkeres Gewicht des individuellen Verhaltens gegenüber den Prägungen und Lenkungen durch soziale Gruppen, ein größeres Maß an Verantwortung und Entscheidungsfreiheit des einzelnen.

Insgesamt verfügen Individuen in gegenwärtigen modernisierten Gesellschaften über mehr Wahlmöglichkeiten als in traditionellen Gesellschaften. Zugleich beschleunigen sich die Wandlungsvorgänge und ein Potential an Veränderungen entsteht. Geschwindigkeit und Beschleunigung werden selbst zu Kennzeichen des Modernisierungsprozesses. Arbeitsteilung, Spezialisierung, Mobilität und die Vielzahl gesellschaftlicher Einrichtungen entlasten zwar den einzelnen aber zugleich lösen sie ihn aus seiner gemeinschaftlichen Verantwortung heraus. Damit wird ihm die individuelle Verantwortung für sein Handeln und sein Verhalten aufgebürdet. Der oder die einzelne tragen das Risiko der Selbstverantwortung und Selbstbestimmung – man spricht von der "Risikogesellschaft".

Die zur Zeit vor sich gehenden Individualisierungsprozesse sind Vorgänge, denen sich das Individuum nicht entziehen kann. Sie befreien sie oder ihn aus traditionellen Bindungen, zugleich werden aber neue Abhängigkeiten eingegangen. Die Lebensformen der traditionellen Industriegesellschaft verlieren ihre Maßgabe. In dieser, gegenwärtig vor sich gehenden "zweiten Modernisierung" sehen sich die Individuen gezwungen, ihre Biographie selbst zu konstruieren, zu inszenieren und zu gestalten. Der Soziologe Ulrich Beck (1993, S. 151) beschreibt Individualisierung als "... den Zerfall industriegesellschaftlicher Selbstverständlichkeiten sowie den Zwang, ohne Selbstverständlichkeit für sich selbst und miteinander neue 'Selbstverständlichkeiten' zu finden und zu erfinden."

In unserer "Weltgesellschaft" gehen Modernisierungsprozesse ungleichzeitig vor sich. Sie bewirken soziale Umverteilung – Gewinner und Verlierer von Modernisierung treten auf der sozialen Bühne auf. Es findet kein Ausgleich sozialer Gegensätze statt, sondern die Unterschiede vergrößern sich. Auffällig wird eine Polarisierung zwischen armen und reichen Ländern. Selbst innerhalb der wohlhabenderen Gesellschaften vergrößert sich die soziale Kluft zwischen Arbeitenden und Arbeitslosen, zwischen Besitzenden und Besitzlosen.

3. Europäische Bildungspolitik

Effekte der Modernisierung treffen in besonderer Weise Europa, das sich als Europäische Union eine neue politische, wirtschaftliche, soziale und kulturelle Gestalt zu geben versucht. Hier soll vordringlich auf die Konsequenzen für Bildung eingegangen werden.

Im Weißbuch "Lehren und Lernen. Auf dem Weg zur kognitiven Gesellschaft" (Europäische Kommission, 1996) kommt der politische Wille der Europäischen Kommission bezüglich Bildung deutlich zum Ausdruck. Die Europäische Kommission setzt auf den Leistungswillen und die Lernfähigkeit des Individuums. Sie sieht den einzelnen als seines "Glückes Schmied". Auf der Basis der im institutionellen Bildungssystem, im Unternehmen oder im informellen Rahmen erworbenen allgemeinen und beruflichen Bildung soll der einzelne seine Zukunft gestalten. Durch Bildung und Fortbildung kann er seine Berufs- und Lebenschancen sichern. Lernen und Weiterlernen werden als wichtige Begleiterscheinungen der Europäisierung propagiert. Doch welche Ursachen bewirken den enormen Trend zu Lernen und Wissen? Die europäische Gesellschaft erlebt und steht vor drei großen Umwälzungen, die neue Lebens- und Arbeitsbedingungen schaffen:

- die Entwicklung zur Informationsgesellschaft, wodurch eine neue industrielle Revolution in Gang gebracht wird;
- die Globalisierung der Wirtschaft, die den internationalen Wettbewerb fördert und fordert;
- die Ausformung einer wissenschaftlich-technischen Zivilisation, die die Forschung und den Einsatz neuer Technologien vorantreibt.

Im Verständnis der Europäischen Kommission hat Bildung nichts mehr mit schöngeistigen Werten, mit Emanzipation oder autonomer Urteilskraft zu tun. Die aktuelle Zielsetzung drückt sich im neuen Sprachgebrauch aus. Bildung gilt als Investition in Kenntnisse, Fähigkeiten und Fertigkeiten. Bildung wird als Mittel angesehen, um den europäischen Wirtschaftsraum international wettbewerbsfähig zu halten und – gegenwärtig das soziale Hauptproblem Europas – die Arbeitslosigkeit einzudämmen. An den gesellschaftlichen Wandel und an die wirtschaftlichen Bedingungen anzupassen, ohne die soziale und kulturelle Integration Europas außer acht zu lassen – das ist der deklarierte Zweck von Bildungsmaßnahmen. Im Weißbuch (ebd., S. 189) heißt es: "Die allgemeine und die berufliche Bildung im Zusammenhang mit der Beschäftigungsfrage zu betrachten, bedeutet nicht, sie auf ein bloßes Qualifikationsangebot zu reduzieren. Die allgemeine und berufliche Bildung haben die wesentliche Funktion, die soziale Integration und die persönliche Entwicklung der Europäer durch die Vermittlung von gemeinsamen Werten, die Weitergabe des kulturellen Erbes und den Erwerb der Fähigkeit zu selbständigem Denken zu gewährleisten.

Gegenwärtig jedoch ist diese grundlegende Funktion bedroht, wenn mit ihr nicht eine Aussicht auf Beschäftigung verbunden ist. Jede Familie, jeder in der Erstausbildung stehende Jugendliche, jeder Erwerbstätige ist sich inzwischen der in persönlicher wie sozialer Hinsicht zerstörerischen Wirkung der Arbeitslosigkeit bewußt. Mit dem Bemühen, eine überzeugende Antwort auf solche Befürchtungen zu geben, kann das Bildungssystem am sichersten seine Funktion der sozialen Integration erfüllen. Eine europäische Gesellschaft, die ihre Kinder zu Staatsbürgern erziehen will, ohne daß die Ausbildung in eine Beschäftigungsperspektive einmündet, wäre in ihren Grundsätzen bedroht". Einige Seiten später wird in Hinblick auf die berufliche Bildung erklärt (ebd., S. 26): "Das Hauptziel der beruflichen Bildung ist es, die Eigenständigkeit der Person und ihre beruflichen Fähigkeiten, d.h. die Anpassung und Weiterentwicklung, zu fördern. Daher heißen die beiden wichtigsten Antworten dieses Weißbuchs, zum einen allen Menschen den Zugang zur Allgemeinbildung zu ermöglichen, und zum anderen die Eignung zur Beschäftigung und Erwerbstätigkeit zu verbessern."

Damit treten die Grundzüge einer neuen Bildungskonzeption in den Vordergrund. Eine Verzahnung von Allgemein- und Berufsbildung, Nachdruck auf individuellen Wissenserwerb und individuelle Bildungsbereitschaft, stärkere Verbindung von Bildungseinrichtungen und Unternehmen, Anerkennen von Kompetenzerwerb, der jenseits traditioneller Ausbildungsgänge in Netzwerken erfolgt, sowie der Ausbau der Weiterbildung, die lebenslang für die jeweilig Interessierten zugänglich sein soll, werden angestrebt.

Wie immer man zu den einzelnen Überlegungen und Vorschlägen der Europäischen Kommission steht, so kann man sich eines Gesamteindrucks nicht entziehen: Es ist notwendig für Österreich, als Mitglied der Europäischen Union, das Bildungswesen zu modernisieren, seinen Stellenwert neu zu bestimmen und sein Wirkungsfeld zu reformieren. Dafür ist die Zusammenarbeit der Verantwortlichen für Bildungsangelegenheiten, die von der Schule bis zur Erwachsenenbildung derzeit in viele Kompetenzbereiche aufgeteilt sind, herzustellen. Erwachsenenbildung ist heute als Querschnittsaufgabe zu verstehen, die das Arbeitsmarktservice als größten Geldgeber der berufsorientierten Weiterbildung genauso betrifft wie die Ministerien für Unterricht, Landwirtschaft, Wirtschaft und Wissenschaft. Ebenso gefordert ist aber auch die Verantwortung der Länder und Gemeinden, wenn ein Bildungssystem, das lebensbegleitend Lerngelegenheiten anbietet, realisiert werden soll.

In ersten, raschen Reaktionen wird meist "der Erwachsenenbildung" die Aufgabe zugeschrieben, für Ansprüche an "lebenslanges Lernen" Sorge zu tragen. Das halte ich für eine Überforderung und Überschätzung der Möglichkeiten der gegenwärtigen institutionalisierten Weiterbildung. Sie ist Produkt unterschiedlicher Interessen- und Weltanschauungsgemeinschaften und erfüllt gesellschaftlich übergreifende Aufgaben nur bedingt.

Die Diskussion darüber, wie das Bildungswesen und insbesonders die Erwachsenenbildung "lebenslanges Lernen" ermöglichen und institutionell zugänglich machen können, ist aber ein guter Anlaß, über die Situation der Erwachsenenbildung und die sich abzeichnenden Entwicklungstrends nachzudenken. Erst danach ist es sinnvoll, die neue Konzeption für ein System "lebenslangen Lernens" zu erörtern.

4. Trends in der Erwachsenenbildung

In den letzten Jahren hat sich aufgrund der beschriebenen Modernisierungsprozesse und ihrer politischen Konsequenzen die Landschaft der Erwachsenenbildung verändert. Ich versuche, die wesentlichen Merkmale kurz darzustellen.

• *Marktorientierung* – Bildungsangebote müssen sich auf einem "Markt" gegenüber anderen Angeboten durchsetzen; das bringt mit sich: Marketing, Werbung, professionelles Handeln, Preiskalkulation, Orientierung am "Kunden".

• *Internationalisierung* differenziert sich in Europäisierung, Globalisierung, Zusammenarbeit von Regionen; vermehrt gibt es Projektvorhaben in Kooperation mit ausländischen Partnern; Vergleiche von Strukturen, Finanzierung, Angebot und Evaluation von Einrichtungen setzen neue Maßstäbe.

• *Nähe zu Wissenschaft* – um ihr eigenes Auftreten national und international abzusichern, um im Wettbewerb mit Konkurrenz zu bestehen, um der Verwissenschaftlichung von Arbeitswelt und Beruf gerecht zu werden, suchen Einrichtungen der Erwachsenenbildung Kontakt zu und Kooperation mit wissenschaftlichen Instituten.

• *Qualitätssicherung und Kundenorientierung des Angebots* – die neuen Orientierungspunkte lauten: maßgeschneidert, kurzfristig speziell erstellte Lerndesigns und -konzepte, Bewertung der Leistung, Aspekte des Nutzens, der Verwertbarkeit und der Anwendung; Programme zielen nicht nur auf Individuen, sondern auf das Lernen von Organisationen; die Unterstützung von selbstorganisiertem Lernen durch Materialien und Lernstrategien ergibt sich aus der zunehmenden Bedeutung der Eigenverantwortung Erwachsener für ihr Lernen.

• *Integration von Berufs- und Allgemeinbildung*, da umfassendere Kompetenzen notwendig; wegen erhöhter Anforderungen an Basisbildung; gegen Arbeitslosigkeit, die vor allem wenig Qualifizierte trifft; um eine gute Basis für Weiterbildung zu erlangen.

• *Legitimation der Finanzen* – unter den Voraussetzungen von Sparbudgets wird es notwendig zu begründen, warum und welche Angebote der Erwachsenenbildung durch die Öffentlichkeit finanziert werden sollen.

- *Verteuerung* – Verschieben von Kostenanteilen zu den Teilnehmern; bei gleichbleibenden Finanzzuschüssen durch die öffentliche Hand erfolgt kein Ausgleich der steigenden Kosten; es ist schwierig, neue Aufgaben der allgemeinen Bildungsarbeit (z.B. in der Familienbildung, Betreuung von Migranten ...) ohne gesicherte Finanzierung zu übernehmen; Trend zu Sozialarbeit, weil diese finanziell unterstützt wird.
- *Wettbewerb um Teilnehmer* – gegenüber anderen Einrichtungen der Erwachsenenbildung Profil zeigen; private Anbieter etablieren sich auf dem Markt und konkurrenzieren in unterschiedlichen Marktsegmenten die traditionellen Einrichtungen; Wissenserwerb und Lernmöglichkeiten durch Medien (Radio, TV, Zeitungen, Bücher) oder neue Technologien (Internet, CD-Rom) erleichtert; bessere Schulbildung erhöht den Anspruch an die Qualität der Weiterbildung; Höhergebildete brauchen adäquate Weiterqualifikation.
- *Vernetzung* – Erwachsenenbildung gilt als "Querschnittsaufgabe" und ist von einer Institution nicht mehr zu bewältigen; die Kooperation mit anderen Einrichtungen des Bildungswesens oder gesellschaftlichen Gruppen (Umwelt, Sozialarbeit, Gesundheit, Arbeitslose) erweitert den Aktionsradius.
- *Wissensgesellschaft* – abgehen von der Belehrung des Erwachsenen hin zu Selbstverantwortung und Selbstorganisation der Lernenden; entwickeln von Lernfähigkeit und Lernbereitschaft, Umgang mit neuen Technologien, um Wissen selbständig abzurufen; nicht nur Lernen in und Zertifikate von Institutionen sind bedeutsam, mehr und mehr Beachtung findet eigenständig, durch Lebenserfahrung und Berufstätigkeit erworbenes Wissen und Verhalten.
- *Ungleichheit durch Weiterbildung* – es besteht eine Kumulierung von guter Grundbildung und Weiterbildung; ein Ausgleich der sozialen und bildungsbezogenen Spaltung der Gesellschaft durch positive Diskriminierung ist notwendig; spezielle Bemühungen um bildungsmäßig Benachteiligte sowie die Analyse und Bearbeitung von Weiterbildungsbarrieren steuern der Ungleichheit entgegen.

Die beschriebenen Trends bedingen sich durch gesellschaftliche Veränderungen. Aufgrund dieser Bewegungen und Prozesse, die das gesamte Bildungswesen beeinflussen, versucht sich die Weiterbildung neu zu positionieren. Die Rahmenbedingungen beeinflussen natürlich auch das Teilnahmeverhalten und das Angebot.

5. Angebot und Teilnehmerschaft

Da die systematische Erhebung und Auseinandersetzung über Erfolg, Effizienz und Wirkung der Erwachsenenbildung in unserem Land nicht sehr intensiv ist, fällt es mir schwer, einschlägige, österreichspezifische Aussagen zu machen. Ich nehme deshalb Anleihen bei Literatur und Erhebungen in Deutschland. Dies mit der Begründung, daß ich 1997 an der Evaluation der allgemeinbildenden Weiterbildung in Nordrhein-Westfalen mitgearbeitet habe und dadurch Gelegenheit hatte, mich intensiv mit der Thematik auseinanderzusetzen. Die folgenden Aussagen sind deshalb auch als Aufforderung zu verstehen, anhand eigener Erfahrungen oder noch durchzuführender Erhebungen zu überprüfen, inwieweit sie für Österreich zutreffen.

- Durch das faktische Absinken von finanziellen Zuschüssen hat sich in der Erwachsenenbildung ein betriebswirtschaftliches Denken gegenüber pädagogischen Anliegen durchgesetzt.
- Auffällig ist ein Trend der Einrichtungen, vorwiegend Veranstaltungen anzubieten, die Geld bringen. Das bedeutet, Kurse wie z.B. Alphabetisierung, interkulturelle Thematik, Angebote für sozial Schwächere oder für Problemgruppen kommen eher nicht zustande.
- Das Teilnahmeverhalten hat sich geändert. Teilnehmende wollen sich weniger lang binden, sind an Kurz- und Schnupperkursen interessiert. In möglichst wenig Zeit, soll für wenig Geld, möglichst viel geboten werden. Das neue Schlagwort "Kurzzeitpädagogik" beschreibt diese Erwartungshaltung.
- Bildungsangebote erweisen sich als Unikate. Es können keine langfristigen Curricula ausgearbeitet werden, da die Erwachsenen gezielte, für ihre jeweilige Situation brauchbare Angebote erwarten. Außerdem investieren die Teilnehmer am ehesten dort, wo sie sich einen unmittelbaren Effekt erhoffen.
- Der praktische Nutzen steht im Vordergrund. Es besteht der Wunsch, Gelerntes sofort umsetzen und anwenden zu können. Statt belehrt zu werden, wollen die Teilnehmenden Aktivierung und Alltagsorientierung. Sie wollen selbst etwas tun und brauchbare Inhalte erlernen, um ihre Alltagskompetenz zu erweitern.
- Politisch erwünscht ist eine sogenannte "soziale Zielgenauigkeit". Erwachsenenbildung soll bestimmten Adressaten zugute kommen und nicht breit gestreut staatlich finanziert werden. Trotz wachsender Teilnahmezahlen profitieren am ehesten bereits gut Gebildete von der Weiterbildung. Gerade wo

staatlich finanziert wird, soll sich eine sichtbare Wirkung und ein deutlicher "Herzeigeeffekt" ergeben.
- Durch "positive Diskriminierung" sollen kompensatorische Maßnahmen Bildungsbenachteiligten zugute kommen. Es wird versucht, mit Ermäßigung von Kursbeiträgen, Gutscheinen oder regionaler Vorsorge vorhandene soziale und bildungsmäßige Ungleichheiten zu beseitigen.
- Die Teilnehmerschaft wirkt äußerst inhomogen. Wenn es ein gemeinsames Merkmal gibt, so ist es: Unterbrechen und Neubeginn. Neue Lebenspläne werden formuliert und es wird angenommen, diese mit Hilfe von Weiterbildung realisieren zu können.
- Der soziale Hintergrund für Erwachsenenbildung hat sich gewandelt. Ein neues Klientel entsteht durch die europäische Integration, Aussiedlerströme, Flucht vor Kriegen, Öffnung Osteuropas und den dort vor sich gehenden wirtschaftlichen und sozialen Wandel. Inländische AdressatInnen sind vor allem Arbeitslose, Frauen, die einen Beruf wieder aufnehmen wollen, Alleinerziehende, Familien mit ökonomischen und sozialen Problemen oder generell verunsicherte Individuen auf Orientierungssuche, die sich Hilfe und Problemlösung durch Weiterbildung erwarten.

In Nordrhein-Westfalen besteht die gesetzliche Verpflichtung der Kommunen, Weiterbildung zu finanzieren. Die durchgeführte Evaluation stand unter dem Vorzeichen, die staatlichen Gelder für Weiterbildung zu legitimieren. Unter den gegebenen Umständen empfehlen die Evaluatoren, es sollte vom "Gießkannenprinzip" der umfassenden Förderung abgegangen werden. Sie schlagen vor, die Förderung auf drei Angebotsbereiche von besonderem öffentlichen Interesse zu konzentrieren (Landesinstitut, 1997, S. 190):
a) kompensatorische Grundbildung,
b) lebensgestaltende Bildung und Existenzfragen,
c) gesellschaftliche Zukunfts- und Schlüsselprobleme sowie Fragen der demokratischen Verfassung.

Als Konkretisierungen dieser drei Schwerpunkte können vor allem folgende Aufgaben gelten, deren Bedeutung auch durch die Schlußerklärungen der diesjährigen UNESCO-Welt-Konferenz über Erwachsenenbildung hervorgehoben wird:
a) Alphabetisierung, Deutsch als Fremdsprache, Zweiter Bildungsweg;
b) neue Anforderungen durch Pluralisierung der Lebensformen, der

sozialen und interkulturellen Beziehungen, der Werte; Frauenbildung mit besonderer Konzentration auf Fragen der berufsbezogenen Bildung, der gesellschaftlichen Partizipation, des Geschlechterverhältnisses, Fragen der Familie und Partnerschaft;
c) über Fragen der Geschichte und Gegenwart hinaus scheint ein mehr antizipatives Lernen nötig, das in Auseinandersetzung mit Wissenschaft und Expertentum gesellschaftliche Schlüsselprobleme, wie Fragen der Ökologie, der Internationalisierung und Globalisierung, der Veränderung der Welt durch neue Medien und Technologien, der Lern- und Wissensgesellschaft in ihren Chancen und Risiken, ihren gesellschaftlichen und politischen Folgen reflektiert und nach Lösungsmöglichkeiten sucht."

6. Lebensbegleitende Bildung in staatlicher Verantwortung

In Österreich ist die staatliche Regelung der Erwachsenenbildung durch ein Förderungsgesetz gegeben. Dieses ermöglicht eine inhaltlich äußerst breite Förderung (Gießkannenprinzip) und kommt vorwiegend den großen, bundesweiten, in der KEBÖ (Konferenz Erwachsenenbildung in Österreich) organisierten Einrichtungen zugute (vgl. dazu Lenz, 1997).

Meines Erachtens sollte die Erwachsenenbildungspolitik in Zeiten der Neuorientierung staatlicher Verantwortung von einer breiten und unspezialisierten Förderung abgehen. Von öffentlichem Interesse ist es, in einem neu zu etablierenden System des lebenslangen Lernens, klare Vorhaben zu definieren und zu propagieren. In Hinblick auf die Erwachsenenbildung sind meines Erachtens vier Aufgabengebiete zu nennen:
- Existenzfragen erörtern und bei der Lebensgestaltung unterstützen;
- fehlende Basisbildung zur Gänze oder teilweise nachholen und Bildungsbenachteiligte fördern;
- soziale Entwicklungen beurteilen und gesellschaftliche Trends einschätzen, Demokratiefähigkeit erhalten und erweitern;
- Kompetenzen und Qualifikationen für Alltag und Beruf in organisierter, systematischer Form vermitteln.

Die öffentliche Verantwortung für Erwachsenenbildung liegt aber nicht nur beim Staat und bei den Ländern, sondern auch bei den Kommunen und Trägern. Bezüglich der staatlichen Verantwortung ist es zu einer gravierenden Veränderung gekommen – der Staat ist nicht mehr Wertsetzer, sondern gibt Orientierung vor.

War die bisherige Bildungspolitik, am Wert "Bildung für alle" ausgerichtet, so heißt die neue Orientierung, die der Staat vorgibt, "Bildung ist wichtig"! Aber es liegt nicht nur am Staat, Bildungsmaßnahmen bereitzustellen oder für diese zu sorgen. Auch andere Ebenen, Interessengruppen und Individuen sind herausgefordert, dafür ihren Beitrag zu leisten. Die parallel dazu einhergehende Einsparung öffentlicher Ausgaben führt zur Überlegung, nicht mehr undifferenziert zu fördern, sondern spezielle Aufgabenbereiche zu definieren. Es gilt dabei der Grundsatz – Qualität geht vor Quantität.

Zur Qualität gehört in der Erwachsenenbildung, so meine ich, die bis jetzt erreichte Professionalität zu bewahren, zu stützen und auszubauen. Hauptberufliche Tätigkeit in der Erwachsenenbildung ist ein unverzichtbares Element in einem Bildungssektor, in dem sehr viele Personen nebenberuflich und ehrenamtlich arbeiten.

Bei der Beurteilung der öffentlich geförderten Weiterbildung, sind die erreichten Leistungen anzuerkennen und positiv hervorzuheben. Bei der jetzigen Haushaltslage bleibt aber die finanzielle Basis gleich oder wird sogar weniger. In Hinblick auf die aktive und potentielle Teilnehmerschaft ist es deshalb notwendig, das bestehende System umzubauen, sodaß es weiterhin durch Bildungsangebote einen Beitrag zum Gemeinwohl leisten kann. Wenn das System nämlich unverändert bleibt, wird es von sich aus teurer, selektiver und unsozial – es verliert an Professionalität und Qualität. Zu befürchten ist letztlich, daß es erstarrt und seine Offenheit sowie seine Flexibilität einbüßt.

Als Richtlinien für die Veränderung des Systems und die damit verbundene staatliche Finanzierung möchte ich einige Aufgaben hervorheben:
- Stärken der hauptberuflichen Struktur;
- klare inhaltliche (Sachgebiete) und didaktische (Lernorganisation, Dauer) Vorgaben;
- die Entscheidung über den Einsatz von Fördermittel zu den Institutionen vor Ort verlagern und kontrollieren sowie in angemessenen Zeiträumen evaluieren;
- regionale Kooperationen fordern und fördern;

- die Transparenz über das Angebot für die Teilnehmerschaft erhöhen;
- die Entwicklung von Angeboten, die berufliche, allgemeine und politische Bildung integrieren, unterstützen;
- den Erwerb von Kompetenzen durch organisiertes, systematisches Lernen fördern, Freizeitangebote, Hobbykurse, Unterhaltung durch Teilnehmerbeiträge finanzieren;
- bildungsmäßiger und sozialer Benachteiligung mit besonderen Angeboten sowie durch Personal- und Finanzeinsatz gegensteuern;
- Innovationen anregen, auszeichnen und absichern.

Die Forderungen nach "lebenslangem Lernen" lassen sich durch das bestehende System der Weiterbildung allein nicht erfüllen. So ist etwa ein in der Jugend eingehandelter Bildungsdefizit durch Weiterbildung kaum mehr auszugleichen. Dies begründet sich darin, daß es dabei nicht nur um den Erwerb von Wissen oder Bescheinigungen geht, sondern um den Abbau emotionaler Barrieren und um den Wandel von Einstellungen. Weiterbildung ist stärker als Angebote des restlichen Bildungswesens an sozial bereits festgelegte Strukturen bei der Teilnehmerschaft gebunden – es besteht die Gefahr, daß die sozialen Gegebenheiten einfach fortgeschrieben werden. Soll "lebensbegleitende Bildung" als Chance und Möglichkeit für einen möglichst großen Teil der Bevölkerung eröffnet werden, ist es notwendig, das gesamte Bildungswesen in Hinblick darauf in den Blick zu nehmen und zu gestalten.

Daraus ergeben sich drei Richtungen, in die Fragen zu stellen und Forschungen durchzuführen sind. In der Reihenfolge geht es um die Entwicklung von Strukturen, Organisationen und Personen.
- Welche Wege sind zu beschreiten, um ein Bildungssystem zu gestalten, das den Menschen die Möglichkeit gibt, lebensbegleitend Bildungsangebote gemäß ihren jeweiligen Bedürfnisse und Interessen wahrzunehmen?
- In welcher Weise sollen sich Einrichtungen der Erwachsenenbildung umstellen, um in einem System des lebenslangen Lernens eine bedeutsame Rolle zu spielen und Erwachsene in ihren lebensbegleitenden Bildungsprozessen zu unterstützen?
- Wie kann die Selbstorganisation von Erwachsenen gefördert werden, damit sie für Lernen und Bildung mehr Eigenverantwortung übernehmen und weniger von bestehenden institutionalisierten Gegebenheiten und Angeboten abhängig sind?

7. Pädagogische Ansprüche

Die gegenwärtigen Diskussionen um Reformen und Neugestaltung des Bildungssystems lassen bei vielen Verantwortlichen und Betroffenen die berechtigte Sorge aufkommen, daß finanzielle Einsparungen oder ökonomisches Kalkül mehr wiegen als pädagogische Anliegen. Qualifikation verdrängt Bildung. Es geht aber nicht darum, Angebote zur Qualifizierung in Abrede zu stellen, sondern zurückgedrängte Bildungsaspekte sollen geschützt werden. Als Gegengewicht zur überwiegend ökonomisch und arbeitsmarktpolitisch geführten Diskussion scheint es mir deshalb angebracht, die pädagogischen Aufgaben der Erwachsenenbildung zu betonen. Sie sollen im vor sich gehenden Wandel nicht verloren gehen – im Gegenteil sie sind zu stärken.

Welche Bildungsbedingungen braucht der Mensch? Die folgenden Aussagen beruhen auf meinen Erfahrungen in der Praxis der Erwachsenenbildung sowie auf theoretischen Überlegungen, die sich in internationalen Diskussionen wiederfinden.

• Für Gesellschaften und Individuen im Übergang ist es notwendig, Maßstäbe der Orientierung zu entwickeln und zu finden. Maßstäbe die helfen, sich in der Fülle von Information und Wissen zu orientieren. Im Zeitalter der "Maßlosigkeit" – bisherige Orientierungsgruppen verlieren ihre Bedeutung – werden neue Vermessungspunkte gebraucht.

• Es bedarf Bildungsangebote, die auf gesellschaftliche Entwicklungen und individuelle Probleme eingehen. Die Widersprüche zwischen Individuum und Gesellschaft, die sozialen Veränderungen sowie die Chancen von gewaltfreier Konfliktlösung sind Themen politischer Weiterbildung.

• Die gegenwärtige Medienlandschaft braucht zu ihrer Informationsflut ein Gegengewicht – es bedarf der Pflege einer Diskussionskultur, der Pflege einer Gesprächskultur, die im Gegensatz zur rasch wechselnden Informations- und Wissenspräsentation der ruhigen Überlegung und dem ausgewogenen Argumentieren Zeit einräumen.

• Trotz der Integration der Weiterbildung ins Bildungswesen, ist auf eine gewisse Eigenständigkeit der Erwachsenenbildung zu achten. Weniger das statische Bild der vier Säulen des Bildungswesens sollte Geltung haben, sondern ein dynamisches Modell, das die einzelnen Bildungsbereiche wie Zahnräder ineinandergreifen läßt. Unter Berücksichtigung der besonderen Bildungssituation Erwachsener braucht die Erwachsenenbildung ein eigenständiges didakti-

sches und organisatorisches Handlungsfeld, aber zugleich eine Integration in ein neues Bildungskonzept, das Menschen unabhängig von Alter und Bildungsvoraussetzung, die Wiederaufnahme von Lern- und Bildungsprozessen auf allen Stufen des Bildungssystems erlaubt.
- In einer sich ständig beschleunigenden Zeit ist es angebracht, der Reflexion des eigenen Handelns mehr Aufmerksamkeit zu widmen. Bildungsveranstaltungen, die bewußt die Zeitorganisation der Teilnehmenden thematisieren und den Umgang mit Zeit beachten, helfen den einzelnen bei der Lebensgestaltung. Daraus entwickelt sich Achtsamkeit für sich und für andere.
- Nöte und Freuden, Leid und Erfolg gehören in der Bildungsarbeit angesprochen. Nicht nur Lernorientierung ist bedeutsam, sondern auch die Gefühlswelt der Lernenden. Erwachsenenbildung zielt auf Verstand und Gefühl der Teilnehmenden, die durch Modernisierungsprozesse verstärkt Spannungen und Belastungen ausgesetzt sind.
- Entwicklung gilt als Prinzip der Gesellschaft und der Weiterbildung. Das Ende der Geschichte ist noch nicht erreicht. Die Moderne ist keine Endzeit. Es liegt an uns, die Entwicklung mitzugestalten.

Die allgemeine Aufgabe einer modernen Erwachsenenbildung sehe ich im Beitrag, die Menschen zu unterstützen, die Herausforderungen unserer Zeit zu analysieren, zu verstehen und zu bewältigen. Dies gelingt niemandem allein. In der solidarischen Anstrengung und in der dabei vor sich gehenden Kommunikation liegt die Chance von Bildung.

Soll ein System für "lebensbegleitende Bildung" – das ist "mehr" als "lebenslanges Lernen" – entstehen, werden die pädagogischen Ansprüche noch um ihre Realisierung ringen müssen. Doch diese Prozesse werden selbst zu einem Lern- und Arbeitsfeld politischer Weiterbildung.

LITERATUR

Beck, U.: Die Erfindung des Politischen. Zu einer Theorie reflexiver Modernisierung. Frankfurt am Main 1993.
Bundesministerium für Bildung, Wissenschaft, Forschung und Technologie (Hrsg.): Berichtssystem Weiterbildung VI. Bonn 1996.
Europäische Kommission: Lehren und Lernen. Auf dem Weg zur kognitiven Gesellschaft. Brüssel, Luxemburg 1995.
Landesinstitut für Schule und Weiterbildung (Hrsg.): Evaluation der Weiterbildung. Gutachten. Soest 1997.
Lenz, W.: Erwachsenenbildung in Österreich. EB-Länderberichte. Frankfurt am Main 1997.
Schräder-Naef, R.: Warum Erwachsene (nicht) lernen. Zürich 1997.

Erich Ribolits

Lehrlingsausbildung in Österreich – Misere mal drei!

Wenn heute über Lehrlingsausbildung gesprochen wird, geht es meist um das Problem, daß eine anwachsende Zahl von ausbildungswilligen Jugendlichen derzeit keinen Lehrplatz finden kann. Denn nachdem sich seit Anfang der 90er Jahre immer mehr Betriebe aus der Lehrlingsausbildung zurückgezogen haben[1] reicht seit etwa drei Jahren das Lehrstellenangebot bei weitem nicht mehr aus, um allen Jugendlichen, die eine Lehre antreten wollen, – ohne dabei deren tatsächliche Berufswünsche zu berücksichtigen(!) – auch Ausbildungsplätzen anbieten zu können. Noch vor wenigen Jahren war vom Wirtschaftsministerium und den Unternehmerinteressensvertretungen mit aufwendigen Plakataktionen versucht worden, Jugendliche zu animieren, statt dem Besuch einer weiterführenden Schule eine vorgebliche "Karriere mit Lehre" anzu-

---

1 Die Zahl der Betriebe, die einen oder mehrere Lehrlinge ausbilden, ist zwischen 1982 und 1995 von ca. 55.500 auf etwa 40.400 gesunken. Konnten in den 80er Jahren Unternehmen jedoch mangels Nachfrage oft gar keinen Lehrling rekrutieren, verabschieden sich die Betriebe seit einigen Jahren *trotz Nachfrage* von der Lehrlingsausbildung. Allerdings spiegeln die Zahlen die Dramatik der Situation gar nicht ausreichend wieder; tatsächlich entscheidend für die Einschätzung der Lage am Lehrstellenmarkt sind nämlich regionale, branchenmäßige und sektorale Entwicklungen. Und da zeigt sich, daß die gravierenden Lehrstellenrückgänge vor allem in Bereichen zu verzeichnen sind, in denen bisher eher hochqualifizierende Ausbildung geboten wurde – insbesonders in der Industrie, wo vor wenigen Jahren noch etwa 17% aller Lehrlinge ausgebildet wurden, heute sind es gerade noch 4%. Das hängt einerseits mit der Schrumpfung des Produktionssektors zusammen, aber auch damit, daß in vielen Bereichen des öffentlichen Sektors – Bundesbahn, Post, verstaatlichte Industrie, ... – qualitativ ausgezeichnete Ausbildungsstätten aus Kostengründen aufgegeben wurden. In der Tourismusbranche und der Freizeitwirtschaft, wo die Qualität der Lehrstellen dagegen häufig zu wünschen läßt, bewegt sich der Lehrstellenrückkgang nur in der Größenordnung von 1%.

gehen. Damals wurde von verschiedensten Seiten auch immer wieder verkündet, daß Jugendarbeitslosigkeit – im Gegensatz zur Situation in vielen anderen Europäischen Ländern – deshalb "bei uns" kein Problem sei, weil es hierzulande das gut *funktionierende Duale System*[2] der beruflichen Erstausbildung gibt. Heute ist es um diese Behauptung recht still geworden, denn obwohl die Zahl der Ausbildungsbewerber derzeit um einiges niedriger ist, als in jenen Jahren als lautstark um Lehrlinge geworben worden war, gibt es für tausende Jugendliche keine Lehrplätze.

Jedoch, so dramatisch die Situation am Lehrstellenmarkt gegenwärtig auch ist, das zu geringe Lehrstellenangebot in Relation zur Anzahl lehrplatzsuchender Jugendlicher stellt nur die sprichwörtliche "Spitze des Eisbergs" im Hinblick auf eine generelle "Misere der Lehrlingsausbildung" dar. Es handelt sich dabei bloß um die aktuelle Ausformung des Umstands, daß das Lehrlingsausbildungswesen in seiner inhaltlichen und strukturellen Ausrichtung faktisch ausschließlich an (einzel-)betrieblichen Interessen orientiert und weitgehend "marktgesteuert" ist. Auch als Lehrplätze noch im Überangebot vorhanden waren und nahezu die Hälfte aller österreichischen Jugendlichen nach Abschluß der Pflichtschule über den Weg der Lehre in die Arbeitswelt eingestiegen sind, hat es sich beim Lehrlingsausbildungssystem durchaus nicht um einen Bildungsbereich "im Interesse der Auszubildenden" gehandelt. Nicht die Lehrlinge und ihre Entwicklung stehen im Zentrum dieses Ausbildungssystems; aufgrund ihrer Unterordnung unter betriebswirtschaftliche Rentabilitätsüberlegungen wird die Lehrlingsausbildung – mit einer Stringenz, die bislang in keinem anderen Sektor des Bildungswesens erreicht wurde – primär von der Logik gewinnorientierter Arbeitskraftverwertung diktiert.

Die Ausbildung von Lehrlingen findet nur zum kleinen Teil in einer öffentlich organisierten Ausbildungsstätte – der Berufsschule – statt. Den überwiegenden Teil seiner/ihrer Ausbildungszeit verbringt ein/e Auszubildende/r in einem nach privatwirtschaftlichen Gesichtspunkten agierenden Lehrbetrieb. Und Betriebe handeln nach einer völlig anderen Logik als Bildungseinrichtungen, die unter öffentlicher Verantwortung stehen. Der primäre Zweck eines Unternehmens ist nicht Ausbildung, sondern das Erzielen von Profit, also das

---

2 Der Namen "Duales Ausbildungssystem" für die österreichische Form der beruflichen Erstausbildung bezieht sich auf die Tatsache, daß Lehrlingen dabei an zwei Lernorten, dem Ausbildungsbetrieb und der Berufsschule, die für ihren zukünftigen Beruf notwendigen Kenntnisse und Fertigkeiten vermittelt werden soll.

"Verwandeln von Geld in mehr Geld"[3]. Das Ziel, mit dem jemand Kapital in ein Unternehmen investiert, ist es, für die eingesetzten Kapitalmittel eine möglichst hohe Rendite zu erzielen. Profitsicherung ist die alles überstrahlende Prämisse, der sich alle betrieblichen Entscheidungen unterordnen müssen. Auch die Beschäftigung von Lehrlingen ist – dieser Vorgabe entsprechend – selbstverständlich keine selbstlose Tat der Nächstenliebe, sondern muß sich dem betriebswirtschaftlichen Kosten-Nutzen-Kalkül unterwerfen. Ob und in welcher Qualität Lehrlinge ausgebildet werden, hängt davon ab, ob ein Betrieb in der Lage und willens ist, langfristig in die Ausbildung von Nachwuchsarbeitskräften zu investieren (und dabei auf die spätere profitable Verwertung der qualifizierten Arbeitnehmer/innen setzen kann) oder schon aus der Arbeitskraft des Lehrlings einen möglichst hohen Profit schlagen muß.

Diese Anbindung der Lehrlingsausbildung an die Profitmaximierungslogik bewirkt zugleich auch eine weitgehende Immunisierung gegenüber pädagogisch motivierten Veränderungsvorschlägen – gegenüber dem Diktat der Ökonomie zählen pädagogische Argumente nur wenig. Bei der Lehrlingsausbildung handelt es sich um jenes pädagogische Praxisfeld, wo die Unterordnung unter die Prämissen der kapitalistischen Ökonomie "beim besten Willen" nicht mehr übersehen werden kann. In diesem Sinn ist eine fundierte pädagogische Auseinandersetzung mit Fragen der Lehrlingsausbildung, ohne gleichzeitige Stellungnahme gegenüber jener politisch-ökonomischen Ordnung, in der Menschen letztendlich nur als Kalkül betriebswirtschaftlicher Überlegungen zum Tragen kommen, nicht möglich. Das mag vielleicht der Grund für die noble Zurückhaltung sein, die hierzulande von der Mehrzahl wissenschaftlich tätiger Pädagog/innen in ihren Forschungsbemühungen gegenüber dem Dualen Ausbil-

---

3 Das Bereitstellen von Arbeits- oder Ausbildungsplätzen ist genauso wenig Unternehmenszweck wie das Produzieren von Sachgütern oder das Anbieten von Dienstleistungen. Der Zweck, warum im Rahmen der gegebenen Ökonomie Arbeitsprozesse inganggesetzt werden ist nicht die Vermittlung konkreter Güter oder Dienstleistungen, sondern einzig die Verwandlung von Geld in mehr Geld. Das Schaffen von Gebrauchswerten ist dabei genauso bloßer Nebeneffekt, wie die Tatsache, daß dabei Arbeit "geschaffen" wird oder es unter Umständen auch notwendig sein mag, Nachwuchsarbeitskräfte heranzuziehen. Menschliche Arbeitskräfte und deren Ausbildung verursacht Kosten, die jedes Unternehmen, bei *Androhung des sonstigen Untergangs im Konkurrenzkampf*, zu minimieren trachten *muß*. An "die Wirtschaft" zu appellieren, sie möge doch – bitteschön – ihrer "Ausbildungsverpflichtung" nachkommen und mehr Lehrplätze anbieten kann dementsprechend ungefähr genauso viel helfen, wie den Bademeister im städtischen Schwimmbad um schönes Wetter zu bitten.

dungssystem an den Tag gelegt wird. Lehrlingsausbildung ist nur selten Thema pädagogischer Reflexion, und eine universitäre Lehrkanzel, die der pädagogischen Beschäftigung mit Fragen der Berufsausbildung gewidmet ist, wurde in Österreich erst gar nicht installiert. Lehrlinge stellen – wie dies schon vor Jahren durch einen Buchtitel (Winterhager 1972) pointiert ausgedrückt worden war – die "vergessene Majorität" der österreichischen Bildungsszene dar. Dies obwohl es sich, trotz des schon erwähnten Rückganges bei den Lehranfängern[4], beim Lehrlingsausbildungssystem noch immer um den weitaus größten Ausbildungssektor und eines der größten Bildungssegmente insgesamt handelt!

Tatsächlich gibt es allerdings wohl kaum einen Sektor des hiesigen Bildungswesens, wo derzeit größerer Reflexionsbedarf besteht, als beim System der Ausbildung von Lehrlingen. Die Probleme, an denen das Duale System seit Jahren und mit zunehmender Intensität laboriert, sind – auch wenn sie durch die aktuelle Lehrplatzmisere weitgehend in den Hintergrund gerückt werden – nicht einmal ansatzweise gelöst. Zugleich relativiert sich die auf Einzelberufe ausgerichtete Lehrlingsausbildung, angesichts der Perspektive des mehrmaligen Berufswechsels, wie sie für das Leben derzeit Heranwachsender von verschiedensten Seiten kolportiert wird, immer deutlicher. Ohne Übertreibung kann man heute von einer dreifachen Krise des Dualen Systems sprechen: Traditionelle, akute und neu heraufdämmernde Disfunktionalitäten bilden ein Problemgemisch, das durchaus das Ende des flächendeckenden Systems der Lehrlingsausbildung einläuten könnte. Wenn es nicht gelingt, die Krisensymptome endlich zum Anlaß grundsätzlicher Reformen zu machen und die noch am Handwerksmodell orientierte Ausbildung des Fachkräfteachwuchses, den aktuellen Anforderungen entsprechend, von Grund auf neu zu organisieren, könnte der Dualen Berufsausbildung durch vollschulische Ausbildungswege bald der Rang abgelaufen werden.

---

4   Im Jahre 1995 haben etwa 41% aller 15-jährigen eine Lehrlingsausbildung begonnen. Dieser Prozentsatz lag deutlich unter dem Vorjahreswert, der noch 46% betragen hatte. Allerdings war die Lehrlingsquote auch in den Jahren davor niemals konstant und lag – bevor sie in zwei Wellen bis zum Jahre 1991 auf einen Höchststand von fast 49% kletterte – auch im Jahre 1970 beim etwa gleichen Wert wie heute. Die schon vor Jahren lautstark kolportierte Behauptung von den immer weniger werdenden Lehrlingen und dem dadurch drohenden Facharbeitermangel (sic!) bezog sich immer auf die Absolutzahlen, die aufgrund der schwächeren Geburtenjahrgänge logischerweise zurückgegangen waren. Interessant ist jedoch in erster Linie die Frage, wie sich die Gesamtzahl der Pflichtschulabgänger/innen auf die verschiedenen Bildungswege aufteilt.

Damit wäre allerdings auch der unzweifelhafte Vorteil des Dualen Ausbildungsansatzes, Theorie nicht bloß mit simulierter, sondern mit tatsächlich relevanter Praxis zu verknüpfen, für viele Jugendliche verloren. Obwohl durch seine Unterordnung unter betriebswirtschaftliche Rentabilitätsüberlegungen zur Unkenntlichkeit pervertiert, birgt das Lehrlingsausbildungssystem, mit seiner Konzeption der Dualität, in sich ja den Grundgedanken der "polytechnischen Bildung", jener traditionsreichen Bildungsidee einer Aufhebung der Antinomie von allgemeiner und beruflicher Bildung. Sie aufzugeben würde bedeuten, den Widerspruch zwischen der auf Nutzen orientierten Ausbildung und der auf (politische) Mündigkeit abgestellten Bildung endgültig zugunsten der Ausbildung zu entscheiden. Zugleich würde eine Ende der Lehrlingsausbildung für alle jene jungen Menschen, die – in der Regel wohl aufgrund negativer Erfahrungen in ihrer bisherigen Schulgeschichte – Aversionen gegenüber einem theoretisch orientierten Wissenszugang aufgebaut haben, auch der Weg zu einer beruflichen Normalkarriere erschweren. Gerade der Wunsch "nicht mehr weiter in eine Schule gehen zu wollen" gehört ja zu den Hauptmotiven für die Wahl eines Lehrberufs (siehe dazu insbes. Ribolits/Gruber 1993). Die Lehrlingsausbildung ins Abseits zu rücken, würde auch bedeuten, Jugendliche, die diese Ausbildungsoption wählen, gesellschaftlich in eine Randposition zu drängen.

Ich gehöre zu jenen Autoren, die in den vergangenen Jahren nicht müde geworden sind, in Buch- und Zeitschriftenbeiträgen immer wieder auf Disfunktionalitäten und Reformbedürftigkeiten des österreichischen Systems der Heranbildung von Fachkräften hinzuweisen (insbes.: Ribolits 1992). In einem meiner Artikel habe ich sogar davon gesprochen, daß es höchste Zeit sei, die Heilige Kuh, Lehrlingsausbildungssystem in seiner derzeitigen Form als schlachtreif zu identifizieren. Dennoch bin ich heute durchaus nicht der Meinung, daß es Sinn macht, nun mit klammheimlicher Freude den "Anfang vom Ende der Lehrlingsausbildung" zu feiern. Die Situation im Bildungs- und Ausbildungssektor der Anarchie des Marktes und ökonomischen Zwängen zu überlassen, befördert ganz sicher nicht pädagogisch wünschenswerte Entwicklungen. Was der Ausbildungssektor braucht, sind Lösungen, die auch die Interessen der Auszubildenden berücksichtigen; solche Lösungen können nur im rationalen Diskurs entwickelt werden. In diesem Sinn sollen im folgenden die angesprochenen drei Krisensymptome des Dualen Ausbildungssystems analysiert und auf Eckpunkte notwendiger Veränderungen hingewiesen werden.

Misere Nr. 1: Die traditionellen Probleme

Die Ausbildungsqualität der Betriebe, die hierzulande Lehrplätze anbieten, unterscheidet sich zum Teil gravierend. Das positive Extrembeispiel stellen Unternehmen dar, die Lehrwerkstätten mit modernsten Ausbildungsequipment betreiben, sowohl fachlich als auch methodisch gut qualifizierte, hauptberufliche Ausbilder/innen beschäftigen und für ihre Lehrlinge oft sogar betrieblichen Theorieunterricht (zusätzlich zur verpflichtenden Berufsschule) anbieten. Eine solche qualitätsvolle Lehrlingsausbildung setzt allerdings eine gewisse Größe des Ausbildungsbetriebes voraus, vor allem aber auch, daß es sich um ein kapitalintensives Unternehmen handelt, wo man es sich leisten kann und will – im Sinne einer langfristigen Profitplanung – in die Ausbildung des Arbeitskräftenachwuchses zu investieren. Diese Voraussetzung ist jedoch durchaus nicht für alle Betriebe gegeben; für manche Unternehmen ist es gar nicht möglich, Lehrlingsausbildung im Sinne von Nachwuchsplanung zu betreiben. Für sie geht es bloß um die relativ billige Lehrlingsarbeitskraft, die sie vielfach dringend brauchen, um ökonomisch überleben zu können. Dementsprechend muß der/die fertig Ausgebildete den Betrieb nach der Behaltezeit auch schleunigst verlassen – an seiner/ihrer Stelle wird ein neuer – kostengünstiger – Lehrling aufgenommen. Dieser Tatsache entsprechend, stehen am anderen Extrem der Qualitätspalette im Lehrlingsausbildungswesen Betriebe, die den Lehrling als billige Hilfskraft mißbrauchen und wo Auszubildende nach kurzer Einschulungszeit, für irgendwelche Routinetätigkeiten, berufsfremde Arbeiten oder Hilfstätigkeiten abgestellt werden, die absolut keinen berufsbezogenen Lerneffekt in sich bergen. Das kann sogar soweit gehen, daß Lehrlinge unbetreut auf Baustellen arbeiten und nur fallweise vom jeweiligen Vorgesetzten "besucht" werden.

Aussagen darüber, ob die Ausbildung von Lehrlingen hierzulande insgesamt "gut" oder "schlecht" funktioniert, geben dementsprechend nur wenig Sinn. Ob ein Lehrling tatsächlich ausgebildet und nicht bloß ausgebeutet wird, hängt weitgehend davon ab, in welchem Beruf, in welcher Branche und vor allem in welchem Unternehmen er/sie beschäftigt ist. Generalisierende Aussagen über die Güte der Lehrlingsausbildung sind ungefähr so viel wert, wie Globalaussagen über die Qualität des Unterrichts an Österreichs Schulen. *Die Lehrlingsausbildung im Sinne eines monolithischen Systems gibt es nicht.* Nicht nur unterscheidet sich die Ausbildung in den etwa 230 Ausbildungsberufen zum Teil ganz gravierend, die Ausbildungsbedingungen sind auch von

Betrieb zu Betrieb völlig anders. Es bedeutet etwas völlig anderes, in einer kleinen Kfz-Werkstätte in einem Dorf zum Automechaniker[5], in einem Industrieunternehmen zur Bürokauffrau, im ersten Restaurant am Platz zum Kellner oder beim Vorstadtfriseur zur Friseurin herangezogen zu werden. Dementsprechend sind auch die häufig kolportierten – verallgemeinernden – Aussagen über Arbeitsmarktchancen von Absolvent/innen der Dualen Ausbildung genauso absurd, wie darauf aufbauende Rückschlüsse darüber, ob sich das Duale System insgesamt bewährt hat oder nicht. Es braucht keine Erklärung dafür, daß es der gelernten Friseurin absolut nichts hilft, wenn am Arbeitsmarkt gerade große Nachfrage nach Maschinenschlossern besteht; und auch dem arbeitslosen Absolventen des Dualen Systems, der den Beruf des Kochs in einem kleinen Dorfgasthof erlernt hat und sich dort gerade auf die 30 gängigen Lokalmenüs "spezialisieren" konnte, hilft die dringende Suche des Drei-Hauben-Restaurants nach einem/r Vorspeisenkoch/köchin verständlicherweise herzlich wenig.

Im Dualen System der Berufsausbildung besteht zwischen dem Angebot an Lehrplätzen und dem – soweit überhaupt absehbaren – späteren Fachkräftebedarf keinerlei systematisch hergestellter Zusammenhang. Das Ausbildungsangebot ist einzig "marktgesteuert"; ein Regulativ, um die Lehrplätze mit dem Bedarf nach Absolvent/innen bestimmter Berufe abzustimmen, gibt es nicht. Das führt dazu, daß in manchen Wirtschaftsbereichen die Lehrlingszahl das erwartbare Angebot an frei werdenden bzw. neu entstehenden Arbeitsplätzen um ein Mehrfaches übersteigt[6]. Da es allerdings für einen Jugendlichen kaum möglich ist, vor seiner Berufswahl systematische Arbeitsmarktforschung zu betreiben, gestaltet sich die Entscheidung für einen bestimmten Lehrberuf ähnlich einem Glücksspiel. Die Folgen dieser Situation liegt auf der Hand: Viele Lehrabsolvent/innen können nach Ende ihrer Lehrzeit im erlernten Beruf keine Weiterbeschäftigung finden und müssen versuchen, in anderen Wirtschaftsbereichen unterzukommen. Fast immer sinken sie dabei in die Position einer angelernten Arbeitskraft ab. Für diese jungen ArbeitnehmerInnen erweist sich die Facharbeiterausbildung im Sinne ihrer

---

5 Im Sinne der besseren Lesbarkeit führe ich bei den Berufsbezeichnungen nicht immer sowohl weibliche als auch die männliche Formen an, sondern verwende die Formen alternierend.

6 Zugleich findet allerdings aus verschiedensten Gründen in manchen Wirtschaftsbereichen, in denen zum Teil tatsächlich Hoffnung auf neue Arbeitsplätze besteht, überhaupt keine Lehrlingsausbildung statt.

späteren beruflichen Tätigkeit als Fehlinvestition. Eine Fehlinvestition allerdings, von der ihre ehemaligen Lehrherrn unter Umständen sehr profitiert haben.

Allerdings können, in der Arbeitsmarktsituation wie sie sich nunmehr seit einigen Jahren darstellt, solche am Arbeitsmarktbedarf vorbeiqualifizierten oft nicht einmal mehr einen Arbeitsplatz unter ihrem Qualifikationsniveau finden, sondern müssen gleich den Weg in die Arbeitslosigkeit antreten, wenn sie nach der Behaltefrist von ihrem ehemaligen Lehrherrn gekündigt werden. Dieser Tatsache spiegelt sich überdeutlich darin wieder, daß das Arbeitslosigkeitsrisiko von Absolvent/innen einer Lehre – *sogar im Durchschnitt!* – extrem hoch ist. Aus der Gruppe der Lehrabsolvent/innen waren im Jahre 1996 genauso *viele* Personen von Arbeitslosigkeit betroffen, wie dies bei der faktisch gleich großen Gruppe[7] von Arbeitnehmer/innen der Fall war, die überhaupt keine über die Pflichtschule hinausgehende Ausbildung nachweisen konnten. Auch die durchschnittliche Arbeitslosigkeitsdauer war bei den Lehrabsolvent/innen nur minimal niedriger als bei den allgemein als Risikogruppe des Arbeitsmarktes geltenden Unqualifizierten[8]. Da aber – wie schon ausgeführt – die Qualität der Ausbildung und damit auch das Qualifikationsniveau verschiedener Gruppen von Lehrabsolventen gravierend differieren, kann davon ausgegangen werden, daß am Arbeitsmarktbedarf vorbeiqualifizierte Absolvent/innen des Dualen Systems – in dem Qualifikationssegment für das sie ausgebildet wurden – sogar *geringere* Jobchancen haben, als Ungelernte. Für jene Jugendlichen, die "das Pech" hatten, ihre Lehrzeit im "falschen" Beruf oder im "falschen" Unternehmen zu absolvieren, stellt sich ihre Lehrzeit damit schlußendlich bloß als eine aufwendige "Vorbereitung" auf die Arbeitslosigkeit heraus.

---

7 Von der über 15-jährigen österreichischen Wohnbevölkerung haben – laut Mikrozensus 1995 – 37,9% keine über die Pflichtschule hinausgehende Ausbildung, jedoch nur 32,6% eine Lehre abgeschlossen. (Wirtschafts- und sozialstatistisches Jahrbuch 1997, hrsg. von der Bundeskammer für Arbeiter und Angestellte) Zieht man zum Vergleich allerdings nur die 20- bis 65-jährigen heran und berücksichtigt, daß Frauen eine geringere Erwerbsquote haben, aber häufiger zur Gruppe ohne Ausbildung gehören, kann man davon ausgehen, daß es etwa gleich viele Arbeitnehmer/innen mit einem Lehrabschluß gibt, wie solche, die keine über die Pflichtschule hinausgehende Ausbildung haben.

8 Nach "Die Arbeitsmarktlage 1996" hrsg. vom Arbeitsmarktservice Österreich, Wien, Juli 1997.

Völlig unabhängig, ob ausreichend Lehrplätze vorhanden sind oder nicht, krankt das Lehrlingsausbildungswesen somit an seiner faktisch nicht vorhandenen Qualitätssteuerung. Es dem Marktmechanismus zu überlassen, ob und unter welchen Prämissen Lehrlinge beschäftigt werden, sowie ob Unternehmen die Lehrlingsausbildung "ernsthaft" betreiben, oder ob sie bloß an der Lehrlingsarbeitskraft verdienen wollen, bedeutet einen unhaltbaren Wildwuchs zu fördern. Was dieses Ausbildungssystem dringend braucht, sind wesentlich mehr öffentliche Kontrolle und Steuerung, um die Anarchie des Marktes einigermaßen zu "zivilisieren".

Misere Nr. 2: Die aktuelle Lehrstellenproblematik

Wie schon ausgeführt, unterliegt auch die Ausbildung von Lehrlingen dem unternehmerischen Kosten-Nutzen-Kalkül. Das heißt, in einem Betrieb werden nur dann Lehrlinge beschäftigt, wenn diese Maßnahme – kurz- oder langfristig – verspricht, einen Ertrag abzuwerfen. Die wirtschaftliche Entwicklung der letzten Jahre geht nun dahin, daß Betriebe unter verstärktem Konkurrenzdruck stehen. Das zwingt sie, knapper zu kalkulieren und verstärkt zu versuchen, vermeidbare Kostenfaktoren abzubauen. Daraus ergeben sich massive Konsequenzen für die Ausbildung von Lehrlingen. Viele Betriebe, die es sich bisher leisten konnten, langfristig zu kalkulieren und zum Teil beträchtliche Beträge in die Lehrlingsausbildung zu investieren, sehen diese kostenintensive Form des Heranbildens von betrieblichen Nachwuchs zunehmend als Konkurrenznachteil. Sie ziehen sich aus der Lehrlingsausbildung zurück und rekrutieren ihren Fachkräftebedarf kostengünstiger aus Absolventen berufsbildender Schulen. Und von den Unternehmen, die auch schon bisher in erster Linie die kurzfristige Verwertung der Lehrlingsarbeitskraft im Blick hatten, wird zunehmend moniert, daß sich die Lehrlingsbeschäftigung nicht mehr rentiert. Verstärkt kommen Klagen über die angeblich viel zu weit gehenden Schutzbestimmungen bei der Beschäftigung von Jugendlichen, sowie daß es für viel zu schwer sei, einmal eingegangene Lehrverträge wieder zu lösen. Für Betriebe, die in erster Linie an der Lehrlingsarbeitskraft interessiert sind, geht es verstärkt darum, Lehrlinge produktiver einsetzen zu können, so daß sich Lehrlingsausbildung für sie (wieder) rechnet. Schlußendlich kommt zu all dem, daß – trotzdem vor wenigen

Jahren noch lautstark vor einem rasch anwachsenden und "standortgefährdenden" Mangel an Facharbeitern gewarnt worden war – neuerdings ein Zuviel an qualifizierten Facharbeitern am Arbeitsmarkt registriert wird[9]. Nachwuchsausbildung wird für die Betriebe damit völlig unwichtig.

Als Folge dieser Entwicklungen ist die Zahl der verfügbaren Lehrplätze in den letzten Jahren dramatisch gesunken, was ein anwachsendes Mißverhältnis zwischen der Zahl der lehrstellensuchenden Jugendlichen und den angebotenen Ausbildungsplätzen nach sich zieht. Derzeit werden von politischer Seite Anstrengungen unternommen, um diesem Trend gegenzusteuern. Mit öffentlicher Förderung wird versucht, Schulabgängern den Weg zu zumindest irgendeiner Berufsausbildung zu ebnen. Einerseits werden neue Lehrplätze im öffentlichen Bereich sowie Ausbildungsalternativen in Form außerbetrieblicher Ausbildungsprojekte geschaffen und andererseits wird versucht, Unternehmen durch massive Fördermittel sowie durch Erleichterungen bei den Jugend- und Arbeitsschutzbestimmungen wieder stärker zur Aufnahme von Lehrlingen zu motivieren. Gerade diesbezüglich sind die Experten des Arbeitsmarktservice jedoch sehr skeptisch; sie rechnen nicht damit, daß die Situation am Lehrstellenmarkt tatsächlich in den Griff zu bekommen ist[10]. Trotz aller politischen Bemühungen muß ihrer Meinung nach in den nächsten Jahren mit einem weiteren Rückgang an Lehrplätzen gerechnet werden. Das heißt, immer mehr Jugendliche werden nach der Pflichtschule nicht in eine Lehrlingsausbildung einsteigen können, sondern gezwungen sein, stattdessen irgendwelche Übergangsmaßnahmen zu besuchen, oder sich für schulische Ausbildungswege zu entscheiden.

---

9   Explizit wurde diese Aussage von der Leiterin der Abteilung für Berufsinformations- und Qualifikationsforschung des AMS, Frau Maria Hofstätter, in einem Expertenbeitrag für die Zeitschrift KURIER (16. Juli 97) getätigt. Dies ist insofern bemerkenswert, als Frau Hofstätter noch vor wenigen Jahren – als damalige Leiterin des ÖIBF, (Öst. Inst. f. Berufsbildungsforschung) – zu jenen Mahnern gehörte, die davor gewarnt hatten, daß Österreich bei einem weiteren Rückgang der Lehrlingszahlen, ein Facharbeitermangel bevorstünde.

10 So erklärt z.B. Frau Maria Hofstätter vom AMS in einem Interview (Siehe Fußnote 9) dezidiert, daß es sich bei der derzeitigen Entwicklung nicht nur um eine vorübergehende Krise handelt, die sich mit Fördermaßnahmen in den Griff bekommen ließe, sondern daß es sich – wie sie es ausdrückt – um eine "endgültige Wandlung der Lehre" handelt. Sie rechnet – trotz des von der Regierung im Sommer 1997 beschlossenen Lehrlingspakets – in nächster Zukunft mit einem Schwund von 1000 bis 2000 Ausbildungsstellen jährlich!

Grundsätzlich können Maßnahmen zur Kompensation des Mangels an Lehrplätzen selbstverständlich nur begrüßt werden. Alles muß getan werden, damit der Abgang von der Schule für Heranwachsende nicht zum Schritt in die Arbeitslosigkeit wird. Unter gesellschaftlichen Rahmenbedingungen, die von einem kaum hinterfragten Arbeitsethos bestimmt sind, lautet die Botschaft, die man jungen Menschen ohne Perspektive auf ein Lohnarbeitsverhältnis vermittelt: "Du bist überflüssig, dein Beitrag zur Gemeinschaft wird nicht gebraucht, du bist für die Allgemeinheit bloße Belastung." Dies zu vermeiden, muß unzweifelhaft ein vordringliches politisches Ziel sein. Allerdings ist dennoch zu befürchten, daß die derzeit im Schulterschluß der maßgeblichen politischen Kräfte angepeilten Maßnahmen im Lehrlingsbereich am tatsächlichen Problem vorbeigehen. Die Lehrplatzmisere ist – um dies zu erkennen bedarf es keiner tiefgehenden Analyse – nur ein Aspekt im Problem der insgesamt anwachsenden Arbeitslosigkeit. Und solange nicht der politische Wille dafür vorhanden ist, dem Weniger-werden der Lohnarbeitsplätze durch eine "gerechtere" Verteilung der Erwerbsarbeit, also durch Arbeitszeitverkürzung – und des durch Arbeit geschaffenen Reichtums (!) – zu begegnen, ändern auch die engagiertesten Maßnahmen dafür, daß Jugendliche die Chance auf eine Ausbildung bekommen, kaum etwas an der grundsätzlichen Misere.

Mit Ende der Hilfsaktionen, spätestens jedoch wenn die Lehrzeit der ins Duale Ausbildungssystem "hineingeförderten" und in diversen Sonderausbildungen qualifizierten Jugendlichen vorbei ist, ist mit einem massiven Anstieg der Arbeitslosigkeit von Jungfacharbeitern und/oder von Arbeitnehmergruppen, die durch die neu auf den Arbeitsmarkt drängenden Fachkräfte verdrängt werden, zu rechnen. Es ist eben durchaus nicht so, daß die Arbeitskraft der Jugendlichen, die ohne Fördermaßnahmen keinen Ausbildungsplatz finden, *irrtümlich* brach liegt; unter den gegebenen politisch-ökonomischen Umständen ist sie tatsächlich überflüssig! Ganz in diesem Sinn ist die gemeinsame Zielsetzung aller Aktionen, mit denen Betriebe zur Ausbildung von Jugendlichen bewegt werden sollen, ja auch, deren Arbeitskraft dadurch attraktiv zu machen, daß sie billiger als andere, ähnlich einsetzbare Arbeitskräfte wird. Dieser Ansatz, den Marktmechanismus im Sinne der Jugendlichen zu aktivieren, hat allerdings auch für andere Arbeitnehmergruppen massive Auswirkungen. Denn in letzter Konsequenz mündet jede Förderung, die darauf abzielt, für bestimmte Arbeitnehmer dadurch Arbeitsplatzchancen zu schaffen, daß deren Arbeitskraft billiger gemacht wird, in einem generellen "Preisverfall" am Arbeitsmarkt. Unter Berücksichtigung von Arbeitnehmerinteressen kann deshalb auch die Lehrplatzmisere nicht innerhalb der Marktmechanismen bekämpft werden, sondern – ganz im Gegenteil – nur dadurch, daß dem Marktsystem Grenzen auferlegt werden.

Misere Nr. 3: Berufsausbildung für eine Arbeitswelt ohne Berufe

Das Duale System der Berufsausbildung ist untrennbar mit der Tatsache verknüpft, daß der Faktor Beruf ein ganz wesentliches Strukturierungsprinzip der österreichischen sowie der mitteleuropäischen Gesellschaft insgesamt darstellt. Über eine lange historische Periode hat sich die Berufszugehörigkeit hierzulande als jener Faktor herausgebildet, der den Stellenwert einer Person im sozialen Gefüge in hohem Maß determiniert; er wurde damit zu jenem Ordnungsfaktor der Gesellschaft, den vordem die Zugehörigkeit zu einem "Stand" dargestellt hatte. Der Berufsabschluß wurde damit aber auch zur bedeutendsten Legitimation gesellschaftlicher Ungleichheit. Dementsprechend kam der Berufsausbildung in den vergangenen Jahrzehnten auch zentrale Bedeutung für die gesellschaftliche Integration der Heranwachsenden zu; sie war niemals bloße Qualifizierung für Arbeitsprozesse, sondern ganz wesentliche Sozialisationsinstanz, mit deren Hilfe die Tradierung der am Berufsprinzip ausgerichteten Gesellschaftsstruktur einschließlich der damit verbundenen sozialen Schichtung erfolgte.

Das System formalisierter Berufe und darauf abgestimmter Berufsausbildungen bedeutet für Erwerbstätige aber nicht nur ein im weiteren Lebensverlauf meist nur mehr schwer abstreifbares soziales Korsett, sondern stellt auch ein Element der Sicherheit dar. Denn das Strukturierungsprinzip Beruf erzwingt, daß die verschiedenen Einzelbetriebe berufliche Abschlüsse als ein über die individuelle Brauchbarkeit eines Arbeitenden hinausgehendes Prinzip anerkennen müssen. Einmal erreichte Berufsabschlüsse werden dadurch quasi zu "Rechtstitel" auf bestimmte Verwendungen. In diesem Sinn sind Beruf und Berufsausbildung für Erwerbstätige Elemente kollektiver Interessensdurchsetzung, durch die das rohe System der kapitalistischen Arbeitskraftverwertung abgemildert wird.

Im Gefolge einer Entwicklung, die sich in der heute bei jeder möglichen und unmöglichen Gelegenheit kolportierten, plakativen Behauptung widerspiegelt, daß es in Zukunft allgemein notwendig sein wird, mehrere Male im Leben Beruf und Stellung zu wechseln, verliert die Berufsausbildung derzeit allerdings sehr rasch ihre ehemals dominante Funktion als zentrale gesellschaftliche Sozialisationsinstanz. Die in einer Ausbildung erworbene Qualifikation kann von ihren Trägern heute immer seltener im Sinne der Möglichkeit wahrgenommen werden, in einem damit erreichbaren Beruf zu verharren und sich um fachliche "Meisterschaft" zu bemühen – eine Vorstellung, die ihren Ursprung im Dreischritt der handwerklichen Berufsausbildung, Lehrling-Geselle-Meister hatte. Heute beziehen Ausbildungen ihre Legitimation immer stärker aus den unter Kosten-Nutzen-Kalkülen erstellten Karrierebemühungen ihrer Besucher, die ihr Erwerbsleben individuell planen und gestalten müssen, ohne dabei durch die Strukturen einer beruflich organisierten Arbeitswelt eingeengt oder abgesichert zu sein. Die in Ausbildungsgängen erworbenen Qualifikationen stellen sich immer mehr im Sinne von Waren dar, die Einsätze im allgegenwärtigen Verdrängungswettkampf darstellen. Immer weniger ist es heute möglich, auf einen einmal erreichten Berufsabschluß zu verharren, es gilt, qualifikatorisch am Ball zu bleiben, um im Kampf um (gutbezahlte) Positionen im Arbeitskraftvermarktungssystem nicht zu unterliegen. Ganz in diesem Sinn erwirbt man heute kaum Renommee durch den Hinweis auf besondere Berufstreue; Ansehen genießt, wer flexibel ist, sich neuen Anforderungen durch den raschen Erwerb entsprechender Qualifikationsversatzstücke anpaßt und sich problemlos in neue Positionen in der Arbeitswelt einfügt.

Dieser Zwang zum lebenslangen Erwerb der im Arbeitskraftvernutzungssystem jeweils aktuell geforderten Qualifikationen entwertet das was traditionell unter Ausbildung verstanden wurde zutiefst. Einen *Abschluß* im Qualifikationserwerb gibt es nun nicht mehr, Ausbildung stellt nicht mehr den Initiationsritus für den Weg zur Meisterschaft dar, sondern wird bloßer Zwischenschritt im endlosen Prozeß wahlloser Qualifikationsanhäufung. In einer solchen Situation muß eine auf Einzelberuf und Berufskarriere ausgerichtete Ausbildung zu Anachronismus werden. Erstausbildung kann nicht mehr die Aufgabe haben, für den Ein- und Aufstieg in einen bestimmten Beruf vorzubereiten, sie muß dafür dienen, die lebenslange Bereitschaft zur blinden Anpassung an die jeweils geforderten Qualifikationen zu wecken. Denn die für das Erreichen der (guten) Plätze in Arbeitswelt und Gesellschaft dienlichen Qualifikationen müssen ja nun in immer kürzeren Erneuerungszyklen in der Weiterbildung erworben werden. Heute wird immer weniger der Meister (s)eines Faches nachgefragt, sondern der flexible, anpassungsfähige und vor allem austauschbare Arbeitnehmer. Der Markt fordert Beliebigkeit, in diesem Sinn tritt an die Stelle der Meisterschaft als neues (Aus-)Bildungsziel nunmehr die Bereitschaft, hinter ökonomisch bedingten Qulifikationkonjunkturen hinterherzuhetzen.

Damit besteht aber größte Gefahr, daß endgültig verloren geht, was unter der Bezeichnung "Bildung" die Diskussion um die Funktion von Schule und Ausbildung immer schon mitbestimmt hat. Das Ziel, Menschen nicht bloß zu befähigen, unter den jeweiligen politisch-ökonomischen Bedingungen zu *funktionieren*, sondern in der Lage zu sein, diese Bedingungen mitzugestalten. Dieses Ziel bedeutet – konkretisiert in Hinblick auf die oben angedeuteten Veränderungen – daß *Bildung* auch niemals bloße Anpassung an industrielle Wandlungsprozesse bedeuten kann. Bildungsprozesse, die aus Anlaß des Erwerbens arbeitsrelevanter Inhalten angeregt werden, sollen Menschen befähigen, auch außerberufliche Folgen des beruflichen Handelns abschätzen und – kraft dieser Fähigkeit – in einer sozial und ökologisch verantwortlichen Weise, an der Gestaltung der Arbeitssphäre und ihrer Prämissen mitwirken zu können. Auch arbeitsbezogene Bildungsprozesse intendieren die Entwicklung von "Persönlichkeit" und individueller Urteilsfähigkeit, die an keine Kandare – auch nicht an die der ökonomischen Nützlichkeit – genommen sind. Bildung will das "Menschliche am Menschen" zur Entfaltung bringen, sie zielt auf die Entfaltung des humanen Potentials. Wird Ausbildung zur bloßen Zurichtung für die der Profitökonomie geschuldete "Humankapitalverwertung", hat sie mit Bildung im ursprünglichen Sinne des Wortes nichts mehr zu tun, die pädagogische Vision der gebildeten Persönlichkeit ist damit außer Kraft gesetzt!

Der Münchner Erziehungswissenschafter Karlheinz Geißler ortet in der Tatsache, daß Ausbildung heute zu einer permanenten Anpassung an – durch Konkurrenz- und Profitlogik bedingte – Wandlungsprozesse verkommt, eine ganz wesentliche Ursache für die gegenwärtigen Erosionserscheinungen im Bereich der Dualen Ausbildung. Er schreibt diesbezüglich: "Wenn nämlich lebenslang gelernt werden muß und gelernt werden soll, wie dies alle einflußreichen Gruppen unermüdlich verlangen, dann ist der produktive Unterschied von Lehrling und Meister aufgelöst; dann werden wir alle zu Dauerlehrlingen, ohne Aussicht auf Meisterschaft. Insofern konnte sich die heutige Weiterbildungsgesellschaft nur herausbilden, weil sie sich vom traditionellen Leitbild der Meisterschaft "befreit" hat. Nur hierdurch ist es möglich geworden, daß die Legitimation für die Formen und die Inhalte des Lernens und Arbeitens aus der Dynamik (ungehemmter) individueller Karrierevorstellungen gespeist werden. Die Rationalität des Entscheidungskalküls spricht daher in unserer modernisierten Industriegesellschaft eher *gegen* als *für* eine Berufsausbildung im Dualen System. Und genau das spiegelt die Entwicklung. Wer heute eine Ausbildung im Dualen System wählt, entscheidet sich nicht für einen Beruf, sondern eher dafür, Berufslosigkeit zu vermeiden. Mit solchen Motiven läßt sich ein System nicht langfristig stabilisieren." (Geißler 1994, 109f)

Indem Lehrabschluß immer weniger "Abschluß" bedeutet und immer mehr zum Umstieg ins lebenslängliche Lernen wird, verliert die Ausbildung im Dualen System auch die Funktion, eine gesicherte und abschätzbare Position im gesellschaftlichen Gefüge zu sichern. "Karriere mit Lehre" macht man heute nicht mehr, und dafür, daß sich das Duale Ausbildungssystem "aus eigener Kraft" zu einer brauchbaren "Vorschule für Weiterbildung" entwickelt, ist es in seiner derzeitigen Form viel zu sehr mit dem System der Einzelberufe und der Ausbildung unter spezifisch-betrieblichen Bedingungen verknüpft. Auch bei diesem Aspekt der "Misere Lehrlingsausbildung" gilt: Soll ein Umbau des Berufsausbildungssystem in Richtung der aktuell werdenden neuen Anforderungen gelingen, kann sicher nicht auf die "Selbstreinigungskräfte des Marktes" gesetzt werden. Die einzelnen Ausbildungsbetriebe sind weder in der Lage, noch entspricht es ihren Interessen, das an Berufskarrieren orientierte System "zu öffnen". Um die Duale Ausbildung dergestalt umzubauen, daß Einsteiger in die Arbeitswelt dort die ihnen zunehmend abverlangte Flexibilität erwerben können, ohne daß dabei allerdings das Bildungsziel "Heranbilden der Ich-starken und selbstbewußten Persönlichkeit" verloren geht, bedarf es einer Instanz, die als "stabile Größe" außerhalb des Marktes agiert und unter Vorwegnahme abschätzbarer Entwicklungen eingreift. Der Markt ist an den Status-quo gekettet, zukunftsträchtige Entwicklungen kann er nicht vorantreiben.

Nicht der Markt, sondern die Politik ist gefordert, um die Berufsausbildung unter rationalen Gesichtspunkten umzugestalten. Dazu wird allerdings wesentlich mehr erforderlich sein, als Verwertbarkeitszugeständnisse an Lehrherren oder Appelle an die Wirtschaft, sich ihrer Ausbildungsverantwortung (Wo und wodurch ist die denn definiert?) zu besinnen. Soll das "System der arbeitsbezogenen Bildung im unteren Qualifikationssegment" dahingehend weiterentwickelt werden, daß es – unter Berücksichtigung der Dialektik von "Anpassung und Widerstand"(!) – sowohl den Anforderungen der wirtschaftlichen Entwicklung gewachsen ist, als auch die Interessen abhängig Arbeitender berücksichtigt, bedarf es grundsätzlicher Veränderungen. Dafür wird allerdings auch hierzulande notwendig sein, was Karlheinz Geißler in seiner gewohnt pointierten Art für Deutschland fordert: Die Abschaffung des eifrig kolportierten "Hauptsatzes der Dualen Berufsausbildung" der da lautet: "Dieses Ausbildungssystem hat sich bewährt und muß deshalb mit allen Mitteln erhalten bleiben". Mit dieser Aussage, die auch hierzulande – durchaus im Gleichklang von Arbeitnehmer- und Arbeitgeberseite – bei jeder sich bietenden Gelegenheit wiederholt wird, wird seit Jahren jede wirklich tiefgreifende Reform blockiert. Falls es nicht schon zu spät ist, sollte die aktuelle Krise zum Anlaß genommen werden, endlich das in dieser Aussage transportierte Denkverbot aufzugeben und schleunigst daranzugehen, zeitgemäße Alternativkonzepte für die berufliche Bildung von Neueinsteigern in die Arbeitswelt zu entwickeln.

LITERATUR

Geißler, K. A.: Vom Lebensberuf zur Erwerbskarriere. Erosionen im Bereich der beruflichen Bildung. In: Negt, O.: Die zweite Gesellschaftsreform. 27 Plädoyers. Göttingen 1994, S. 105–117.

Geißler, K. A.: Vorbild Deutschland? Die Bedeutung und die augenblickliche Situation der beruflichen Bildung in Deutschland. In: Ribolits, E., Zuber, J. (Hg.): Misere/Lehre. Der Anfang vom Ende der Dualen Berufsausbildung. Schulheft 1997, 85, S. 83–90.

Gruber, E., Ribolits, E.: Karriere mit Lehre? Eine Untersuchung zu Berufs- und Lebensverläufen ehemaliger Lehrlinge. Univ. Graz/Abt. für Erwachsenenbildung 1993.

Ribolits, E.: Patentrezept "Duales Lehrlingsausbildungssystem?" Zum Widerspruch zwischen Bildung und Verwertungsinteressen am Beispiel des österreichischen Systems der Facharbeiterausbildung. Und: Die Ökonomie des Ausbildungssektors oder – "Wozu brauchen FacharbeiterInnen Bildung?" Beide Texte (wieder-)veröffentlicht in: Gruber, E., Ribolits, E.: Bildung ist mehr ... Aufsätze zur beruflichen Qualifizierung. München, Wien 1992.

Winterhager, W. D.: Lehrlinge – die vergessene Majorität. Weinheim, Berlin, Basel 1972.

Autorinnen und Autoren

Bachmann, Gerhild, MMag. Dr. phil., geb. 1961 in Waiern/Kärnten, Universitätsassistentin.
Beruflicher Werdegang: Diplomstudium Pädagogik an der Universität Klagenfurt, Lehramt für Hauptschulen (M, GW, Informatik), Diplomstudium Psychologie und Doktoratsstudium Pädagogik an der Karl-Franzens-Universität Graz.
Arbeits-/Forschungsbereiche: Schulpädagogik, Unterrichtspsychologie, Methodenlehre, Evaluationen, Berufsorientierung.
Publikationen: Ein Jahrhundert Pädagogik an der Universität Graz. München, Wien 1996 (gem. mit Mikula, R.). / Matura und Lehrabschlußprüfung – Ein Modell mit Zukunft? Zur Evaluation des Schulentwicklungsprojekts Eisenerz 1990 – 1996. In: Thonhauser, J., Riffert, F. (Hrsg.): Evaluation heute – zwölf Antworten auf aktuelle Fragen. Braunschweiger Studien zur Erziehungs- und Sozialarbeitswissenschaft. Band 36. Braunschweig 1997, S. 79-94. LehrerInnenbefragung zur AHS-Oberstufenreform. Forschungsbericht des Instituts für Erziehungswissenschaften, Abteilung Schulpädagogik, Graz 1997.

Blöschl, Lilian, o.Univ.-Prof.i.R. Dr., geb. 1936 in Wien; Universitätsprofessorin i.R.
Beruflicher Werdegang: Promotion im Fach Psychologie an der Universität Wien 1960, Habilitation für das Fach Psychologie an der Universität Düsseldorf 1968; von 1971-1997 o.Univ.-Prof. für Pädagogische Psychologie an der Karl-Franzens-Universität Graz.
Arbeits-/Forschungsbereiche: Lernpsychologie, Klinische Kinder- und Jugendpsychologie, psychologische Depressionsforschung.
Publikationen: Belohnung und Bestrafung im Lernexperiment. Verlag Beltz 1969. / Psychosoziale Aspekte der Depression. Verlag Huber 1978. / Verhaltenstherapie depressiver Reaktionen (Hrsg.). Verlag Huber 1982.

Brehmer, Ilse, o. Univ.-Prof., Dr., geb. 1937 in Hamburg, Universitätsprofessorin.
Beruflicher Werdegang: Studium Deutsch und Geschichte; Realschullehrerin; Studium der Pädagogik, Geschichte, Psychologie, Promotion in München, Universitätsassistentin und Hochschuldozentin an der Universität Bielefeld – Arbeitsgruppe Sozialisationsforschung, Habilitation für das Fach Sozialisationsforschung, Gastprofessorin an der Karl-Franzens-Universität Graz, Institut für Erziehungswissenschaften, Leiterin der Abteilung für Systematische Pädagogik.
Arbeits-/Forschungsbereiche: Geschichte der Frauenbildung, geschlechtsspezifische Sozialisation.
Publikationen: Sexismus in der Schule. Weinheim 1980. / Der ambivalente Alltag von Lehrerinnen. Bielefeld 1988. / Frauenbildung – Mädchenerziehung in Österreich (hrsg. gem. m. G. Simon). Graz 1997.

Buchberger, Friedrich, Prof., Dr., geb. 1949 in Gallneukirchen, Professor für Erziehungswissenschaft an der Pädagogischen Akademie des Bundes in Oberösterreich.
Beruflicher Werdegang: Lehramt für Volksschulen (1970), Promotion an der Universität Salzburg (1976), Lehrer an einer Modellschule (bis 1979), Leiter der Koordinationsstelle für Pädagogische Tatsachenforschung (bis 1991), Professor für Erziehungswissenschaft (ab 1988), Gastprofessuren an den Universitäten Helsinki, Oulu und Sheffield.
Arbeits-/Forschungsbereiche: Vergleichende Erziehungswissenschaft mit den Schwerpunkten Entwicklung der Lehrerbildung und Politikanalyse.
Publikationen: Lehrerbildung auf dem Prüfstand. Innsbruck 1995. / Current State of Teacher Education in Europe. Helsinki 1996. / Seminardidaktik. Innsbruck 1997.

Ederer, Elfriede, Dr. phil., geb. 1949 in Kötschach-Mauthen/Kärnten, Universitätsassistentin.
Beruflicher Werdegang: Besuch der Pädagogischen Akademie des Bundes in Klagenfurt mit Lehramtsprüfung für Volksschulen; Studium der Psychologie und Pädagogik an der Universität Graz; während des Studiums Demonstratorin am Institut für Medizinische Psychologie und Psychotherapie und Studienassistentin am Institut für Erziehungswissenschaften der Abteilung für Pädagogische Psychologie
Arbeits-/Forschungsbereiche: personzentrierte Gesprächsführung, Pädagogisch-Psychologische Diagnostik; Persönlichkeitspsychologie, Gesundheitspsychologie, Klinische Psychologie, Entwicklungspsychopathologie und Dia-

gnostik von sozial-emotionalen Problemen in der frühen Kindheit; Team- und Führungskräfteentwicklung, Förderung kommunikativer und personaler Kompetenzen, Konfliktmanagement.
Publikationen: Gesundheitspsychologie als ein Beitrag zur Aus- und Weiterbildung von in der Pflege Tätigen und Lehrenden. In: Pflege und Pädagogik 1993, 3, S. 37–39. / Positive und negative social contacts and psychological well-being in juvenile girls. In: Studia Psychologica 1993, 35, S. 397–402. / Dysthymia and classroom integration: An empirical investigation in ten-year-old girls and boys. In: International Journal of Psychology 1996, 31, S. 137.

Egger, Rudolf, Mag. Dr., geb. 1959 in Deutschfeistritz; ao. Universitätsprofessor.
Beruflicher Werdegang: Studium der Betriebswirtschaftslehre, Pädagogik und Soziologie in Graz, Promotion 1987, Habilitation für das Fach Pädagogik 1996.
Arbeits-/Forschungsbereiche: Biographie- und Lebensweltforschung, Evaluationsforschung.
Publikationen: Horizonte der Pädagogik. München 1992. / Biographie und Bildungsrelevanz. München 1995. / Freiräume in Unterricht – Unterschätzt und überfordert? Innsbruck, Wien 1996.

Gruber, Elke, Mag. Dr., geb. 1959 in Zwickau/Deutschland, Universitätsassistentin.
Beruflicher Werdegang: Studium der Medizin-Pädagogik an der Humboldt-Universität zu Berlin, Forschungsassistentin dort, seit 1988 erst wissenschaftliche Mitarbeiterin, seit 1997 Univ.-Assistentin an der Abteilung Erwachsenenbildung.
Arbeits-/Forschungsbereiche: Erwachsenenbildung/Weiterbildung; Berufspädagogik; Bildungsgeschichte; Bildung und internationale Entwicklungen.
Publikationen: Berufsfeld Erwachsenenbildung. Eine Orientierung. München, Wien 1991. Erwachsenenbildung in der Aufklärung. Wien 1996 (gem. mit Jug, J., Filla, W.). / Bildung zur Brauchbarkeit? Berufliche Bildung zwischen Anpassung und Emanzipation. Eine sozialhistorische Studie. München, Wien (2., erg. und überarb. Aufl.) 1997.

Hahn, Georg, ao.Univ.-Prof., geb. 1941 in Wien;
Beruflicher Werdegang: Lehrer, Studium der Pädagogik, Dr. Phil.
Arbeits-/Forschungsbereiche: Erwachsenenbildung, Arbeitspädagogik, Gewerkschaftliche Erwachsenenbildung.
Publikationen: Bildung ohne Basis. Wien 1981. / Spurensicherung. Wien

1990. / Die Krise der Erwachsenenbildung zwischen Taylorismus und Lean Production. Wien 1994.

Heimgartner, Arno, Mag., geb. 1966 in Judenburg; Universitätsassistent.
Beruflicher Werdegang: Studium der Psychologie, Mag.rer.nat.
Arbeits-/Forschungsbereiche: Qualitative und quantitative empirische Forschungsarbeiten, Analyse und Systematik in sozialpädagogischen Handlungsfeldern, wissenschaftliche Begleitung von Sozialprojekten und Sozialer Arbeit.
Publikationen: "Bitte einzeln eintreten" – Warteraumanalyse. In: Der Standard "Test und Meinung" vom 13. März 1994. / "Barrieren der beruflichen Weiterbildung älterer ArbeitnehmerInnen" (gem. m. Knauder, Ch.). In: AMS report 4, Wissenschaftsverlag 1997. / "Evaluation der Volksschulen mit musikalischem Schwerpunkt in Österreich" (gem. m. Iberer, G.), im Auftrag des Ministeriums für Unterricht und kulturelle Angelegenheiten. Forschungsbericht. Graz 1997.

Herber, Hans-Jörg, Univ.-Prof. Dr., geb. 1944 in Bad Hall, OÖ, Universitätsprofessor.
Beruflicher Werdegang: Pflichtschullehrer, Studium der Psychologie und Pädagogik an der Universität Salzburg, Universitätsassistent für Psychologie in Salzburg, Pädak.-Professor (LPA) in Linz, Habilitation für Schulpädagogik in Graz, seit 1986 Universitätsprofessor für Pädagogik in Salzburg.
Arbeits-/Forschungsbereiche: Motivationsforschung, Analogieforschung, Ausbildung von AHS-, BHS-Lehrern: Pädagogische Psychologie, Schulpraktikum, Lehrverhaltenstraining
Publikationen: Motivationsanalyse. Stuttgart 1976. / Motivationsforschung und pädagogische Praxis. Stuttgart 1979. / Innere Differenzierung im Unterricht. Stuttgart 1983.

Hojnik, Sylvia, Mag. phil., geb. 1964 in Leoben, wissenschaftliche Mitarbeiterin und Lektorin.
Beruflicher Werdegang: Studium der Pädagogik an der Karl-Franzens-Universität Graz, Zusatzausbildung zur Berufs- und Sozialpädagogin.
Arbeits-/Forschungsbereiche: Lehr- und Lernformen in der Erwachsenenbildung, Frauen in der Erwachsenenbildung, Evaluation und Qualitätssicherung in der Weiterbildung, Lehrbeauftragte an der Akademie für Sozialarbeit des Landes Steiermark und des Fachhochschul-Studienganges für Informationsberufe in Eisenstadt; Konzeption und Durchführung verschiedener inner- und außeruniversitärer Weiterbildungsveranstaltungen.

Publikationen: Frauenbildungsarbeit – Zwischen Vereinnahmung und Widerstand? In: Schratz, M., Lenz, W. (Hg.): Erwachsenenbildung in Österreich. Beiträge zur Theorie und Praxis. Baltmannsweiler 1995, S. 63–72. / Illiterarität und Analphabetismus – ein oft verschwiegenes Problem der Industriestaaten. Die Arbeit der "Groupe Permanente de Lutte contre l'Illetrisme – GPLI" in Frankreich. In: Störfaktor. Zeitschrift kritischer Psychologinnen und Psychologen 1996, 9. Jg., Heft 2, S.57–70.

Iberer, Gunter, Ao.Univ.-Prof., Mag., Dr., geb. 1940 in Graz, Leiter des Zentrums für das Schulpraktikum der Universität Graz.
Beruflicher Werdegang: 1966 Abschluß der Lehramtsstudien (Anglistik, Leibeserziehung); 1967 "Master of Education", Springfield College, USA; 1971 Dr. phil., 1981 Universitätsdozent für das Fach "Pädagogik"; 1997 ao. Universitätsprofessor.
Arbeits-/Forschungsbereiche: Lehreraus- und Lehrerfortbildung, Lehrverhaltenstraining, Lern- und Gedächtnisforschung.
Publikationen: Soziale Erziehung in der Schule. Wien 1983. / Autorität und Angst in der Lehrerbildung. In: Gangl, H. u.a. (Hrsg.): Brennpunkt Schule. Wien 1993.

Lenz, Werner, o.Univ.-Prof., Dr. phil., geb. 1944 in Wien, Universitätsprofessor.
Beruflicher Werdegang: Studium der Pädagogik, Politikwissenschaft, Psychologie an der Universität Wien; 1973 Promotion zum Dr. phil., 1982 Habilitation für das Fach Erziehungswissenschaft mit besonderer Berücksichtigung der Erwachsenenbildung an der Universität Graz, seit 1984 Universitätsprofessor und Leiter der Abteilung Erwachsenenbildung.
Arbeits-/Forschungsbereiche: Bildung und Gesellschaft, Erwachsenenbildung, Modernisierung, Individualisierung, Bildungsorganisation.
Publikationen: Menschenbilder – Menschenbildner. Wien 1994. / Zwischenrufe – Bildung im Wandel. Wien 1995. / Erwachsenenbildung in Österreich – EB-Länderberichte. Frankfurt/M. 1997.

Mikula, Regina, Mag. Dr., geb. 1959 in Rosenbach/Kärnten; Universitätsassistentin.
Beruflicher Werdegang: Hauptschullehrerin, Studium der Pädagogik an der Universität Graz, von 1988 bis 1993 Vertragsassistentin am Institut für Erziehungswissenschaften, Abteilung Schulpädagogik, seit 1993 Universitätsassistentin.
Arbeits-/Forschungsbereiche: Theorie der Erziehung, Geschichte der

Pädagogik, Frauenforschung (Koedukation), kritische Schultheorie; Lehrtätigkeit innerhalb und außerhalb der Universität.
Publikationen: Frauen an der Universität Graz. In: Arbeitskreis feministische Theorie und Praxis Graz (Hg.): Frauen im Gespräch. Graz 1992, S. 169–200 (Mitherausgeberin). / Ein Jahrhundert Pädagogik an der Universität Graz. Graz 1996 (gem. mit Bachmann, G.). / Rückblick und Ausblick auf drei Jahrzehnte Koedukation in Österreich. In: Erziehung und Unterricht 1996, Heft 9, S. 669–681.

Reicher, Hannelore, Mag. Dr., geb. 1965 in Großpetersdorf, Universitätsassistentin.
Beruflicher Werdegang: 1983-1989 Diplomstudium Psychologie an der Universität Wien; 1986-1989 Diplomstudium Pädagogik, Heil- und Sonderpädagogik an der Universität Graz; 1989-1993 Doktoratsstudium Psychologie an der Universität Graz, vom August 1989 bis Jänner 1993 Vertragsassistentin am Institut für Erziehungswissenschaften, Abteilung Pädagogische Psychologie, seit Februar 1993 Universitätsassistentin.
Arbeits-/Forschungsbereiche: Entwicklungspsychologie, klinische Kinder- und Jugendpsychologie, Integration von Kindern und Jugendlichen mit besonderen pädagogischen Bedürfnissen, Lern- und Motivationspsychologie.
Publikationen: Zur schulischen Integration behinderter Kinder. Eine empirische Untersuchung der Einstellungen von Eltern. In: Zeitschrift für Pädagogik 1991, 37, S. 191–214. / Family and peer relations and social-emotional problems in adolescence. In: Studia Psychologica 1993, 35, S. 403–408. / Soziale Beziehungen in Integrationskindergärten. In: Jirasko, M., Glück, J., Rollett, B. (Hrsg.): Perspektiven psychologischer Forschung in Österreich, S. 177–180. Wien 1996.

Ribolits, Erich, Univ.-Doz. Dr., geb. 1947 in Wien; Professor an der land- und forstwirtschaftlichen berufspädagogischen Akademie.
Beruflicher Werdegang: Ingenieur für Elektrotechnik, Lehramt für Fachgegenstände und Englisch an Berufsschulen, Studium Pädagogik (und Politikwissenschaft), Promotion und Habilitation.
Arbeits-/Forschungsbereiche: Arbeits- und Berufspädagogik, insbesonders der Zusammenhang zwischen Arbeit, Bildung und Gesellschaft sowie Fragen der beruflichen Erstausbildung.
Publikationen: (gem. mit Gruber E.): Bildung ist mehr ... Aufsätze zur beruflichen Qualifizierung. München, Wien 1992. / (Hrsg. gem. mit Gaderer, E.): Modul 1 und Modul 5 der Materialien zur Lehrerfort- und Weiterbildung für Berufsorientierung und Bildungsinformation. BMUK – Abt. I/5, Wien 1992.

/ Die Arbeit hoch? Berufspädagogische Streitschrift wider die Totalverzweckung des Post-Fordismus. München, Wien 1995.

Rossmann, Peter, Mag. Dr. phil., geb. 1954 in Eisenerz/Steiermark; ao. Universitätsprofessor.
Beruflicher Werdegang: Studium der Psychologie und Pädagogik an der Karl-Franzens-Universität in Graz, 1979 Promotion zum Dr. phil., 1991 Habilitation für Psychologie. Psychologe in einem Gemeindepsychiatrischen Zentrum in Graz; seit 1980 Assistent am Institut für Erziehungswissenschaften, Abteilung für Pädagogische Psychologie. 1992 Anerkennung als Klinischer Psychologe und Gesundheitspsychologe. WS 1995/96 Vertretungsprofessur für Klinische Psychologie an der Georg-August-Universität Göttingen, derzeit kommissarische Leitung der Abteilung für Pädagogische Psychologie.
Arbeits-/Forschungsbereiche: Entwicklungspsychologie und Entwicklungspsychopathologie.
Publikationen: Depressionsdiagnostik im Kindesalter: Grundlagen, Klassifikation, Erfassungsmethoden. Bern: Hans Huber 1991. / Depressionstest für Kinder (DTK). Bern: Hans Huber 1993. / Einführung in die Entwicklungspsychologie des Kindes- und Jugendalters. Bern: Hans Huber 1996.
Die KoautorInnen Mag. Andreas Gratz und Mag. Erika Engel sind AbsolventInnen der Abteilung Pädagogische Psychologie.

Scheipl, Josef, Univ.-Prof. Dr., geb. 1946 in Bruck/Mur; Universitätsprofessor.
Beruflicher Werdegang: 1965 Matura an der Lehrerbildungsanstalt in Klagenfurt; 1972 Promotion zum Dr. phil. (Fachbereich Pädagogik), Univ. Graz; 1985 Habilitation für das Fach Pädagogik; 1989 ao.Universitätsprofessor; seit damals Leiter der Abteilung für Sozialpädagogik .
Arbeits-/Forschungsbereiche: Schulsozialisation, Jugendwohlfahrtsarbeit, Ausbildungsgänge im Bereich Sozialpädagogik, Schulgeschichte.
Publikationen: (gem. mit Seel, H.): Die Entwicklung des österreichischen Schulwesens. 2 Bde. Graz 1987, 1988. / (gem. mit Löschnigg, G.) (Hrsg.): Sozialinitiativen. Rechtliche Rahmenbedingungen und sozialpädagogische Aspekte. Wien 1990. / (gem. mit Gangl, H., Kurz, R.) (Hrsg.): Brennpunkt Schule. Wien 1993, 1995.

Simon, Gertrud, Dr. phil., geb. 1943 in Erlangen/BRD; ao.Universitätsprofessorin; Erwachsenenbildnerin.
Beruflicher Werdegang: Pädagogische Akademie des Bundes in der Steiermark 1969-1971; Studium der Pädagogik und Psychologie in Graz und Inns-

bruck 1983-1987; Promotion 1987 in Innsbruck, Habilitation 1995 an der Geisteswissenschaftlichen Fakultät der Universität Graz.
Arbeits-/Forschungsbereiche: Erwachsenenbildung, allgemeine und historische Pädagogik, Frauen- und Geschlechterforschung in der Erziehungswissenschaft.
Publikationen: Die heilige Familie – Vom Sinn und Ansinnen einer Institution (hrsg. gem. mit Spörk, I., Verlic, B.). Wien 1990. / Hintertreppen zum Elfenbeinturm. Höhere Mädchenbildung in Österreich – Anfänge und Entwicklungen. Wien 1993. / Geschichte der Frauenbildung und Mädchenerziehung in Österreich (hrsg. gem. mit Brehmer, I.). Graz 1997.

Stigler, Hubert, Mag. Dr., geb. 1956 in Graz, Assistenzprofessor.
Beruflicher Werdegang: Studium der Pädagogik und Soziologie an der Karl-Franzens-Universität Graz, Vertrags- und seit 1990 als Universitätsassistent an der Abteilung für Sozialpädagogik.
Arbeits-/Forschungsbereiche: Allgemeine Methodologie und Jugendforschung tätig. Außeruniversitäre Lehre in verschiedenen Bildungsbereichen.
Publikationen: (gem. mit Wallnöfer, G., Drobil, C.): Jugend in Südtirol. Eine empirische Untersuchung der Lebens- und Erlebniswelt deutscher und ladinischer Jugendlicher. Bozen 1988. / Erziehungswissenschaftliche Forschung und soziale Planung. In: Braunschweiger Studien zur Erziehungs- und Sozialarbeitswissenschaft 24, hg. von Rössner, L. Braunschweig 1989, S. 247–259. / (gem. m. Gasser-Steiner, P.): Jugendlicher Drogenkonsum. Epidemiologische Befunde – Sozialwissenschaftliche Modelle. Zur Verbreitung des Konsums legaler und illegaler Drogen. Graz 1996.

Strobl-Zöchbauer, Karin, Dr.phil., geb. 1943 in Braunschweig/Deutschland; Präsidentin der Internationalen Arbeitsgemeinschaft für Kommunikationspädagogik (IAK); Mitarbeiterin am Hernstein International Management Institute.
Beruflicher Werdegang: Studium der Psychologie und Kommunikationswissenschaften an der Universität Salzburg; Lehrbeauftragte am Institut für Kommunikationswissenschaften der Universität Salzburg (1975-1979); Leiterin des Institutes für Kommunikationswissenschaften der Steiermärkischen Landesregierung (1975–1977).
Arbeits-/Forschungsbereiche: Internationale Seminartätigkeit für Kommunikation, Verhandlungsführung, Team- und Führungskräfteentwicklung, Konfliktmanagement, Personal Coaching und Intercultural Negotiation.
Publikationen: (gem. mit Hoekstra, H.): Massenmedien und Kommunikationsagogik. Theoretische und praktische Grundlagen. Omslagontwerp 1981. /

Lernen durch Anfassen? Vom Erfolg der sogenannten Psychogruppen. Werkstatt Weiterbildung 3. München 1983. / (gem. mit Ederer, E.): Funktionierende Kommunikation als Basis der "Kollegialen Führung" im Krankenhaus. In: Pflege Management 1994, 3, S. 8–12.

Wrentschur, Michael, Mag.rer.soc.oec., geb. 1966 in Graz; Vertragsassistent, nebenberufliche Tätigkeit als Theaterpädagoge, Schauspieler und Erwachsenenbildner.

Beruflicher Werdegang: Studium der Soziologie, Pädagogik und Volkswirtschaft an der KFU-Graz und an der Humboldt-Universität in Berlin/DDR von 1984-1990. 1987-1990: Studienassistent am Institut für Erziehungswissenschaften, Abteilung für Erwachsenenbildung, seit Oktober 1990 Vertragsassistent an der Abteilung für Sozialpädagogik; 1987-1989 Ausbildung in Theaterpädagogik; von da an freiberufliche Tätigkeiten als Leiter von Seminaren, Workshops, Projekten in der Erwachsenenbildung, Sozialarbeit, Jugendarbeit etc.

Arbeits-/Forschungsbereiche: Soziologie des Bildungsraumes; Theaterpädagogik/Theater der Unterdrückten und Sozialpädagogik, Öffentlicher Raum und nachhaltige Stadt.

Publikationen: (gem. mit Maringer, E.): Erleben und Erkennen – im Idealfall beides. Neuere Versuche mit dem und über das Lehrstück. In: Hierdeis, H., Schratz, M. (Hrsg.): Mit den Sinnen begreifen. 10 Anregungen zu einer erfahrungsorientierten Pädagogik. Innsbruck 1992, S. 150–168. / (gem. mit Konecny, F.): Verkehr-Verhältnisse-Verhalten-Gewalt. Am Beispiel der Münzgrabenstraße zu Graz. In: Peskoller, H. u.a.: rastlos, reibungslos, regungslos. Gewaltkomplexe in der Stadt Graz aus weiblicher Sicht. Forschungsbericht 1989-93, Hall in Tirol 1993, S. 348–426. / Theaterpädagogische Wege zur Wiederbelebung von Öffentlichkeit und politischem Handeln. Berichte aus der Arbeit mit Erwachsenen. In: Lenz, W. (Hrsg.): Bildungsarbeit mit Erwachsenen. Theorie und Praxis. München 1994, S. 305–322.